Wissenschaftliche Untersuchungen
zum Neuen Testament

Begründet von Joachim Jeremias und Otto Michel
Herausgegeben von
Martin Hengel und Otfried Hofius

48

Gnosis und Synkretismus

Gesammelte Aufsätze
zur spätantiken Religionsgeschichte
2. Teil

von

Alexander Böhlig

J. C. B. Mohr (Paul Siebeck) Tübingen

CIP-Titelaufnahme der Deutschen Bibliothek

Böhlig, Alexander:
Gnosis und Synkretismus: gesammelte Aufsätze zur
spätantiken Religionsgeschichte / von Alexander Böhlig.
– Tübingen: Mohr, Teil 2 (1989)
 (Wissenschaftliche Untersuchungen zum Neuen Testament: 48)
 ISBN 3-16-145454-5
 ISSN 0512-1604
NE: Wissenschaftliche Untersuchungen zum Neuen Testament

© 1989 J. C. B. Mohr (Paul Siebeck) Tübingen

Druck von Gulde-Druck GmbH in Tübingen. Bindung von Heinrich Koch in Tübingen.

Printed in Germany.

INHALTSVERZEICHNIS

1. Teil
Allgemeine Probleme

Nag Hammadi

2. Teil

Philologisches zu Nag Hammadi

Manichäismus

PHILOLOGISCHES ZU NAG HAMMADI

ZUR URSPRACHE
DES EVANGELIUM VERITATIS

Das Evangelium veritatis gehört zu den schwierigsten und um-
strittensten Texten, die bisher aus dem Fund von Nag Hammadi
veröffentlicht worden sind. Nicht allein der Streit um seine "ket-
zergeschichtliche" Einordnung, nicht allein die Frage nach seinem literarischen Genos stehen immer noch zur Debatte; auch
seine Ausdrucksweise bereitet Schwierigkeiten. Die Terminologie,
ja sogar stilistische Eigenheiten machten den Forschern Kopf-
zerbrechen. Mit einem kühnen Versuch glaubt jetzt P. Nagel
alle Schwierigkeiten gelöst zu haben. Er stellt in einem sehr interessanten Artikel[1] die Behauptung auf, das Evangelium veritatis sei direkt aus dem Syrischen ins Koptische übersetzt worden; er führt eine Anzahl von Stellen an, die seiner Meinung
nach nur so zu erklären sind. Bevor diese Belege im einzelnen
auf ihre Tragfähigkeit geprüft werden, soll noch auf zwei Voraussetzungen, die der Verfasser macht, eingegangen werden.

1. Daß eine sparsame Verwendung von griechischen Wörtern
im Evangelium veritatis anzutreffen ist, spricht durchaus nicht
gegen eine Übersetzung aus dem Griechischen. L.Th. Lefort hat

Erstveröffentlichung in: Le Muséon 79 (1966) 317 - 333.

1 P. Nagel, Die Herkunft des Evangelium Veritatis in sprachlicher Sicht,
OLZ 61 (1966) 5 - 14. Das Evangelium veritatis wird zitiert nach der Ausgabe
von M. Malinine - H.-Ch. Puech - G. Quispel, Evangelium Veritatis (Zürich 1956)
und dem Supplementum dazu von M. Malinine - H.-Ch. Puech - G-Quispel - W.
Till (Zürich 1961). Eine weitere Edition findet sich in: The Coptic Gnostic Libra-
ry: Nag Hammadi Codex I (The Jung Codex), ed. H.W. Attridge - G.W. MacRae;
Introduction, texts, translations, indices (Nag Hammadi Studies 22, Leiden 1985),
S. 55 - 122; notes (Nag Hammadi Studies 23, Leiden 1985), S. 39 - 135.

vor langem festgestellt[2], daß gerade in Texten, die aus dem Griechischen übersetzt sind, weniger griechische Wörter begegnen als in originalkoptischer Literatur. Wir haben es beim Koptischen ja mit einer Sprache zu tun, die starke bilingue Züge aufweist. An den Versionen etwa des Johannesapokryphons und des Ägypterevangeliums kann man feststellen, wie groß die Schwankungen im Gebrauch der griechischen Wörter waren und wie sehr hierbei die einzelnen Versionen bzw. Fassungen ihre besondere Eigenart bewahrt haben. Wenn P. Nagel gegen einen griechischen Ursprung die konsequente Übersetzung von $\dot{\alpha}\nu\dot{\alpha}\pi\alpha\nu\sigma\iota\varsigma$, $\gamma\nu\tilde{\omega}\sigma\iota\varsigma$ und $\pi\rho o\beta o\lambda\dot{\eta}$ anführt und bestreitet, daß es aus dem Griechischen übersetzte koptisch-gnostische Schriften gäbe, die solche Termini konsequent koptisch wiedergeben, so begeht er den methodischen Fehler, von einem erst bruchstückhaft edierten Material auf den Gesamtfund zu schließen. Gewiß bietet das Johannesapokryphon, wie schon erwähnt, Schwankungen; doch weist das Ägypterevangelium[3] in einer Version eine konsequente Übersetzung z.B. des Verbums $\pi\rho o\varepsilon\lambda\theta\varepsilon\tilde{\iota}\nu$ "emanieren" und der Wortgruppe $\ddot{\alpha}\varphi\theta\alpha\rho\tau o\varsigma$, $\dot{\alpha}\varphi\theta\alpha\rho\sigma\dot{\iota}\alpha$ auf. Dabei ist zu beachten, daß aus Übersetzungseigentümlichkeiten dieser Schrift ihre Herkunft aus einer griechischen Version zu erweisen ist[4]. Das von Nagel hervorgehobene Argument scheint also nicht stichhaltig zu sein. Die dabei von ihm aufgegriffene Problematik der Lehnwörterverwendung kann erst nach der Edition des Gesamtfundes überprüft und geklärt werden. Man muß dabei die Methodik jeder

---

2 L.Th. Lefort, Le Copte, source auxiliaire du grec. Mélanges Bidez (Brüssel 1934), S. 569 - 578. Vgl. auch A. Böhlig, Ein Lexikon der griechischen Wörter im Koptischen (Studien z. Erforschung d. christl. Ägyptens, 1. 3. Aufl. München 1958), S. 6.

3 The Coptic Gnostic Library: Nag Hammadi Codices III,2 and IV,2: The Gospel of the Egyptians, ed. A. Böhlig - F. Wisse - P. Labib (Nag Hammadi Studies 4, Leiden 1975).

4 Das wird ersichtlich z.B. aus typischen Lehnübersetzungen; vgl. Gospel of the Egyptians, S. 12ff.

einzelnen Schrift der Methodik des Gesamtfundes gegenüberstellen, wobei auch die literarische Entstehung etwa durch Kompilation und Interpolation nicht außer acht gelassen werden darf.

2. Als Präzedenzfall für Übersetzung aus dem Syrischen direkt ins Koptische weist Nagel auf die Manichaica hin, zumal diese ebenso wie das Evangelium veritatis in subachmimischem Dialekt vorliegen. Nagel meint, daß in diesem Zusammenhang der Gedanke einer häretischen Übersetzerschule erwägenswert sei. Aber die Problematik ist bei den Manichaica und dem Evangelium veritatis verschieden. Von den manichäischen Kephalaia und den Psalmen wissen wir, daß sie syrisch abgefaßt worden sind; hier ist die Frage lediglich, ob zwischen dem syrischen Original und der koptischen Übersetzung ein griechisches Mittelglied steht. Nach T. Säve-Söderbergh ist dies für die Psalmen der Fall[5], wenn auch das Metrum der syrischen Urschrift erhalten ist. Für die Kephalaia befürwortet A. Baumstark eine direkte Übersetzung vom Syrischen ins Koptische[6], doch sind seine Schlüsse durchaus nicht so zwingend, wie Nagel meint[7]. Wie dem aber auch sei, beim Evangelium veritatis soll umgekehrt gezeigt werden, daß seine Eigenarten nur durch Annahme einer syrischen Vorlage zu erklären sind. Es ist also ein doppelter Beweis zu führen, 1. der, daß die uns vorliegende koptische Version eine Übersetzung aus einer syrischen Vorlage sein kann oder vielmehr sein muß, und 2. der, daß kein griechisches Mittelglied und auch keine griechische Grundfassung der Schrift die Vorlage des koptischen Textes gewesen sein kann. Diese Beweisführung

---

5 T. Säve - Söderbergh, Studies in the Coptic Manichaean Psalm-Book (Uppsala 1949), S. 156 (gegen P. Nagel, a.a.O. 13).

6 A. Baumstark (in einer Rezension zu H.J. Polotsky, Manichäische Homilien), Oriens Christ. 32 (1935) 257ff., und ders., Ein "Evangelium"-Zitat der manichäischen Kephalaia, Oriens Christ. 34 (1937) 169ff.

7 A.a.O. 7, Anm. 1. Vgl. dazu vor allem auch A. Böhlig, Probleme des manichäischen Lehrvortrages in: Mysterion und Wahrheit (Leiden 1968), S. 228 - 244.

ist um so schwieriger, als Semitismen nicht ohne weiteres als
Syrismen angesehen werden dürfen. Denn was für Konsequenzen
müßte eine solche Methode in der neutestamentlichen Einlei-
tungswissenschaft zeitigen? Wir haben uns immer vor Augen zu
halten, daß gewisse stilistische Eigenheiten aus dem Semitischen
ins Griechische häufig übernommen wurden, so daß ihr Vorkommen durchaus noch keinen Beweis für die Herkunft eines Textes
aus dem Semitischen, geschweige denn einer speziellen semitischen Sprache liefert.

Im einzelnen seien zunächst die Fälle behandelt, die von
Nagel als Eindringen syrischer Phraseologie[8] in den koptischen
Text oder als syrische Terminologie[9] gedeutet werden.

EV 24,15 ΝΙΜΕϨΤ braucht nicht auf rahmē zurückzugehen,
sondern entspricht ganz einfach griechischem τὰ σπλάγχνα.

EV 38,28 "die Söhne des Namens" ist zwar eine semitische
Ausdrucksweise; dieselbe Ausdrucksweise ist aber auch im Griechischen möglich, wie υἱοὶ Ἰσραήλ oder υἱὸς τοῦ ἀνθρώπου
beweisen. Wir haben es hier nicht mit einem reinen Semitismus
zu tun, sondern ein bereits altgriechisch geübter Gebrauch, z.B.
υἷες Ἀχαιῶν bei Homer, trifft hier mit einer im Semitischen
sehr häufigen Ausdrucksform zusammen. An der hier zu behan-
delnden Stelle liegt aber mehr als eine bloße Ausdrucksform
vor. Der ganze Zusammenhang geht über die Unaussprechbarkeit
des Namens Gottes und seiner Offenbarung in Christus. Hier
wird nach jüdischer Weise "der Name" für "Gott" gebraucht
sein, so daß "die Söhne des Namens" eben "die Söhne Gottes"
sind. Das wird um so wahrscheinlicher, als die Gemeinschaft
mit dem Namen sicher die Verbindung mit Gott bezeichnen
soll. "Wer hat doch den Namen für ihn aussprechen können,

8 A.a.O. 7ff.
9 A.a.O. 12f.

diesen großen Namen, außer ihm allein, dem dieser Name gehört, und den Söhnen des Namens, in denen der Name des Vaters ruhte, in dessen Namen dagegen sie ruhten"[10]. Die Herkunft von Gott und die innige Verbundenheit mit ihm soll in
diesen Zeilen den Gnostikern bezeugt werden.

EV 39,5: Die Rückführung von ΜΝΤΤΑϬΙΡϬΝ "Benennung"
auf šummāhā ist nicht notwendig; daß das Wort bisher nicht
begegnete, besagt nichts; wenn es eine Bildung ad hoc ist, so
kann sie auch ohne Anregung vom Syrischen her produktiv gebildet worden sein.

EV 24,8; 31,21; 41,3; 42,8 wird Gott und seiner Welt das
Prädikat "süß" beigelegt, während EV 42,5 das Prädikat "bitter" als nicht an ihm vorhanden bezeichnet wird. Nagel glaubt,
die Terminologie "süß - bitter" lasse sich nur aus einer syrischen Vorlage erklären; der Gebrauch dieser Termini für Charaktereigenschaften sei zwar im Syrischen geläufig, aber für
eine griechische Vorlage müsse man das Gegensatzpaar ἀγαθός
- πονηρός annehmen, das man dann ins Koptische übersetzt
haben würde. Nun darf aber zunächst einmal bei einem gnostischen Autor eine mythologische Vorstellung von Gott vorausgesetzt werden, die ihn mit stofflichen Attributen ausstattet, die
zugleich Charaktereigenschaften darstellen. Das liegt einfach an
dem stofflichen Denken der Gnosis. Schon allein von diesem Gesichtspunkt aus könnte man die These Nagels ablehnen und auch
für eine griechische Vorlage das Gegensatzpaar "süß - bitter" an-
setzen. Es wird aber außerdem das koptische Wort für "süß" auch
als Wiedergabe von biblischem χρηστός und καλός verwendet
[11]. Das Wort für "bitter" hatte bereits im biblischen Gebrauch

10 Evang. ver. 38. 25 - 32.
11 Vgl. W.E. Crum. A Coptic Dictionary 673 a.

übertragene Bedeutung, z.B. Jac 3,14 "bitterer Neid", Rom 3,14
"Fluch und Bitternis"[12]. Die Ausdrucksweise "süß - bitter"
braucht also keinesfalls auf eine syrische Vorlage zurückzugehen.

Wäre die Morphemfolge Präposition + Suffix + Genitivverbin-
der + Nomen ein schlüssiger Beweis für eine Übersetzung aus
der strukturell entsprechenden syrischen Ausdrucksweise[13], so
müßten noch wesentlich mehr Schriften der koptischen Literatur
auf das Syrische zurückgeführt werden. Gerade bei gewissen Prä-
positionen, insbesondere solchen, die mit Körperteilen gebildet
sind, begegnet aber im Koptischen die Vorwegnahme des Nomens
durch ein Suffix und seine Wiederaufnahme durch N, z.B. ⲉⲧⲟⲟⲧ⸗
[14], ⲚⲦⲞⲞⲦ⸗ [15], ⲌⲀⲦⲞⲞⲦ⸗ [16], ⲌⲓⲦⲞⲞⲦ⸗ [17], ⲉⲣⲀⲦ⸗[18], ⲌⲀⲣⲀⲦ⸗ [19],
ⲌⲀⲬⲰ⸗ [20], ⲌⲎⲦ⸗ [21], aber auch ⲞⲨⲦⲰ⸗ [22] oder ⲌⲀⲣⲞ⸗[23].

Die Verwendung von ⲚⲦⲞⲞⲦ⸗ + Suffix als Ersatz des Possessivartikels ist zwar eine interessante Strukturgleichheit[24], doch
besagt diese nichts für die Herkunft aus dem Syrischen. Denn
der Gebrauch ist bereits innerkoptisch bekannt[25]. Bei der Deu-

---

12 Vgl. Crum. Dict. 376 b.

13 P. Nagel, a.a.O. 13 und 8.

14 Vgl. L. Stern. Koptische Grammatik (Leipzig 1880), § 539.

15 Vgl. Stern, a.a.O. § 535; vgl. z.B. auch Apocr Joh nach Codex III von
Nag Hammadi 25, 4 (in der Ausgabe M. Krause - P. Labib. Die drei Versionen
des Apokryphons des Johannes im Koptischen Museum zu Alt-Kairo. Wiesbaden
1962).

16 Vgl. Stern, a.a.O. § 547.

17 Vgl. Stern, a.a.O. § 555; vgl. z.B. auch Apocr Joh NH III 31. 22f.; 32. 1;
II 27; 19f.; 31. 17f.

18 Vgl. Stern. a.a.O. § 540.

19 Vgl. Stern, a.a.O. § 548.

20 Vgl. Stern, a.a.O. § 546.

21 Vgl. Stern, a.a.O. § 565.

22 Vgl. Stern. a.a.O. § 564.

23 Vgl. Stern. a.a.O. § 545.

24 Vgl. Nagel. a.a.O. 13.

25 Vgl. W. Till, Koptische Dialektgrammatik (2. Aufl. München 1961), § 125.

tung von EV 42, 12-13 "die von oben her (Anteil) haben an dieser unermeßlichen Größe" möchte Nagel[26] den syrischen Gebrauch
einer partitiven Konstruktion wiedererkennen. Das ist nicht nötig.
Man vergleiche für eine griechische Vorlage z.B. nur 1 Cor 10,17
οἱ πάντες ἐκ τοῦ ἑνὸς ἄρτου μετέχομεν [27].

EV 16,34: Eine Deutung von "durch die Kraft des Wortes"
als "kraft des Wortes" ist nicht nötig[28]. Warum sollte, wenn
im Neuen Testament von der Kraft des Geistes die Rede ist[29],
hier nicht von der Kraft des Logos die Rede sein? Aber ganz
abgesehen von der inhaltlichen Interpretation wäre selbst die
Deutung von W. Till, an die sich Nagel anschließt, kein Beweis
für eine Übersetzung aus dem Syrischen, weil bereits im Neuen
Testament der Gebrauch von ἐν namentlich durch die Nachbil-
dung der hebräischen Konstruktionen mit b[e] so ausgedehnt ist[30].
Somit ist anzunehmen, daß hier im Evangelium veritatis durch
den Einfluß der neutestamentlichen Diktion bestenfalls ein Semitismus, aber kein Syrismus vorliegt.

EV 40,8 f. 14[31]: Die von ihm vorgeschlagene Deutung hält
Nagel inzwischen nicht mehr aufrecht. Ich meine, daß gerade
diese Stelle für eine Übersetzung aus dem Griechischen spricht
und eine unbeholfene Wiedergabe von ὄνομα κύριον darstellt. Man vergleiche dazu auch die Belege, die W.E. Crum für
den Gebrauch von ⲬⲞⲈⲒⲤ als Attribut in vorausgestellter Form
bietet[32]! Es braucht sich dabei gar nicht um ein Wortspiel zu

---

26 Vgl. Nagel, a.a.O. 8.

27 Zum absoluten Gebrauch von ⲞⲨⲚⲦⲈ – vgl. Mt 13, 12.

28 Vgl. Nagel, a.a.O. 9.

29 Lc 4, 14.

30 Vgl. F. Blass - A. Debrunner, Grammatik des neutestamentlichen Griechisch (15. Aufl. Göttingen 1979), § 219.

31 Vgl. Nagel, a.a.O. 12.

32 Vgl. Crum, Dict. 787 b.

handeln, wie das die Editoren annehmen[33].

EV 19,35 u.ö. ist kein Beispiel für syrische Phraseologie[34].

EV 30,12 ff. : Die Stelle erscheint am anstößigsten, doch kann auch sie als Übersetzung aus dem Griechischen erklärt werden. Schon J.-E. Ménard[35], an den sich Nagel hier hält[36], hat als Sinn des Satzes einen Makarismus vermutet, wenn er den Text mit ἀγαθός, in Klammern μακάριος , ins Griechische rückübersetzt. Aber ein solcher liegt gar nicht vor. Der Zusammenhang handelt davon, wie die Besitzer der Gnosis vom Schlaf zum Erwachen kommen: ΟΥΠΕΤΝΑΝΟΥϤ [37] ΜΠΡШΜΕ ΕΤΑϹΤΑϤ ΝϤΝΕϩϹΕ "Gutes (geschieht, oder: wird geschehen) dem Menschen, der zu sich kommen und erwachen wird". Dem entspräche auf griechisch etwa: καλὸν τῷ ἀνδρί, ὅς ... Im nächsten Satz folgt gleichfalls eine Aussage: ΜΑΚΑΡΙΟϹ ΠΕ ΠΕΕΙ... "Selig ist der ...". Die Notwendigkeit, im Beginn des ersten der beiden Sätze einen Makarismus zu sehen, der im Koptischen mit ΝΕϬΕΤ= hätte übersetzt werden müssen, entfällt und damit auch der Rückgriff auf das Syrische. Wenn Nagel in ΟΥΠΕΤΝΑΝΟΥϤ M–eine pedantische Wiedergabe von syr. ṭūbaw(hi) l[e] sehen will, so ist das m.E. eine viel gewaltsamere Konstruktion als die von mir für das griechische Original vorgeschlagene Form. Ein genaues Gegenstück bildet z.B. Eph 6,3 ἵνα εὖ σοι γένηται ...: ΧΕ ΕΡΕ ΠΕΤΝΑΝΟΥϤ ШШΠΕ ΜΜΟΚ ...[38]. Daß EV 30,12 im Koptischen kein Verbum steht, liegt wohl daran, daß auch im Grie-

---

33 Ev. ver. 40.6ff. ist zu übersetzen: "Er ist nicht der Vatersname; denn er ist der eigentliche Name. Er hat den Namen nicht zu leihen genommen". So auch J. Zandee. Het Evangelie der Waarheid (Amsterdam 1964). S. 52.

34 Nagel, a.a.O. 7. S. u. S. 383 f.

35 J.É. Ménard. L' Évangile de Vérité (Paris 1962). S. 58.

36 Nagel. a.a.O. 7f.

37 Zum Wort vgl. Ev ver 33, 34. 35.

38 Zu ΜΜΟ‹ vgl. Stern. a.a.O. § 298.

chischen das Hilfsverb ἐστί oder ἔσται, fehlte. Hinter ΠΡⲰⲘⲈ "bar nāšā" sehen zu wollen, ist gekünstelt. Hier irrt auch Ménard. Man vergleiche nur Ps 1,1 (LXX) μακάριος ὁ ἀνήρ ...

Übersetzungsfehler im koptischen Wortlaut feststellen zu können, ist für Nagels Hypothese ein besonders gewichtiges Argument[39]. Dabei macht es den Eindruck, als sollte die lectio difficilior zugunsten einer leichteren aufgegeben werden. Man darf die beiden von Nagel als Beweisstücke herangezogenen Stellen nicht aus dem Zusammenhang reißen. EV 34, 9-12 steht im Text, daß das Riechen des Wohlgeruches nicht mit den Ohren erfolgt, sondern mit dem Geist. Nagel sieht darin eine Unlogik, die er glaubt beseitigen zu können, indem er beim koptischen Übersetzer eine Verwechslung zweier syrischer Wörter annimmt: mšmᶜtᵓ "das Ohr" soll fälschlich anstelle von mšwmjtᵓ "die Nase" getreten sein. Das wirkt auf den ersten Blick verblüffend. Man braucht jedoch nur den vorangehenden Satz des Textes zu lesen, um zu sehen, wie unnötig eine solche Hypothese ist. Das Thema des Abschnitts ist die Darstellung der Gotteskinder als "Gottes Geruch" und die Schilderung ihrer Befreiung. Die Qualität des Geruches führt diesen auf Veranlassung des Vaters über "jegliche Form und jeglichen Laut" hinaus. Es ist dann nur allzu verständlich, wenn im folgenden Satz betont werden kann, daß nicht die Ohren (im Anschluß an "Laut") den Geruch riechen können, sondern nur der Geist.

EV 42,33 f.: ⲈⲨⲚⲀⲤⲰⲦⲘ ⲀⲦⲈⲨⲚⲞⲨⲚⲈ "sie werden ihre Wurzel hören": Nagel findet diese Aussage so widersinnig, daß er meint, auch sie nur als Fehler erklären zu können. Ausgehend von der in der Gnosis häufigen Korrespondenz von Ruf und Hören[40] macht er den sehr geistreichen Vorschlag, in ⲚⲞⲨⲚⲈ =

39 Nagel, a.a.O. 11 - 12.
40 Vgl. z.B. auch Ev ver 22, 2 - 10.

syr. ⸢qr⸣ ein verlesenes lqr⸣ zu sehen; es wäre ⸌ zu ⸝ verlesen worden. Damit wäre alles klar: "Sie hören den, der ruft". Allerdings möchte Nagel wegen des Possessivartikels im Koptischen den Fehler bereits in die Vorlage verweisen. Es fragt sich aber wieder, ob eine solche Emendation überhaupt nötig ist. Man muß nämlich in gnostischen Texten mit einer starken Kompliziertheit des Ausdrucks rechnen, weil mythische metaphysische Größen durch bildliche Ausdrücke umschrieben werden können; liegt doch in solchen Fällen nicht mehr die einfache Schilderung des Mythos vor, sondern eine stilisierte Verarbeitung. Die "Wurzel" ist für den Gnostiker eine wichige Vorstellung. Die πλάνη hat keine Wurzel[41]. Bei Bardesanes[42] wird davon gesprochen, daß die ὕλη abgeschnitten wird. Dementsprechend wird in der Schrift ohne Titel des Codex II von Nag Hammadi ausgesagt: "Der Mangel wird bei seiner Wurzel ausgerissen, hinab in die Finsternis"[43]. Um so mehr wird umgekehrt die Verwurzelung als eine besondere Eigenschaft der Lichtgrößen bezeichnet, die von Gott stammen[44]. Deshalb kehren sie auch wieder zu Gott zurück und befinden sich in unmittelbarer Verbindung mit ihm. Sie brauchen keinen Umweg zur Höhe zu machen und sie sind bewahrt vor dem Fall in den Hades. Sie sind auch nicht wie der Zodiakos gefesselt, ohne wirklich an die Wahrheit heranzukommen, sondern sie sind wirklich selber die Wahrheit. Der Vater ist in ihnen und sie sind im Vater[45]. Das liegt im Wesen

---

41   Ev ver 17, 30. In Ev ver 28, 18ff. wird die Schwäche der Wurzellosigkeit vor Augen geführt.

42   Patrol. Syr. I 2, p. 514.

43   127, 3f. nach der Ausgabe von A. Böhlig - P. Labib. Die koptisch-gnostische Schrift ohne Titel aus Codex II von Nag Hammadi im Koptischen Museum zu Alt-Kairo (Berlin 1962).

44   Ev ver 41, 14ff.

45   Ev ver 42, 26ff.

ihrer Herkunft[46]. Ist es da so unverständlich, wenn unter den
Vorzügen, die sie besitzen, außer der Überwindung des Mangels
und der Gewinnung der geistlichen Ruhe auch gesagt wird, daß
sie "ihre Wurzel hören" bzw. "auf ihre Wurzel hören"? Die letztere Übersetzung ist bei der Verbindung ϹⲰⲦⲘ Ɛ- vielleicht
vorzuziehen. Es dürfte kein Zweifel sein, daß der höchste Gott
"die Wurzel" ist und hier einfach das Bild für Gott bzw. seine
im Zusammenhang speziell interessierende Funktion an seiner
Statt gebraucht ist, zumal diese Funktion vorher so ausführlich
besprochen wurde. Wenn dagegen eingewandt werden sollte,
daß es ja von Gott heißt, er fände seine Wurzel in ihnen (den
erwähnten Lichtgrößen[47]), und daß er deshalb nicht identisch
mit der Wurzel sein kann, so ist dazu zu sagen, daß "seine Wurzel in ihnen finden" ja als "sich als Wurzel finden" zu interpretieren ist.

In eine ähnliche Kategorie gehören Passagen, in denen Nagel
"doppeldeutige Wendungen im Syrischen" sehen will[48]. M.E. ist
zu diesen auch der Ausdruck ⲠⲒ ϪⲰⲰⲘƐ ⲚⲦƐ ⲚⲈⲦⲀⲚϨ "das Buch
der Lebenden"[49] zu zählen. Nagel meint, der Zusammenhang mit
Apc 17,8, wo βιβλίον τῆς ζωῆς steht, weise durch die Übersetzung "der Lebendigen" auf eine syrische Vorlage hin. Er
zieht dabei den wechselnden Gebrauch der manichäischen Kephalaia heran, wo "Mutter des Lebens" neben "Mutter der Lebendigen" (für ʾemmā dhajjē) vorkommt. Aber dieser Gebrauch bei
Mani geht sicher nicht auf eine wechselnde Übersetzung von hajjē
zurück. Bereits das Hebräische bietet die Doppeldeutigkeit von

---

46   Es heißt auch im Unbekannten altgnostischen Werk (C. Schmidt, Koptisch-gnostische Schriften I. 3.Aufl. bearb. v. W. Till, Nachdr. Berlin 1962)
341, 33f.: "Denn jegliches Ding folgt seiner Wurzel".

47   Ev ver 42, 35.

48   Nagel, a.a.O. 9.

49   Vgl. Nagel, a.a.O. 7, zu "Ev ver 19, 35 u.ö.".

חיא ("Leben" und "Lebendige")[50]. Eine Auswechselbarkeit
der Begriffe erscheint dann nicht mehr verwunderlich, wenn man
berücksichtigt, daß Eva, die ja auch bei den Gnostikern eine große Rolle spielt, die μήτηρ τῶν ζώντων ist[51], zugleich aber
ihr Name in der Septuaginta mit ζωή wiedergegeben wird, ebenfalls einem häufigen Terminus auch in der Gnosis; es liegt also
nahe, nicht nur von einer "Mutter der Lebendigen", sondern auch
einer "Mutter des Lebens" zu sprechen. Die feminine Ergänzung
des Vaters der Größe bei den Manichäern ist so auch zugleich
die Mutter des Lebens im allgemeinen und die der Lebendigen
im speziellen. Denkt man daran, daß hebräische und westaramäi-
sche Wortspiele in gnostischen Texten begegnen[52], so kann man
von da aus an die Quelle solcher terminologischer Tradition näher herankommen. Es können hier Kräfte am Werke gewesen sein,
die vom Judentum ausgehend und im Besitz der hebräischen Sprache solche Wortspiele mit theologischem Inhalt gestalteten. Für
die Terminologie des Evangelium veritatis ist zu bemerken, daß
die Eigenschaft des genannten Buches eine doppelte ist. Es ist
ein "lebendiges Buch"[53], ein "Buch der Lebenden"[54] oder es
sind auch beide Attribute gekoppelt[55]. Die starke Betonung, die
dem Attribut "der Lebenden" zuteil wird, ist nur zu verständlich,
soll doch hervorgehoben werden, daß in diesem Buch die Namen
all derer eingetragen sind, die wieder zum höchsten Gott zurückkehren werden. Dafür war die Bezeichnung "Buch der Lebendigen"
eindringlicher als "Buch des Lebens". Obwohl der Zusammen-

---

50 Warum soll βίβλος τῶν ζώντων Ps 68. 29 "ein handfester Semitismus" sein? Nach dem Zusammenhang ist es gerade die richtige Übersetzung;
vgl. den Parallelismus membrorum!

51 Gen 3. 20.

52 So z.B. in der Schrift ohne Titel aus Codex II von Nag Hammadi.

53 Ev ver 22. 39.

54 Ev ver 21. 4f.

55 Ev ver 19. 35 "das lebendige Buch der Lebendigen".

hang der Stelle mit Apc 17,8 unverkennbar ist, spricht gerade der gehäufte Ausdruck "das lebendige Buch der Lebendigen", auf den Nagel überhaupt nicht eingeht, gegen die Auffassung einer Übersetzung aus dem Syrischen.

Eine ähnliche Doppeldeutigkeit, deren Ursprung bereits von Nagel auf ein im weitesten Sinne syrisches Gebiet zurückgeführt wird, will Nagel EV 19,30 ff. finden[56]. Er sieht in ⲦⲰⲔ "festigen, gefestigt werden" eine Übersetzung von qawwem und glaubt die Benutzung des Ausdrucks als Umschreibung für "taufen" im Mandäischen auf das Syrische übertragen zu können. Allein schon darin dürfte eine Schwierigkeit liegen. Außerdem kann man sich durchaus mit der Bedeutung "gefestigt werden" begnügen. Die Ausdrücke "feststehen" und sein negatives Gegenstück "nicht wanken" entsprechen ganz und gar der gnostischen Terminologie. Am schönsten stehen sie an einer manichäischen Stelle beisammen: ⲠⲨ2ⲎⲦ ⲦⲎⲔ ⲘⲠⲨⲔⲓⲘ [57]. Die Kinder, von denen an unserer Stelle des Evangelium veritatis die Rede ist, sind die Seelen, die aus der Lichtwelt gekommen und für die Rückkehr dorthin bestimmt sind[58]. Von ihnen wird gesagt: "Als sie gefestigt worden waren, hatten sie Belehrung erhalten ..."[59]. Die Festigung betont dabei die rein religiöse Seite, während die Belehrung auf den pädagogischen Akt hin-

---

56 Nagel, a.a.O. 9.

57 Vgl. Crum, Dict. 403 a. Zu "festigen" vgl. auch Ps 148, 23; 215, 18. 19 (nach der Ausgabe von C.R.C. Allberry, A Manichaean Psalm-Book. Stuttgart 1938). Zur Erwähnung des "nicht wankenden Geschlechts" vgl. z.B. Ev Aeg NH III 59, 14; vgl. auch Apocr Joh BG 65, 2 (W.C. Till, Die gnostischen Schriften des koptischen Papyrus Berolinensis 8502. Berlin 1955) = NH III 33. 3 (ἀσάλευτος) = II 25, 23 u.ö. gerade in dem Gespräch über das Schicksal der Seelen. In den manichäischen Kephalaia wird Ⲥⲟⲟ2ⲉ ⲀⲢⲉⲦⲨ für ein soteriologisches Aufstellen gebraucht: Keph. 272. 28; 273. 5f. (A. Böhlig. Manichäische Handschriften der Staatlichen Museen Berlin· Kephalaia. 2. Hälfte (Lfg. 11/12). Stuttgart 1966).

58 Vgl. Mt 18, 2ff. parr., 19, 13ff. parr. Die Stelle Lc 10, 21 wird nach Iren., adv. haer. I 20, 3 von den Valentinianern als Beweis für die Belehrung der gläubigen Menschen ausgelegt. Zu den von Gott ausgesandten Seelen als Kindern vgl. auch Schrift ohne Titel des Codex II 124,10ff.

59 So muß die Übersetzung richtig lauten.

weist; und Gnosis, von der ja in diesem Zusammenhang gesprochen wird, besteht eben aus einer Verbindung von beidem.

EV 26,19 ff. ist davon die Rede, wie die πλάνη durch
das Erscheinen und Wirken des Logos in furchtbare Aufregung
kommt. Gegenüber der Gnosis weiß sie nicht, was sie tun soll;
darum ist sie betrübt, traurig und " ϵϹⲰϹⲢ ". Hier glaubt Nagel,
die Schwierigkeiten mit einem mangelnden Verständnis der syrischen Vorlage erklären zu können[60]. Er nimmt in der syrischen
Vorlage mlg "ernten, sammeln; plagen, quälen" an und glaubt,
der Übersetzer habe die letztere Bedeutung nicht gekannt und
deshalb falsch übersetzt. M.E. läßt sich aber im Gegensatz zu
Nagel "die merkwürdige Wortwahl" doch aus dem Griechischen
begründen. Als griechisches Äquivalent für ⲰϹⲢ ist in erster Linie ἀμάω oder (ἀπο)θερίζω zu betrachten. Beide Verben haben die Bedeutung des Aberntens, Abschneidens und sogar der
Vernichtung. Das könnte für die Deutung unserer Stelle auf-
schlußreich sein. Denn die drei aufeinander folgenden Verben,
die das Verhalten der πλάνη schildern, sind nach Nagels Deutung Synonyma. Sollte man in ihnen aber nicht vielleicht eine
Steigerung sehen? Von allgemeiner Betrübnis   (ⲘⲔⲀϨ ⲚϨⲎⲦ)
kommt die πλάνη zur Klage; ⲚϵϨⲠϵ wird gerade von der
Klage gebraucht, bei der man sich selbst mißhandelt. Schließlich wird mit ⲰϹⲢ von Selbstvernichtung gesprochen. Der oben
erwähnte Gedanke, daß der Mangel bzw. die ὕλη am Ende "abgeschnitten" werden, dürfte mit dieser Aussage gut zusammen-
passen, da das Gericht im Evangelium veritatis und seiner Lehre
ja durch das Erscheinen der Gnosis stattfindet[61].

Das koptische Wort ⲘⲀϵⲓⲦ wird von den Editoren und Über-

---

60 Nagel. a.a.O. 9.

61 Vgl. Ev ver 26. 23ff. "seit die Gnosis sich ihr genähert hatte, welche
die Vernichtung von ihr ist. ...".

setzern des Evangelium veritatis mit zwei verschiedenen Bedeutungen wiedergegeben[62], einerseits wörtlich mit "Weg"[63] in der Art neutestamentlichen Stils, andererseits mit "Raum". Die letztere Bedeutung ist in B vorhanden, begegnet nach Crum[64] aber auch einmal in S, worauf Nagel nicht hinweist. Doch dürfte darin das geringere Problem liegen. Eher geht es darum, daß (so auch Nagel) im Griechischen ὁδός und τόπος bzw. διάστημα (Ménard χώρα) nicht austauschbar sind und die Annahme einer griechischen Vorlage für den koptischen Text Schwierigkeiten zu bereiten scheint. Nagel glaubt, in der doppelten Bedeutung von syr. mardē "via, spatium"[65] den Schlüssel für die Lösung der Frage gefunden zu haben. Auch diesmal gilt es zu untersuchen, ob nicht doch eine Ableitung aus einem griechischen Text möglich ist. Eine nochmalige Überprüfung sämtlicher Stellen, an denen bisher ΜΛ6ΙΤ in EV mit "Raum" bzw. "Räume" übersetzt wurde, zeigt, daß auch an diesen Stellen die Bedeutung "Weg" möglich ist. Nur müssen wir uns klarmachen, was mit "Weg" gemeint ist. Die Wege befinden sich in Gott. EV 28,11 f.: "jeder Weg, der im Vater ist"; EV 27,23 ff. "Der Vater aber kennt alle Wege, die in ihm sind". Als Eigenschaft des Vaters wird EV 42,8 f. angeführt: "kennend alle Wege, bevor sie geworden sind". Gottes umfassender Charakter und sein βάθος treten darin zutage, daß er EV 22,25 ff. als der bezeichnet wird, "der alle Wege umfaßt, ohne daß es etwas gibt, das ihn umfaßt". Die Wege führen aus Gott heraus nach EV 20,20 ff.: "... aus dem alle Wege kommen". Sie werden als Emanationen Gottes bezeichnet EV 27,10 f.: "alle Wege sind Emanationen von ihm"[66]. Die Wege Gottes ste-

---

62 Vgl. Nagel. a.a.O. 9.

63 Ev ver 18. 19; 31. 29.

64 Crum. Dict. 188 b.

65 Vgl. C. Brockelmann, Lexicon Syriacum (Halle 1928) 714 b.

66 Die Fortsetzung bietet einen interessanten religionsgeschichtlichen Hin-

hen den Wegen der feindlichen ὕλη entgegen EV 20,34 ff.:
"nachdem er (Jesus) gekommen ist zu den nichtigen Wegen der
Schrecken". Durch das Auftreten des Logos wurden "alle Wege
bewegt und erschüttert" EV 26,15 f. Die Endzeit, in der die Einheit wiederhergestellt wird, ist auch die Zeit, "da die Einheit
die Wege vollenden wird" EV 25,9 f. Das Wort "Weg" ist also
gebraucht für dynamische Größen, die im Vater sind, aus ihm
hervorgehen und in ihn zurückkehren, um mit ihm wieder eine
Einheit zu bilden[67]. Die Übersetzung "Raum" dafür ist zu sta-
tisch, als daß sie der Bewegtheit der aus Gott stammenden
Größen und ihrem Heils"geschehen" gerecht würde. Es liegt also
sämtlichen Stellen von ΜΛ6ΙΤ im Evangelium veritatis derselbe
Begriff zugrunde.

An anderen Stellen des Evangelium veritatis glaubt Nagel
syrische Wortspiele gefunden zu haben[68]. EV 36,13 ff. möchte
Nagel aus der Tatsache, daß auf die Erwähnung Christi die Salbung durch ihn folgt, ein Wortspiel mešīhā - mešhā ableiten.
Das ist sicher ein kluger Gedanke, aber es bedarf dessen nicht.
Denn die Salbung gehört zu den typischen Riten der Gnostiker.
Wenn im Philippusevangelium ein Wortspiel χριστός - χρῖσμα
vorkommt und vom koptischen Übersetzer beibehalten worden
ist[69], so besagt das doch noch nicht, daß jeder Text so verfah-
ren müßte. Die Fülle koptischer Variationsmöglichkeiten beim
Übersetzen zeigen die Versionen des Johannesapokryphons oder

weis: "Sie erkannten, daß sie aus ihm hervorgegangen waren wie Kinder, die
in einem vollkommenen Mann sind". Hier wird der Terminus ἀνὴρ τέλειος ,
der später von den Manichäern für die bei der letzten Vollendung zusammengefaßte Lichtgröße gebraucht wird, für den genealogischen Ausgangspunkt verwendet. Auch das bezeugt die Existenz einer solchen Vorstellung, die die Zusammenfassung des Lichts unter diesem Namen zum Ausdruck brachte, schon vor Mani.

67   Vom Erlösten heißt es Ev ver 25, 12ff.: "Durch die Gnosis wird er sich
reinigen von der Vielfalt zur Einheit".

68   Vgl. Nagel, a.a.O. 10.

69   Ev Phil 122, 15f. nach der Ausgabe von W.C. Till, Das Evangelium nach
Philippos (Patristische Texte und Studien 2, Berlin 1963). (= NH II 74, 15f.).

des Ägypterevangeliums deutlich. Eine Übersetzung von χρῖσμα durch ΤΩ2C erscheint mir deshalb durchaus tragbar[70]; die Übersetzung braucht aber deshalb keineswegs auf eine syrische Vorlage zurückzugehen. Der bilingue Übersetzer konnte das griechische Wortspiel durchaus gewahrt sehen, auch wenn er einen Teil davon ins Koptische übersetzte. Selbst in der griechischen Rhetorik begnügte man sich bei der Paronomasie häufig mit dem Gebrauch von Synonyma[71].

EV 16, 36-39 CΩΤΗP – CΩΤΕ braucht nicht eine geschickte Wiedergabe von syr. pārōqā - purqānā zu sein; es kann genauso gut einfach die Wiedergabe von σωτήρ – σωτηρία bzw. σῴζειν sein. Im Gegensatz zu Nagel möchte ich übrigens übersetzen: "welcher (der Logos) der ist, den man Erlöser (σωτήρ) nennt, weil der Name des Werkes, das er tun wird, die Erlösung (σωτηρία oder [τὸ] σῴζειν) derer ist, die den Vater nicht erkannt haben". Der adverbiale Ausdruck ΔΠCΩΤΕ "zur Rettung" als Prädikat im nominalen Nominalsatz spricht dafür, daß hier im Griechischen das Verbum gebraucht war[72].

Wenn Nagel in der Aussage EV 17, 1-3 "indem der Name Evangelium der Ausdruck der Hoffnung ist" ein syrisches Wortspiel sehen will, so ist zunächst zu korrigieren, daß OYΩN2 nicht

"Ausdruck", sondern seiner Grundbedeutung nach "Offenbarwerden" heißt. Es ist also die Rede davon, daß die Bezeichnung "Evangelium" auf die Offenbarung dessen, was man erhofft, hinweist. Das Christentum hat mit dem Wort "Evangelium" sich aber noch ganz speziell einen Terminus des Kaiserkults zu eigen gemacht[73]. Schon bei den Griechen war εὐαγγέ-

70 Man beachte das häufige Vorkommen von ΤΩ2C im Philippusevangelium.
71 Vgl. E. Schwyzer, Griechische Grammatik II (2. Aufl. München 1959), S. 700.
72 Vgl. Stern. a.a.O. § 468.
73 Vgl. zu εὐαγγέλιον G. Friedrich in ThWB II 719ff.

λιον und σωτηρία eng verbunden. Im Kaiserkult bedeutet das Evangelium des Kaisers Heil und Glück für die Menschen. Ist es da verwunderlich, wenn das Evangelium veritatis seine Aussage zum erlösenden Heil, das der Logos bringt, damit begründet, daß dies eben mit dem Namen Evangelium gegeben ist, "weil der Name εὐαγγέλιον die Offenbarung der Hoffnung[74] ist"? Aus dem Ausdruck "der Name Evangelium", was ja nur periphrastisch für "Evangelium" steht[75], an dieser Stelle eine "worthafte Beziehung zwischen Bezeichnung und Inhalt" zu folgern und ein Wortspiel sbrʾ - sbrtʾ daraus zu erschließen, muß als überspitzt angesehen werden. Nagel geht soweit, daß er sogar den Gebrauch von εὐαγγέλιον an unserer Stelle für unangemessen und eigentlich ϢⲘⲚⲞⲨϤⲈ wie EV 34,35 für richtig hält. Gewiß gibt es unter den aus dem Griechischen ins Koptische übernommenen Wörtern solche, die in der griechischen Form nur eine bestimmte Bedeutung ausdrücken, deren andere Bedeutungen aber durch ein koptisches Wort wiedergegeben werden[76]. Das Wort Evangelium hat im Koptischen eine solche Entwicklung aber nicht durchgemacht, wie sie Nagel für das Syrische vorlegt, sondern εὐαγγέλιον wird im Koptischen nicht nur für die literarische Gattung, sondern auch für den Inhalt gebraucht[77]. Darum erübrigt sich Nagels Erörterung[78].

---

74 ἐλπίς ist auch "Hoffnungsgut"; vgl. dazu W. Bauer, Wörterbuch zum Neuen Testament (5. Aufl. Berlin 1958), s. v.

75 Vgl. H.G. Liddell - R. Scott, A greek - english lexicon (new edition), s. ὄνομα IV: 1232 b. Auch in Ev ver 16. 38 (s. o. S. 389) kann "Name" periphrastisch verwendet sein.

76 Zu solchen Bedeutungstrennungen vgl. A. Böhlig. Ein Lexikon der griechischen Wörter im Koptischen. a.a.O. 12. sowie ders., Die griechischen Lehnwörter im sahidischen und bohairischen Neuen Testament (Studien z. Erforschung d. christl. Ägyptens. 2/2A. 2. Aufl. München 1958). S. 24ff.

77 Vgl. dazu L.Th. Lefort. Concordance du Nouveau Testament sahidique, I: Les mots d' origine grecque (CSCO 124. Louvain 1950). s. v.

78 Zur Stellungnahme von K. Rudolph und J.É. Ménard. die für Nagels Thesen eintreten. vergleiche meinen Widerspruch in: Das Problem aramäischer Elemente in den Texten von Nag Hammadi. s. u. S. 435 ff.

Die vorangegangene Argumentation sollte zeigen, daß die Annahme einer syrischen Vorlage, die direkt aus dem Syrischen ins
Koptische übersetzt wurde, nicht erforderlich ist, um den koptischen Text des Evangelium veritatis sprachlich und inhaltlich zu
begreifen. Es ist durchaus möglich, eine griechische Urschrift
anzunehmen. Die grammatischen Schwierigkeiten, die angeführt
wurden, ließen sich aus dem Koptischen selbst bereinigen; gewisse Ausdrucksschwierigkeiten konnten bei neuer Interpretation
auch aus dem Griechischen erklärt werden; gewisse angeblich
unlogische Ausdrucksformen und deshalb abgelehnte Wortbedeu-
tungen ließen sich aus einer besseren Interpretation des Gesamt-
zusammenhangs vom gnostischen Denken aus durchaus verstehen.
Diese Klarstellung ist schon deshalb nötig, weil bei der Richtig-
keit von Nagels These sich weitreichende Folgerungen für die Beurteilung gewisser Teile der koptischen Literatur, insbesondere
der im subachmimischen Dialekt geschriebenen, ergeben hätten.
Es sollte in diesem Aufsatz aber keine Stellung dazu genommen
werden, ob das Evangelium veritatis valentinianisch ist oder
nicht. Es wird auch durch die Ergebnisse von Nagel bzw. durch
meine Ablehnung die Beziehung zu den Oden Salomos nicht all-
zusehr berührt. Die Bedeutung ihres Denkens für das Denken
des Evangelium veritatis dürfte H.M. Schenke durchaus nachgewiesen haben[79]. Die Verbindung des syro-palästinensischen Kul-
turraums mit Ägypten steht auch außer Zweifel. Sprachliche
Indizien aus westaramäischen Wortspielen, die z.B. in der Schrift
ohne Titel aus Codex II von Nag Hammadi auftauchen, zeigen
dies zur Genüge. Gewisse Traditionsstücke stammen aus diesem
Kulturraum. Dorthin scheint auch ein Text wie die Adamapokalypse zu gehören einerseits wegen der sich zum Gnostizismus

---

[79] H.-M. Schenke. Die Herkunft des sog. Evangelium Veritatis (Berlin 1958).

entwickelnden Gedanken des Täufertums, andererseits wegen der iranischen Einschläge. Dieses syrische Kulturgebiet im weitesten Sinne darf aber für diese Zeit nicht identifiziert werden mit dem Gebiet der syrischen Schriftsprache, die damals im 2. Jh. noch in ihren Anfängen stand. Freilich hat sie in Bardesanes von Edessa, der ja in der Heimat des Syrischen lebte, schon einen namhaften gnostischen Vertreter um die Wende des 2. zum 3. Jh. besessen. Das Medium, das diese Gebiete mit Ägypten verband, war aber die Koinesprache des Ostmittelmeerraumes, das Griechische. Infolgedessen wird auch für einen koptischen Text, der nicht in koptischer Sprache selbst original abgefaßt ist, eine griechische Vorlage schon von vornherein wahrscheinlicher sein. Die Annahme einer Entstehung des Evangelium veritatis im Koptischen erscheint mir kaum möglich. Das Koptische ist seiner Struktur und seinem Wortschatz nach denkbar schlecht geeignet für die Entwicklung gnostischer Schriften. Die verschiedenen Übersetzungen des Johannesapokryphons zeigen zur Genüge die Unbeholfenheit und das Ringen des Übersetzers.

P. Nagel ist durch die Existenz einiger subachmimischer Texte in der Bibliothek von Nag Hammadi auf den Vergleich mit den Manichaica[80] und auf den Gedanken einer syrisch-koptischen Übersetzerschule geführt worden. Wahrscheinlich hat es gerade in der Gegend von Assiut (Lykopolis) viel ketzerische Strömungen gegeben, was auch die Manichäer, die sich in ihrer Mission ja immer sehr stark an die Sprache der jeweiligen Bevölkerung anschlossen, veranlaßte, ihre Schriften in den Dialekt dieser Gegend zu übersetzen[81]. Ihr geistvoller Bestreiter, der Neuplatoniker Alexander,

---

80 Zur direkten Übersetzung der Kephalaia aus dem Syrischen ins Koptische vgl. o. S. 375.

81 Dabei braucht nicht zu stören. daß die Acta Pauli und das Johannesevangelium ebenfalls subachmimisch erhalten sind; beide Texte sind für Häretiker auch als Lektüre durchaus geeignet.

stammt ja ebenfalls aus Lykopolis. Warum hat man aber nur einige wenige gnostische Texte ins Subachmimische übertragen, während der weitaus größere Teil in einem mehr oder weniger dialektisch gefärbten Sahidisch abgefaßt ist? Daß auch der Codex Berolinensis gnosticus, der schon seinem Format nach nicht zu der Bibliothek von Nag Hammadi gehört, die gleichen Eigenarten aufweist, ist beachtlich. Sind also die gnostischen Texte zunächst einmal ins Subachmimische übersetzt und von da aus zum größeren Teil in das als Literatursprache herrschende Sahidisch übertragen worden oder handelt es sich bei der Sprache der gnostischen Schriften überhaupt um eine von den Gnostikern gepflegte Literatursprache, die ihre Eigenarten hatte, im wesentlichen sahidisch, aber je nach der Person des Abschreibers oder Übersetzers dialektisch gefärbt war? Daß eine Religionsgruppe dialektische Eigenarten entwickelt, wissen wir ja aus den verschiedenen Spielarten des Soghdischen. M.E. ist diese Frage freilich erst erfolgreich zu lösen, wenn der Gesamtfund von Nag Hammadi veröffentlicht ist. Eine Übersetzerschule in Assiut anzunehmen, sollte durchaus am Platze sein; es ist damit auch durchaus verständlich, warum die Manichäer dort ihre Schriften übersetzten, wo sie bereits sehr günstige Vorformen gnostischen Denkens für sich fanden. Damit ist aber noch lange nicht wahrscheinlich, daß diese Übersetzerschule aus dem Syrischen und nicht aus dem Griechischen übersetzt hat. Zum mindesten haben wir in dem Turfanfragment M 2[82] eine direkte Erwähnung von der Mission des Adda, der nach Alexandria kam und dort sicher griechisch gesprochen hat. Und auch Alexander von Lykopolis hat doch wohl seine Gnostiker und Manichäer, die er bekämpft hat, auf griechisch gelesen! Für eine Mission, die sich nicht

---

82 F.C. Andreas - W. Henning, Mitteliranische Manichaica aus Chinesisch Turkestan II (Sitz.-Ber. d. Preuß. Akad. d. Wiss. Berlin 1933). S. 301ff.

nur an die koptisch sprechende Volksschicht wandte, muß auf
jeden Fall immer auch eine griechische Version notwendig gewesen sein.

ZUR APOKALYPSE DES PETRUS

Der Fund von Nag Hammadi hat in seinen dreizehn koptisch-gnostischen Codices überhaupt neue und zum Teil von bisher gleich betitelten Schriften vollkommen abweichende Texte ans Licht gebracht. Zu letzteren gehört die Petrusapokalypse. Unter diesem Titel ist nach der communis opinio ein Werk bekannt, das griechisch und äthiopisch, mit gewissen Abweichungen der Versionen, erhalten ist[1]. Unter gleichem Titel liegt auch eine arabische Schrift vor[2]. Mit beidem hat der Text aus Nag Hammadi Codex VII[3] nichts zu tun. Er gibt ein ὅραμα des Petrus wieder, das dieser im Ich-Stil vorträgt. Petrus erhält eine Offenbarung von Jesus. Darum heißt die Schrift "Petrusapokalypse", weil die Apokalypsen ja immer den Namen dessen tragen, an den sie gerichtet sind. Die letzten Worte Jesu sind hier eine Ermahnung an Petrus[4]: "Sei du nun stark und habe keinerlei Furcht. Denn ich werde bei dir sein, damit keiner deiner Feinde dich überwältige. Friede sei mit dir! Sei stark!" Auf dieses Gruß- und Mahnwort Jesu folgt ein Schlußsatz, über den im folgenden gehandelt werden soll, weil er m.E. noch nicht voll exegetisch erfaßt wurde.

Erstveröffentlichung in: Göttinger Miszellen 8 (1973) 11 - 13.

1   Übersetzung bei E. Hennecke - W. Schneemelcher. Neutestamentliche Apokryphen II (Tübingen 1964), S. 468 - 483.

2   The Apocalypse of Peter. ed. and transl. A. Mingana (Woodbrooke Studies 3,2, Cambridge 1931).

3   NH VII 70, 13 - 84. 14.

4   NH VII 84, 6 - 11.

VII 84, 11-12 lautet: ΝΑΪ ΝΤΑϤΧΟΟΥ ΑϤϢϢΠϾ ϾΡΑΪ ΝϨΗΤϤ
In seiner Ausgabe des Textes von 1973 hat M. Krause[5] diesen
Satz noch nicht richtig verstanden: "Als er das (pl.) gesagt
hatte, war er in ihm". Ebenso hatte A. Werner in der maschi-
nenschriftlich verbreiteten Übersetzung des Berliner Arbeits-
kreises für koptisch-gnostische Schriften und R.A. Bullard in
der provisorischen Bearbeitung für das Claremonter Unternehmen zur Herausgabe der Nag-Hammadi-Schriften den Satz miß-
deutet[6]. Die Frage ist: Gehört der Schlußsatz zum Bericht des
Petrus, so daß er eine Beurteilung der letzten Worte des Herrn
darstellt, oder ist es ein Satz, der unter die ὅρασις bzw. das
ὅραμα des Petrus einen Schlußstrich ziehen soll? M.E. ist das
letztere der Fall.

Zunächst ist zu untersuchen, ob ΝΤΑϤΧΟΟΥ und ΑϤϢϢΠϾ ko-
ordiniert sind oder Neben- und Hauptsatz darstellen. Grammatisch
wäre beides möglich. Wenn in B die Form ϾΤΑˊ auch als Tem-
poralis verwendet werden kann, dürfte das auch in vorklassischem
S bei ΝΤΑˊ möglich sein. Diese Auffassung scheinen die bisherigen Bearbeiter zu vertreten. Sie sehen den Nebensatz als
Vorvergangenheit an. Man sollte deshalb übersetzen: "Als er
dies gesagt hatte, kam er zu sich".   ΑϤϢϢΠϾ ϾΡΑΪ ΝϨΗΤϤ
dürfte dabei eine Lehnübersetzung des griechischen   ἐγένετο
ἐν αὐτῷ (bzw. ἑαυτῷ) sein. Zu diesem Ausdruck vergleiche man folgendes: Es ist bezeichnend, daß in den Varianten
zu Act 12,11 αὐτῷ und ἑαυτῷ wechseln. Die Bedeutung "zu
sich kommen" findet sich auch sonst, z.B. Soph. Philoct. 950
ἀλλὰ νῦν ἔτ' ἐν σαυτῷ γένου , Xen. Anab. 1,5,17 ἐν

---

5 In: F. Altheim - R. Stiehl, Christentum am Roten Meer II (Berlin 1973),
S. 152 - 179, 14.

6 In: The Nag Hammadi Library in English (Leiden 1977), S. 339 - 345,
ist inzwischen die von mir geforderte Übersetzung von "zu sich kommen" erkannt.

ἑαυτῷ ἐγένετο , Polyb. 1,49,8 ταχὺ δ᾽ ἐν ἑαυτῷ γενόμενος καὶ νοήσας τὸν ἐπίπλουν τῶν ὑπεναντίων
ἔκρινε παντὸς ἔργου πεῖραν λαμβάνειν ..., Charito
3,9,11 ταῦτα τὰ ῥήματα ψυχὴν ἐνέθηκε Διονυσίῳ
καὶ κατ᾽ ὀλίγον πάλιν ἐν ἑαυτῷ γενόμενος ἀκριβῶς
ἐπυνθάνετο πάντα . Daß diese Bedeutung auch für die
vorliegende Stelle anzunehmen ist, ergibt sich aus der Parallele
von Act 12,11. Act 12, 3-17 wird von der Gefangennahme des
Petrus und seiner Befreiung berichtet. Petrus wird so stark be-
wacht, daß mit einer Flucht nicht zu rechnen ist. Aber der Engel des Herrn befreit ihn und führt ihn hinaus. Petrus selbst
hält das Ereignis für ein Traumgesicht (ὅραμα). Erst nachdem
der Engel von ihm geschieden war, kam Petrus zu sich und sagte: "Jetzt weiß ich wirklich, daß der Herr seinen Engel gesandt
hat und mich aus der Hand des Herodes und aller Erwartung des
Volkes der Juden errettet hat". (καὶ ὁ Πέτρος ἐν ἑαυτῷ
[var. αὐτῷ] γενόμενος εἶπεν· νῦν οἶδα ἀληθῶς ὅτι
ἐξαπέστειλεν ὁ κύριος τὸν ἄγγελον αὐτοῦ καὶ ἐξ-
είλατό με ἐκ χειρὸς Ἡρῴδου καὶ πάσης τῆς προσδο-
κίας τοῦ λαοῦ τῶν Ἰουδαίων.)

Der Parallelismus von Act 12,11 und dem Schlußsatz der Petrusapokalypse dürfte eindeutig sein. Nach einem Erlebnis, das
apokalyptischen Charakter hat, "kommt" in der Apostelgeschichte Petrus wieder "zu sich"; der Engel des Herrn hatte sich ihm
gezeigt und ihn befreit. In der Petrusapokalypse hat der Herr
Petrus eine Offenbarung gegeben und, wie er es auch mit Jakobus getan hat, ihn auf die kommenden Probleme und seine Bedeutung bei ihrer Bewältigung hingewiesen. Nachdem die Apokalypse zu Ende ist, "kommt" Petrus "zu sich". Die Deutung
von A. Werner: "Als er dies sagte, war er in ihm (dem Geist)"
würde besagen, daß Petrus während der Apokalypse vom Geist
ergriffen war. "Im Geist" steht aber nicht da, wäre also sinn-

gemäß zu ergänzen. Das erübrigt sich jedoch durch die empfoh-
lene Deutung des Ausdrucks als γ[ν]εσθαι ἐν ἑαυτῷ . Es
bleibt noch die Frage, ob das Subjekt von Haupt- und Nebensatz das gleiche ist oder wer das Subjekt des Nebensatzes ist.
Man könnte den Nebensatz "als er dies gesagt hatte" ja auch
auf die letzten Worte Jesu beziehen, also Jesus als das Subjekt
des Nebensatzes betrachten. So hat es jetzt R.A. Bullard getan.
Man kann aber wohl auch hier Petrus als Subjekt annehmen,
gibt er doch nicht nur die an ihn gerichtete Apokalypse, also
die Worte des Herrn, wieder, sondern gehört zu seiner Rede
auch die Rahmenerzählung. Er spricht da ja in der 1. Person:
"(Jesus) sprach zu mir"[7]. Der letzte Satz besagt dann also,
daß Petrus im Zustand der Ekstase war, solange er die Offenbarung wiedergibt. Als er damit fertig war, kam er zu sich.

Das wichtigste Ergebnis der Exegese des Schlußsatzes dürfte aber sein, daß damit gezeigt werden kann, daß der Verfasser
dieser gnostischen Schrift bei der Gestaltung des Werkes auf
eine Erzählung der Apostelgeschichte zurückgegriffen hat.

7 NH VII 70, 20.

AUTOGENES

Zur Stellung des adjektivischen Attributs im Koptischen

Der Jubilar hat es als eine seiner Lebensaufgaben angesehen, uns eine gesicherte Kenntnis der ägyptischen Sprache zu verschaffen. Ein monumentaler Beitrag dazu ist seine "Altägyptische Grammatik"[1]. An eine dort mitgeteilte Beobachtung möchte ich anknüpfen, die bei der Interpretation koptischer Texte helfen und die Übersetzung der betreffenden Stellen verdeutlichen kann.

In den §§ 355 - 360 seiner Grammatik bespricht E. Edel, auf welche Weise das adjektivische Attribut dem Substantiv beigefügt wurde. Neben der im Altägyptischen allgemein üblichen Nachstellung des Adjektivs begegnet auch die Voranstellung, bei der das Substantiv mit der Genitivpartikel nj angeschlossen wird[2]. Diese Konstruktion wird auch im Mittelägyptischen verwendet, wenn auch selten[3]. Für das Neuägyptische läßt sich ein solcher Gebrauch für Zahlen nachweisen[4]. Im Koptischen ist die übliche Form zum Ausdruck des Attributs die Nachstellung des Adjektivs mit Einführung durch die Relationspartikel

Erstveröffentlichung in: Festschrift f. E. Edel. hrsg. v. M. Görg - E. Pusch (Bamberg 1979). S. 42 - 53 unter dem Titel: Zur Stellung des adjektivischen Attributs im Koptischen.

1 E. Edel. Altägyptische Grammatik (Analecta Orientalia 34. 39). Rom 1955 und 1964.

2 § 360. Für ḥḥ = S ⲍⲁⲍ vgl. § 399. Für das Zahlwort 1000 vgl. § 398.

3 A. Gardiner. Egyptian Grammar (3. Aufl. London 1957), § 94. 99.

4 A. Erman. Neuägyptische Grammatik (2. Aufl. Leipzig 1933. Neudr. Hildesheim 1968). § 247.

$\bar{N}^5$. Die ursprüngliche Form des nachgestellten Adjektivs ohne eine einführende Relationspartikel ist nur noch in Beispielen wie ΠϢΗΡϾ ϢΗⲘ "der kleine Junge" erhalten. Doch ist auch die Voranstellung des Adjektivs zu finden[6]. Die letztere Konstruktion ist viel seltener und beschränkt sich im allgemeinen auf gewisse Wörter wie z.B. viel, wenig, groß, klein, erster, letzter. Deshalb erheben sich folgende Fragen: 1. Ist ein solcher Gebrauch auf Wörter der angegebenen, bestimmten Bedeutungsgruppe ursprünglich beschränkt und hat sich erst später auch auf andere Wörter ausgedehnt und aus welchen Gründen? Ist ein innerer Sinn darin zu erkennen oder handelt es sich nur um eine Betonungsfrage[7]? 2. Da im Koptischen ein durch die Relationspartikel Ṉ einem Substantiv angefügtes Substantiv die Bedeutung eines Adjektivs erhält, entsteht für den Interpreten mitunter die Frage, ob von zwei so aufeinander folgenden Nomina das erste oder das zweite das Attribut darstellt, welches also Regens oder Rectum ist.

I.

Schon die Beispiele, die E. Edel bei der Behandlung der Methode der genannten Wortverbindung gibt, unterscheiden sich recht auffällig. Das erste, in dem ein Mengenbegriff so konstruiert wird, ist nicht weiter überraschend: ꜥš3 pw nj 3pd "das sind viele Vögel". Problematischer ist das zweite Beispiel. Hier wird von einer Gans gesagt, daß sie ḥrj-ẖ'tf nj r "die auf ihrem Bauch befindliche r-Gans" ist. Es handelt sich dabei wahrschein-

---

5 W.C. Till, Koptische Grammatik (4. Aufl. Leipzig 1970), § 114. L.Stern, Koptische Grammatik (Leipzig 1880). § 186.

6 Till, a.a.O., § 117. 119. Stern, a.a.O. § 187.

7 Vgl. Stern, a.a.O. § 188.

lich um Mastgänse. Bezeichnend ist, daß der Ausdruck dafür ein zusammengesetzter ist. Für den Betrachter ergibt sich deutlich, daß hier verschiedene Arten von Gänsen und ihre Qualifizierung angesprochen sind. Das vorangestellte Adjektiv soll doch wohl die auf diese Art behandelten Gänse von den anderen abgrenzen. So kommt man also zu zwei sehr verschiedenartigen Wortgruppen, die in solcher Konstruktion begegnen und die im Typ sich auch im Koptischen wiederfinden. Auf der einen Seite stehen Grundwörter, die zum Urbestand einer Sprache gehören. Groß und klein, viel und wenig, erster und letzter sind Unterscheidungsmerkmale, die so wesentlich sind, daß sie von Anfang an als Grundunterscheidungsmittel der Sprache gebraucht werden. Die durch sie qualifizierten Substantive werden gegenüber anderen in ihrem Wesen abgegrenzt. So mag es zu der Besonderheit dieser Konstruktion gekommen sein, vor allem, wenn man im ersten Teil zugleich ein substantiviertes Adjektiv sehen kann. Daß solche limitierenden Bezeichnungen eine eigene Wortgruppe bilden, ist auch aus anderen Sprachen, die nicht mit dem Ägyptischen verwandt sind, bekannt. Es handelt sich z.B. im Altarmenischen bei den Adjektiven, die Endungen der Pronominalflexion angenommen haben, doch um denselben Typ von Ausdrücken wie die, von welchen wir gesprochen haben: erster, letzter, rechts, links, doppelt, alt, neu, ander[8]. Das kann dazu veranlassen, in der Konstruktion solcher Wörter, gerade weil sie so allgemeinen Charakter haben, den Ausgangspunkt für eine weitergehende Verwendung dieser Konstruktion zu sehen.

Denn über diese Wörter hinaus wird die Konstruktion auch ausgedehnt auf andere Adjektive, die nicht so allgemeinen Charakter haben, aber dafür speziellere Gruppen abgrenzen. So be-

---

8   H. Jensen, Altarmenische Grammatik (Heidelberg 1959), § 159. Man vergleiche auch das moderne Französisch.

deutet z.B. "weise" eine Abgrenzung nach der Intelligenz, "heilig" und "selig" eine solche nach religiösem Maßstab, "unsterb-
lich" eine Abgrenzung vom metaphysischen Denken ausgehend,
"gut" vom moralischen u.a. Ist eine solche Abgrenzung nicht
aber auch schon durch die einfache Anfügung des Adjektivs
auf die übliche Weise gegeben? Man muß ja daran denken, daß
die Adjektive, die so vorangestellt werden können, ebenso, wenn
auch nicht so häufig, in Nachstellung vorkommen. Es scheint,
daß bei den Grundwörtern sich die Voranstellung im allgemeinen gehalten hat und daß ein darüber hinaus gehender Gebrauch
der Voranstellung in der Tat auf Fälle beschränkt ist, die eine
starke Abgrenzung des durch das Attribut beschriebenen Nomens
bewirken wollen und somit eine besondere Betonung erfordern.
So findet sich z.B. Mt 12,35 (bo)   ΠΙΑΓΑΘΟϹ ΝΡѠΜΙ ϬΒΟΛ
ϨϬΝ ΠϬϤΑϨΟ ΝΑΓΑΘΟΝ   ѠΑϤΤΑΟΥΟ ΜΠΙΑΓΑΘΟΝ ϬΒΟΛ   "der
gute Mensch bringt aus seinem guten Schatz das Gute hervor"
(sa hat ΠΡѠΜϬ N̄ΑΓΑΘΟϹ). Auffällig an diesem Beispiel ist zugleich, daß bei Mensch das "gut" voransteht, bei Schatz aber
das "gut" nachgestellt ist, ein Zeichen dafür, daß die Abgrenzung ein absolutes Charakteristikum dieser betonenden Voranstellung ist.

    In den gnostischen Texten liegt es schon vom Inhalt her
sehr nahe, daß scharfe Abgrenzungen stattfinden. Das bedingt
der Dualismus, der dem gnostischen Denken zugrunde liegt.
Aber auch der Versuch einer scharfen, scheinbar logischen Er-
schließung des Gottesbegriffs kann eine ähnliche Ausdrucksweise
benötigen. Wenn in dem Tractatus tripartitus z.B.   ΟΥΧΑϬΙϹ
N̄ΪѠΤ steht[9], so heißt das nicht "ein väterlicher Herr", sondern
"ein Vater im eigentlichen Sinn". In der griechischen Vorlage

___

9 Nag Hammadi I 51. 20.

stand an dieser Stelle das Adjektiv κύριος , das wegen seiner Identität mit κύριος "Herr" im Koptischen durch das
Substantiv ⳜⲀⲉⳒ Ⲟ "Herr" wiedergegeben wurde. Hier ist also
von zwei aufeinander folgenden Nomina das erste als Adjektiv
zur Bestimmung des zweiten benutzt worden. Es könnte wohl
kaum eine schärfere Abgrenzung geben als die Aussage, daß
Gott "der Vater im eigentlichen Sinn" ist. Ähnlich scheint es
auch bei anderen Adjektiven zu sein, die in diesen Texten verwendet werden. Als Beispiel sei noch τέλειος   genannt: es
begegnen ⲠⳒⲦⲉⲗⳒⲞⲤ ⲚⲀⲗⲞⲨ "das vollkommene Kind"[10] oder
ⲠⲦⲉⲗⳒⲞⲤ ⲚⳜⲎⲢⲉ "der vollkommene Sohn"[11]. Das entspricht
ganz der Entwicklung, die vorher aufgezeigt wurde: "Vollkommenheit" ist ein besonderes Charakteristikum, vor allem für
die Gnostiker. Noch ein charakteristisches Beispiel! In der Schrift
"Zostrianos" ist die Rede vom κοσμοκράτωρ   der wahrnehm-
baren Welt[12]. Würde man das folgende ⲚⲚⲞⲨⲦⲉ mit "göttlich" übersetzen, so besagte dieses Attribut sehr wenig. Ist es
hier deshalb nicht viel besser zu übersetzen: "der Weltherrscher-
gott"? Wiederum wäre hier innerhalb der Gruppe der Götter
einem eine spezielle Funktion zugewiesen, die ihn von den anderen Göttern abgrenzt. Und genau das will die Stelle besagen!
Eine solche Abgrenzung macht strukturell denselben Eindruck
wie das schon von Edel für das Altägyptische angeführte Beispiel, das durch ein zusammengesetztes Wort bestimmte Gänse
unterscheiden soll.

10 NH VIII 2, 9.
11 NH XIII 38, 22.
12 NH VIII 1, 18.

II.

In diesem Abschnitt soll an einem markanten Beispiel nun
das zweite der genannten Hauptprobleme noch verdeutlicht werden. ⲠⲀⲨⲦⲞⲄⲈⲚⲎⲤ ⲚⲚⲞⲨⲦⲈ   wurde von den Herausgebern des
Ägypterevangeliums von Nag Hammadi[13] sowie des Johannesapokryphons[14] mit "der göttliche Autogenes" übersetzt. Diese
Übertragung ist grammatisch durchaus einwandfrei, doch erhebt
sich die Frage, ob nicht besser übersetzt werden sollte: "der
Autogenes-Gott, der von selbst entstandene Gott". Dann würde
αὐτογενής unter die im voranstehenden Abschnitt besprochenen Nomina fallen. Es geht dabei um die Beantwortung der
Frage, ob entweder von anderen Größen des gnostischen Mythos
durch ein in besonderer Weise charakterisierendes Adjektiv diese
Gottheit als ein besonders gearteter Typ von Gottheit abgegrenzt
oder ob eine mit einer besonderen Eigenschaft benannte Figur
als göttlich bezeichnet werden soll. Der Umstand, daß die gleiche Figur auch allein mit dem substantivierten Adjektiv ausgedrückt wird, lenkte die Übersetzer zur Annahme der zweiten
Möglichkeit. Doch wurde dabei nicht beachtet, daß ⲚⲞⲨⲦⲈ
"Gott" in den gnostischen Schriften nicht eine für die Gnostiker echte Qualifikation, nämlich zum Guten, ausdrückt; "Gott"
kann genauso gut der Gott des Alten Testaments sein, der in
der Adamapokalypse von Nag Hammadi die Menschen, die ihn

13 Nag Hammadi Codices III.2 and IV.2: The Gospel of the Egyptians. ed.
A. Böhlig - F. Wisse - P. Labib (Nag Hammadi Studies 4). Leiden 1975.

14 Die drei Versionen des Apokryphons des Johannes im Koptischen Museum
zu Alt-Kairo, hrsg. v. M. Krause - P. Labib, Wiesbaden 1962. W.C. Till - H.-M.
Schenke haben in ihrer Bearbeitung des Berolinensis gnosticus (Die gnostischen
Schriften des koptischen Papyrus Berolinensis gnosticus 8502. hrsg. v. W.C. Till.
2. Aufl. v. H.-M. Schenke. Berlin 1972) die doppelte Übersetzungsmöglichkeit
erkannt. aber nur BG 32. 9 ⲀⲨⲦⲞⲄⲈⲚⲎⲤ als Adjektiv übersetzt, dagegen "gött-
licher Autogenes" BG 31.18; 32.5; 33.2.

übertreffen, in Mann und Frau trennt[15]; er wird ja direkt als "Archon der Äonen" benannt. Im Gegensatz dazu wird gerade vom λόγος, αὐτογενής im Ägypterevangelium gesagt, daß er der "Gott der Wahrheit" sei[16]. Aus solchem Gebrauch von ΝΟΥΤΕ ist zu entnehmen, daß "göttlich" nur eine recht allgemeine, belanglose Aussage für eine mythische Figur ist, während die abgrenzende oder auch differenzierende Beschreibung einer Größe, die zu dem recht allgemeinen Bereich "Götter" gehört, wesentlich bedeutungsvoller ist. Um so interessanter ist für uns das Auftauchen einer Übersetzung von αὐτογενής θεός in einem Text von Nag Hammadi; so heißt es in der "dreifachen Protennoia": ΑΥϹΜΟΥ ΑΠΤΕΛΙΟϹ ΝϢΗΡΕ ΠΕΧC ΠΝΟΥΤΕ ΠΑΪ ΕΝΤΑϤϢϢΠΕ ΟΥΑΑΤϤ "sie priesen den vollkommenen Sohn, den Christus, den Gott, der von selbst entstanden ist"[17]. Hier wird also der vollkommene Sohn als αὐτογενής θεός bezeichnet. Ob Christus an dieser Stelle ein Einschub ist, spielt für unser Problem hier keine Rolle. Für seine Benennung als Gott vergleiche man Ignatius von Antiochia[18]. In unserem Text folgt in den Zeilen 23 - 30 der Lobpreis; in ihm wird ausdrücklich von der Selbstentstehung gesprochen:

Und sie priesen ihn und sprachen:

"Er ist! Er ist! Der Sohn Gottes, der Sohn Gottes.

Er ist es, der ist, der Äon der Äonen,

blickend auf die Äonen, die er erschaffen hat.

Denn du bist durch deinen eigenen Willen entstanden[19].

---

15 NH V 64, 17ff.

16 S. u. S. 407 f.

17 NH XIII 38, 22f.

18 W. Bauer, Wörterbuch zum Neuen Testament (5. Aufl. Berlin 1958), Sp. 706.

19 ΧΠϹ kann auch γίνεσθαι wiedergeben. Innerhalb der Bibel ist im Paralleltext der Dialektversionen Wechsel mit ϢϢΠΕ zu beobachten; vgl. W.E. Crum, A Coptic Dictionary (Oxford 1939), s. v.

Deswegen preisen wir dich.

ΜΔ ΜΩ ΩΩΩ εἶ ἀεὶ ὄν[20] εἶ

Du Äon der Äonen:

Du Äon, der sich gegeben hat"[21].

Die Wiedergabe von αὐτογενὴς θεός durch den koptischen Übersetzer nötigt uns zur Nachprüfung der entsprechenden Stellen in Ägypterevangelium und Johannesapokryphon. Der Kritiker hat ja durchaus das Recht, die koptische Übersetzung zu prüfen. Es wird sich aber zeigen, daß aus diesen der Protennoia nahestehenden Texten die Auffassung von Nag Hammadi XIII bestätigt werden kann.

Auch vom höchsten Gott, dem unsichtbaren Geist, wird ausgesagt, daß er einer ist, der aus sich selbst entsteht. Man bedient sich dabei der etwas künstlichen Bildung αὐτογένιος im Griechischen, die in der koptischen Übersetzung des Ägypterevangeliums in Codex III als ein mit N̄ angehängtes Adiectivum übernommen wird[22]. Daß davor noch N̄ΔΥΤΟΓΕΝΗϹ eingeschoben ist, dürfte wohl auf eine kommentierende Randbemerkung zurückgehen, die in den Text geraten ist. In der Version des Codex IV ist αὐτογένιος durch ΠΙΧΠΟ ΕΒΟΛ Μ̄ΜΟϤ ΜΔΥΔΔϤ "der aus sich selbst entsteht" wiedergegeben[23], einem appositionell beigefügten Ausdruck. Diese Beschreibung des Urvaters als "von selbst entstanden" ist auch in der Sophia Jesu Christi zu finden, wo er als "der von selbst entstandene Äon" beschrie-

---

20 Vgl. E. Schwyzer, Griechische Grammatik I (3. Aufl. München 1959), S. 609. Anm. 6, wo für αὐτόν und ὄν im Neutrum auf E. Mayser, Grammatik der griechischen Papyri aus der Ptolemäerzeit I 2 (2. Aufl. Leipzig 1938), S. 66ff., verwiesen wird.

21 Eigenartig ist, daß im gleichen Text NH XIII 39, 6 der gleichen Gottheit, Christus, das Prädikat ΠΝΟΥΤΕ ΝΤΔΥΧΠΟϤ "der geschaffene Gott" beigelegt wird. Soll an dieser Stelle etwa nur die Tatsache der Entstehung angesprochen werden, ohne daß die Selbstentstehung zur Diskussion steht?

22 NH III 41, 5f.

23 NH IV 50, 18f.

ben wird. An dieser Stelle ist αὐτογενής vorangestellt: ΠΙΑΥΤΟ-
ΓΕΝΗϹ Ν̄ΑΙⲰΝ 24. Hier ist der adjektivische Charakter eindeutig.

Im Ägypterevangelium wird als αὐτογενής insbesondere
der Logos bezeichnet. Deswegen und, weil der Ausdruck sub-
stantiviert erscheint, hielt man ihn für das Substantiv und sah
entsprechend in Ν̄ΝΟΥΤΕ das Attribut. Allein wird αὐτογενής
für den Logos III 50,22 = IV 62,22; III 57,26 (IV zerstört); III
62,26f. = IV 74,12 gebraucht. Selbständig, ohne Beifügung von
Logos, aber für diesen steht ΠΑΥΤΟΓΕΝΗϹ Ν̄ΝΟΥΤΕ   (III) =
ΠΙΑΥΤΟΓΕΝΗϹ Ν̄ΝΟΥΤΕ (IV) "der von selbst entstandene Gott"
III 52,8 = IV 64,1; III 52,15f. = IV 64,9f.; III 68,16 (IV zerstört);
als Apposition zu Logos ist es III 49,17f. = IV 61,19; III 50,19
= IV 62,17f. zu finden. Adjektivisch wird αὐτογενής nach Logos
gestellt IV 65,6 = III 53,13: ΠΙΝΟϬ   Ν̄ⲰΑΧΕ   Ν̄ΑΥΤΟΓΕΝΗϹ
(IV) "der große von selbst entstandene Logos". Hier wird die
Nachstellung und Anknüpfung mit Ν̄ schon deshalb gebraucht,
weil der Platz vor Logos durch ΝΟϬ   besetzt ist. In III ist
αὐτογενής appositionell nachgestellt: ΠΝΟϬ Ν̄ΛΟΓΟϹ ΠΑΥΤΟ-
ΓΕΝΗϹ   . Diese Art, das adjektivische Attribut anzuschließen,
ist auch sonst gelegentlich im Koptischen zu beobachten25.

Die Verbindung von αὐτογενής   und Gott gewinnt m.E.
erst durch die Stellen das rechte Licht, in denen Gott noch
besonders qualifiziert wird, so III 55,5f. bzw. IV 66,17ff.
(III) ΠΝΟϬ   Ν̄ΑΥΤΟΓΕΝΗϹ ΕΤΟΝϨ   ΠΝΟΥΤΕ Ν̄ΤΜΗΕ
(IV) ΠΙ[ΝΟϬ Ν̄ⲰΑΧΕ] Ν̄ΑΥΤΟΓΕΝΗϹ ΕΤ[ΟΝϨ   ΠΙΝΟΥΤΕ]
                                        Ν̄ΤΕ ΤΜ̄ΝΤΜΕ 26
"der große lebendige von selbst entstandene (Logos), der Gott

24 BG 108. 16f.
25 Vgl. Stern, a.a.O. § 230.
26 Ebenso IV 60, 1ff., wo III zerstört ist.

der Wahrheit". Vergleicht man mit dieser Stelle die folgende, so kommt man immer mehr zu der Überzeugung, daß es sich bei dem selbständigen substantivischen Gebrauch um Ellipsen handeln muß. III 65,13f. bzw. IV 77,9f.:

(III) ΠΑΥΤΟΓΕΝΗC   ΕΤΟΝ2   ΠΝΟΥΤΕ Ñ̄ΤΜΗΕ

(IV) ΠΙΑΥΤΟΓ⸌Ε⸍Ν[ΗC Ε]ΤΟΝ⸌2⸍] ΠΝΟΥΤΕ 2Ν OYMÑ̄ΤΜΕ [27]

"der lebendige von-selbst-Entstandene, der. Gott der Wahrheit". Bei all diesen Stellen geht es um Aussagen, die einen in der Lichtwelt wirkenden Gott, den Gott der Wahrheit, dahingehend charakterisieren wollen, daß er als vornehmste Qualität besitzt, von selbst entstanden zu sein, und nicht etwa wie Adamas im Ägypterevangelium durch eine Hilfsgottheit geschaffen zu sein[28]. Man grenzt also diesen so gearteten Gott gegen die Gruppe der "Götter schlechthin" ab. Da diese Charakterisierung von so großer Bedeutung ist, kann man die Bezeichnung elliptisch gebrauchen, so wie man für "die rechte Hand" einfach "die Rechte" sagt. In dem hymnischen Abschnitt des Ägypterevangeliums, in dem ja wohl Jesus angeredet ist, wird αὐτογενής als nachgestelltes Adjektiv III 66,24 verwendet, während IV 79,6f. übersetzt: ΕΥΧΠΟ Ε[ΒΟΛ Μ̄ΜΟΥ ΜΑΥ⸌Ι⸍ΑΑΥ ΠΕ   "indem er ein von selbst Entstandener ist".

αὐτογενής bezeichnet also eine bestimmte Gruppe von Göttern, den höchsten Gott, den Logos, Jesus, so daß es adjektivisches Attribut für mehrere Götter ist; doch bedeutet es ein besonderes Charakteristikum des die Lichtwelt gestaltenden Gottes.

---

27 Der Ausdruck 2Ν OYMΝ̄ΤΜΕ war in der griechischen Vorlage wahrscheinlich präpositionales Attribut; vgl. Schwyzer, a.a.O. II 417; F. Blass - A. Debrunner, Grammatik des neutestamentlichen Griechisch (15. Aufl. Göttingen 1979), § 272.

28 Vgl. auch A. Böhlig, Zum "Pluralismus" in den Schriften von Nag Hammadi, o. S. 237.

War die Untersuchung des Attributes αὐτογενής im Ägypterevangelium verhältnismäßig eindeutig, so ist sie für das Johannesapokryphon viel schwieriger, weil die Sachlage komplizierter ist. Beide Texte behandeln ja ausführlich die mythischen
Aufgaben, die der Logos zu bewältigen hat. Im Ägypterevangelium hat man ihn durch Interpolation zum Sohn des sogenannten großen Christus gemacht[29]. Im Johannesapokryphon ist dagegen die Stellung, die im Ägypterevangelium der Logos einnimmt, Christus übertragen; doch scheint auch hier die alte
Mythologie gelegentlich noch durch[30]. Aus der Zuwendung zum
unsichtbaren Geist gebiert die Barbelo, die Partnerin des höchsten Gottes, einen Lichtfunken, der Erstgeborener und Einziggeborener ist. Die besonders betonte Eigenschaft von ihm aber
ist, daß er "von selbst entstanden" ist. Der Geburtsakt ist ebenso wie die Erzeugung spiritualisiert. Parallel zum Ägypterevangelium schließt sich die Entstehung dieser Größe an das Erscheinen der Pronoia an. Dieser von selbst Geborene wird mit
Christus identifiziert. Zwar erhält dieser den Logos als Mittel
für die Schöpfung, doch ist er, der Christus, αὐτογενής bzw.
αὐτογένητος [31]. Seine Entstehung, die noch vor der Salbung
zum Christus erfolgte, wird so geschildert:

Berolinensis gnosticus 30,6 ΠΑΥΤΟΓΕΝΗΤΟΣ ⲚⲚⲞⲨⲦⲈ

Nag Hammadi III 9,17 ΠΑΥΤΟΓΕΝΗⳞ ⲚⲚⲞⲨⲦⲈ

Nag Hammadi II 6,17 Π[ⲬⲠⲞ] ⲞⲨⲀⲀⲦϤ .

Die zuletzt genannte Version bietet also im Gegensatz zu den
beiden anderen eine koptische Übersetzung "der von selbst entstanden ist" anstelle des griechischen Adjektivs ohne beigefüg-
tes ⲚⲚⲞⲨⲦⲈ . Man findet im Johannesapokryphon also für Chri-

---

29 NH IV 60, 7f. (III ist zerstört).
30 Vgl. NH II 6, 10ff. ~ III 9, 10ff. ~ BG 30, 1ff.
31 Für diese Form vgl. BG 30,6; 34,15.

stus entweder die Bezeichnung ΠΑΥΤΟΓΕΝΗϹ ⲚⲚⲞⲨⲦⲈ   oder
ΠΑΥΤΟΓΕΝΗϹ . Auf jeden Fall ist Christus also ein Gott, der
die besondere Eigenschaft besitzt, daß er von selbst entstanden
ist. An einer anderen Stelle könnte man zunächst zweifeln, ob
hier ΠΙΑΥΤΟΓΕΝΗϹ ⲚⲚⲞⲨⲦⲈ   auf Christus zu beziehen ist[32].
Es ist die Rede davon, daß dem sich verkörpernden Willen des
unsichtbaren Geistes der Logos folgt, durch den Christus alle
Dinge geschaffen hat. Dann heißt es: "der Autogenes-Gott, das
ewige Leben und der Wille, der Nus und die Voraussicht, sie
stellen sich hin" usw. Im Gegensatz zu M. Krause, dem Herausgeber der Nag-Hammadi-Versionen des Johannesapokryphons,
der Autogenes-Gott als Apposition zum Christus des vorangehenden Satzes ziehen will, möchten W.C. Till und H.-M. Schenke,
die Herausgeber des Berolinensis gnosticus, den Ausdruck so,
wie angeführt, verbinden[33]. Bereits die koptischen Übersetzer
bzw. die ihnen vorliegenden griechischen Texte scheinen sich
hier nicht klar gewesen zu sein. Daß der von selbst entstandene Gott aber auch hier Christus ist, geht aus dem Zusammenhang hervor. Er ist an dieser Stelle, bei Einbeziehung in die
angeführte Reihe, der vom Logos in den Christus umgewandel-
te Gott. Daß eine solche Transformation vorliegt, kann man
aus der Reihe erkennen, die im Ägypterevangelium III 42,7ff.
= IV 51,25ff. den Logos neben das ewige Leben und den Willen stellt. Im Johannesapokryphon ist eben alles Traditionsgut,
das den Logos im Sinne des Ägypterevangeliums beinhaltet,
auf Christus umgeformt. Der von selbst entstandene Gott ist
also zum ersten Glied der Reihe geworden, die den unsichtbaren Geist und die Barbelo preist. Wenn im folgenden von
der Ehrung gesprochen wird, die dem "Autogenes-Gott, Chri-

---

32 NH III 10, 21ff. ~ BG 30, 15ff. ~ NH II 7, 11ff.
33 BG 31, 18 Übersetzung.

stus" zuteil wird, so kann man von da aus auf die vorangehende Stelle zurückschließen. Den Schlüssel bietet die Aussage,
daß der von selbst entstandene Gott ein Sohn der Barbelo ist.
Die Übersetzung der fraglichen Sätze dürfte folgendermaßen
lauten:

NH III 11, 3-6 "Der große unsichtbare Geist vollendete den
   von selbst entstandenen Gott[34], den Sohn der Barbelo,
   zur Hilfe[35] für den großen unsichtbaren Geist".

NH II 7, 15-19 "Der heilige Geist und die Barbelo vollen-
   deten den von selbst entstandenen Gott, seinen Sohn,
   damit er dem großen und unsichtbaren, jungfräulichen
   Geist helfe"[36].

BG 32, 3-8 "Vom Geist wurde der ewige von selbst entstandene Gott[37], der Sohn der Barbelo, vollendet. Denn
   er half[38] ihm, dem ewigen, jungfräulichen unsichtbaren
   Geist".

An einer weiteren sich anschließenden Stelle könnte man
meinen, daß nun die Identifizierung des Christus mit dem von
selbst entstandenen Gott nicht mehr durchgeführt sei. Nag Hammadi III 11,15ff.[39]: "Aus dem Licht - d.i. Christus - und der
Unvergänglichkeit durch die Gabe des unsichtbaren Geistes tra-
ten seine vier großen Leuchter durch den von selbst entstandenen
Gott in Erscheinung". Aus dem Ägypterevangelium wissen wir,
daß die vier Leuchter Harmozel, Orojaël, Davithe und Eleleth

---

34 Vor Z. 4 ergänze Μ vor ΠΑΥΤΟΓ6ΝΗС.

35 6ΥΠΛΡΑCΤΑCΙC   . Vgl. G.W.H. Lampe, A patristic greek lexicon (Oxford 1961) s. v. Vgl. auch παρ〔σταμαι "helfen".

36 Wörtlich· "daß er sich hinstelle".

37 An dieser Stelle steht ΝΑΥΤΟΓ6ΝΗС nach ΠΝΟΥΤ6.

38 Wörtlich: "Er trat zu ihm".

39 Die Parallelstellen BG 32, 19ff. und NH II 7, 30ff. entsprechen dem Text
in dem, worauf es uns hier ankommt.

auf die Bitte des Logos hin durch die Mittlergottheit Prophaneia geschaffen werden[40]. Wenn also im angeführten Text das
Licht, aus dem die Leuchter entstehen, mit Christus identifiziert wird, dann aber noch hinzugefügt wird, daß sie "durch
den Autogenes-Gott" in Erscheinung treten, möchte man annehmen, daß entweder Christus ganz einfach an der falschen
Stelle eingefügt worden ist oder daß bei der christlichen Um-
arbeitung des Abschnitts sehr breit und schwerfällig möglichst
viel in den Satz hineingezwängt werden sollte, so daß man mit
dem Autogenes-Gott auch an dieser Stelle eine Spezifizierung
von Christus einführen wollte.

Wenn der Autogenes-Gott so mit Christus identifiziert wird,
darf es nicht verwundern, wenn er wie dieser als Urschöpfer
auch zum ΠΑΥΤΟΓΕΝΕΤΩΡ N̄X̄C̄   gemacht wird (Nag Hammadi
III 12,20 = Berolinensis gnosticus 34,11), während an der Pa-
rallelstelle Nag Hammadi II 8,22 einfaches αὐτογενής steht,
wobei der Sinn nicht mehr verstanden worden ist. An der Stelle, wo Berolinensis gnosticus 34,8f. vom ΠΑΥΤΟΓΕΝΕΤΩΡ N̄NOYTE
spricht, haben demgegenüber die Versionen Nag Hammadi III
12,17f. und II 8,21 ΠΑΥΤΟΓΕΝΗC N̄NCYTE.

Selbstverständlich wird auch im Johannesapokryphon der Aus-
druck ΠΑΥΤΟΓΕΝΗC elliptisch gebraucht, so z.B. Nag Hammadi
III 12,24 = Berolinensis gnosticus 34,15 = Nag Hammadi II 8,26;
Nag Hammadi III 13,1 ∼ Berolinensis gnosticus 34,17 ∼ Nag
Hammadi II 8,31f.; Nag Hammadi III 13,14 = Berolinensis gno-
sticus 35,17f. = Nag Hammadi II 9,10.

Eine Kontamination von Konstruktionen stellt schließlich
Nag Hammadi III 13,6 dar: ΠΝΟ6 N̄ΑΥΤΟΓΕΝΗC N̄NOYTE N̄X̄C̄.
Hier scheint Nag Hammadi II 9,1f. einen ursprünglicheren Text
zu bieten: ΠΝΟ6 ΠΑΥΤΟΓΕΝΗC ΠΕΧ̄C̄   "der große Autogenes

---

40 NH III 51, 14 - 22 = IV 63. 8 - 17.

Christus", während es Berolinensis gnosticus 35,8 heißt: ΠΝΟϬ
ΝΝΟΥΤΕ ΠΑΥΤΟΓΕΝΕΤΩΡ ΝΧC   "der große Gott, der von
selbst schaffende Christus". Diese beiden Lesarten scheinen
in Nag Hammadi III vermischt worden zu sein.

Auch aus "Zostrianos" können Beispiele für Autogenes-Gott,
wie oben behandelt, angeführt werden, so Nag Hammadi VIII
6,8ff.; 6,21; 7,1ff.; 19,6ff.; 30,7ff.

Der vorstehende Versuch hat gezeigt, daß die Konstruktion
des vorangestellten Attributs zur Abgrenzung des betroffenen
Nomens dienen sollte. Sie dürfte von allgemeinen Grundwörtern ausgegangen sein, um dann zur schärferen Abgrenzung spe-
zieller Charakteristika geführt zu haben. Dabei werden besonders Wörter betroffen, die für die Denkweise bestimmter Li-
teraturen von besonderer Wichtigkeit sind. In den gnostischen
Texten hat sich die Aussage, daß ein Gott die bestimmte Qualität besitzt, ein αὐτογενής zu sein, als entscheidendes Ab-
grenzungsmerkmal herausgestellt.

DAS PROBLEM ARAMÄISCHER ELEMENTE
IN DEN TEXTEN VON NAG HAMMADI

Schon bald nach der Auffindung und den ersten Interpretationen der koptisch-gnostischen Schriften von Nag Hammadi stellte sich das Problem ihrer Ursprache. Denn, daß diese Texte auf koptisch verfaßt worden wären, schien schon infolge der Unbeholfenheit der koptischen Sprache unwahrscheinlich zu sein. Vielmehr weisen die komplizierten Gedankengänge vieler dieser Schriften schon in ihrer Ausdrucksform auf die griechische Schule hin, deren Bildung auch Ägypter in ihren Bann zog und aus ihnen sog. Gräkoägypter machte[1]. Auch die christlichen Theologen verwandten, was sie dort gelernt hatten. Nicht ohne Grund verfaßten sie ihre theologischen Werke in Ägypten auf griechisch, während die koptische Sprache, die ja aus der heimischen Volkssprache erwuchs, in erster Linie außer dem liturgischen Gebrauch zur Verbreitung erbaulicher Literatur diente.

Anders gingen die Manichäer vor, die im 3. Jh. bereits nicht nur nach Alexandria[2], sondern auch nach Oberägypten gelangten und wahrscheinlich in Assiut (Lykopolis)[3] ein Mis-

---

Erstveröffentlichung in: Studien zu Sprache und Religion Ägyptens (Festschrift f. W. Westendorf), hrsg. v. F. Junge (Göttingen 1984) S. 983 - 1011.

1 A. Böhlig, Die griechische Schule und die Bibliothek von Nag Hammadi, s. o. S. 251 - 288.

2 Vgl. das mittelpersische Fragment M 2 in: F.C. Andreas - W. Henning, Mitteliranische Manichaica aus Chinesisch Turkestan II (Sitz.-Ber. d. Preuß. Akad. d. Wiss. Berlin 1933), S. 301f.

3 Nicht ohne Grund hat der aus Lykopolis stammende Neuplatoniker Alexander (um 300) eine scharfsinnige Streitschrift gegen die Manichäer verfaßt (ed. A. Brinkmann, Leipzig 1895).

sionszentrum errichteten. Gemäß der Missionsmethode Manis
wurden auch in Ägypten sowohl kanonische Werke des Meisters
als auch erbauliche, katechetische und liturgische Bücher aus
dem Syrischen in die geläufigen Sprachen des Landes übersetzt.
Der Kölner manichäische Codex ist Zeuge für eine Übersetzung
ins Griechische[4]. Der koptisch-manichäische Fund von Medinet
Madi[5] bezeugt die Verwendung des assiutischen, auch Subachmimisch genannten Dialekts als koptische Form der autochtho-
nen ägyptischen Missionssprache bei den Manichäern. So mag es
sich auch erklären, wenn diese Bibliothek an einem von Assiut
verhältnismäßig weit entfernten Ort im Fajum gefunden wurde.
Die Frage, ob dabei aus dem Syrischen direkt ins Assiutische
übersetzt wurde oder ob man den Weg über das Griechische
wählte, ist wohl zugunsten der letzteren Möglichkeit zu ent-
scheiden, weil ja an den gleichen Orten griechisch und koptisch sprechende Bewohner Ägyptens erreicht werden sollten.
Daß auch einige sehr kleine syrische Fragmente gefunden worden sind, besagt nichts für die Lösung der Frage; auch die
Übersetzung ins Griechische dürfte ja erst am Ort vorgenommen worden sein[6]. Die Manichäer haben sich um ein gut stili-
siertes Griechisch bemüht. Gegenüber Einwirkungen semitischen
Satzbaus, die ich "mit großer Vorsicht" im Kölner Codex glaub-

4 Ausgabe von A. Henrichs - L. Koenen. Ztschr. f. Papyr. u. Epigr. 19 (1975)
1 - 85; 32 (1978) 87 - 199; 44 (1981) 201 - 318; 48 (1982) 1 - 59. Vgl. auch
den Forschungsbericht: Ein griechischer Mani-Codex (P. Colon. inv. nr. 4780)
ebenda 5 (1970) 97 - 216.

5 C. Schmidt - H.J. Polotsky. Ein Mani-Fund in Ägypten (Sitz.-Ber. d. Preuß.
Akad. d. Wiss. Berlin 1933). S. 4 - 90. A. Böhlig. Die Arbeit an den koptischen
Manichaica, in: Mysterion und Wahrheit (Leiden 1968). S. 177 - 187. A. Böhlig
- J.P. Asmussen. Die Gnosis. 3. Bd.: Der Manichäismus (Zürich 1980) (vgl. dort
weitere Literatur). - Editionen: Manichäische Homilien, ed. H.J. Polotsky (Stutt-
gart 1934). A Manichaean Psalm-Book, p. II, ed. C.R.C. Allberry (Stuttgart 1938).
Kephalaia, 1. Hälfte. ed. H.J. Polotsky - A. Böhlig (Stuttgart 1934 - 1940). Ke-
phalaia, 2. Hälfte (Lfg. 11/12), ed. A. Böhlig (Stuttgart 1966).

6 F.C. Burkitt. The religion of the Manichees (Cambridge 1925). S. 111 - 119.

te annehmen zu können[7], bin ich inzwischen wieder skeptisch geworden[8]. Gegen eine direkte Übertragung aus dem Syrischen ins Koptische spricht die feste Terminologie, mit der die koptischen Texte die mythologischen Größen wiedergeben. So ist eigenartig, daß die Bezeichnung für eine mythologische Größe, die aus dem griechischen Sprachraum (vielleicht aus Ägypten) nach Mesopotamien gekommen zu sein scheint, bei der Verwendung durch die Manichäer einen anderen Namen erhielt als vorher. Im Gnostizismus findet sich ein δοξοκράτωρ [9], kopt. "der die Herrlichkeit hält"[10]. Im einen Text ist damit ein Engel gemeint, der über die Herrlichkeiten herrscht, die eine vorher besprochene Kraft umgeben. Im Ägypterevangelium handelt es sich um die dritte Größe der zweiten metaphysischen Trias, Esephech. Bei Mani findet sich ṣāp̱ēṯ zīwā[11] für den Sohn des Lebendigen Geistes, der die Welt von oben her hält. "Der den Glanz hält" wird bei den Manichäern dagegen griechisch mit φεγγοκάτοχος (lat. splenditenens) wiedergegeben. Von den koptischen Manichaica wird diese Übersetzung durchgängig übernommen.

Wie der Manichäismus hat sich auch der Gnostizismus in seinem Schrifttum des Koptischen bedient. Er hat dabei in einigen Bänden von Nag Hammadi ebenfalls das Assiutische ge-

---

7 A. Böhlig, Der Synkretismus des Mani, s. u. S. 490.

8 So begegnet τίνος χάριν auch bei Polybios; vgl. W. Bauer, Wörterbuch zum Neuen Testament, s. v.

9 Unbekanntes altgnostisches Werk, ed. C. Schmidt, neubearb. v. V. MacDermot (Nag Hammadi Studies 13, Leiden 1978), S. 254, 1f.

10 Nag Hammadi Codices III,2 and IV,2: The Gospel of the Egyptians, ed. A. Böhlig - F. Wisse - P. Labib (Nag Hammadi Studies 4, Leiden 1975); NH III 50,2f. = IV 62, 1f.; III 54, 1 = IV 65, 20; III 55, 23 (in IV zerstört); III 62, 6 = IV 73, 17f.; IV 59, 24f. (in III zerstört).

11 Vgl. F. Rosenthal, Die aramaistische Forschung seit Th. Nöldeke's Veröffentlichungen (Leiden 1939). S. 209. Durch diese mythologische Bezeichnung erfährt man auch etwas von der Sprache Manis. Denn spt kommt nicht im Syrischen vor, sondern im Mandäischen, während das Syrische sbt und zwar nicht im Peʿal, sondern nur im Paʿʿel hat.

braucht. So sind die Codices I, X und XI in diesem Idiom verfaßt. Auch von der Schrift II,5 sind assiutische Fragmente im
British Museum aufgetaucht[12]. Zudem findet sich assiutischer
Einfluß auch in sahidischen Texten und geht hier wahrscheinlich auf die autochthone Sprache des Übersetzers zurück. Kann
man vielleicht damit rechnen, daß die Manichäer den übrigen
Gnostikern ein Vorbild für die Übersetzung solcher Texte lieferten und daß der Dialekt von Assiut als Häretikersprache zunächst auch von diesen verwendet wurde? Daß die in Nag Hammadi gefundenen Schriften nicht vor der 2. Hälfte des 4. Jh's
abgeschrieben worden sind, ergibt sich aus Urkunden, die als
Kartonage in den Einbänden gedient haben[13]. Aus Fehlern in
den Texten (Homoioteleuton, Homoiarkton, Auslassen von Zeilen) ist zu erkennen, daß die uns vorliegenden koptischen Texte
bereits auf koptische Vorlagen zurückgehen[14]. Daß diese koptisch-gnostischen Schriften aber aus dem Griechischen übersetzt sind, läßt sich aus mehrfach überlieferten Texten ersehen.

So zeigen z.B. die Parallelversionen des Ägypterevangeliums und
die der kurzen Fassung des Johannesapokryphons, daß hier eine
griechische Vorlage mehrfach ins Koptische übersetzt worden
ist. Dabei ist die Übertragung bzw. Beibehaltung griechischer
Begriffe in der einen Version häufiger als in der anderen. Auch
Fehlübersetzung, die auf griechischen Urtext zurückgehen muß,
kommt vor. So wird z.B. δόξα einmal nicht mit ⲉⲟⲟⲩ , sondern

---

12   Ch. Oeyen. Fragmente einer subachmimischen Version der gnostischen
"Schrift ohne Titel". in: Essays on the Nag Hammadi texts in honour of P. Labib.
hrsg. v . M. Krause (Nag Hammadi Studies 6. Leiden 1975). S. 125 - 144.

13   J.W.B. Barns - G.M. Browne - J.C. Shelton, Greek and Coptic Papyri
from the cartonnage of the covers (Nag Hammadi Studies 16. Leiden 1981), S.
11. 139.

14   Z.B. im Ägypterevangelium fehlerhafte Auslassung von IV 55, 4 - 7   ⲘⲚ
ⲚⲒⲄⲈⲚⲈⲀ ⲚⲌ̄ⲞⲞⲨⲦ· ⲚⲒⲉⲞⲞⲨ Ⲛ̄Ⲧⲉ ⲠⲒⲰⲦ   ⲚⲒⲉⲞⲞⲨ Ⲛ̄Ⲧⲉ ⲠⲒⲚⲞ6̄ Ⲛ̄Ⲭ̄Ⲥ̄   ⲘⲚ
ⲚⲒⲄⲈⲚⲞⲤ ⲚⲌ̄ⲞⲞⲨⲦ·   in III 44, 19 infolge Homoioteleuton. III 55, 21 fehlen
wegen Homoioarkton genau zwei Zeilen.

mit ⲤⲞⲞⲨⲚ wiedergegeben[15]. Außerdem begegnen wörtliche Umsetzungen griechischer Redewendungen. ⲈⳊ (ⲈⲂⲞⲗ) ⲈⲦⲘⲎⲦⲈ für ἔρχεσθαι εἰς μέσον "hervortreten" findet sich im Evangelium veritatis[16], ⲰⲰⲠⲈ ⳊⲢⲁⳊ ⲚⳊⲎⲦϤ für γίνεσθαι ἐν ἑαυτῷ "zu sich kommen" in der Petrusapokalypse[17].

Wenn auch für die Nag-Hammadi-Schriften weitgehend eine griechische Vorlage, ja sogar ein griechisches Original angenommen wird[18], so ist doch immer wieder die Frage nach der Bedeutung aramäischer bzw. syrischer Elemente für den Entstehungsort dieser Schriften gestellt worden. Das Problem muß allerdings differenziert behandelt werden. Es ist dabei auch noch zwischen Hebraismen und Aramaismen zu unterscheiden, so daß folgende Fragen zu stellen sind: 1. Wo liegen semitische Wortspiele vor und was tragen sie zur Lokalisierung des Textes bei, 2. woher kommen Semitismen, wenn sie bereits in der griechischen Vorlage zu finden sind, 3. gehen solche Erscheinungen auf aramäische oder hebräische Einflüsse zurück, so daß von einem semitisch beeinflußten Griechisch gesprochen werden muß, 4. liegen literarische oder mündliche Überlieferungen in einem semitischen Idiom vor, die als Quellen diese Texte beeinflussen, 5. ist für gewisse Schriften die direkte Übersetzung aus einem Zweig des Aramäischen anzunehmen, 6. um welche zeitlich oder geographisch verbreitete Form handelt es sich beim Aramäischen?

Vor Eintritt in die Einzeluntersuchung ist zu klären, was unter "aramäisch" oder "syrisch" zu verstehen ist[19]. Das ist schon

15 Im Ägypterevangelium IV 52, 17.

16 I 19, 19; 20, 8; 26, 4. 27; 45, 5. Zum Griechischen vgl. W. Bauer, Wörterbuch, s. v. μέσος .

17 VII 84, 11f. Vgl. A. Böhlig, Zur Apokalypse des Petrus, o. S. 396 f.

18 Vgl. B.A. Pearson - S, Giversen, Nag Hammadi Codices IX and X (Nag Hammadi Studies 15, Leiden 1981), S. 14f.

deshalb notwendig, weil in den Texten von Nag Hammadi die Bezeichnungen "syrisch" und "hebräisch" auch vorkommen. "Aramäer" war die Selbstbezeichnung des im Alten Testament erwähnten Volkes Aram[20]. Dieses Volk hatte eine eigene Sprache,
die lange Zeit als Verkehrssprache, als lingua franca, im Vorderen Orient gebraucht wurde[21]. Die Phase des Aramäischen,
in dem auch Abschnitte des Alten Testaments abgefaßt sind[22],
wird als Amtssprache des Achämenidenreiches auch Reichsaramäisch genannt[23]. Bei den Griechen waren die Aramäer nicht
unter diesem Namen, sondern als Σύροι bekannt, wie Poseidonios weiß, der ja aus Apamea stammte; ihre Sprache wurde mit
συριστί bezeichnet[24]. Der Name "Syrer" ist eine Verkürzung
von "Assyrer" und meint zunächst die Untertanen des neuassyri-
schen Reiches, beschränkt dann aber "den Namen auf die nord-
westlichen Semitenländer (im Gegensatz zur volleren Form, die
für die Tigrisgegenden gebraucht wurde) und bezeichnet damit
endlich die in diesen vorherrschende Nationalität, so daß nun
allerdings Σύροι = 'Αραμαῖοι war"[25]. Daß die Aramäer spä-

19 Vgl. Th. Nöldeke, Die Namen der aramäischen Nation und Sprache, Ztschr.
d. Dt. Morgenl. Ges. 25 (1871) 113 - 131. In neuester Zeit ist an Hand der Funde der letzten Jahrzehnte besonders von J.A. Fitzmyer ein Bild der aramäischen
Sprache entworfen worden; vgl. A wandering Aramean. Collected Aramaic Essays.
Missoula, Montana 1979; vgl. insbesondere : The languages of Palestine in the
first century a. d., S. 29 - 56, und : The phases of the Aramaic language, S.
57 - 84. Vgl. jetzt auch K. Beyer, Die aramäischen Texte vom Toten Meer (Göt-.
tingen 1984).

20 Gen 10, 22.

21 2 Reg 18, 26; Jes 36. 11.

22 Esra 4,8 - 6.18; 7, 12 - 26, Dan 2.4 - 7.28, Jer 10. 11. Gen 31. 47.

23 Fitzmyer, a.a.O. 59, berichtet von der Namengebung durch den Iranisten
J. Markwart.

24 Man bedenke das Vorkommen von συριστί bereits bei Xenophon, Cyrup.
7, 5.31, und im 3. Jh. a. Chr. n. in Pap. Petri III, p. 14.

25 Nöldeke, a.a.O. 115. Bereits in Pap. Lansing 10, 5 (ca. 1100 a. Chr. n.)
scheint srt zur Bezeichnung einer syrischen Gefangenen vorzukommen. St. Langdon
möchte srt auf sūrītū zurückführen, das aus saburtu entstanden wäre. Es würde
sich dann um das Gebiet des Mitannireiches des 14./15. Jh's a. Chr. n. handeln,
das damals das nördliche Syrien umfaßte. Diese Erklärung würde weit in die

ter sich selber den Namen "Syrer" beilegten, geht nicht erst
auf die Christianisierung zurück, sondern die Juden nannten bereits den palästinischen Dialekt des Aramäischen "Syrisch"[26].
Das mag aus dem Griechischen stammen. Ist dies richtig, so
würde der Gebrauch von συριστ[für ein griechisches Original
des in dem Fund von Nag Hammadi vorhandenen Philippusevangeliums sprechen[27].

Von Aramäisch (ⲘⲘⲚⲦⲤⲨⲢⲞⲤ) ist dort an zwei Stellen die
Rede. NH II 56, 3 ff. wird Jesus Christus analysiert als einer,
der aus zwei verschiedenen Arten von Namen besteht. Jesus ist
ein verborgener Name, den man nicht in andere Sprachen übersetzen oder aus ihnen ableiten kann; er bleibt immer der gleiche. Christus dagegen ist ein offenbarer Name, der auf aramäisch "Messias", griechisch "Christos" heißt. 63, 21 ff. wird die
Eucharistie mit Jesus identifiziert. Zur Begründung wird auf das
aramäische (ⲘⲘⲚⲦⲤⲨⲢⲞⲤ) parīsātā hingewiesen, als dessen
koptisches Äquivalent ⲠⲈⲦⲠⲞⲢⲰ ⲈⲂⲞⲖ "was ausgebreitet ist"[28]
gegeben wird. Das ist Bezeichnung der Hostie, die sich als prīstā im Syrischen findet. Da das Philippusevangelium eine valentinianische Schrift ist, steckt hinter dieser Deutung die Vorstellung vom "ausgestreckten Jesus" (διὰ τοῦ σταυροῦ ἐπεκταθέντα)[29]. Weil das gleiche Verbum auch die Bedeutung
"teilen" und "austeilen" besitzt[30], kann Kreuzigung und Brot-

Vergangenheit zurückgehen und die Bezeichnung der Gegend verselbständigen.
Vgl. E. Segelberg, The Antiochene background of the Gospel of Philipp, Bull.
de la Société d' Archéol. Copte 18 (1966) 209.

26 G. Dalman, Grammatik des jüdisch-palästinischen Aramäisch (2. Aufl.
Leipzig 1905), S. 2.

27 ⲘⲘⲚⲦⲤⲨⲢⲞⲤ II 56, 8; 63, 22. Vgl. E. Segelberg, a.a.O. 205ff.

28 Der Relativsatz kann entweder als Maskulinum oder als Neutrum übersetzt werden. Für Neutrum spricht das Femininum im Aramäischen.

29 Vgl. Iren., adv. haer. I 4, 1.

30 M. Jastrow, Dictionary of Talmud Babli, Yerushalmi, Midrashic literature and Targumim (New York 1950), S. 1232f.

brechen miteinander verbunden werden. Brotbrechen und Eucharistie gehören ja bereits auf Grund der jüdischen Tradition
zusammen oder sind sogar gleich[31].

Was mit συριστ[(ⲘⲘⲚⲦⲤⲨⲢⲞⲤ) gemeint ist, darf wohl
nicht mit dem, was im Universitätsunterricht "Syrisch" genannt
wird, gleichgesetzt werden. Wenn man die Entstehung des Philippusevangeliums in die 2. Hälfte des 2. Jh's setzt, so hat man
es mit einer Zeit zu tun, in der das Syrische die Stufe des
Mittelaramäischen noch nicht überwunden hatte[32]. Das kurze
a, das in parīsātā vor dem Ton noch erhalten ist, weist auf
einen Entwicklungszustand hin, der erst im 3. Jh. n. Chr. abgeschlossen wird[33].

Neben der Bezeichnung ⲘⲘⲚⲦⲤⲨⲢⲞⲤ = συριστ[begegnet
auch ἑβραϊστ[(ⲘⲘⲚⲦⲌⲈⲂⲢⲀⲒⲞⲤ). Das kann sowohl "hebräisch" als auch "aramäisch" bedeuten[34]. Josephus wie auch der
Evangelist Johannes haben dabei keinen Unterschied gemacht.
Im Philippusevangelium wird der Name Jesus hebräisch gedeutet[35]. יֵשׁוּעַ wird mit hebräischem יְשׁוּעָה "Erlösung" erklärt[36]. Auch in der titellosen Schrift II,5 von Nag Hammadi
wird auf das Hebräische zurückgegriffen, wenn die Hebräer
für den Namen der Lebenseva, der Mutter bzw. Gattin des Herm-

---

31 Vgl. J. Jeremias, Die Abendmahlsworte Jesu (4. Aufl. Göttingen 1967),
S. 168f.

32 Vgl. Fitzmyer, a.a.O. 63. der das Syrische zum Spätaramäischen rechnet.
Sehr zu beachten ist seine Erkenntnis. daß das Syrische mit dem ihm zeitlich
parallelen Jüdisch-Aramäischen einen reichlichen Gebrauch griechischer Wörter
gemeinsam hat.

33 Vgl. K. Beyer, Der reichsaramäische Einschlag in der ältesten syrischen
Literatur. Ztschr. d. Dt. Morgenl. Ges. 116 (1966) 242 - 254, besonders 244.
Anm. 6. J.-É. Ménard. L' évangile selon Philippe (Strasbourg 1967). S. 71 und
168ff.. sowie H.-G. Gaffron, Studien zum koptischen Philippusevangelium unter
besonderer Berücksichtigung der Sakramente (Bonn 1969), S. 182ff., haben die
aramäische Form nicht richtig verstanden.

34 Dalman, a.a.O. 1.

35 II 62, 13.

36 I 1, 15 wird davon gesprochen, daß der apokryphe Jakobusbrief in hebräischen Buchstaben geschrieben sei.

aphrodites, einer Menschengestalt, die vor Adam erschaffen wurde, verantwortlich gemacht werden[37].

In der Bibliothek von Nag Hammadi findet sich der Name "Hebräer" für die Juden als Vorstufe der Christen, eigentlich aber der christlichen Gnostiker. Im Philippusevangelium heißt es da, daß ein Hebräer einen Hebräer hervorbringt[38], daß aber, wer den christlichen Glauben nicht angenommen hat, noch Hebräer ist[39]. In die gleiche Richtung geht die Aussage, daß die Christen bzw. Gnostiker als Hebräer nur eine Mutter, erst als Christen aber Vater "und" Mutter haben[40]. Im Tractatus tripartitus werden im Gegensatz zu den Griechen die Hebräer als ψυχικοί angesehen[41]. Oder werden vielleicht die Vertreter der Großkirche als Hebräer betrachtet, weil ja von den Valentinianern "die Apostel und Apostolischen"[42] so bezeichnet werden[43]? Maria ist weder von irgendwelchen Archonten noch vom Geist geschwängert worden; Jesus hat durchaus einen irdischen Vater, sonst würde ja auch im Vaterunser nicht "im Himmel" hinzugefügt werden. Diese menschliche Geburt ist aber ein Anstoß für die Vertreter der Großkirche, die durch das Wirken des Geistes die Jungfrauengeburt beweisen wollen. Wird hier von den Gnostikern die Theologie des Ignatius "Sohn Gottes ... aus der Jungfrau geboren" angegriffen[44]? Die Betonung der

---

37 II 113, 30 - 35. Hiermit wird auf Gen 3, 20 zurückgegriffen, wo Eva als Mutter aller Lebenden bezeichnet wird.

38 II 51, 29f.

39 II 62, 5f.

40 II 52, 22.

41 I 110, 34. Vgl. auch die Einleitung zur Editio princeps: Tractatus tripartitus. p. II et III, ed. R. Kasser - M. Malinine - H.-Ch. Puech - G. Quispel - J. Zandee (Bern 1975), S. 13.

42 II 55, 29.

43 F.M.M. Sagnard. La gnose Valentinienne et le témoignage de Saint Irénée (Paris 1947). S. 511f.

44 Ignat.. Smyrn. 1. 1. Das würde naheliegen. wenn man Antiochia als Entstehungsort des Philippusevangeliums ansieht.

Taufe Jesu verstärkt das Argument der Gnostiker. "Hebräer" kann bei den Gnostikern also sowohl Juden als auch Kirchenchristen bedeuten, insbesondere soweit letztere sich an die alttestamentliche Botschaft anschließen.

Die andere Bezeichnung für die Juden, 'Ιουδαῖοι , wird im Philippusevangelium fast immer mit ΙΟΥΔΑΙ wiedergegeben [45]. Sie wird für die Nationalität gebraucht, die aber zugleich den Charakter der Religion mit umfaßt. ΙΟΥΔΑΙ dürfte die aramäische Form ohne Artikel zugrunde liegen. Nach der Meinung des Tractatus tripartitus haben die Juden ihre Schriften verschieden interpretiert und sich dabei in Schulen (αἱρέσεις) aufgespalten[46].

Aramaismen bzw. Hebraismen gehen in den Texten von Nag Hammadi auf verschiedene Gründe zurück. 1. Mit gewissen Namen knüpft die gnostische Spekulation an biblische Tradition an. Seth als der Träger des Lichts ist der nachgeborene Sohn Adams[47]. Der Licht-Adamas ist eine gräzisierte Ableitung von Adam. Er ist der unverderbliche Mensch, eine Vorform Adams z.B. im Ägypterevangelium[48]. Als solcher ist er der Vater des göttlichen Seth und wird in dieser Eigenschaft in den Stelen des Seth[49] gepriesen, ebenso wie ihn die Schrift Zostrianos[50] als "vollkommenen Menschen" erwähnt. Im "Denken der Norea"

45 I 112. 22. II 62. 26; 75. 30. 33. Die gleiche Form findet sich in der assiutischen Version des Johannesevangeliums, während im Thomasevangelium 'Ιουδαῖος steht (II 40. 24).

46 I 112. 20.

47 Gen 4, 25. Zu seinem Vorkommen in der Gnosis vgl. B.A. Pearson. The figure of Seth in gnostic literature. in: The rediscovery of gnosticism II. ed. B. Layton (Leiden 1981), S. 472 - 504.

48 Vgl. III 49. 19 = IV 61. 20. III 50. 20 = IV 62. 19. III 51.6 = IV 62. 31. III 51, 21 = IV 63. 17. III 55. 18 = IV 67. 3. III 65. 15 = IV 77. 12.

49 In der ersten Stele des Seth VII 118,25 - 121,16. Hier wird er als ΓΕΡΑΔΑΜΑC bezeichnet. S. u. Anm. 52.

50 VIII 6. 26; 30, 4 wird ebenfalls der Geradamas mit Adam identifiziert und als Vater des Seth bezeichnet.

erscheint Adamas als Wiedergabe von ἄνθρωπος , der hier der höchste Gott ist[51]. Auch in Wortspielen wird Adamas verwendet. ΓЄΡΑΔΑΜΑ(С) eine Weiterbildung von ΑΔΑΜΑС , kann entweder als hybride Bildung aufgefaßt werden, wobei der erste Bestandteil griechisches γερ– wie in γέρων wäre, "der Alt-Adam, Uradam", oder als Zusammensetzung mit hebräischem גֵּר "Fremder" in der Bedeutung "Fremd-Adam" im Sinne von "fremder, himmlischer Adam"[52].

In der titellosen Schrift NH II,5 erscheint Israel als Erstgeborener Sabaoths in der Engelkirche und wird gedeutet als "der Mensch, der Gott sieht"[53], eine hebräische Interpretation, die bereits aus Philon bekannt ist[54]. Doch auch im biblischen Sinn als Volk begegnet Israel in anderen Schriften[55].

Der alttestamentliche Jakob dürfte in der einen Version des Ägypterevangeliums zu finden sein, während in der anderen er in den Bruder des Herrn, Jakobus, verwandelt zu sein scheint [56].

2. Gewisse Namen dienen der Charakterisierung und geben

51 IX 27, 26; 28. 30. Zum Problem vgl. H.-M. Schenke. Der Gott "Mensch" in der Gnosis (Berlin 1962). Im Ägypterevangelium klingt das noch in III 49.8ff. an.

52 Den Stand der Deutung hat H.M. Jackson zusammengefaßt: Geradamas, the celestial stranger, NTS 27 (1981) 385 - 394. Er schlägt eine semitische Zusammensetzung vor; seine Verbindung mit samaritanischen Sekten erscheint mir allerdings etwas gewagt. Die Ablehnung von γερ– ; dem Stamm von "Greisenalter", wegen seines pejorativen Sinns trifft nicht zu. In damaliger Zeit war diese Altersstufe durchaus mit Würde versehen. Als Greis sollte Adamas eine hervorragende Persönlichkeit sein und zugleich den Charakter des Uralten besitzen. Stellen, an denen ΓЄΡΑΔΑΜΑС in Nag Hammadi begegnet, sind: II 8. 34, VII 118, 26, VIII 6, 23; 13, 6; 51, 7, IX 6, 6.

53 II 105, 24.

54 De Abrahamo 57: "Denn in hebräischer Sprache wird dem Volk der Name Israel beigelegt, was verdolmetscht ist 'der Gott sieht'". De praemiis et poenis 44: "Zu diesen gehört (der Mann), der chaldäisch 'Israel', griechisch 'Gott sehend' genannt wird". Auch in der Oratio Josephi begegnet diese Deutung.

55 II 42. 14; 136. 6; 137. 11.

56 Vgl. A. Böhlig, Jakob als Engel in Gnostizismus und Manichäismus, s. o. S. 164 f.

die Funktion der betreffenden mythischen Größe wieder. Für diesen Gebrauch stehen griechische und semitische Bildungen zur Verfügung. Griechische Beispiele sind: δοξομέδων "Herrlichkeitsherr", δοξοκράτωρ "Herrlichkeitshalter", παντοκράτωρ "Allherr", αὐτογενής "von selbst Entstandener", μοιροθεά "Schicksalsgöttin". Semitische Beispiele dagegen sind: ΔΕΡΔΕΚΕΑC ist in der Paraphrase des Sēem[57] der Erleuchter, der das Licht erlöst. Der Name geht auf aramäisch dardqā "Jüngling" zurück, wahrscheinlich auf eine um j erweiterte Form derdeqjā (vgl. ʿarteljā "nackt" von ʿartel). Sie wurde mit griechischer Endung versehen[58]. Zur Entwicklung von -ja- zu -ea- vgl. legio > λεγεών [59]. Sammaël "der blinde Gott"[60] kommt von smj, wohl Intensivform, bei der das j zwischen den beiden Vokalen nicht erhalten blieb. Er stellt eine mythologische Größe dar, die auch im Judentum als böser Engel oder Satan begegnet[61]. Sambathas [62] ist die Gottheit der Siebenheit. Sie ist in der titellosen Schrift II,5 das weibliche Komplement des Oberarchon. Man könnte den Namen " πρόνοια Σαμβαθᾶς , d.i. die Siebenheit" unter Umständen auf das dialektische (dorische) Σαμβήθη zurückführen[63]. Näher liegt es aber, von der Erklärung "Siebenheit" aus auf aramäisches šabbattā, das mit griechischer Endung versehen wurde, rückzuschließen[64]. Auch Saklas ist ein

---

57 VII 8, 24; 32, 35f.

58 Ohne griechische Endung VII 1, 5.

59 Vgl. A. Böhlig, Die griechischen Lehnwörter im sahidischen und bohairischen Neuen Testament (2. Aufl. München 1958). S. 99. Man denke bei dieser lautlichen Erscheinung auch an die Aussprache von ea als ja im Armenischen.

60 In der titellosen Schrift II 103. 18. Dagegen wird er in der Hypostasis der Archonten II 87, 3f.; 94. 25 als "Gott der Blinden" gedeutet. Das ist vielleicht sekundär, denn 86. 27 heißt es: "Ihr Oberster ist blind".

61 Vgl. Pirque R. El. 13. 27 (Billerbeck I. 139).

62 II 101. 27.

63 Zu Sambethe vgl. Pauly - Wissowa. RE 2. R., Bd. 1. Sp. 2119 - 2121.

64 Vgl. A. Böhlig in der Editio princeps (A. Böhlig - P. Labib. Die koptischgnostische Schrift ohne Titel aus Codex II von Nag Hammadi im Koptischen Museum zu Alt-Kairo [Berlin 1962]). S. 45.

mit griechischer Endung versehenes aramäisches Wort: šaklā "der Tor"[65]. Sehr häufig kommt es auch ohne Endung vor[66]. Es wird Sammaël und Jaldabaoth gleichgesetzt[67]. Jaldabaoth selbst, der besonders geläufige Name des Oberarchonten, ist verschiedentlich erklärt worden. Einen wirklich einleuchtenden Vorschlag hat erst G. Scholem unterbreitet[68]. Er sieht in dem Namen jāled-Abaōth "begetter of Abaoth", wobei er Abaoth als eine Variante von Sabaoth betrachtet, wie sie sich in den Zauberpapyri findet. Der etymologische Sinn des Namens Jaldabaoth ist von den Gnostikern wahrscheinlich nicht mehr verstanden worden. Um so mehr halte ich es deshalb im Gegensatz zu Scholem für möglich, daß man sich an ihm mit Volksetymologien versucht hat. So wird in der Tat mit Scholem die Deutung der titellosen Schrift phantastisch zu nennen sein; als Volksetymologie ist sie an der Stelle jedoch nicht unbedingt abzulehnen. H.-M. Schenke hat "Jüngling, setze über zu diesen Orten" als Übersetzungsversuch von jaldā bᶜot (Jüngling, tritt hin) angesehen[69]. Eine andere bereits von A. Hilgenfeld und H. Leisegang gebotene Erklärung "Sohn des Chaos" erschien von der Bezeichnung "Sohn des Abgrunds"[70] her recht wahrscheinlich; doch konnte Scholem zeigen, daß die philologische Grundlage dafür fehlte, weil die Edition, auf der der lexikalische Beweis beruhte, fehlerhaft war[71].

65 II 11, 15ff.

66 II 95, 7, III 57, 16. 21; 58, 24, IV 69, 1, V 74, 3. 7, XIII 39, 27.

67 II 11, 15, XIII 39, 27. Das Nebeneinander von jüdischen Namen hat G. Scholem bereits in ZNW 30 (1931) 170 - 176 besprochen.

68 Jaldabaoth reconsidered, in: Mêlanges d' histoire des religions offerts à H.-Ch. Puech (Paris 1974), S. 405 - 421. Die Etymologie von Scholem hat inzwischen M. Black angegriffen: An aramaic etymology for Jaldabaoth?, in: The New Testament and Gnosis (Essays in honour of R.McL. Wilson), ed. A.H.B. Logan - A.J.M. Wedderburn (Edinburgh 1983), S. 69 - 72. Er möchte den Namen auf jaldā bēhūt "Sohn der Schande" zurückführen.

69 ThLZ 84 (1959) 249, Anm. 22; 251, Anm. 39.

70 II 103, 24.

71 Scholem, a.a.O. 408.

Barbelo(n) ist ebenfalls ein Name, dessen etymologische
Bedeutung den Gnostikern nicht mehr bewußt gewesen sein dürfte. Ob man wohl in bʾarbaˤ ʾelōh "in vier ist Gott" den Hinweis auf ein Tetragramm erkennen darf, sei es יהוה oder
einfach ἀρχή ? Achamoth ist schon aus der Überlieferung
der Kirchenväter als gefallene Sophia bekannt[72]. Sie soll die
ἐνθύμησις der oberen Sophia sein, die vom Pleroma abge-
trennt worden ist. Merkwürdig mutet nun an, wenn im Philippusevangelium ein Unterschied zwischen ЄХΛΜШΘ und ЄХМШΘ
gemacht wird[73]: "Ein Unterschied besteht zwischen Echamoth
und Echmoth. Echamoth ist die Weisheit schlechthin. Aber Echmoth ist die Weisheit des Todes, d.i. die den Tod kennt, die die
kleine Weisheit genannt wird". Die aramäische Grundlage von
ЄХМШΘ ist wohl ḥekmātā (so Plural von syrisch ḥekmtā), während ЄХΛΜШΘ auf ḥekamātā zurückzuführen ist, wobei das
zweite kurze a in offener Silbe vor dem Ton noch nicht wegge-
fallen ist. Die Silbe -ōt kann auch eine Endung in Analogie zu
Namen wie Sabaoth, Abaoth sein. Kann die Differenzierung im
Vokalismus auf die noch nicht volle Durchführung der Regel,
daß vor dem Ton die zweite von zwei mit kurzem Vokal versehe-
nen offenen Silben vokallos wird, im Übergang vom Mittel-
zum Spätaramäischen ihren Grund haben? Nach E. Segelberg
[74] kann die Form ḥekmōt durch Volksetymologie zur Deutung
"Weisheit des Todes, Todeswisserin" geführt haben.

3. Die Möglichkeit der Anwendung von Volksetymologien
wird verstärkt durch das Vorhandensein von Wortspielen. Bei
alledem ist natürlich darauf zu achten, wieweit das verarbei-
tete Material einer Tradition entnommen und wie es gnosti-

72 Vgl. Iren., adv. haer. I 4, 1.
73 II 60, 10 – 15.
74 A.a.O. 220.

schen Ideen dienstbar gemacht wird. So begegnet ein Wortspiel, das in der Hypostasis der Archonten (NH II,4) und in der titellosen Schrift II,5 gebraucht wird, bereits in jüdischer Tradition. In Bereschit Rabba[75] wird חִוְרָא "Belehrer" und חִוְיָא "Schlange", חַוָּה "Eva" und חְיָא "leben" miteinander verbunden. In den gnostischen Schriften ist von einem Belehrer oder vielmehr von einer Belehrerin die Rede. Die ursprüngliche Bedeutung ist feminin, weil ein geistiges Weib gemeint ist, das durch die Schlange wirkt. Als das geistige Weib die Schlange verließ, "wurde die Unterweiserin von der Schlange hinweggenommen, und sie ließ sie (die Schlange) allein zurück als choïsch"[76]. Als Schlange ist der Belehrer maskulin[77]. חִוְיָא , das entweder feminines oder maskulines Partizipium (versehen mit Artikel) vom Pᶜal des Verbums חְיָא ist, kann durch andere Vokalisation als חִוְיָא "Schlange" gelesen werden. Das Wortspiel stammt aus dem palästinischen Aramäisch, weil im Syrischen das Partizipium von ḥwj nur vom Paᶜᵉl gebildet werden könnte. Während in der Hypostasis der Archonten direkt von der Schlange als dem Belehrer gesprochen wird, wird sie in der titellosen Schrift nur angedeutet, ist aber unbedingt gemeint. Auch hier ist von einer geistigen Frau die Rede. Der "Belehrer" ist aber das "Tier". Das heißt aramäisch חֵיוָא ; es bedarf also nur der Metathesis zweier Konsonanten, um diese Verbindung herzustellen. Außerdem kann "Tier" im Alten Testament auch speziell die Bedeutung "Schlange" annehmen. In der titellosen Schrift wird die Verführung durch die Schlange, d.h. "das Tier, das weiser als sie alle ist", berichtet[78]. Dem geht aber eine metaphysische Erklärung

---

75 20. 11.
76 In der Hypostasis der Archonten II 90, 11.
77 In der Hypostasis II 89. 32; 90, 6.
78 II 118.20 - 120.6.

voraus, in der von der Herkunft des Belehrers gesprochen wird.
Die Sophia Zoe hat, um den Archonten zuvorzukommen, einen
zweiten Menschen geschaffen. Dessen Mutter wird "hebräisch"
"Lebenseva, die Unterweiserin des Lebens"[79] genannt. Hierdurch
wird der Name חַוָּה "Eva" in das Wortspiel mit einbezogen.
Diese Eva, die Tochter der Sophia Zoe, wird als Belehrerin zu
Adam gesandt, um ihn zu erwecken[80]. Mit der Einführung der
geistigen Frau, die auch im Anfang der Adamapokalypse an-
klingt[81], entspricht dieser Text ganz den Vorstellungen der Hypostasis der Archonten. Neu ist, daß die Mächte im "Tier" den
Sohn der geistigen Eva sehen. "Die Deutung (ἑρμηνεία) von
"das Tier" ist "der Unterweiser"; denn sie fanden, daß er weiser war als sie alle"[82]. Der Belehrer hat die gleichen Eigenschaften wie die Schlange. Die Möglichkeiten aramäischen Wort-
spiels führen zur spielerischen Spekulation, die die verschiedenen Personen und Gestalten austauscht.

Gleichfalls in der Hypostasis der Archonten und der titellosen Schrift II,5 finden sich auch Wortspiele mit dem Namen
Adam[83]. Von dem irdischen Menschen Adam, der nach Gen 2,7
aus "Staub von der Erde" (ᶜāpār min hā'adāmā) gebildet und mit
Lebensodem versehen worden ist, hören wir in der Hypostasis,
daß er von den Archonten geschaffen worden ist als ein choï-
sches Wesen. "Sie bildeten ihren Menschen, der gänzlich choisch
ist"[84]. Die Bemerkung, daß Gott dem Menschen "Lebensodem"
(nišmat hajjīm) einhauchte (Gen 2,7), wird auf den Oberarchon
übertragen. "Er hauchte in sein Gesicht und der Mensch wurde

79 II 113. 33f.
80 II 115. 31ff.
81 V 64. 12ff.
82 II 113. 35ff.
83 S. o. S. 423 f.
84 II 87. 26f.

psychisch"[85]. Diese Begabung mit Psyche befähigte den Menschen aber noch nicht zu stehen. Ihm zu Hilfe kommt der Geist:
"Und der Geist kam aus der stählernen (άδαμαντίνη) Erde.
Er stieg herab und ließ sich in ihm nieder"[86]. Adam wird hier
also mit hebräisch ʾadāmā "Erde" verbunden. Doch zugleich
denkt der Verfasser an άδάμας , das das härteste Metall ist:
"Stahl"; die Erde wird aus Stahl bestehend vorgestellt. Das Femininum άδαμαντίνη weist auf griechisches γῆ hin. Das Wortspiel zeigt, daß es in hellenistischer Umgebung entstanden ist.
In der titellosen Schrift wird es noch erweitert. Hier geht es
allerdings nicht um den ersten irdischen Menschen, sondern um
ein himmlisches Menschenbild, das die Begierde der Pronoia
hervorruft. Weil sie ihn aber nicht umarmen konnte, "goß sie
ihr Licht auf die Erde aus"[87]. Dieses Himmelsbild, das auch
als Engel bezeichnet wird, nennt man "Licht-Adam, dessen Deutung ist: der lichte Blutmensch. Und die Erde breitete sich
über ihn aus, den heiligen Adamas, dessen Deutung ist: die
stählerne Erde". Adam wird also mit hebräischem dām "Blut"
verbunden, um seinen Namen zu erklären. Die dabei wohl vorliegende Vorstellung vom Engel in der Erde entspricht vielleicht
dem Gedanken in der Hypostasis, daß der Geist aus der stählernen Erde kommt[88].

Eigenartig ist die Erklärung von ΝΑΖΑΡΑ als "Wahrheit" im
Philippusevangelium. Für diese Interpretation muß man berück-

---

85   II 88, 3f.

86   II 88, 13ff. Vielleicht kann die Stelle als Einschub betrachtet werden.
Ihr Sinn wird ja 89, 10ff. bei der Darstellung der Frau als Belehrerin wieder
aufgenommen. Die Schwierigkeit mag für den Verfasser vielleicht nur darin ge-
legen haben, daß er unter Beibehaltung der biblischen Reihenfolge die gnostische
Uminterpretation vornehmen wollte.

87   II 108, 7ff.

88   Die Vorstellung, daß der Geist aus der Erde kommt, könnte aus dem Judentum stammen; vgl. R.A. Bullard, The Hypostasis of the Archons (Berlin 1970).
S. 69ff.

sichtigen, daß es sich um die Aussage einer valentinianischen Schrift handelt. Sie verwendet ΝΑΖΑΡΑ zur Deutung von ΝΑΖΑΡΗ-ΝΟϹ und ΝΑΖΩΡΑΙΟϹ . Zwei Sprüche sind dabei wichtig. 1. Spruch 19, von dem wegen der Erwähnung von συριστί bereits oben die Rede war[89]. Außer seinem Namen Jesus, der ein verborgener Name und nicht in andere Sprachen übersetzbar ist, und dem offenbaren Namen Christus, der συριστί Messias heißt und auch sonst übersetzbar ist, nennt man Jesus noch Ναζαρηνός, ein Name, der offenbar ist aus dem Verborgenen. Jesus ist der eingeborene Name, Christus der Name, der die Eigenschaft (Funktion) wiedergibt; zu ihnen tritt der Name, der die Heimat anzeigt. Nach unserem Spruch ist diese Heimat etwas Verborgenes, aus dem er offenbar geworden ist. Der in dieser merkwürdigen Aussage steckende tiefere Sinn wird breiter ausgeführt in Spruch 47[90]:

"Die Apostel vor uns nannten (ihn) so:

'Jesus, der Nazoräer (ΝΑΖΩΡΑΙΟϹ), Messias',

d.h. Jesus der Nazoräer, der Christus.

Der letzte Name ist der Christus,

der erste   ist Jesus,

der in der Mitte ist der Nazarener (ΝΑΖΑΡΗΝΟϹ).

Messias hat zwei Bedeutungen,

     sowohl 'der Gesalbte' als auch 'der Ausgestreckte',

der Nazarener und Jesus sind dann auch ausgestreckt".

Im Unterschied zu Spruch 19 wird in 47 der Name Jesu gedeutet. Das ist kein Widerspruch; denn 19 hat ein anderes Ziel. In 47 gewinnt die Erklärung der Namen vorrangige Wichtigkeit. Die unterschiedlichen Namen Ναζωραῖος und Ναζαρηνός werden vom Verfasser des Philippusevangeliums identifiziert. Es

---

89 S. o. S. 419 f.
90 II 62. 6 - 17.

kommt ihm darauf an, Jesus, Nazarener und Christus in das rechte Verhältnis zueinander zu setzen. Äußerlich kann man das durch die Aufzählung der Reihenfolge tun. Man kann aber auch den inneren Gehalt der Namen in die rechte Relation zueinander bringen und damit die Einheit der Person herstellen. Jesus wird mit dem hebräischen Wort יְשׁוּעָה "Heil" erklärt. Bei Messias wird wieder ein Wortspiel angewandt durch die Rückführung auf zwei verschiedene homonyme Wurzeln. משח kann im Aramäischen sowohl "salben" als auch "messen, ausstrecken" bedeuten. Dieses Wortspiel weist auf die Heilstat des "Gesalbten" hin, der als Erlöser durch das Kreuz "ausgestreckt" wird aus Erbarmen (οἰκτείραντα) zur gefallenen Sophia[91]. In der Vorlage der koptischen Version, wohl schon im griechischen Text, hat eine sehr wörtliche Übersetzung des· Stammes mśh gestanden, die den eigentlichen Sinn nicht wiedergab. Nazarener ist eine Ableitung von ΝΑΖΑΡΑ , wie Nazareth anstelle von ΝΑΖΑΡΕΘ oder ΝΑΖΑΡΕΤ ja auch heißt[92]. Diese Ableitung kommt am Schluß einer aus semitischen Wörtern bestehenden Wortreihe· bei Irenäus vor: ᾽Ιησοῦ Ναζαρια [93]. Irenäus übersetzt "Jesu der Wahrheit". Man kann an dieser Stelle in Ναζαρια durchaus das aramäische nāsrājā sehen. H.H. Schaeder hat wohl recht, wenn er in Ναζωραῖος nās°räjä erkennen will[94]. Das Omega kann infolge der Isochronie im Griechischen ohne Berücksichtigung bleiben[95]. Man vergleiche die Schreibung von ΝΑΖΟΡΕΥC (= Ναζωραῖος) in Manis Kephalaia[96]! Sieht man in ΝΑΖΑΡΑ

---

91 καὶ διὰ τοῦ σταυροῦ ἐπεκταθέντα Iren.. adv. haer. I 4. 1.

92 Mt 4. 13, Lc 4. 16.

93 Adv. haer. I 21, 3.

94 In ThWB IV 879 - 884.

95 Dem stellt G. Widengren. Der Mandäismus (Wege der Forschung 167. Darmstadt 1982). S. 8f.. die Deutung nāsōräjä "Observant = Mandäer" entgegen. Für "Christen" spricht aber Epiphan.,ˈPanar. 29, 1, 3, wonach die Christen ursprünglich Ναζωραῖοι genannt wurden und erst später "Christen".

Nazareth, so braucht man nach keiner sprachlichen Ableitung zu suchen. Aber diese profane Heimat Jesu genügt dem Gnostiker nicht. Für ihn ist diese die Wahrheit. Man vergleiche dazu in der markionitischen Taufformel[97] die Taufe auf "den unbekannten Vater des Alls und auf die Wahrheit, die Mutter des Alls". In Spruch 19 kommt der Nazarener ja aus der Verborgenheit. Sind nun der Nazarener und Jesus mit dem Messias identisch, dann trifft auch auf sie zu, daß sie wie der Messias ausgestreckt sind. Bei dieser Interpretation erübrigt sich auch die vom Herausgeber vorgeschlagene Textänderung[98].

Ein aramäisches Wortspiel liegt auch im ΦΑΡΙCΑΘΛ des Spruches 53 des Philippusevangeliums vor. Es soll damit aus den verschiedenen Bedeutungen des Stammes die Identität Jesu mit der Eucharistie bewiesen werden. Auf die Stelle wurde bereits oben im Zusammenhang mit der Definition von συριστί eingegangen[99].

Für eine Entstehung gnostischer Schriften in einem semitischen Idiom sprechen die bisherigen Beobachtungen nicht. Denn Namen, die aus der Sprache der Bibel stammen, besagen dafür nichts. Ebenso können die semitischen Funktionsbezeichnungen fossile Reste in griechischen bzw. koptischen Texten sein wie etwa auch in Zauberpapyri.

Eine andere Frage ist der Sitz im Leben bei solchen Wortspielen. Sie gehen zum Teil auf jüdische Tradition zurück. Das kann auf eine syrisch-palästinische Herkunft hindeuten, zumal wenn in ihnen noch ein mittelaramäischer sprachlicher Zustand

---

96 Kapitel 88 "Das Kapitel von dem Nazoräer. der den Meister fragt": Keph. 221, 18 - 223. 16.

97 Iren.. ad. haer. I 21. 3.

98 Entgegen Ménard.

99 II 63. 21 - 24. S. auch o. S. 419 f.

angenommen werden kann[100]. Insofern können die Texte also in
einem Gebiet entstanden sein, in dem dieses Idiom verbreitet
war. Das gilt aber auch für eine Entstehung in griechischer
Sprache mit Einflüssen aus semitischer Umwelt. Man könnte
dabei an Antiochia denken[101]. Doch sollte man auch nicht übersehen, wie stark die Beziehungen zwischen Syrien-Palästina und
Ägypten waren. Für gewisse Schriften könnte somit auch Ägypten, ja speziell Alexandria, als Ursprungsort, zumindest als die
Stätte der Redaktion angesehen werden. Von dort könnte z.B.
die titellose Schrift II,5 von Nag Hammadi stammen, weil gerade in ihr Ägypten so positiv gewertet ist[102]. "In keinem anderen Land gibt es ein Zeichen, daß es dem Paradies Gottes
gleicht". Andererseits wird auch gerade in diesem Werk in besonders hohem Maße auf das jüdische Gut bei der Schilderung
der Urgeschichte zurückgegriffen (Genesis, Henoch). Daneben
findet sich die bei Philon geläufige Deutung des Namens Israel.
Und all diese Spekulation dient zum Angriff auf den in der
griechischen Bildung so hervorragenden Hesiod. Alle Elemente
zusammen weisen auf eine Entstehung aus schulmäßigen Wurzeln hin. Auch das Philippusevangelium ist schon wegen seiner
ἑρμηνεῖαι   semitischer Wörter als eine griechische Schrift
anzusehen. Die Tradition scheint hier mehr auf Antiochia zurückzugehen. Daß jüdisches und vielleicht judenchristliches Gut
verarbeitet worden ist, zeigen viele Anspielungen[103]. Zu der Annahme H.-G. Gaffrons, daß die Schrift in der 2. Hälfte des 2.
Jh's entstanden sei[104], paßt der sprachliche Zustand der aramäi-

---

100   S. o. S. 421.
101   Segelberg. a.a.O.
102   II 121,35 - 123,1.
103   Gaffron, a.a.O. 63ff.
104   A.a.O. 70.

schen Wörter, die einem Stand zwischen Mittel- und Spätaramä-
isch entsprechen. Man vergleiche parīsātā einerseits und das syrische e in Ech(a)moth andererseits[105]! Die Wortspiele dienen
zur Verdeutlichung gnostischer Vorstellungen und Gedankengänge mittels traditionellen Materials, das gnostisch ausgedeutet wird.

Ein anderes Problem aramäischen Einflusses liegt in der Frage, ob gewisse gnostische Schriften vielleicht in Edessa auf syrisch verfaßt worden sind. P. Nagel hat versucht[106], im Evangelium der Wahrheit Eigenarten und Übersetzungsfehler herauszu-
holen, die eine syrische Urschrift erweisen sollen und als Ursprungsort Edessa verifizieren könnten. Gegen seine Thesen habe
ich mich gewandt, weil ich sie zwar für geistvoll hielt, aber
nicht als stichhaltig ansehen konnte[107]. Ich habe meine Stellung
nicht verändert und will hier die einzelnen Punkte nicht noch
einmal ausführen, sehe mich aber genötigt, noch gewissen Ent-
gegnungen von K. Rudolph zu widersprechen, der den Sinn meines Aufsatzes nicht recht verstanden zu haben scheint. Meine
Tendenz zielte darauf ab, zu zeigen, daß die Argumente Nagels
nicht ausreichen, um eine direkte Übersetzung aus dem Syrischen ins Koptische nachweisen zu können. Schon die bereits
erwähnte Ausdrucksweise ἔρχεσθαι εἰς μέσον   "öffentlich
auftreten" spricht für die griechische Vorlage des Koptischen
(ⲈⲒ [ⲈⲂⲞⲖ] ⲈⲦⲘⲎⲦⲈ), da diese Redensart schon bei Xenophon vorkommt[108]. Für meine eigenen Thesen verweise ich auf
meinen Aufsatz und setze mich im folgenden nur mit den Ein-

---

105 S. o. S. 421 und S. 427.

106 Die Herkunft des Evangelium Veritatis in sprachlicher Sicht, OLZ 61
(1966) 5 - 14.

107 Zur Ursprache des Evangelium Veritatis, s. o. S. 373 - 394.

108 S. o. S. 418 und Anm. 16.

wänden von K. Rudolph[109] und J.-E. Ménard[110] auseinander. Zu
Rudolph: Daß die Salbung ein "syrischer" Ritus sei, habe ich
nicht behauptet, sondern ein "typischer"[111]. Wenn im Mandäischen für qawwem neben der Bedeutung "taufen" häufiger "festigen, gefestigt werden" begegnet, ist gerade damit Nagels
Argument hinfällig[112]. Wenn Rudolph schreibt " ΜλϬΙΤ   ist in
der bloßen Bedeutung "Weg" viel zu eng und keinesfalls überall
sinnvoll einsetzbar", so ist dies eine apodiktische Behauptung
ohne Beweiskraft[113]. Ich hatte nach Anführung sämtlicher Stellen[114] darauf hingewiesen, daß "Weg" mit seiner dynamischen
Bedeutung besseres Verständnis biete als "Raum". Bedenkt man,
daß πλάνη ein "Umherirren, Abirren vom rechten Weg" ist,
aber zugleich als Charaktereigenschaft angesehen und darüber
hinaus konkretisiert wird, so daß πλάνη zur handelnden Person
werden kann, muß man auch für die Welt Gottes entsprechende
Vorstellungen zulassen. Das Wort "Raum" beinhaltet nicht das,
was nach Nagel in syrisch mardē "spatium" steckt. Es bedeutet
nicht eine flächenhafte oder dreidimensionale Größe, sondern
den Abstand vom Ausgangspunkt. Die Verwendung von "Weg"
als Konkretum will ausdrücken, daß die Gnostiker einst in einem
noch unentwickelten Zustand in Gott waren, daß sie wie Strah-
len aus ihm heraustraten, in diesem Zustand den Vater aber
noch nicht kannten und erst durch Jesus von der πλάνη zur
Wahrheit kamen. Dieser ganze Prozeß geht nicht ohne Erschüt-

---

109 Gnosis und Gnostizismus, ein Forschungsbericht (Fortsetzung), Theol.
Rundschau 34 (1969) 181 - 231; vgl. besonders 202 – 204.

110 J.-É. Ménard, L' évangile de vérité (Nag Hammadi Studies 2. Leiden
1972), S. 9 - 17.

111 Böhlig, Ursprache, o. S. 388 f.

112 Rudolph, a.a.O. 203; Böhlig, Ursprache, o. S. 385 f.

113 Rudolph, a.a.O. 203.

114 Böhlig, Ursprache, o. S. 386 ff.

terung vor sich. Das Ziel ist die Rückkehr von den Wegen der πλάνη zur Einheit der Wege in Gott. Auch Ménard möchte wenigstens in den Stellen 20, 22.34 ff.; 25,10; 26,16 die Bedeutung "Raum" als kompakte Größe annehmen, macht sich damit eine zu statische Auffassung zu eigen und mißversteht ebenfalls das syrische Wort[115]. Auch er glaubt, in ΟΥΠϵΤΝΔΝΟΥϤ ff. einen dem Syrischen nachgebildeten Makarismus sehen zu sollen[116]. Es handelt sich aber ja gar nicht um einen solchen, weil dieser, durch μακάριος eingeleitet, im folgenden Satz steht[117]. Ein Äquivalent für das koptische Nomen ΜΝΤΤΔϵΙΡϵΝ "Namengebung", das Ménard leugnet[118], ist doch vorhanden: ὀνοματοθεσία bzw. ὀνοματοποίησις [119]. Man braucht also nicht auf syrisches šummāhā zurückzugreifen. Wenn Rudolph bemerkt[120]: "In 34, 9-12 geht es doch um das 'Riechen', nicht um das 'Hören', so verfehlt er damit wie Nagel[121] die eigentliche Fragestellung. Es handelt sich um die Bezeichnung "Kinder des Vaters" als "sein Geruch"[122]. Dieser genießt auch, nachdem er in Erscheinung getreten ist, die Liebe des Vaters. Wenn das Licht, das mit dem Geruch verbunden ist, sich zum Vater erhebt, geht der Geruch über alle sichtbare Gestalt (ϹΜΔΤ) und Hörbarkeit (ϨΡΔ⳽) hinaus. Wird also abgelehnt, daß die Ohren riechen, so ist das logisch. Denn Geruch und Geist gehören zusammen; der Geist besitzt das Riechen, um den Geruch zum Vater zu führen und mit dessen Geruch zu vereinen. Die Gegen-

---

115 Ménard, Ev. ver. 12f.

116 Ménard, Ev. ver. 13.

117 Böhlig, Ursprache, o. S. 380 f.

118 Ménard, Ev. ver. 13.

119 Vgl. Liddell - Scott, Greek - English Lexicon, s. v.

120 Rudolph, a.a.O. 203.

121 Nagel, Herkunft 11f.

122 I 33, 39.

überstellung ist also nicht Nase und Geist, sondern Ohr und
Geist, weil der Geruch dem Hören überlegen ist. Es bedarf somit keiner Suche nach einem Übersetzungsfehler und seiner Erklärung. Um die Terminologie "süß - bitter" aus einer syrischen
Vorlage ebenso wie Nagel zu beweisen, beruft sich Rudolph auf
den Gebrauch des Mandäischen. In ihm sei dieses Gegensatzpaar
typisch, während es sich in griechisch-gnostischen Texten nicht
fände[123]. Das ist aber ein Irrtum. Die konkurrierende Verwendung begegnet z.B. im Buch von Thomas dem Athleten[124]. Im
übrigen ist gar nicht so auf das Gegensatzpaar abgestellt; der
Vater soll oft als "süß" qualifiziert werden, ohne daß man immer einen Gegensatz dazu zum Ausdruck bringt[125]. Bitternis
ist andererseits aus biblischer Sprache wie aus gnostischer bekannt[126].

Auch für die Schrift "Der Donner (βροντή), der vollkommene Nus" NH VI,2 versucht R. Unger, der für den koptischen
Text wohl eine griechische Vorlage annimmt, dahinter noch
eine etwaige syrische Fassung zu erkennen, und glaubt, an zwei
Stellen dafür einen Anhaltspunkt gefunden zu haben[127]. Die eine
bereitete bereits dem Ersteditor M. Krause Schwierigkeiten wegen der Bedeutung und Deutung von ⲠⲰⲦ ⲚⲤⲀ-   [128]. Krause
übersetzt "folgt mir nicht vor euren Augen". Das ergibt wenig
Sinn. Unger möchte in den Augen die handelnde Größe sehen
und das "vor" auf ein syrisches "von her" im Sinne der handelnden Person zurückführen: "Verfolgt mich nicht kraft eurer Au-

---

123 Rudolph. a.a.O. 203.

124 II 141. 30. 34.

125 Vgl. I 53. 5; 55. 25.

126 II 18. 28; 139. 33; 140. 32; 141. 34 u.ö.

127 Oriens Christ. 59 (1975) 78 - 107.

128 VI 13. 8 - 10: M. Krause - P. Labib. Gnostische und hermetische Schriften aus Codex II und Codex VI (Glückstadt 1971). S. 122.

gen"[129]. Die richtige Übersetzung hat G.W. MacRae: "do not banish me"[130]. διώκειν heißt ja nicht nur "verfolgen", sondern auch "vertreiben". Diese Bedeutung erfordert der Zusammenhang. "Die ihr nach mir ausschaut, nehmet mich auf; und vertreibt mich nicht vor euren Augen". Der Parallelismus ist chiastisch aufgebaut: a) Augen, b) aufnehmen, b) vertreiben, a) Augen. Man könnte versucht sein, in ΠШΤ ΝCλ- für διώκειν im Sinne von "vertreiben" einen Übersetzungsfehler des Kopten zu vermuten; aber ΠШΤ ΝCλ- heißt ja nicht nur "nachjagen", sondern eben auch "vertreiben": z.B. ΠШΤ λ2ΟΥΝ ΧΠΘΒΒΙΟ ΤΑΡΘϤ ΠШΤ CΘ ΤΜΝΤΧΑCΙ2ΗΤ "eilt hin zur Demut und sie wird den Hochmut vertreiben"[131]. Die in der Aretalogie sprechende Gottheit rühmt sich des Besitzes von Eigenschaften, die oppositionell zueinander stehen, z.B. "Ich bin die Unfruchtbare und habe viele Kinder"[132]. Kurz danach heißt es: "Ich bin die Hebamme und die, welche nicht gebiert. Ich bin der Trost meiner Wehen"[133]. Unger sieht hier in ΤΜΘCΙШ eine Fehlübersetzung nach dem Syrischen, wo hajtā sowohl "Wöchnerin" als auch "Hebamme" sein kann. Das klingt zunächst recht einleuchtend. Es fragt sich aber, ob eine solch scharfe Logik nicht eine Überinterpretation darstellt. Auch in den folgenden Zeilen[134] stehen nicht absolute Gegensätze einander gegenüber, also muß es auch hier nicht gefordert werden. Vielmehr scheint mir der Gedankengang folgender zu sein: Die Hebamme ist die Frau, die eine Geburt vor sich gehen läßt[135], die nicht Gebärende aber läßt kein

---

129 Unger, a.a.O. 84, Anm. 41.

130 In der Edition von NH VI,2, in: Nag Hammadi Studies 11 (Leiden 1979), S. 235.

131 W. Till, Osterfestbrief und Predigt in achmimischem Dialekt (Leipzig 1931), Z. 51f.

132 VI 13, 22f.

133 VI 13, 25f.

134 VI 13, 26ff.

135 ΜΙCΘ wird gelegentlich auch für "erzeugen" vom Mann gebraucht.

Kind zur Welt kommen. Insofern liegt der Gegensatz in dem
"zur Welt kommen lassen" - "nicht zur Welt kommen lassen".
Daß in der Sprechenden Mutter und Hebamme vereint ist,
geht aus der Aussage hervor, daß sie die Trösterin ihrer Wehen
sei. Ich glaube, daß der gnostische Sinn besser erfaßt wird, wenn
man ihm eine gewisse Widersprüchlichkeit zubilligt.

Vor allem hat man im Thomasevangelium von Nag Hammadi
Semitismen, besonders Aramaismen sehen zu können ge-[136]
glaubt. Man wollte diese Schrift schließlich in Edessa entstanden sein lassen[137]. Sie wäre dann ins Griechische übersetzt
worden. Von dieser griechischen Version stammten die Fragmente aus Oxyrhynchos, die zum Thomasevangelium vorliegen[138].
Man könnte ihretwegen auch an eine griechische Urabfassung
denken. Manchmal wird auch geäußert, von gewissen Schriften
aus Syrien habe man eine doppelsprachige Entstehung von Anfang an anzunehmen. Aus textlichen Abweichungen zwischen
griechischen Fragmenten und koptischem Text glaubt man darauf schließen zu dürfen. J.-É. Ménard schätzt zudem die koptische Version gnostisierender ein als die griechische[139]. Doch
auf Varianten in der griechischen Form wird man dann nicht
allzu großen Wert legen, wenn man sich vor Augen hält, wie

---

136 H.-Ch. Puech, Une collection de paroles de Jésus récemment retrouvée:
L' Évangile selon Thomas, Comptes rendus de l' Acad. des Inscript. 1957, S.
144 - 166. A. Guillaumont, Sémitismes dans les Logia de Jésus retrouvés à
Nag-Hammadi, Journ. Asiat. 246 (1958) 113 - 123.

137 G. Quispel hat sich besonders um die Einreihung des Thomasevangeliums
in die biblische Textgeschichte und um seinen Platz in der Geschichte des christ-
lichen Syrien bemüht. Vgl. die Beiträge in seinem Sammelband Gnostic Studies
II (Istanbul 1975) sowie die Arbeiten: Makarius, das Thomasevangelium und das
Lied von der Perle (Leiden 1967); Tatian and the Gospel of Thomas (Leiden 1975).
Gegen die Entstehung des Thomasevangeliums in Edessa wandte sich B. Aland-
Ehlers, Kann das Thomasevangelium aus Edessa stammen?, Nov. Test. 12 (1970)
284 - 317.

138 Vgl. die kommentierte Übersetzung von J.-É. Ménard, L' Évangile selon
Thomas (Nag Hammadi Studies 5. Leiden 1975). Die einzelnen Fragmente sind
im Kommentar zu den betreffenden Logia gegeben.

139 Ménard, Thomasevang. 4.

variabel die Textgestalt von in Nag Hammadi mehrfach überlieferten Schriften ist[140].

A. Guillaumont hat zuletzt die Beispiele zusammengefaßt,
die ihm unter den Semitismen des Thomasevangeliums bemerkenswert erschienen; er hat dies in seinem "Essai de classement" in recht vorsichtiger Weise getan[141]. Er weist zunächst
auf sprachliche Erscheinungen hin, die zur Diktion der Septuaginta gehören, sowie solche aus dem Neuen Testament, die zwar
einen semitischen Eindruck machen, aber seiner Meinung nach
zum Erweis einer Übersetzung aus dem Aramäischen nicht genügen[142]. Für weitere Stilgewohnheiten kommt er zu dem Schluß,
daß sie sowohl dem Semitischen als auch dem Koptischen eigen
sind und deshalb zur Lösung der angeschnittenen Frage auch
nicht beitragen können[143]. Guillaumont selbst ist der Auffassung, daß auch bei einer Abfassung auf syrisch der Weg der
Übersetzung über das Griechische gegangen ist; er lehnt deshalb auch die These von G. Garitte ab, die griechische Version
sei erst aus dem Koptischen, ja sogar nach einem koptischen
Original entstanden[144]. Wenn man von den genannten Fällen
einmal absieht, so sind nach Guillaumont doch imponierend viele
andere Beobachtungen in Vokabular, Syntax und Stil zu machen,
die für unsere Frage ernster zu nehmen sind[145]. M.E. müssen
auch diese auf ihre Beweiskraft neu untersucht werden.

140   Vgl. Johannesapokryphon. Ägypterevangelium. Eugnostosbrief. Sophia
Jesu Christi.

141   Les sémitismes dans l' Évangile selon Thomas. Essai de classement.
in: Studies in Gnosticism and hellenistic religions presented to G. Quispel, hrsg.
v. R. van den Broek - M.J. Vermaseren (Leiden 1981), S. 190 - 204.

142   Guillaumont. a.a.O. 190 - 191.

143   Guillaumont. a.a.O. 191 - 192.

144   A. Guillaumont. Les logia d' Oxyrhynchos sont-ils traduits du Copte?.
Le Muséon 73 (1960) 325 - 333 gegen G. Garitte. Les 'Logoi' d' Oxyrhynque
et l' apocryphe copte dit 'Évangile de Thomas' ebenda 151 - 172; erneute Stellungnahme von G. Garitte. Les 'Logoi' d' Oxyrhynque sont traduits du copte.
ebenda 335 - 349.

145   Guillaumont. Les sémitismes 193 - 195.

In den Logia 52, 53, 69 und 91 soll koptisches Perfekt im
präsentischen Sinn des hebräischen Perfekts stehen. Das ist zunächst ein viel zu pauschales Urteil. Vgl. Logion 52:

"Seine Jünger sagten zu ihm:

'24 Propheten redeten alle in Israel

und sie redeten alle in dir'.

Er sagte zu ihnen:

'Den, der vor euch lebt, habt ihr verlassen

und habt von den Toten gesprochen'".

In einem bei Augustin überlieferten Agraphon ist der zweite
Teil des Logions übersetzt[146]: "Ihr habt den Lebendigen, der
vor euch steht, verstoßen und fabelt von Toten". Im ersten Teil
hatten sich die Jünger geäußert, so daß Jesus ihre Rede als Vergangenheit betrachten kann. Hält man aber auf Grund des Agra-
phons das letzte Verbum in seinem Tempus für suspekt, so kann
man das koptische Perfektum dennoch als berechtigt ansehen,
wenn es Übersetzung eines griechischen Aorists mit gnomischer
Bedeutung ist. Der zweite Teil des Satzes ist ja durch den ersten bedingt[147]. Eine Verbindung solchen Gebrauchs im Griechischen mit dem Hebräischen ist durch den Stil der Septuaginta
ermöglicht; er ist kein unumstößlicher Beweis für eine Übersetzung aus dem Aramäischen, weil er seinen festen Platz im Griechischen gefunden hat. Ähnlich verhält es sich mit dem Perfektum in Logion 53:

"Seine Jünger sagten zu ihm:

'Ist die Beschneidung nützlich oder nicht'?

Er sagte zu ihnen:

---

146   Vgl. J. Jeremias. Unbekannte Jesusworte (Gütersloh 1951). S. 70 –
73; vgl. Augustin, Contra adversarium legis et prophetarum II 4, 14 (MPL XLII.
647).

147   F. Blass - A. Debrunner, Grammatik des neutestamentlichen Griechisch
(15. Aufl. Göttingen 1979), § 333.

'Wäre sie nützlich, so würde ihr (pl.) Vater sie (pl.) aus ihrer (pl.) Mutter beschnitten hervorbringen. Aber die wahre Beschneidung im Geist hat vollen Nutzen gebracht'".

Hier zeigt das Perfektum das Ergebnis an. Man könnte entweder einen effektiven Aorist[148] annehmen oder ein Perfektum erwarten. Der Nutzen ist erreicht worden durch die vorangehende geistliche Beschneidung. Im Logion 69 steht das koptische Perfektum entweder parallel zum Perfektum des vorangehenden Relativsatzes oder als Folge des vorangehenden Satzes wird hier der gnomische bzw. der futurische Aorist gebraucht. Außerdem kann "erkannt haben" ja auch als besserer Ausdruck für "wissen" dienen (vgl. im Ägyptischen die Konstruktion von rḫ). Die letztere Verwendung kann ebenfalls im Logion 91 vorliegen: "ihr habt ihn nicht erkannt" im Sinne von "ihr kennt ihn nicht". Das Perfektum kann hier aber auch einen effektiven Aorist wiedergeben.

Die fehlende Wiederaufnahme der Negation im fortsetzenden Satz, die in Logion 55 auffällt, mag eine semitische Konstruktion sein. Da sie aber auch sonst im Koptischen in der Übersetzung des Neuen Testaments vorkommt, hat sie keine Beweiskraft[149].

Ebensowenig besagt der Gebrauch der Parataxe in Logion 16 etwas. Hier liegt Evangeliensprache vor.

In Logion 43 und 78 mag semitischer, aber kein Übersetzungsstil auftreten. Guillaumont verweist darauf, daß in der Septuaginta "Vater und Mutter" mit "Vater oder Mutter" wiedergegeben wird[150].

148 Blass – Debrunner, § 318.
149 Vgl. Mt 10, 38 sa bo.
150 Vgl. Ex 21, 17.

Die Bedeutung "gleich" statt "wert, würdig" in den Logia
56, 80 und 85 braucht nicht auf aramäisches šāwē zurückgeführt
zu werden. Schon ἄξιος heißt "gleichwertig"[151].

ΟΥΟΕΙ ΝΑΥ ΜΦΑΡΙϹΑΙΟϹ in Logion 102 ist korrekt. Man
vergleiche ΟΥΟΕΙ ΝΑΙ ΑΝΟΚ in Pistis Sophia 100. ΜΦΑΡΙϹΑΙΟϹ
ist Apposition. Eine Konjektur und daran sich anschließende Rückführung auf das Syrische erübrigt sich.

Schwieriger scheint es bei der Interpretation des Unterschieds
zwischen griechischer und koptischer Version von Logion 3 zu
stehen. Dort entspricht griechischem   οἱ ἕλκοντες ὑμᾶς
"die euch ziehen" im Koptischen   ΝΕΤϹΩΚ ϨΗΤΤΗΥΤΝ   . Das
wurde gedeutet "die vor euch herziehen". Diesen Bedeutungs-
unterschied wollte Guillaumont damit erklären, daß syrisches
ngad zugrunde liege, das sowohl "ziehen" als auch "führen" heißen kann. Diese Lösung wird überflüssig, wenn man bedenkt,
daß in einer hermetischen Schrift von Nag Hammadi, dem Askle-
pius, ϹΩΚ ϨΗΤ⸗ für lateinisches compellere gebraucht ist[152].
ἕλκειν und ϹΩΚ ϨΗΤ⸗ besagen, daß gewisse Leute die Jünger
"verführen". Vielleicht geht die Einführung des Objekts durch
ϨΗΤ⸗ auf die Vorstellung vom Schleppen beim Treideln von
Schiffen zurück.

Wenn in Logion 104 das Verbum ΧΡΟ in passiver Konstruktion
durch ein syrisches ḥāb "sündigen, unterlegen sein" erklärt wird,
so ist das unnötig; ΧΡΟ ist im Bohairischen (6ΡΟ) für   κατα-
βραβεύειν "verurteilen" belegt[153].

Ebenso ist eine Heranziehung von mṣā in Logion 56 und 80
nicht nötig. Die Bedeutung "finden" gibt hinreichenden Sinn,

151 Vgl. W. Bauer, Wörterbuch, Sp. 154.

152 Corpus Hermeticum. ed. A.D. Nock. übers. v. A.J. Festugière, t. II (Paris 1945). S. 329. 16 vgl. mit NH VI 73, 8.

153 Col 2. 18 bo.

weil man sie auch auf das Intellektuelle anwenden kann. Die Erkenntnis der Welt führt zur Erkenntnis des Körpers, der ja ein Teil von ihr ist. Dessen Erkenntnis erweist, daß der Kosmos dem Gnostiker nicht gleichwertig, also nicht ebenbürtig ist.

Ob man hinter ⲤⲰⲘⲀ in Logion 80 und ⲠⲦⲰⲘⲀ in Logion 56 das syrische pagrā sehen soll, erscheint mir sehr fraglich. Gerade das zweifache Vorkommen der Aussage kann für eine unterschiedliche Nuancierung sprechen. Das eine Mal werden Welt und Körper, das andere Mal Welt und Kadaver gegenübergestellt, so daß sich für die Abwertung der Welt ein noch härteres Urteil ergibt. Wenn man an Hand von textkritischen Varianten im Neuen Testament und seinen koptischen Versionen einen Wechsel von σῶμα und πτῶμα beobachten kann, so mag das u.U. auf eine gemeinsame Wurzel zurückgehen, die aber vor dem Neuen Testament liegt und für die Textgeschichte des Thomasevangeliums nichts besagt[154].

Die Behandlung von Logion 30 durch Guillaumont ist eine Interpretation von ihm. Für die Ursprache hat es aber keine Bedeutung, wenn Vorstellungen aus rabbinischer Überlieferung zur Klärung des Inhalts beitragen.

Sollte in Logion 33 nicht Dittographie, sondern Iterierung mit distributivem Sinn vorliegen, so könnte das auch schon vom Koptischen aus erklärt werden, wozu allerdings ϨⲘⲠⲔⲈⲘⲀⲀⲬⲈ in ⲠⲈⲔⲘⲀⲀⲬⲈ geändert werden müßte[155]. Es könnte sich aber auch wohl um einen elliptischen Ausdruck handeln: "Was du mit deinem Ohr hörst (und) mit dem anderen Ohr (hörst)".

154 K.H. Kuhn, Some observations on the Coptic Gospel according to Thomas, Le Muséon 73 (1960) 317 - 323, besonders 319, gibt einem Schreibfehler den Vorzug, also einer innerkoptischen Erscheinung, weist aber zugleich darauf hin, daß es bei dem Wechsel der Wörter in der koptischen Bibelübertragung zwei verschiedene Übersetzungen gegeben haben könnte.

155 Guillaumont, Les sémitismes 195.

Logion 21 b würde ein falsches Verständnis des syrischen Textes durch den griechischen Übersetzer verlangen, wenn H. Quecke, dem sich Guillaumont anschließt, recht hätte[156]. "Sein Haus seines Reiches" ist aber grammatisch möglich; vergleiche Prov 2,1 bo ΝΑCΑΧΙ ΝΤϾ ΝΑϾΝΤΟΛΗ.

Für zwei weitere Stellen (in den Logia 13 und 98) glaubt Guillaumont, eine direkte Übersetzung aus dem Syrischen ins Koptische diskutieren zu müssen. Dabei bereitet Logion 98 weniger Schwierigkeiten. ΑϤΧΟΤϹ ΝΤΧΟ könnte als Prolepse des Objekts durch Suffix eingestuft werden. Dann hieße es nach Guillaumont "il transperça la muraille". Doch muß man die auch von ihm vorgeschlagene Übersetzung "il l' enfonça dans la muraille" vorziehen, die ohne Reflexion über syrische Syntax auskommt. Aber auch das in Logion 13 vorliegende Problem läßt sich von der koptischen Grammatik aus lösen. Zunächst möchte man den Schlußsatz übersetzen: "ihr werdet Steine nehmen und nach mir werfen, und[157] Feuer wird aus den Steinen hervorkommen und euch verbrennen". Dazu paßt aber nicht, daß das Subjekt von "verbrennen" im Femininum steht. M.E. braucht man nicht die Constructio ad sensum anzunehmen und dabei mit syrischem nūrā, das Femininum ist, zu operieren. In seltenen Fällen kommt nämlich im Koptischen auch eine Passivkonstruktion vor: fem. sg. + Verb + Objekt, also Femininum statt Plural, so daß es heißt: "so daß ihr verbrannt werdet"[158].

Vier Fälle sind für Guillaumont besonders bemerkenswert, weil sie unzweifelhaft Syrismen bieten[159]. Allerdings glaube ich

---

156 Guillaumont. Les sémitismes 195; H. Quecke, Sein Haus seines Königreiches. Zum Thomasevangelium 85, 9f., Le Muséon 76 (1963) 47 - 53.

157 Einleitung des Satzes durch ΑΥѠ .

158 Vgl. III 33, 17. Die Stellen III 36, 8. 11 zeigen, daß die Konstruktion vom neutralen Ϲ beim Verbum ausgeht. In Z. 8 wird das Subjekt (Plur.) durch ΝϬΙ nachgebracht. Z. 11 tritt reines Neutrum als Subjekt auf. Die Parallele beweist. daß es sich in III 33, 17 um eine eindeutige Passivkonstruktion handelt.

159 Guillaumont, Les sémitismes 201ff.

nicht, daß es sich bei allen um sprachliche Eigentümlichkeiten handelt. Wenn es in Logion 14 heißt: "Wenn ihr Almosen gebt, werdet ihr euren Geistern Böses tun", so fragt man sich, was "Geister" hier bedeuten soll. Handelt es sich vielleicht um eine eigenartige Wiedergabe des Reflexivpronomens, die aus dem Syrischen kommt? Sollte man aber nicht eher die Stelle vom Inhalt her angehen? Der Grund für die Einführung von "Geister" könnte dann Ausdruck einer dichotomischen Auffassung Leib - Geist sein, wie sie das Judentum kennt[160]. Das würde für Evangelientradition durchaus verständlich sein. Eigenartig ist auch, wenn in Logion 100 berichtet wird: "Sie zeigten Jesus ein Goldstück". Der Text der Synoptiker hat hier "Denar" (Mt 22,19 parr.). Der Denar ist als Silbermünze im römischen Reich bekannt. In Syrien hat es damals allerdings auch Golddenare gegeben[161]. Das spricht für eine Herkunft des Logion aus Syrien-Palästina; eine Abfassung in syrischer Sprache in Edessa beweist es dagegen nicht. Die Rückführung von μοναχός auf 'īhīdājā im Sinne dessen, der die himmlische Einheit darstellt, ist eine Überinterpretation[162]. ΟΥΑ ΟΥШΤ (Logion 4 und 23) ist nicht mit μοναχός identisch. Es bedeutet "ein und derselbe", während μοναχός "der einzelne" ist. Das geht aus Logion 16 hervor, wo im eschatologischen Krieg die Menschen sich so bekämpfen, daß sogar Vater und Sohn sich trennen und jeder für sich allein steht. Schon in älterer Sprache (bei Aristoteles)[163] kommt μοναχός in der Bedeutung "einzeln, einzig" vor. Und auch in Übersetzungen, sie später als die Septuaginta ver-

---

160 Vgl. ThWB VI 375ff.

161 Vgl. J. Guey, Comment le 'denier de César' de l' Évangile a-t-il pu devenir une pièce d' or?, Bull. de la Société franç. de numismat. 1960, S. 478 - 479, und Autour des Res Gestae Divi Saporis, 1. Deniers (d' or) et deniers d'or (de compte) anciens, Syria 38 (1961), speziell S. 268 - 270.

162 Guillaumont, Les sémitismes 202f.

163 Metaphysik Z 1040 a 29, M 1076 b 29.

faßt sind, wird es für "einziger" gebraucht[164]. Eine eschatologische Note hat Logion 75, wenn es vom Eintritt der μονα-
χοί ins Brautgemach spricht. Ebenfalls eschatologisch denkt
Logion 49, in dem der μοναχός neben dem "Erwählten" steht.
Es ist die Frage, ob hier Asketen der Institution nach gemeint
sind; es geht wohl mehr um solche, die in der Welt durch ihren Glauben und das dadurch bedingte Leben allein stehen.

An weiteren vier Beispielen möchte Guillaumont aufzeigen,
daß Unterschiede zwischen Thomasevangelium und Synoptikern
auf eine verschiedene Deutung des gleichen syrischen Wortes,
das sich in der Vetus Syra findet (wobei Thomasevangelium =
Vetus Syra), zurückzuführen sind[165]. Am wenigsten besagt der
Anschluß von πειράζειν(Logion 91) an nassī, was Guillaumont
in der Anmerkung selbst zugibt[166]. πειράζειν hat ja durchaus neben "versuchen" auch die Bedeutung "untersuchen". Auf
den ersten Blick überzeugend erscheint dagegen die Ableitung
von κώμη(Logion 64) bzw. ἀγρός(Lc 14,18) von syrischem qrītā.
Bedenkt man jedoch, daß im Neuen Testament ἀγροί auch für
κῶμαιgebraucht wird[167], so ist auch dieses Beispiel kein Argument. Im Logion 8 des Thomasevangeliums hat eine so starke
Umformung stattgefunden, daß συλλέγειν "sammeln" und
ϹⲰⲦⲠ "wählen" nicht mehr als Parallelen angesehen werden
können. Deshalb besteht weder die Notwendigkeit noch die
Zweckmäßigkeit, diese beiden Verben auf eine gemeinsame Wurzel gbā zurückzuführen. Am ehesten ist der Erklärung der Variante in Logion 9 zuzustimmen, wo griechischem κατέφαγεν

---

164   Vgl. Ps 21. 21; 24. 16; 34. 17 bei Aquila für μονογενής LXX, Ps
67. 7 bei Symmachus und Theodotion für μονότροπος "vereinsamt" LXX,
Gen 2. 18 bei Symmachus für μόνος LXX, Gen 22, 2 bei Aquila für ἀγαπητός
LXX.

165   Guillaumont, Les sémitismes 197f.

166   Guillaumont. Les sémitismes 198. Anm. 20.

167   W. Bauer. Wörterbuch. s. v.

Mt 13,4 parr. ("sie fraßen", Subj. πετεινά) koptisches ⲁⲩ-
ⲔⲀⲦϤⲞⲨ ("sie sammelten sie") gegenübersteht, was Guillaumont mit dem syrischen lqaṭ der Vetus Syra deuten möchte.
Da das Wort auch im Aramäischen der Juden vorkommt, könnte man es auch mit einer Bedeutungsspaltung zu tun haben,
die bereits auf ältere mündliche vorevangelische Tradition zurückgeht; man braucht daraus aber keineswegs eine syrische
Version des Thomasevangeliums abzuleiten.

Auch an weiteren Stellen glaubt Guillaumont hinter der Tho-
masversion eine aramäische Variante zu sehen, die zwar nicht
in der Vetus Syra gegeben ist, ihr aber doch verwandt zu sein
scheint[168]. Für den Text von Logion 9 hat Vetus Syra ʿal jad
für παρά (Mt 13,4 parr.); im Thomasevangelium steht ⲈⲬⲚ- .
Hier liegt gar kein Unterschied vor; denn ⲈⲬⲚ- kann auch "bei"
heißen. Sollte das παρά der Synoptiker aber in Vetus Syra mit
"bei" wiedergegeben und im Thomasevangelium mit "auf" gemeint sein, so läge die Ambiguität im griechischen παρά [169].
"Bruder" für "Nächster", wie es Logion 25 bietet, ist auch
im Griechischen möglich[170]. Zwischen ⲬⲒ im Thomasevangelium Logion 39 und ϤⲒ in der sahidischen Version von Lc 11,
52 einen Gegensatz zu konstruieren, geht zu weit. Im Logion
sind zwei Lesarten kombiniert, ἐκρύψατε und ἤρατε. Nach
Guillaumont wäre "verbergen" auf qabbel zurückzuführen[171].
Im Logion 48 kann man berechtigt die Differenz zwischen Thomasevangelium und Mt 18,19 durch ein beiden Texten zugrunde
liegendes ʾašlem erklären, für das sich aber in der Vetus Syra
kein Anhalt findet. Vielleicht könnte das aber auf die gleiche

168 Guillaumont, Les sémitismes 198ff.
169 W.E. Crum, Dictionary. s. v.; W. Bauer, Wörterbuch. s. v.
170 W. Bauer, Wörterbuch. s. v.
171 Guillaumont, Les sémitismes 199.

mündliche Tradition zurückgehen. Man beachte, daß es sich dabei um ein Stück aus dem Sondergut des Matthäus handelt. Die
Darstellung des Gleichnisses vom verlorenen Schaf (Mt 18, 12-14
∿ Lc 15, 4-7) in Logion 107 wirkt sekundär. Der Gedanke, daß
der Hirt größere Liebe zu dem verlorenen Schaf hat, ist erst
aus der Deutung von V. 13 in das eigentliche Gleichnis hineinge-
tragen worden. Darum erscheint es mir zweifelhaft, ob man sbā,
OYШШ und χαίρειν über εὐδοκεῖν miteinander verbinden soll.
Im Thomasevangelium ist das Gleichnis dadurch mißverstanden,
daß es sich hier um sein liebstes Tier (und das ist doch wohl
das wertvollste) handelt[172]. Ob man in παρατήρησις "Beobachtung" und ϭШШТ ЄΒΟλ "Ausschau" einen so großen Unterschied sehen muß, daß man für Logion 113 und Lc 17,20 ein
aramäisches Zwischenglied vom Stamm ntr erschließen soll,
bleibt mir ebenfalls fraglich. In παρατήρησις steckt ja auch
die Beobachtung von Kommendem. Die Rückführung auf eine
vorsynoptische aramäische Quelle wäre allerdings denkbar, weil
es sich hier wieder um ein Sondergut, diesmal des Lukas, handelt. Wenn Guillaumont in den Logia 33 und 36 des Thomasevangeliums eine Ausdrucksweise bemerkt[173], die stärker alttestamentlichen Stil verwendet als die Synoptiker, so weist das
m.E. nur auf die Vertrautheit mit dem Alten Testament als
der Bibel der Christen hin als auf ein semitisches Substrat.
Auch Logion 97 scheint mir von Guillaumont überinterpretiert
zu werden[174]. Das gilt zunächst für den Ausdruck "ein ferner
Weg". Selbst bei Berücksichtigung des semitischen Charakters
der Redewendung würde dieser in einem griechischen Text dieser Gegend noch nichts bedeuten. Auch zweimaliger Gebrauch

172 J. Jeremias, Die Gleichnisse Jesu (7. Aufl. Göttingen 1965), S. 132ff.
173 Guillaumont, Les sémitismes 200.
174 Guillaumont, Les sémitismes 201.

eines Verbums des Erkennens nacheinander ist hier kein Stil-
mittel. Vielmehr wird damit begründet, warum die Frau erst
zuhause sieht, daß der Krug leer ist. Sie bemerkte den Verlust des Mehls nicht, weil sie den Schaden nicht erkannt hatte.
Ob man ϨⲒⳞⳞ mit bīša auf Grund von Sirach 29,12 erklären
kann, wo κάκωσις = bīša = ϨⲒⳞⳞ steht, ist zu überlegen.
ϨⲒⳞⳞ kann aber auch ohne syrische Parallele zu verstehen
sein, da es ja ein Ausdruck für "Mühe, Schaden, Schmerz" ist.

Es bleiben noch einige Fälle zu besprechen, in denen Syrias-
men der Vetus Syra im Thomasevangelium begegnen[175]. Im
Logion 25 steht nicht wie Mt 19,19; 22,39, Mc 12,31, Lc 10,27
ὡς σεαυτόν , sondern "wie deine Seele" zur Wiedergabe des
Reflexivums, eine Ausdrucksweise, die semitisch sehr gebräuch-
lich ist und auch die Vetus Syra aufweist. Damit entspricht
die synoptische Lesart der Septuaginta von Lev 19,18, die Vetus
Syra dagegen der Peschitta des Alten Testaments. So ist zu
fragen, ob von den alttestamentlichen Stellen her der Einfluß
kommen kann. Sollte man nicht von mündlicher Überlieferung
ausgehen, die bei dieser Gesetzesvorschrift doch sehr verbreitet gewesen sein mag und bei den kanonischen Texten dann
nach den alttestamentlichen normalisiert worden sein könnte?

Im Logion 79 liegt die Weiterentwicklung eines Wortes aus
dem Sondergut des Lukas vor (Lc 11,27-28). Das Problem bildet die Doppeldeutigkeit von griechischem θηλάζειν , das
ebenso wie das lateinische lactare sowohl "saugen" als auch
"säugen" bedeuten kann. Die Vetus Syra bietet hier ebenso
wie das Thomasevangelium "die Brüste, die dich gesäugt haben"
gegenüber Lukas "von denen du gesaugt hast". Ist die "syrische" Lesart hier nur eine Vereinfachung, zumal im vorange-

175 Guillaumont, Les sémitismes 197.

henden Satzteil der Relativsatz das Beziehungswort des Haupt-
satzes zum Subjekt hat ("der Mutterleib, der dich getragen
hat"), so daß sich die zweite Aussage nahtlos in der Konstruktion anschließt? Dann hätten Vetus Syra und Thomasevangelium
eine schon lange kursierende vereinfachende Tradition übernommen. Dabei ist wiederum zu beachten, daß es sich um Sondergut des Lukas handelt.

In Logion 45 stimmt "in seinem schlechten Schatz, der in
seinem Herzen ist" mit Vetus Syra (Mt 12,35, Lc 6,45) über-
ein (dablebbeh), während der griechische Text $\tau\tilde{\eta}\varsigma$ $\kappa\alpha\rho\delta\acute{\iota}\alpha\varsigma$
$\alpha\grave{\upsilon}\tauo\tilde{\upsilon}$ als Variante hat. M.E. hat das Koptische die gleiche
Ausdrucksweise wie das Syrische, weil es eine für das Kopti-
sche glattere Formulierung war. Der Grund dürfte also nicht
in einer Textabhängigkeit zu suchen sein.

Logion 76, das bereits erwähnt wurde, enthält mit der Ein-
fügung eines Dativus commodi wie die Vetus Syra vielleicht einen Syriasmus bzw. eine aramäische Stilform: "er kaufte sich
die Perle" gegenüber dem griechischen $\mathring{\eta}\gamma\acute{o}\rho\alpha\sigma\varepsilon\nu$ $\alpha\grave{\upsilon}\tau\acute{o}\nu$. Auch
diese Nuancierung kann auf mündliche Überlieferung zurückgehen,
aus der die Versionen geschöpft haben. Es könnte aber auch nur
eine stärkere Hervorhebung der handelnden Person zum Ausdruck
gebracht werden so, wie man griechisches $\kappa\acute{\upsilon}\rho\iota\varepsilon$ in der Anrede
mit "mein Herr" übersetzt.

Die Untersuchung der angeführten Beispiele aus dem Thomasevangelium ergibt, daß die Abstammung von einer syrischen Vorlage nicht zwingend angenommen zu werden braucht. Zum Teil
ist die Umgestaltung des Jesuswortes zu berücksichtigen, die
einen anderen Sinn verlangt und die Bindung an eine semitische
Vorlage unnötig macht. An anderen Stellen erklärt sich die Ei-
genheit der Formulierung aus dem Koptischen selber. In weiteren Fällen gibt bereits eine genauere Untersuchung des semasio-
logischen Zustands im Griechischen die Lösung. Soweit wirklich

Semitismen vorliegen, können sie auf die mündliche Überliefe-
rung zurückgehen, aus der auch die Synoptiker geschöpft haben.
Das gilt insbesondere für die Stellen, die dem Sondergut des
Matthäus oder Lukas angehören. Auf die eingangs gestellten
Fragen sind deshalb folgende Antworten zu geben:

1. Gerade in mythologischen Teilen von Nag Hammadi begegnen außer semitischen Namen biblischer Tradition Funktionsbezeichnungen und Wortspiele, die auf Einflüsse aus jüdischer Tradition hinweisen.

2. Soweit Semitismen in griechischem Stil vorkommen, haben
sie die gleiche Wurzel wie die griechische Bibel.

3. Sowohl aramäische als auch hebräische Einflüsse liegen
vor, da die hebräische Sprache ja als heilige Sprache neben der
aramäischen noch gepflegt wurde.

4. Sowohl hebräische als auch aramäische Traditionen sind in
den Nag-Hammadi-Texten festzustellen.

5. Eine Rückführung der koptisch-gnostischen Texte auf syrische Originale ist nicht nötig anzunehmen.

6. Die vorhandenen Elemente in aramäischer Sprache in den
Schriften von Nag Hammadi stammen aus einer Phase, die man
mit J.A. Fitzmyer als Mittelaramäisch bezeichnen kann. Allerdings weisen sie zum Teil auf die Zeit, in der das Spätaramäi-
sche entsteht.

MANICHÄISMUS

ZUR RELIGIONSGESCHICHTLICHEN EINORDNUNG
DES MANICHÄISMUS

Einführung

Als der Theologe F.C. Baur mit seinem klassisch gewordenen Werk "Das manichäische Religionssystem"[1] die Forschung an dieser Religion aus der christlichen Dogmengeschichte in die vergleichende Religionsgeschichte überführt hatte, ergaben sich daraus zwei Aufgaben: 1. die religiösen, theologischen und mythologischen Elemente im Manichäismus zu analysieren und auf ihren Ursprung hin zu untersuchen, 2. zu fragen, ob es sich in ihm nur um eine synkretistische Zusammenstellung von Ideen handelt oder ob eine bestimmte Religion als treibende Kraft Ideen geliefert hat und die übrigen religions- und geistesgeschichtlichen Vorstellungen nur zur Modellierung herangezogen wurden. Nach einer zehnjährigen editorischen Tätigkeit an den koptischen Manichaica[2] bin ich immer wieder den beiden Problemen nachgegangen; ich verweise dafür auf so manche Studien von mir[3].

Erstveröffentlichung in: Lund Studies in African and Asian Religions, vol. I: Manichaean Studies. Proceedings of the first international conference of Manichaeism, ed. by P. Bryder (Löberöd 1988), S. 29 - 44.

1 Tübingen 1831, Neudr. Göttingen 1928.

2 Manichäische Handschriften der Staatlichen Museen Berlin, Band 1: Kephalaia, Lfg. 5 - 10, Stuttgart 1936 - 1940; Lfg. 11/12, Stuttgart 1966.

3 Die Bibel bei den Manichäern, Theol. Diss. Münster 1947 (Maschinenschrift). Mysterion und Wahrheit, 3. Teil: Beiträge zum Manichäismus, Leiden

Heute möchte ich in einer zusammenfassenden Skizze den
Versuch unternehmen, zu zeigen, daß bei aller Bekanntschaft
mit anderen Religionen und Weltanschauungen Mani in seinem
Glauben und seinem System von einem häretischen Christentum initiiert ist. Vollkommenheit kann beim heutigen Stand
der Forschung und der beschränkten Zeit nicht erwartet werden.

I. Der Manichäismus, die beste Kirche

Im Jahr 1933 wurden zwei sich sehr nahe stehende Texte
bekannt, ein mittelpersischer[4] und ein koptischer[5], in denen
Mani seine Kirche qualifiziert. Der mittelpersische schildert

---

1968. S. 175 - 266, darunter "Christliche Wurzeln im Manichäismus", S. 202 - 221.
"Der Synkretismus des Mani" in: Synkretismus im syrisch-persischen Kulturgebiet,
hrsg. v. A. Dietrich, Göttingen 1975, S. 144 - 169; s. a. u. S. 482 - 519 . Die
Gnosis. 3. Band: Der Manichäismus, unter Mitwirkung v. J.P. Asmussen, Zürich
1980. "Das Böse in der Lehre des Mani und des Markion" in: Makarios-Symposium über das Böse, hrsg. v. W. Strothmann, Wiesbaden 1983, S. 18 - 35; s. a.
u. S. 612 - 637 . "Ja und Amen in manichäischer Deutung", Ztschr. f. Papyr.
u. Epigr. 58 (1985) 59 - 70; s. a. u. S. 638 - 653 ."The New Testament and the
concept of the Manichean myth" in: The New Testament and Gnosis, ed. A.H.B.
Logan - A.J.M. Wedderburn, Edinburgh 1983, S. 90 - 104; s. a. deutsche Fassung
u. S. 586 - 611 . "Denkformen hellenistischer Philosophie im Manichäismus" in:
Perspektiven d. Philosophie 12 (1986). S. 11 - 39; s. a. u. S. 551 - 585 . "Zum
Selbstverständnis des Manichäismus" in: A Green Leaf. Papers presented to Prof.
Jes P. Asmussen on his 60th birthday. Kopenhagen 1988. S. 317 - 338; s. a. u.
S. 520 - 550.

4 M 5794 I (T II D 126); die Zählung erfolgt jetzt nach dem Katalog von
M. Boyce, A catalogue of the Iranian manuscripts in Manichean script in the
German Turfan collection, Berlin 1960. Zum besprochenen Stück vgl. die Edition
in: F.C. Andreas - W. Henning, Mitteliranische Manichaica aus Chinesisch Turkestan II (Sitz.-Ber. d. Preuß. Akad. d. Wiss. Berlin 1933), S. 295f., sowie die
Neuedition in: M. Boyce, A reader in Manichaean middle Persian and Parthian
texts (Leiden 1975), S. 29f. Vgl. dazu auch W. Sundermann, Mitteliranische manichäische Texte kirchengeschichtlichen Inhalts (Berlin 1981), S. 131f., wo Sundermann eine Ergänzung durch M 5761 vornimmt.

5 Teile aus Kap. 154 der Berliner koptisch-manichäischen Handschrift der
Kephalaia. Die vorläufige Abschrift wurde vor Beginn der Editionsarbeit angefer-
tigt; es liegen noch solche vorläufigen Abschriften der Seiten 334, 337-357, 359-
373 und 395-399 von H.J. Polotsky vor (nach Mitteilung der Akademie der Wissenschaften der DDR).

Manis Kirche in zehn Punkten, von denen aber leider nur die ersten fünf erhalten sind:

"Die Kirche, die ich erwählt habe, ist in zehn Punkten viel besser als die anderen früheren Kirchen. Erstens: Die früheren Kirchen beschränkten sich nur auf ein Land und eine Sprache. Doch meine Kirche ist in jedem Land und in allen Sprachen bekannt und wird in den fernsten Ländern gelehrt. Zweitens: Solange in der früheren Kirche reine Führer vorhanden waren , war sie in Ordnung. Wenn aber die Führer gestorben waren, dann geriet ihre Kirche in Verwirrung und sie wurden schlaff in Worten und Werken und durch Gier, Feuer und [Verlangen?] wurden sie betrogen. Jedoch meine Kirche wird fest bestehen [und durch] lebendige Lehrer, Bischöfe, Erwählte und Hörer und durch Weisheit und Werke bis ans Ende bleiben. Drittens: Die früheren Seelen, die in ihrer eigenen Kirche die Werke nicht vollendet haben, kommen zu meiner Kirche. Gerade für sie wird sie zum Tor der Erlösung. Viertens: Diese meine Offenbarung der zwei Prinzipien und meine lebendigen Schriften, meine Weisheit und mein Wissen sind weit besser als die der früheren Kirchen. Fünftens: Alle Schriften, Weisheit und Parabeln der früheren Kirchen, weil sie zu dieser [meiner Kirche hinzugekommen sind]...".

Aus dem koptischen Kephalaia-Text sind drei fragmentarische Stücke einer behelfsmäßigen Abschrift erhalten: 1.[6] "Wer seine Kirche im Westen erwählt hat, dessen Kirche ist nicht in den Osten gelangt. Wer seine Kirche im Osten erwählt hat, dessen Auswahl ist nicht in den Westen gekommen, so daß der Name mancher von ihnen in anderen Städten nicht bekannt geworden ist. Meine Hoffnung aber wird in den We-

6 Mani-Fund, S. 4 - 90, speziell 45 (kopt. Text S. 87).

sten und auch in den Osten gehen, so daß die Stimme ihrer
Predigt in allen Sprachen gehört und in allen Städten verkündet werden wird. In diesem ersten Punkt ist meine Kirche
besser als die früheren Kirchen. Denn die früheren Kirchen
wurden an einzelnen Orten in einzelnen Städten erwählt. Meine Kirche wird in alle Städte kommen und ihre Botschaft wird
alle Länder erreichen." 2.[7] '[Der zweite Punkt] : Meine Kirche
ist überlegen in der Weisheit und den [Mysterien?] , die ich
euch in ihr offenbart habe. Diese Weisheit [habe ich offen-
bart] und habe sie in die heiligen Bücher, das große Evangelium und die anderen Schriften geschrieben, damit man [sie]
nicht [nach] mir verändere. Wie ich sie in die Bücher geschrieben habe, so [habe ich] auch befohlen, daß man sie abmale.
Denn alle Apostel, meine Brüder, die vor mir gekommen sind,
[haben] ihre Weisheit nicht geschrieben, wie ich sie geschrieben habe, [und haben nicht] abgemalt ihre Weisheit nach dem
Abbild, wie ich sie [abgemalt habe]. Meine Kirche ist überlegen - - - von Anfang an den früheren Kirchen." 3.[8] 'Viertens:
Die Schriften, die Weisheit, die Apokalypsen, die Parabeln und
die Psalmen von allen früheren Kirchen haben sich an allen
Orten versammelt, sind hinzugekommen zu meiner Kirche und
haben sich hinzugesellt zu der Weisheit, die ich offenbart habe.
Wie ein Wasser sich zu Wasser hinzugesellt und zu vielen Ge-
wässern wird, so haben sich die alten Bücher meinen Büchern
hinzugesellt und sind zu einer großen Weisheit geworden, der-
art sie nicht unter allen alten Geschlechtern verkündet worden
sind. Bücher, wie ich sie geschrieben habe, sind weder geschrieben noch offenbart worden."

7 Mani-Fund, S. 43 (kopt. Text nicht mitgeteilt).
8 Mani-Fund, S. 42 (kopt. Text S. 86).

Weil allein diese angeführten Abschnitte des Kapitels 154 der Kephalaia bisher bekannt sind, kann nur ein vorläufiger Vergleich der beiden Texte vorgenommen werden. Die hier gebrauchte Übersetzung "Kirche" ist im Mittelpersischen mit dēn, im Koptischen mit ἐϰϰλησία wiedergegeben; es fragt sich also, ob "Kirche" oder "Religion" gemeint ist. "Kirche" dürfte die ursprüngliche Bedeutung sein, zumal es sich ja um eine organisierte Heilsanstalt handelt. Auch dēn kann diesen Inhalt wiedergeben; es kann neben "Religion" auch "religiöse Gemeinschaft" und "Kirche"[9] bedeuten. Wenn dēn bei den Zoroastriern für den kanonischen Text der heiligen Schriften gebraucht wird, so stimmt das dazu, daß in unseren Texten von der Verbreitung der manichäischen Botschaft die Rede ist.

Das Kapitel 154 der Kephalaia entspricht in seinen Grundzügen dem mittelpersischen Text, doch scheinen die Punkte anders angeordnet gewesen zu sein. Das erste Stück aus dem Kephalaion bringt als ersten Punkt die gleiche Aussage wie der mittelpersische Text, hat aber eine lange Einleitung. Das zweite Stück ist ebenfalls breit ausgeführt, ist aber eher eine Parallele zum vierten Punkt des mittelpersischen Textes. Der dritte Abschnitt aus dem Kephalaion entspricht dem fünften Punkt im Mittelpersischen, wird aber im koptischen Text als viertens bezeichnet.

Religionsgeschichtlich betrachtet ist in unseren Texten von einer religiösen Lehre die Rede, die eine kirchliche Organisation gefunden hat und sich mit ihr zur Weltreligion entwickelt. Der Absolutheitsanspruch wird metaphysisch in einem anderen

9 H.S. Nyberg, A manual of Pahlavi, p. II: Glossary (Wiesbaden 1974), S. 61f. M. Boyce, A word-list of Manichaean middle Persian and Parthian (Leiden 1977), S. 38.

Kephalaion, das wir nur mit seinem Titel kennen[10], begründet: "Alle Apostel, die in die Welt kommen, werden ausgesandt von einer einzigen Kraft, aber sie unterscheiden sich wegen der (einzelnen) Länder". Hier bedient sich Mani einer auch im Gnostizismus vorhandenen Auffassung, wie sie in der Schrift ohne Titel aus dem Codex II von Nag Hammadi[11] begegnet: "Als nun die Seligen sich lichthaft offenbarten, offenbarten sie sich unterschiedlich und jeder einzelne von ihnen hat aus seinem Land seine Gnosis der Kirche offenbart, die erschienen ist unter den Gebilden des Verderbens". Für Mani tritt das historische Bild des Heilsablaufs in den Vordergrund, der über diesen Zustand hinaus zur Einheit führt. Seine Aufgabe ist es, den letzten Akt vorzubereiten. Daß von Kirche, also einer religiösen Gemeinde, gesprochen wird, bezeugt, daß es sich nicht nur um eine ideologische Schule handelt, sondern um Religionsgemeinschaft im Vollsinn, die auf einen Stifter zurückgeht, der ihren göttlichen Ursprung und ihr göttliches Ziel predigt. Ist der Anspruch der angeführten manichäischen Aussagen auf Worte des Meisters zurückzuführen, wie der Titel des Werkes "Die Kephalaia des Meisters" ja besagt? Zu einem Teil ist wohl damit zu rechnen. Bei dem iranischen Text kann man wohl Worte im Gefängnis annehmen[12]. Die Einleitung und das erste Kapitel der Kephalaia[13] bestätigen überdies die Inhalte der selbstbewußten Äußerungen, indem sie Manis Vorgeschichte und Aufgabe skizzieren. Das Gleiche gilt vom Kölner Codex[14].

10 C. Schmidt - H.J. Polotsky, Ein Mani-Fund, S. 22, Kap. 143.
11 Nag Hammadi II 124, 23ff.
12 W. Sundermann, Texte kirchengeschichtlichen Inhalts, S. 131.
13 Keph. 3 - 16,31.
14 Ed. A. Henrichs - L. Koenen, Ztschr. f. Papyr. u. Epigr. 19 (1975) 1 85; 32 (1978) 87 - 199; 44 (1981) 201 - 318: 48 (1982) 1 - 59.

II. Manis Aufgabe

Mani schildert seine religiösen Grundlagen, indem er sie in den großen Ablauf der Heilsgeschichte einreiht. Er greift auf die Adamiten bis zu Noahs Söhnen zurück. Eine Dreiteilung der Welt stellt sich ihm in den Religionsstiftern Buddha, Zarathustra und Jesus dar. Manis Aufgabe ist es, an die Stelle der versinkenden Kirche eine neue Weltreligion zu bringen. Anlaß zur Religionsstiftung ist für ihn eine Offenbarung, die ihm von Jugend an zuteil wird. Sie gewinnt in ihm eine Gestalt, aus der Predigt, Kirche und Mission hervorgeht. Darum ist es zu der wissenschaftlichen Diskussion gekommen, ob in ihm das Wirken der ratio der besondere Beitrag zur weltanschaulichen Gestaltung sei und ob in ihm Orient oder Griechentum die Oberhand gewonnen hätten[15]. Die Frage ist so falsch gestellt. Denn Offenbarung bedarf zur Weitergabe der Sprache. Wer Offenbarung empfängt, muß sich ihrer bewußt werden, um sie auszusprechen. Eine solche Information ist Theologie. Somit ist die Theologie der griechischen Philosophen ebenso verständlich wie, wenn Zarathustra durch Meditation alten paganen Glauben umformt. Auch die Veranlagung des Offenbarungsempfängers, der ja zugleich Vermittler werden soll, ist zu berücksichtigen. Mani war dichterisch veranlagt; vielleicht hat er auch als Künstler das Ārdahang, den Bildband, geschaffen. Zugleich sieht man am Aufbau des Mythos sowie an seiner Ausdeutung Versuche logischen Denkens, wenn auch auf Grund einer uns fremden Ontologie. Dieser reich begabte junge Mann aus wahrschein-

---

15   H.H. Schaeder, Urform und Fortbildungen des manichäischen Systems. Leipzig 1927. Seine These wurde angegriffen von G. Widengren, Mani und der Manichäismus (Stuttgart 1961), besonders im 9. Kapitel: Mani als Persönlichkeit, S. 136ff.

lich sozial gutsituiertem Haus hatte in seiner Heimat Babylonien vielerlei Möglichkeiten, sein religiöses Fühlen und Denken befruchten zu lassen. Die Frage ist, ob Mani die Fülle
der Eindrücke im Aufbau seines Systems einfach kombinierte
oder ob ihn eine bestimmte religiöse oder auch geistige Richtung vorrangig bestimmte, so daß sie eine Führungskonstitu-
ente bildet, die andere Ideen und Mythologumena sich zunutze
macht, um sie als Modelle zu verwenden.

III. Der religiöse Hintergrund

Das Zweistromland bildete zur Zeit Manis ein Zentrum, in
dem von Osten und Westen religiöse und geistige Strömungen
zusammengestoßen waren. Die Dynastie der Sassaniden versuch-
te nach dem Vorbild der Achämeniden ein neues Weltreich
zu schaffen, das im Osten und Norden tief nach Asien hinein,
im Westen in den Ostteil des römischen Reiches reichen sollte. Hatte das Zweistromland unter der Herrschaft der Seleu-
kiden gestanden und die Hauptstadt Seleukia die Voraussetzung
für Ktesiphon gebildet, so war zwar eine gewisse Enthellenisierung aus politischen Gründen vor sich gegangen; sie konnte
aber doch kulturelle Einflüsse nicht vernichten. In Manis Heimat waren zu seiner Zeit die Weltreligionen bekannt, auf die
er sich später beruft. Der Buddhismus ist in gewissem Maße
über die Handelswege eingedrungen. Die beiden Religionen,
die Mani von Jugend auf genauer gekannt haben könnte, war
die damalige Form der iranischen Religion, die ihm von seiner wohl arsakidischen Herkunft her nicht fremd gewesen sein
mag, sowie besonders das Christentum in häretischen Spielarten. Man wird bei den Einflüssen, die es für Mani gab, auch
den nördlichen Teil Mesopotamiens mit in Betracht ziehen

müssen. Über Städte wie Edessa sind sicher Beziehungen zu
Syrien vorhanden gewesen; auch synkretistische Glaubensformen,
wie wir sie aus den Denkmälern von Kommagene kennen, liegen nicht allzu fern. Neben den Weltreligionen dürfen ebenso
die Denkformen und Riten nicht unterschätzt werden, die im
damaligen Vorderen Orient durchweg wirksam waren. Insbesondere ist die aus Babylonien stammende und außerhalb, speziell im Hellenismus, entwickelte Astrologie, die damals noch
mit der Astronomie eins ist, Mani vertraut gewesen. Ihre Tendenzen führen in der Philosophie die Vorstellung von der συμπάθεια τῶν ὅλων   ein. Die Philosophie, die zu Manis Zeit
Einfluß hatte, wurde gerade von Lehrern geprägt, die aus dem
Osten stammten. Mani lebt nicht abseits vom Wirken des Platonismus, Neupythagoräismus und Stoizismus. Poseidonios und
Numenios stammen beide aus Apamea in Syrien. Aber auch
Ägypten mit seiner Hauptstadt Alexandria ist durch seine guten Verbindungen mit Syrien wahrscheinlich eine geistige Quelle für eine Stätte wie Edessa. Die eigenartige Denkform religiösen Glaubens, die man als Gnosis bezeichnet, ist in allem,
was auf Mani eingewirkt hat, in irgendeiner Form zu erkennen.

Die entscheidende Eigenart der Gnosis und des Manichäismus ist die Darstellung der kosmischen Gründe für die schlim-
me Lage, in der sich der Mensch hier auf Erden befindet, und
des daraus zu erschließenden Weges zum Heil. In den Excerpta
ex Theodoto[16] wird ja betont, daß nicht nur das Taufbad den
Gläubigen freimache, sondern eine Gnosis nötig sei, "wer wir
waren, was wir geworden sind; wo wir waren, wohin wir gewor-
fen wurden; wohin wir eilen, wovon wir erlöst werden; was

16 Clement d' Alexandrie. Extraits de Théodote. ed. F. Sagnard (Paris 1970),
78.3.

Geburt, was Wiedergeburt ist". Im Mittelpunkt dieses gnostischen Denkens steht also die Anthropologie. Ihre Kenntnis bedarf aber der kosmologischen Voraussetzungen, um zur Soteriologie führen zu können. Es gibt also einen historischen Weg,
den das Licht zu gehen hat und auf dem es kausal bedingten
Ereignissen unterworfen ist. Der Gläubige bewegt sich darum
in einer Heilsgeschichte, die vom Heil ausgehend wieder zum
Heil führt und im Heil endet. Das ist der Weg, den schon das
Judentum als den seinigen angesehen hat, wenn es vom Paradies und seinem Verlust ausgehend die Gewinnung des neuen
Paradieses als Ziel betrachtete. Diese lineare Geschichtsbe-
trachtung hat auch Mani auf dem Weg über das Christentum
übernommen.

Die Lage Syrien-Mesopotamiens läßt durch die politische
und wirtschaftliche Entwicklung auf einen sehr komplexen Charakter des Gebietes schließen. Das Achämenidenreich hat bereits starke synkretistische Erscheinungen in Bewegung gebracht.
Mit seinem Zusammenbruch hat durch den Siegeszug Alexanders
ein neuer Synkretismus eingesetzt, der allerdings durch den
Assimilationsprozeß des Griechentums und der östlichen Kul-
turwelt begonnen worden war[17]. Für die in römischer Zeit
wirksamen Elemente ist die Analyse besonders in der Frage
schwierig, inwieweit griechische und iranische Bestandteile
jeweils für die Mani bekannten Denkformen von Einfluß waren.
Die Religion Zarathustras[18] war im Laufe ihrer Wanderung
von Ostiran über die iranische Hochebene zu Medern und Per-
sern gekommen. Diese hatten bis dahin eine ältere Form des
Mazdaismus als religiöse Anschauung und mußten sich erst

17 Vgl. H. Bengtson, Griechische Geschichte von den Anfängen bis in die
römische Kaiserzeit (5. Aufl. München 1977). S. 299.

18 M. Boyce, A history of Zoroastrianism I (Leiden 1975), II (Leiden 1982).

auf gewisse revolutionierende Lehren umstellen: der jüngste Tag, das Weltgericht und das Kommen des Gottesreiches auf die Erde[19]. Nachdem die zarathustrische Religion in Babylonien Fuß gefaßt und durch Deuterojesaja auch auf die Juden gewirkt hatte[20], nahm sie auch den Weg durch Kleinasien[21]. Es ist die Frage, ob Anregungen aus ihr über die griechischen Kolonien Kleinasiens auf das griechische Geistesleben überhaupt Einfluß genommen haben, wie es M.L. West in seinem Werk "Early greek philosophy and the Orient"[22] darzustellen versucht hat. M. Boyce ist in ihrer Darstellung der iranischen Religion ihm weitgehend gefolgt[23], während M. Tardieu diese Möglichkeit radikal verneint[24]. Auch für die Zeit Platons könnte man solche Einflüsse annehmen[25], da ja trotz der verlorenen Perserkriege die Bedeutung Irans für das zerstrittene Griechenland groß genug war. Die Folge wäre dann, daß die Anregungen aus Iran zur Entstehung der griechischen Philosophie beigetragen hätten, die dann umgekehrt, als in der Zeit des Hellenismus der Osten noch weiter geöffnet wurde, sich mit östlicher Religiosität neu verbinden konnte. Doch für die Zeit Manis war bereits eine davorliegende Stufe des Synkretismus von Wichtigkeit geworden. Unter Artaxerxes II. (404 - 358 v. Chr.) scheint die Richtung des Zurwanismus[26] im Zoroastrismus entstanden zu sein. In der Lehre Zarathustras standen

19   M. Boyce, Zoroastrianism II, S. 39.

20   M. Boyce, Zoroastrianism II, S. 43ff.

21   M. Boyce. Zoroastrianism II, S. 47f.

22   Oxford 1971.

23   M. Boyce. Zoroastrianism II, S. 150 - 163, 9. Kap.; Contact and influences in Jonia in the Median and early Achaemenian periods.

24   Écrits gnostiques, Codex de Berlin (Paris 1984), S. 308. M. Tardieu möchte umgekehrt eher in gewissen Fällen Einflüsse manichäischer Terminologie auf die zoroastrischen Sammelwerke annehmen.

25   M. Boyce, Zoroastrianism II, S. 259 - 261.

26   M. Boyce, Zoroastrianism II, S. 231ff.

sich am Anfang Ahura Mazda und Angra Mainyu gegenüber.
Nun wurde aus diesem Dualismus, der beinahe ein Ditheismus
war, eine Art Monotheismus. Die Vorstellung vom Zeitgott
als dem Urgott hatte sich bereits im 5. Jh. entwickelt. M.
Boyce nimmt an, daß die Ergänzung der gegeneinander stehen-
den Götter des Guten und des Bösen durch den Zeitgott, bezeichnet als Zurwan, auf synkretistische Vorstellungen zurückgeht, die sich insbesondere in Phönizien, vielleicht unter ägyp-
tischem Einfluß, herausgebildet hatten[27].

IV. Mani und der iranische Glaube

Ob man den Dualismus unbedingt auf Iran zurückführen
muß, ist fraglich. Denn gnostischer Geist ist nicht ohne weiteres mit iranischem zu identifizieren. Die Nuance aber, die
im Mythos des Mani vorliegt, entspricht insofern dem iranischen Mythos, als der Sieg des Guten vorausgesetzt ist, sowohl
in der zoroastrischen Orthodoxie als auch im Zurwanismus.
Im Gegensatz zum Christentum und auch der Gnosis stellt sich
Mani die Existenz von zwei unabhängig voneinander bestehenden Urreichen des Guten und Bösen vor. Hier könnte Mani
also von seiner Herkunft aus beeinflußt sein; allerdings wäre
auch ein theologischer Systemzwang verständlich, da er ja nicht
Gott für das Unheil verantwortlich machen wollte.

Im allgemeinen weist man auch die manichäische Drei-
Zeiten-Theorie der iranischen Theologie zu. Aber auch die
Lehre von den drei Zeiten ist nicht geeignet, den Manichäismus für iranisch zu erklären. In der Lehre Manis wird als
einer von Anfang, Mitte und Ende gesprochen. Diese Termi-

---

27 M. Boyce, Zoroastrianism II, S. 152.

nologie wurde bei östlichen und westlichen Quellen gefunden; man glaubte sie analog zur iranischen Einteilung in 1. unbegrenzte Zeit, 2. begrenzte Zeit und 3. unbegrenzte Zeit interpretieren zu können. Der Anfang wäre die Zeit, in der sich die Reiche des Lichts und der Finsternis gegenüberstanden, die Mitte die Zeit des Kampfes, der Vermischung und der Ausläuterung, das Ende schließlich die Zeit, in der nach dem Ende der Welt durch die herbeigeführte Trennung ein neues Leben in Ruhe und Ewigkeit vorhanden ist. So haben es gewiß die östlichen Texte verstanden[28]. Demgegenüber hat das Kephalaion 17[29] die drei Epochen als Abschnitte der mittleren Zeit angesehen, und dieser Erklärung entspricht auch die Deutung des Augustin. Darauf hat P. Nagel[30] und später unter Erweiterung der Augustinstellen A. Henrichs[31] hingewiesen. Hiernach bildet die erste Epoche die Zeit vom Kampfbeginn bis zur Befreiung des Ersten Menschen, die zweite die der Weltschöpfung, die dritte die der Ausläuterung. Genau dieser Einteilung entspricht, wie ich aus den Retractationes (Kap. 43) ersehe, die Disposition des Hauptteils der Civitas Dei des Augustin (Buch 11 - 22). "Die vier ersten Bücher also von den zwölf folgenden handeln von dem Ursprung der beiden Staaten, des Gottesstaates und des Staates dieser Welt; die folgenden vier von deren Verlauf oder Fortgang; die weiteren vier, zugleich die letzten, von deren gebührendem Ausgang". Wie kann

28 Vgl. X^{u}āstvānīīt, in Gnosis III, S. 203; Škand-Gumānīk Wičar XVI 4 - 6, ed. de Menasce; Chinesische Hymnenrolle 172 und Kompendium der Lehren und Regeln a 24, 81 a 1 (Übersetzung von H. Schmidt-Glintzer, Wiesbaden 1987).

29 Keph. 55,16 - 57,32.

30 Bemerkungen zum manichäischen Zeit- und Geschichtsverständnis, in: Studia Coptica (Berlin 1974), S. 201 - 214.

31 A. Henrichs, The timing of supernatural events in the Cologne Mani Codex, in: Codex Manichaicus Coloniensis. Atti del simposio internazionale, hrsg. v. L. Cirillo (Cosenza 1986), S. 190ff.

es aber zu einer so verschiedenen Auslegung kommen? A. Henrichs nimmt an[32], die Auseinandersetzung mit der feindlichen
Umgebung im Westen könnte vielleicht die zentrale Betrachtung
der Kampfzeit gegenüber der Betonung des seligen "Nirwana"-
zustands in den Vordergrund haben treten lassen. Ich möchte
dagegen die verschiedenartige Auffassung von der Zeit in Ost
und West verantwortlich machen. Für das griechische philosophische Denken ist nur für die Zeit, die dem zurwana xwadata,
der begrenzten Zeit, entspricht, eine wirkliche Vorstellung
von Zeit vorhanden. Es fragt sich, was ursprünglicher ist. Auch
die Kephalaia stehen verhältnismäßig nahe an der Urform des
Manichäismus und auch die Stelle in den Homilien (7, 11-13)
kann westlich gedeutet werden, weil die dritte Epoche als
Trennung bezeichnet wird. Ich möchte glauben, daß man im
Osten so, wie man entsprechende Götternamen für bestimmte
Mythologumena einsetzt, auch ein vorliegendes Modell mythologischer Darstellung in iranischer Umgebung verwendet, was
im Westen nicht angemessen war.

In der manichäischen Theologie begegnet das Modell Gott,
Licht, Kraft, Weisheit, von dem in dem Bericht des An-Nadīm
über den Manichäismus[33] die Rede ist und das auch in manichäischer Originalliteratur[34] zu finden ist. Gott als Vierheit
ist eine Denkform des Zurwanismus[35]. Im zurwanitischen Denken sieht G. Widengren die Grundlage für Manis mythische
Vorstellungen[36]. Daß Mani sich für seine Gottesauffassung

---

32 A. Henrichs, Timing, S. 193.

33 Vgl. Gnosis III, S. 189f.

34 Vgl. Gnosis III, S. 198ff. 218. 219. 289. Auch im koptischen Psalter (A
Manichaean Psalm-Book. p. II, ed. C.R.C. Allberry, Stuttgart 1938) 134. 7f. wird
dieses Modell verwendet.

35 M. Boyce, Zoroastrianism II, S. 236f. Vgl. auch die göttliche Vierheit in
Kommagene.

36 Mani und der Manichäismus, S. 51.

ein zurwanitisches Modell zunutze macht, steht außer Frage. Doch ist damit noch nicht der Zurwanismus als treibende Kraft des Manichäismus erwiesen. Wird Gott mit seinen drei Aspekten zusammengezählt, so ist er ein viergestaltiger Gott; das zeigt ja auch die Bezeichnung τετραπρόσωπος in der Abschwörungsformel[37]. Weil das Licht aus Gott hervorgeht, ist es möglich, die einzelnen Emanationen auch als Aspekte Gottes anzusehen. So wie die Kephalaia den Mythos unter Gesichtspunkten zusammenfassen, so kann auch das Schema der Tetrade als theologisches Mittel zur Bewältigung des Mythos in seiner Ausmalung verwendet werden[38].

Auch wenn die Vorstellung vom Großen Krieg[39] iranisch ist und gleichfalls die Person des Großen Königs[40] in der Eschatologie von daher stammt, braucht der Manichäismus doch nicht wurzelhaft aus dem Zurwanismus hervorgegangen zu sein. Denn der jüdische und christliche Gebrauch dieses Terminus ist bei den Elkesaiten bekannt[41].

Als Mani das Schābuhragān verfaßte, mußte er seine Gedanken nach einer bestimmten Methode in der mittelpersischen Sprache und religiösen Terminologie formulieren. Liegt es nicht nahe anzunehmen, daß hier seine wirkliche geistige Heimat war? Ist es dann aber nicht merkwürdig, daß Jesus zwar mit Chradēšahryazd wiedergegeben wird, in der Seitenüberschrift

---

37   MPG I 1461 C. Der Ausdruck begegnet auch bei den Manichäern selber bereits im koptischen Psalmbuch 191,12.

38   Zur manichäischen Tetrade vgl. auch R. Merkelbach. Mani und sein Religionssystem (Opladen 1986), Exkurs I, S. 39 – 50. Die Analyse erscheint mir hier manchmal etwas künstlich.

39   Titel der 2. Schrift in: Manichäische Homilien. ed. H.J. Polotsky (Stuttgart 1934), 7,8; 42, 7 – 8.

40   Manichäische Homilien 32, 20.

41   Epiphan. Panar. 19,3. 4; Hippol. Refut. 9, 15,1. Für den iranischen Gebrauch vgl. J. Bidez - F. Cumont, Les mages hellénisés. 2. Aufl. Paris 1975. I. S. 53. 219, II, S. 126.

es aber heißt: "Über das Kommen des Menschensohns"[42]? "Dann
jener Chradēšahryazd, der zuerst dem männlichen Geschöpf,
dem ersten Menschen, Verstand und Wissen gegeben hatte, und
dann von Zeit zu Zeit und Zeitalter zu Zeitalter Verstand und
Wissen den Menschen gesandt hatte, auch in jener Endzeit nahe dem Frasegird kam jener Herr Chradēšahr ..." usw.

Die Lebendige Seele wird täglich vom Somatischen über
das Psychische zum Pneumatischen geläutert (Kap. 114 der
Kephalaia[43]). Eine Lichtjungfrau offenbart ihren pneumatischen
Charakter, der der Neue Mensch ist. Sie führt die Seele empor
und gestaltet sie in ihrem Inneren um. Hier kann vielleicht an
die daēna gedacht werden. In östlichen Texten wird außerdem,
wie bekannt, eine weitere Anzahl von mythologischen Größen
der westlichen Texte ins Iranische übertragen, so der Lebendige Geist in Mihr, der Dritte Gesandte in Narisah u.a.m.

V. Beurteilung des manichäischen Mythos

Auch in der Darstellung ist das System Manis dem iranischen ähnlich. Es wird durch einen Mythos wiedergegeben.
Doch das ist kein entscheidender Grund für die Annahme eines
maßgeblichen Einflusses, hat der Mythos doch überhaupt in der
philosophischen und besonders der gnostischen Vorstellungswelt einen festen Platz. In primitiver Form ist er die angemessene Ausdrucksweise naiven paganen Denkens. Durch Meditation wird er in einer gewollten Richtung systematisiert. So
gestaltet z.B. Zoroaster den vulgären Glauben um. Auch die
griechischen Philosophen, die weitgehend als Theologen bezeich-

---

42   D.N. MacKenzie, Mani's Šābuhragān I, BSOAS 42 (1979) 504, 17ff.
43   Kap. 114: Keph. 269,14 - 270,24.

net werden können, bedienen sich solcher Ausdrucksweise. Damit
tritt die Schau neben die logische Ableitung. In der hellenistischen Zeit nimmt der Mythos als die Darstellungsform des
Weltgeschehens besonders im gnostischen Denken den ersten
Platz ein. Wie wollte man sonst auch den Urgrund menschlichen Erlebens aus dem kosmologischen Geschehen begründen?
Mani mußte bei der Verkündung einer neuen Lehre so eine
neue Weltschau, d.i. einen neuen Mythos, bieten. Und dieser
konnte nicht ein Fabrikat vom Schreibtisch aus sein, sondern
hinter ihm mußte ein religiöses Erleben stehen. Ihm hat der
von Jesus verheißene Paraklet die Mysterien des Alls offenbart.
Dieser Paraklet sollte ja kommen, um die Vollendung herbeizu-
führen. Ihn betrachtete Mani als sein alter ego; er vereinigte
sich mit ihm, so daß er selber als der Paraklet angesehen werden konnte.

Die Selbstgleichsetzung Manis mit dem Parakleten bedeutet,
daß Mani an die Stelle Jesu tritt. Mani war von Jugend auf in
einer christlichen Gruppe erzogen worden; auch nach seinem
Bruch mit ihr war er Christ, wenn auch heterodoxer Art, geblieben. Sein Weg hat ihn vom Elkesaitismus über Vorstellungen wie die Markions und Bardesanes' weitergeführt. In seinem
Evangelium und in seinen Briefen bezeichnet er sich selbst als
Apostel Jesu Christi[44]. Kann in diesen kanonischen Schriften
eine solch enge Verbindung nur missionarischer Aufputz sein?
Ist das aber nicht der Fall, so stellt sich die Frage, ob in
Manis Mythos nicht christliche Grundlagen vorhanden sein müs-
sen. Das liegt nahe, da die ja kaum mythologische christliche
Theologie von Mani in der Sprache der Gnostiker dargestellt
und mit philosophischen und iranischen Modellen angereichert

---

44   Das Material ist zusammengestellt bei A. Henrichs - L. Koenen, Ein
griechischer Mani-Codex, Ztschr. f. Papyr. u. Epigr. 5 (1970) 97 - 214, speziell
198ff.

worden ist.

In einem Aufsatz über die Idee des manichäischen Mythos und das Neue Testament[45] habe ich die Heilsgeschichte in Christentum und Manichäismus gegenübergestellt. Ich zitiere[46]:

Christentum: Gott, der Vater und Schöpfer, sendet seinen Sohn, d.h. er kommt selbst in die Welt, um sie von der Sünde zu befreien, die durch einen Menschen in sie gekommen war. Jesus Christus führt diesen Auftrag in Menschengestalt aus, er hilft den Menschen und siegt über die bösen Geister, wie seine Heilungen zeigen. Zur Rettung der Welt leidet er am Kreuz und gewinnt in seiner Auferstehung den Sieg über Sünde und Tod. Seine Gläubigen, seine Kirche, folgen in der Auferstehung zum Vater. – Manichäismus: Der höchste Gott des himmlischen Reiches sendet seinen Sohn, den Ersten Menschen, in dem er selbst Gestalt angenommen hat, in den Krieg mit der ihn bedrohenden Finsternis. Sein Kampf mit ihr lähmt sie zwar, doch werden er und seine Waffenrüstung, die Seele, zunächst in der Tiefe festgehalten. Auch seine Befreiung und sein Aufstieg verhindern nicht, daß beträchtliche Lichtelemente noch weiter gefangen bleiben. Als Läuterungsmaschine wird die Welt geschaffen. Doch das Böse versucht, deren Wirksamkeit durch die Erschaffung der Menschen zu behindern. Durch Jesus werden diese im Anfang und später immer aufs neue über ihren Zustand aufgeklärt. Mani führt sie schließlich über die Kirche ins Lichtreich zurück.

Ein Vergleich zeigt, daß der manichäische Mythos eine neugestaltete Christologie ist. Der Unterschied zum Christentum besteht darin, daß die Heilsgeschichte und das Wirken des Sohnes Gottes in einen großen kosmologischen Zusammenhang ein-

45 S. u. S. 586 – 611.
46 S. u. S. 589 f.

gebettet ist. Das entspricht gnostischen Modellen. In der Bibliothek von Nag Hammadi wird z.B. die dem Ersten Menschen entsprechende Größe, der Adamas, als Gestaltwerdung Gottes betrachtet[47]. Das Leiden des Sohnes Gottes wird im Manichäismus wie im Christentum als Liebestat angesehen, nur handelt es sich dabei um eine Tat der Verteidigung. Gott allein zieht in den Kampf, um sein Friedensreich zu schützen. Er nimmt dazu die Gestalt des Sohnes an, den er mit dem Großen Geist, der Mutter des Lebens (bzw. der Lebendigen), hervorbringt. Diese manichäische Dreiheit entspricht allerdings nicht der christlichen von Vater, Sohn, heiligem Geist, sondern dem paganen Modell Vater-Mutter-Sohn, das aus Ägypten und Syrien bekannt ist. Im Philippusevangelium von Nag Hammadi, einer valentinianischen Schrift, begegnen beide Modelle nebeneinander[48], so daß mit einem frühen Austausch gerechnet werden kann. Noch hat Gott nicht die Welt geschaffen, aber mit dem Sohne Gottes, dem Ersten Menschen, ist die Grundlage allen physischen Lebens gegeben, weil die Elemente Aër, Licht, Wind, Wasser und Feuer von ihm als Rüstung angezogen und im Kampf mit den finsteren Elementen mit ihnen vermischt werden. Die Fünfzahl der Elemente geht auf die griechische Philosophie zurück. Sie findet sich zwar nicht in der Stoa, die in manchem für den Manichäismus Beiträge liefert[49], aber bei Aristoteles [50] sind die seit Empedokles[51] angenommenen vier Elemente

---

47   Z.B. Ägypterevangelium NH III 49. 8 - 16 ∼ IV 61. 8 - 18.

48   A. Böhlig, Triade und Trinität in den Schriften von Nag Hammadi. in: The rediscovery of gnosticism, hrsg. v. B. Layton. II (Leiden 1981), S. 617 - 634. speziell 630; s. a. o. S. 306 f.

49   Vgl. A. Böhlig. Denkformen hellenistischer Philosophie im Manichäismus. Perspektiven der Philosophie 12 (1986) 11 - 39; s. a. u. S. 551 - 585.

50   De caelo 270 b.

51   Diog. Laert.. de clarorum philosophorum vitis VIII 76; vgl. H. Diels, Die Fragmente der Vorsokratiker (16. Aufl. Berlin 1972). I. S. 282.

(Erde, Wasser, Luft und Feuer) durch das Ätherelement ergänzt worden. Auch die pseudo-aristotelische Schrift "De mun-
do", die für das 2. Jh. n. Chr. anzusetzen ist, kennt die fünf
Elemente[52]. Allerdings kann im manichäischen Mythos der Aër
nicht wie der aristotelische Äther translunar sein, sonst säße
nicht in ihm der Richter, der ja nach seiner Funktion sub-
lunar sein muß. Der Sitz des Richters entspricht dem Ort, an
dem bei Paulus die Gläubigen am Weltende Christus treffen[53].
Die Umgestaltung der Reihe der Elemente geht so vor sich:
Zunächst zwingt die dualistische Lehre zu einer Aufteilung in
zwei sich gegenüberstehende Reihen des Guten und des Bösen.
In der guten Reihe tritt an die Stelle der Erde das Licht; der
Äther wird zum Aër, an dessen Stelle wiederum der Wind erscheint. In den bösen Gegenstücken steht dem Aër der Rauch,
dem Licht die Finsternis, den restlichen drei Wind, Wasser,
Feuer deren böse Entsprechungen gegenüber. In iranischen Vorstellungen entsprechen den Elementen die Ameša spenta, die
allerdings sechs sind oder, wenn man Ahura Mazda, dessen
Aspekte sie ja bilden, hinzuzählt, sogar sieben. Vielleicht ist
das ein Grund, warum man mitunter den Ruf oder sogar das
Hören zu den westlichen fünf Elementen hinzuzählt[54]. Die
Gesamtheit der Lichtelemente bildet die "Lebendige Seele",
die auf die platonische Vorstellung von der Weltseele zurückgeführt werden kann.

Nachdem der Zusammenprall von Licht und Finsternis das
Verschlingen des Lichts durch die Finsternis ausgelöst hat,
wird zunächst durch den Lebendigen Geist mit der Heimholung

---

52   92 a.

53   1 Thess 4. 17. Vgl. Keph. 83, 4 - 6.

54   Vgl. Keph. 85, 34· "Ferner berief er (der Lebendige Geist) den Ruf.
daß er sich mit den fünf Lichten vermische". Die Siebenzahl wird durch Addi-
tion der fünf Elemente mit Ruf und Hören hergestellt: Keph. 43, 2 - 4.

des Ersten Menschen die grundsätzliche Wiedererweckung eingeleitet. Die Szene erinnert an das erlösende Kommen des
Logos (Christus) bei Bardesanes[55]. Daß der Lebendige Geist
als Emanation des obersten Gottes ein Erlöser des Gottessohnes wird, zeigt, wie wir hier die Vorstellung vom erlösten
Erlöser vor uns haben. Damit aber die endgültige Ausläuterung
vollzogen werden kann, wird die Welt geschaffen. Das wird
allerdings nicht in so friedfertiger Art geschehen, wie der
Diognetbrief[56] die Schöpfertat Christi schildert. Die Mischung
bildet nun das Material, aus dem die Gestaltung vorgenommen
werden kann. Für den Manichäismus ist bedeutsam, daß der
Weltschöpfer, der Demiurg, d.i. der "Lebendige Geist", ein
Aspekt Gottes ist. Die Betonung des Lebens in seinem Namen
ist charakteristisch für die Stellung in einem dualistischen
System. Geist ist schon lange in der griechischen Philosophie
die Größe, die als Prinzip die Masse in Bewegung setzt, so
bei Anaxagoras der Nus[57]. Wenn dann die Lichtelemente über
Mond, Sonne, Milchstraße geläutert werden, ist das ein auch
in der Stoa bekannter Weg[58]. Wenn Jesus im Mond residiert,
ist der Erste Mensch bei ihm. Der Erste Mensch kann also
der Sohn Gottes sein, der nach seiner Heimholung ins Lichtreich an der Ausläuterung der Seelen weiter mitwirkt. Andererseits ist Jesus der Belehrer Adams und der Menschen bis
zur Endzeit. Sowohl der Erste Mensch wie Jesus ist Sohn Gottes. Auch der Große Richter dürfte eine Ableitung von Jesus

---

55 Vgl. H.J.W. Driivers, Bardaisan of Edessa (Assen 1966), S. 101.

56 7. 2.

57 Cic.. Acad. Pr. II 37, 118: eas primum confusas postea in ordinem ad-
ductas mente divina; vgl. H. Diels II 20, 7f.

58 A. Böhlig. Denkformen hellenistischer Philosophie. s. u. S. 584. Zur philosophischen und christlichen Herkunft der Milchstraße in ihrer Gestalt als "Säule
der Herrlichkeit, vollkommener Mann" vgl. ausführlich A. Böhlig, Das Neue Testament und die Idee des manichäischen Mythos u. S. 600 ff.

sein. Denn sein Sitzen im Aër erinnert an 1 Thess 4,17, wo die Auferstandenen in den Aër gehen, um Jesus zu begegnen. Die Heimholung auf der Milchstraße ist ja Jesu Werk.

Auch den iranischen Glauben beherrscht die Auffassung, daß die Weltschöpfung eine Tat Gottes ist. Doch ist der Zoroastrismus prokosmisch. Denn Geist (mēnōg) und Körper (gētīg) besitzen keinen konträren ethischen Charakter[59]. Die geistige Schöpfung erhält vielmehr in der körperlichen ihre Vollendung; die körperliche Schöpfung allein wiederum konnte ohne den Geist dem Ansturm des bösen Geistes Ahrimans nicht widerstehen. Durch diesen Ansturm kommt es zur Vermischung mit dem Ergebnis, daß Geburt und Tod eintritt, bis schließlich am Ende der begrenzten Zeit den Geschöpfen Gottes Unsterblichkeit zuteil wird. Dann wird die körperliche Welt wieder in ihrer vorherigen Qualität hergestellt. Der Zeitpunkt dieser Restitution ist frašegird, "die Wunderbarmachung". Dieses Ausdrucks hat sich Mani im Schābuhragān bedient. Auch bei Mani beginnt damit ein neuer Zustand, weil bei dieser Gelegenheit die Finsternis überwunden wird. Die Vernichtung der Welt durch Feuer ist wohl indirekt über Gnosis (Valentinianismus) und Christentum zu Mani gekommen. In der iranischen Religion kennt man das Ordal mit Feuer; vielleicht ist das der Ausgangspunkt der Vorstellung. Die Eschatologie der Manichäer ist zwar, wie schon angedeutet, von iranischen Elementen beeinflußt. Besonders zu beachten ist aber eine Abhängigkeit von der christlichen Apokalyptik, und da vor allem der synoptischen Apokalypse, nicht nur im Logos vom Großen Krieg, sondern gerade in der Originalschrift Manis, dem Schābuhragān. In seiner umfassenden Arbeit hat L. Koenen[60] noch darauf

59 M. Boyce, Zoroastrianism I, S. 229ff.

60 Manichaean apocalypticism at the crossroads of Iranian, Egyptian, Jewish and Christian thought, in: Codex Manichaicus Coloniensis, S. 285 - 332.

hingewiesen, daß in den synkretistischen Vorstellungen zu diesem Problemkreis auch ägyptische Elemente eine Rolle spielen. Das ist m.E. durchaus möglich; man muß sich ja klarmachen, daß Gnosis aus Ägypten nach Syrien-Mesopotamien gelangt, ja sogar ins Syrische übersetzt worden ist.

Die jüdischen Elemente können über das Christentum in den Manichäismus gelangt und auch eine Erinnerung an die Elkesaiten sein. Wenn der Text, der Manis Aufenthalt bei ihnen schildert, aber gerade soviele Zitate aus Paulus enthält – insbesondere aus Galater- und Korintherbriefen, wie H.D. Betz[61] festgestellt hat –, so sieht man hier den Weg über Markion führen. Andere Elemente scheinen ebenfalls über das heterodoxe Christentum aus dem Judentum in den Manichäismus gekommen zu sein. So scheint es mit dem Henochbuch zu stehen, das im Buch der Giganten verwendet worden ist[62]. Auch die Bezeichnung des Φεγγοκάτοχος, des ersten Sohnes des Lebendigen Geistes, eine Übersetzung des aramäischen ṣāpēṭ zīwā, das als δοξοκράτωρ in gnostischen Texten aus Ägypten vorkommt[63], kann aus dieser Sphäre stammen. Es spricht außerdem für die Übersetzung griechischer gnostischer Texte ins Syrische[64].

Zusammenfassung

Hatten Mani und seine Kirche in ihrem Selbstbewußtsein

61 Paul in the Mani biography, in: Codex Manichaicus Coloniensis, S. 215 – 234.

62 Gnosis III, S. 46.

63 Nag Hammadi Codices III,2 and IV,2: The Gospel of the Egyptians, ed. A. Böhlig - F. Wisse (Leiden 1975), S. 48.

64 M. Tardieu nimmt bei den Manichäern Abhängigkeiten vom Johannesapokryphon an; vgl. Codex de Berlin, S. 303.

einen Absolutheitsanspruch erhoben, so meinten sie, alle Weltreligionen in sich integriert zu haben. Die Frage, ob es sich
dabei um eine reine Summierung der theologischen und mythologischen Elemente handelt oder ob eine bestimmte Religion
die aktive Konstituente gewesen sei, muß zugunsten der Abhängigkeit von einem häretischen Christentum beantwortet
werden. Die noch von F.C. Baur angenommene Bedeutung des
Buddhismus ist abzulehnen[65]. Manis Kenntnis von ihm war nur
oberflächlich. Für seine Vorstellung von der Seelenwanderung
oder die Methode der Askese hat Mani zwar auf seinen Reisen in Ostiran und Indien Bestätigung finden können, aber die
Philosophie des Westens und die Logik seines eigenen Systems
hatten ihn bereits vorher zu seinen Auffassungen geführt. Die
Abfassung von Manis kanonischen Werken in einem dem Syrischen nahestehenden Idiom weist auf seine Eingebundenheit in
die Kultur des Mittelmeerraumes hin. Andererseits zeigt die
Abfassung des Schābuhragān auf mittelpersisch und in einer
Terminologie iranischer Religion, daß er mit den Vorstellungen
zoroastrischer und zurwanitischer Religion durchaus vertraut
war. Doch selbst in diesem Werk[66] sind die christlichen Elemente (Menschensohn, Jüngstes Gericht nach Mt 25, 31-46)
so groß, daß der Anspruch in seinem Evangelium und seinen
Briefen, Apostel Jesu Christi zu sein, ernst genommen werden
muß und nicht als missionarische Floskel abgetan werden darf.
Das wird noch dadurch bekräftigt, daß der Jesus patibilis, wie
der Kölner Codex beweist[67], keine Sonderentwicklung in gewissen Gebieten ist. Wie damit der umfangreiche Mythos zu-

65 W. Sundermann, Mani, India and the Manichaean religion, Journ. of South
Asian Stud. 2 (1986) 11 - 19.

66 D.N. MacKenzie, Mani's Šābuhragān I, BSOAS 42 (1979) 500 - 534, speziell 504ff.

67 97, 10.

sammenstimmen kann, zeigt seine Deutung als Ausarbeitung einer himmlischen Christologie. Wenn die Seelenteile Gottes im Makrokosmos als Namen der fünf Söhne des Lebendigen Geistes wiederkehren, wenn Erster Mensch und Jesus identifiziert werden, aber auch der Lebendige Geist und der Dritte Gesandte Aspekte Gottes sind, so kann hier die auch aus Hermetismus und Stoa bekannte Polyonymie Gottes gesehen werden[68]. "Stoici dicunt non esse nisi unum deum et unam eandemque potestatem, quae pro ratione officiorum variis nominibus appellatur. Unde eundem Solem, eundem Apollinem, eundem Liberum vocant. Item Lunam, eandem Dianam, eandem Cererem, eandem Junonem, eandem Proserpinam dicunt"[69].

Dieser Monismus wird auf die Gesamtheit des Lichtes bezogen. Gott ist ja in seinem Sohn, wenn er in ihm in den Kampf zieht und in ihm leidet, kämpft und siegt. Das stellvertretende Leiden Jesu, seine Einheit mit dem Vater, seine Rückkehr in die Höhe und sein Kommen als Richter am Ende der Welt im großkirchlichen Christentum werden in eine kosmologische Schau umgewandelt. Manis Thema ist die Erlösung des Erlösers. Letztlich ist das Ziel die Hoffnung des Paulus von 1 Cor 15,28 "damit Gott sei alles in allem". Die vielfältigen Mythologumena aus iranischer Vorstellungswelt sowie aus gnostischem und griechischem Denken helfen der Präzisierung der Fragestellung und dienen als Modelle. Damit hat Mani, ausgehend von einem häretischen Christentum, eine neue eigene Kirche geschaffen, die sich über den Dualismus des Mazdaismus radikal hinausentwickelt[70] und vom Christentum emanzipiert[71] hat.

---

68 Vgl. R.F. Festugière, La révélation d' Hermès Trismégiste II: Le dieu cosmique (Paris 1949), S. 512ff. 516ff.

69 Servius, ad Georgica I 5 = Stoic. vet. fragm. II 1070.

70 Infolge der antikosmischen Haltung.

71 Vgl. Keph. 259, 11: Manis Anhänger heißen ja nicht Christen, sondern Manichäer.

DER SYNKRETISMUS DES MANI

Zu den Problemen des Synkretismus im persisch-syrischen Kulturgebiet gehört auch der Synkretismus Manis. Zwar besitzen wir in der Gegenwart eine ganze Anzahl von Monographien über Mani, aber zu einer einhelligen Meinung ist man dabei noch nicht gekommen. Das liegt auch daran, daß immer wieder neue Quellen auftauchen, sowohl zu Mani selbst als auch zu den religiösen Gruppen, deren Geistesgut Mani nahestand. Andere Forschungsgebiete wie die Akkadistik oder die Iranistik haben noch vieles aus ihren vorhandenen Quellen zu verarbeiten, was wir für eine befriedigende Lösung der Frage benötigen, von welchen Strömungen Mani beeinflußt war, als er seine Religionsgemeinde schuf, und wieweit Herkunft und Erziehung, dialektische Auseinandersetzung mit anderen Gruppen und selbständige Verarbeitung seinen Synkretismus kennzeichnen.

Wohlgemerkt, es soll hier von Mani selber gesprochen werden, nicht vom Synkretismus des Manichäismus; das würde viel zu weit führen. Denn es wäre die Behandlung der ganzen manichäischen Kirchengeschichte unter dem Gesichtspunkt des Synkretismus. Eine Religion, die auf geschickte und den Verhältnissen angepaßte Mission so großen Wert legte, mußte bei aller Gebundenheit an die Worte des Meisters doch durch gewisse Anpassungen an vorhandene Religionen im Missionsgebiet neue syn-

Erstveröffentlichung in: Synkretismus im syrisch-persischen Kulturgebiet, hrsg. v. A. Dietrich (Abhandl. d. Akad. d. Wiss. in Göttingen, Göttingen 1975), S. 144 - 169.

kretistische Prozesse durchmachen. Immerhin scheint aber auch
Mani selber bereits mitten in einem synkretistischen Prozeß zu
stehen und dabei aktiv und passiv beteiligt zu sein. Hier hat
H.H. Schaeder recht, wenn er sagt: "Fragen wir, unter welchen
geistigen Einflüssen Mani während der Ausbildung seiner Lehre
stand, so ist vorweg zu bemerken, daß wir uns diese Einflüsse
gar nicht vielseitig genug vorstellen können"[1].

Die Quellen, aus denen wir Manis innere Entwicklung ablesen
können, zerfallen in zwei Gruppen: seine eigenen Schriften und
die Schriften über ihn und seine Lehre, die von anderen verfaßt
sind. Mani hat es als einen grundlegenden Vorzug seiner Religion angesehen, daß er selbst bereits einen festen Kanon von
Schriften hinterlassen hat, im Gegensatz zu Zarathustra, Buddha
und Jesus[2]. Gerade am Christentum konnte ein neuer Theologe
in Syrien-Mesopotamien zu Anfang des 3. Jahrhunderts die Nöte
der Frage sehr wohl erkennen, welche Werke der Kirche denn
zu autorisieren seien[3]. Aber auch am Zoroastrismus dürfte er
wahrscheinlich gerade an der Wende von der Arsakiden- zur
Sassanidenzeit solche Probleme haben sehen können[4]. Hätten
wir nun Manis Originalschriften noch vor uns, so könnten wir
seine Theologie - wie etwa die Neutestamentler die paulinische Theologie - behandeln und dazu wohl auch noch gewisse
Daten seiner Lebensgeschichte entnehmen. Merkwürdigerweise

---

1 H.H. Schaeder, Urform und Fortbildungen des manichäischen Systems (Leipzig 1927). S. 71.

2 Zum Kanon vgl. G. Haloun - W.B. Henning. The compendium of the doc-
trines and styles of the teaching of Mani. the Buddha of Light. Asia maior. n.s.
3 (1952) 204ff. Zum Vergleich Manis mit Zarathustra, Buddha und Jesus vgl.
Keph. 7, 27ff.; F.C. Andreas - W.B. Henning. Mitteliranische Manichaica II (Sitz.
-Ber. d. Preuß. Akad. d. Wiss. Berlin 1933). S. 295f. Vgl. auch den Hymnus in
Mitteliranische Manichaica III (Sitz.-Ber. d. Preuß. Akad. d. Wiss. Berlin 1934).
S. 878ff.

3 P. Feine - J. Behm - W.G. Kümmel. Einleitung in das Neue Testament
(20. Aufl. Heidelberg 1980). § 36.3.

4 A. Christensen. L' Iran sous les Sassanides (2. Aufl. Kopenhagen 1944).
S. 141f.

haben wir aber unter der Menge manichäischer Originaltexte nur recht wenige Stücke aus den Werken, die auf Mani selbst zurückgehen. Neben Fragmenten aus Turfan[5] ist die Ausbeute aus der koptisch-manichäischen Bibliothek von Medinet Madi nicht so groß, wie man erwartete. Zwar fand sich dort das Psalmbuch der Gemeinde, doch haben wir es dabei nicht mit dem von Mani verfaßten Psalterium zu tun, sondern mit einem Gemeindegesangbuch, das bereits aus verschiedenen Sammlungen kompiliert ist[6]. Die Synaxeis des Lebendigen Evangeliums sind nicht das Lebendige Evangelium selbst, sondern wahrscheinlich eine sich daran anschließende Sammlung von Homilien[7]. Die größte Authentizität hätte das Briefbuch des Mani besessen, doch ist gerade dieses Buch in den Kriegswirren bis auf geringe Reste verlorengegangen und die wenigen erhaltenen Stücke sind noch nicht ediert[8]. Vergegenwärtigen wir uns noch einmal die Schriften Manis: das Schābuhragān, eine dem König Schapur I. gewidmete Darstellung von Manis System, das Lebendige Evangelium, der Schatz des Lebens, die Pragmateia, das Buch der Mysterien und das Buch der Giganten, ferner die Briefe und die Psalmen sowie der Bildband[9].

Hätte sich Manis Kirche auf diese Schriften wirklich beschränkt, so wäre sie von Anfang an versteinert. Daß dem nicht so war, sehen wir nicht nur aus der reichen hymnischen Lite-

5   Ein guter Überblick findet sich bei M. Boyce, The Manichaean literature in middle Iranian (Leiden 1968), S. 67 - 76. Zum Nachweis der Fragmente vgl. M. Boyce, A catalogue of the Iranian manuscripts in Manichaean script in the German Turfan collection (Berlin 1960), mit Bibliographie.

6   A Manichaean Psalm-Book, p. II, ed. C.R.C. Allberry (Stuttgart 1938).

7   A. Böhlig, Zu den Synaxeis des Lebendigen Evangeliums, in: Mysterion und Wahrheit (Leiden 1968), S. 222 - 227.

8   Vgl. A. Böhlig, Die Arbeit an den koptischen Manichaica, in: Mysterion und Wahrheit, S. 184. 186.

9   Vgl. G. Haloun - W.F. Henning, Compendium of the doctrines, S. 204.

ratur[10], sondern auch an den Traditionen über Manis Leben und Lehre, die in einem eigenen Schrifttum Gestalt gewinnen. Angeblich schon auf Veranlassung Manis selber werden Lehrvorträge des Meisters, Kephalaia, gesammelt, geordnet und bearbeitet[11]. Ein größeres Lehrstück wie die Eschatologie wird in einem eigenen Buch, dem Logos vom Großen Krieg, dargestellt[12]. Daneben entstehen biographisch-erbauliche Werke, so die Passion Manis oder auch Berichte aus seiner Missionstätigkeit[13]. Besonderes Aufsehen mußte in diesem Zusammenhang der neugefundene, griechisch geschriebene Codex der Kölner Papyrussammlung erregen, der sich in der zeitlichen Anordnung an Manis Lebensgang anschließt, aber eine Sammlung von Berichten darstellt, die auf verschiedene Gewährsmänner zurückgehen, die namentlich angeführt werden, wobei durchaus dieselbe Episode auch durch zwei Berichte verschiedener Verfasser behandelt wird[14]. Diese Literatur der ältesten manichäi-

10   Außer der reichhaltigen Sammlung des Psalmbuchs vgl. auch die mitteliranischen Hymnen in: M. Boyce. Manichaean literature. S. 73ff.

11   Vgl. dazu A. Böhlig. Probleme des manichäischen Lehrvortrages. in: Mysterion und Wahrheit. S. 228ff. Edition H.J. Polotsky - A. Böhlig. Kephalaia. 1. Hälfte (Stuttgart 1934 - 1940); A. Böhlig. Kephalaia. 2. Hälfte (Lfg. 11/12. Stuttgart 1966). Zu sonstigen Kephalaia (noch unediert) vgl. A. Böhlig. Die Arbeit an den koptischen Manichaica. in: Mysterion und Wahrheit. S. 182ff. Auch in iranischer Literatur wurden Kephalaia entdeckt; vgl. M. Boyce. Catalogue. Index. W.B. Henning hat M 6032 mit dem koptischen Kephalaion 147 identifiziert (beide noch unediert) (nach M. Boyce. Manichaean literature. S. 70). Man beachte jetzt die Facsimile-Ausgabe der Texte der Chester Beatty Library, 4 Bde., hrsg. v. S. Giversen (Genf 1986 - 1988).

12   H.J. Polotsky. Manichäische Homilien (Stuttgart 1934), S. 7 - 42.

13   H.J. Polotsky. Homilien. S. 42 - 85. und M. Boyce. Manichaean literature. S. 71f.   Ganz besonders wertvoll sind die einschlägigen Kapitel in O. Klima. Manis Zeit und Leben (Prag 1962). wegen der ausführlichen Dokumentation. Auf den liturgischen Charakter der Logoi vom Großen Krieg und der Passion hat A. Baumstark hingewiesen. Oriens Christ. 32 (1935) 260f. Die Historiographie der Manichäer hat jetzt auch besondere Anregungen erhalten durch W. Sundermann's Editionen und Arbeiten. Hier sei verwiesen auf: W. Sundermann. Mitteliranische manichäische Texte kirchengeschichtlichen Inhalts (Berliner Turfantexte XI, Berlin 1981). Ders., Studien zur kirchengeschichtlichen Literatur der iranischen Manichäer. in: Altorientalische Forschungen, I, 13 (Berlin 1986) 40 - 92, II, 239 - 317, III, 14 (1987) 41 - 107.

14   A. Henrichs - L. Koenen. Ein griechischer Mani-Codex (P. Colon. inv. nr. 4780). Ztschr. f. Papyr. u. Epigr. 5 (1970) 97 - 214. Zum speziellen Problem

schen Gemeinde müssen wir auch heranziehen, wenn wir Manis Synkretismus beurteilen wollen. Dabei muß von Fall zu Fall untersucht werden, wieweit wir daraus eine Darstellung seines Selbstverständnisses gewinnen können. Wir befinden uns hier in einer ähnlich schwierigen Lage wie etwa bei der Gewinnung des Jesusbildes aus den Synoptikern.

Um vom äußeren Bild der Schriften Manis auszugehen, wird der Synkretismusforscher zunächst nach Manis Sprache und Schrift zu fragen haben. Man hat wahrscheinlich auf Veranlassung des Meisters in der Frühzeit der manichäischen Kirche die verschiedenen zunächst gebrauchten Idiome mit Hilfe einer Schrift so zusammengekoppelt, wie das später der Islam getan hat. Im allgemeinen haben sich die Gelehrten darauf geeinigt, diese Schrift auf die palmyrenische zurückzuführen (Rosenthal, Henning, Boyce)[15]. J.A. Montgomery hat die Meinung vertreten, diese Schrift sei durch den Handel nach Babylonien gekommen[16], und somit kann G. Widengren annehmen, daß Mani sich zur Ausbildung seiner Schrift eines babylonischen Vorbilds bedient hat[17]. Wie nahe diese Schrift der älteren syrischen steht, erweist der Umstand, daß F.W.K. Müller, ihr Entzifferer, sie als Estrangeloschrift bezeichnete[18]. Der babylonische Charakter des manichäischen Schriftsystems, der es in die Nähe des

---

vgl. dort S. 106 - 114. Ob die von den Verfassern geäußerte Vermutung, daß es sich bei dem Kölner Codex um einen Teil des verlorengegangenen koptischen historischen Buches handelt, richtig ist, ist weder beweisbar noch widerlegbar. Edition des Textes von A. Henrichs - L. Koenen in Ztschr. f. Papyr. u. Epigr. 19 (1975) 1 - 85; 32 (1978) 87 - 199; 44 (1981) 201 - 318; 48 (1982) 1 - 59.

15 F. Rosenthal, Die Sprache der palmyrenischen Inschriften (Leipzig 1936), S. 9ff; ders., Die aramaistische Forschung seit Th. Nöldeke's Veröffentlichungen (Leiden 1939), S. 276ff.; W.B. Henning, Mitteliranisch (Leiden 1958), S. 73; M. Boyce, Manichaean literature 67.

16 J.A. Montgomery, Aramaic incantation texts (Philadelphia 1913), S. 34.

17 G. Widengren, Mani und der Manichäismus (Stuttgart 1961), S. 77ff.

18 F.W.K. Müller konnte darum seine grundlegende Edition benennen: Handschriftenreste in Estrangelo-Schrift aus Turfan (Abhandl. d. Preuß. Akad. d. Wiss. Berlin 1904).

Mandäischen rückt, besteht in der Orthographie, die bei der
Wiedergabe des Mittelpersischen die in Babylonien nicht mehr
gesprochenen Laryngale als Vokalzeichen verwendet[19].

Die Sprache, die Mani für seine Bücher gebrauchte, ist bis
auf das mittelpersisch geschriebene Schābuhragān ein aramäisches Idiom, das dem in Edessa ausgeprägten Syrisch recht nahe
gestanden zu haben scheint. Daß Mani, der sich selber als aus
Babylonien stammend bezeichnet, das Aramäische als die Sprache seiner kanonischen Schriften verwendete, nimmt nicht wunder, wenn man dessen Rolle als Verkehrssprache des Vorderen
Orients berücksichtigt[20]. Welche Form des Aramäischen er aber
gebraucht hat, ist schwer zu beweisen, weil wir von seinen und
seiner Schüler syrischen Schriften kaum etwas besitzen. Es exi-
stieren zwar einige Papyrusfragmente mit manichäischer Schrift,
deren Sprache speziell F.C. Burkitt nachgegangen ist[21]. Es ist
weiterhin möglich, daß der Bericht über den manichäischen Mythos bei Theodor bar Kōnī aus einer manichäischen Originalschrift exzerpiert ist[22]. Schaeder, Burkitt und Polotsky und zusammenfassend Rosenthal[23], dem auch Widengren im wesentlichen beipflichtet[24], haben an Hand einiger auffälliger Termini
gewisse außerhalb des Syrischen stehende Züge hervorgehoben,
so etwa die Bezeichnung bān rabbā "der große Baumeister"
und sāpet zīwā "Phengokatochos". Da die Namen auf Mani selbst

---

19   Zur manichäischen Orthographie der iranischen Texte vgl. W.B. Henning,
Mitteliranisch, S. 73ff.

20   Vgl. F. Rosenthal, Die aramaistische Forschung, S. 208, der wieder auf
M. Liczbaıski, OLZ 30 (1927) 913 - 917. verweist.

21   F.C. Burkitt, The religion of the Manichees (Cambridge 1925), S. 111
- 119.

22   Theodor bar Kōnī II 313 - 318, ed. A. Scher. Bearbeitung des Mani-Ab-
schnittes bei F. Cumont, La cosmogenie manichéenne (Brüssel 1908).

23   F. Rosenthal, Die aramaistische Forschung, S. 207ff.

24   G. Widengren, Mani, S. 78. 151.

zurückgehen, ist eine solche Dialekterscheinung durchaus verständlich. Andererseits mußte die Sprache Edessas als Kultur- und Kanzleisprache Mani anziehen, besonders wenn man noch dazu annimmt, daß eine Persönlichkeit wie Bardesanes nicht ohne Einfluß auf ihn gewesen ist[25]. Man kann also wohl davon ausgehen, daß auch die koptischen Manichaica auf eine syrische Vorlage zurückgehen. Ob allerdings die Übersetzung, wie A. Baumstark[26] und im Anschluß an ihn P. Nagel[27] meint, direkt aus dem Syrischen ins Koptische erfolgt ist, möchte ich doch sehr bezweifeln; ich halte den Weg über das Griechische für den, der in Ägypten am sinnvollsten war. Denn Ansatzpunkt für die manichäische Mission dürften ja nicht die Fellachen, sondern gräkoägyptische Kreise gewesen sein; hierzu paßt Assiut als Zentrum sehr gut[28]. In meinem Artikel über "Probleme des manichäischen Lehrvortrages" habe ich gerade die Frage einer direkten Übersetzung aus dem Syrischen ins Koptische mitüberprüft, wobei sich etwaige Beispiele für eine solche direkte Übersetzung als nicht durchschlagend erwiesen[29]. Dagegen läßt sich z.B. am 8. Kephalaion erkennen, wie der angenommene griechische Text den eigentlichen syrischen Wortsinn, der eine weitere Bedeutungsspanne darbietet, zugunsten einer spezielleren und engeren Interpretation des Einzelsatzes bereits aufgibt[30]. In dem Kapitel ist von 14 mānā die Rede, die Jesus bestiegen

---

25 S. u. S. 504.

26 A. Baumstark, Oriens Christ. 32 (1935) 265f. Nur bei den Hymnen hält er ein griechisches Zwischenglied für möglich, Oriens Christ. 36 (1941) 126.

27 P. Nagel, Die Herkunft des Evangelium Veritatis in sprachlicher Sicht. OLZ 61 (1966) 14. Vgl. dazu A. Böhlig, Zur Ursprache des Evangelium Veritatis, o. S. 375.

28 Dafür spricht auch, daß Alexander von Lykopolis, also ein Philosoph gerade aus dieser Stadt, eine Schrift gegen die Manichäer geschrieben hat.

29 A. Böhlig, Probleme des manichäischen Lehrvortrages, in: Mysterion und Wahrheit, S. 228 - 244.

30 Keph. S. 36 - 37.

bzw. angelegt hat. Mānā kann heißen: "Gefäß, Fahrzeug, Schiff, Werkzeug, Gerät, Kleid, Ausstattung, Gepäck". Weil zunächst von Lichtschiffen die Rede ist, in denen Jesus Platz nimmt, wird mit "Fahrzeug" übersetzt (kopt. ΜΑΝΤΕΛΟ oder griech. ἅρμα). Auch das Verbum ist dem angeglichen (zunächst "besteigen", dann "anlegen"). Dadurch daß auch die Überschrift von den ersten Sätzen aus geformt wird "Über die 14 Fahrzeuge, die Jesus bestiegen hat", macht das koptische Kephalaion einen uneinheitlichen Eindruck, im Gegensatz zum syrischen Original, wo durch das Wort mānā die Einheit hergestellt wird. Im Kölner griechischen Mani-Codex finden sich übrigens die gleichen Schwierigkeiten, die m.E. ebenfalls auf ein syrisches mānā zurückzuführen sind[31]. "Du hast nämlich das Haus gebaut, ein anderer aber ist gekommen und hat in ihm Wohnung genommen": . καὶ σὺ ὄχημα ἐγένου ἐκείνῳ, ἄλλος δὲ ... Hier ist ᾿ ὄχημα , das "Wagen, Schiff" sowie "Vehikel" (auch im metaphorischen Sinn) wiedergibt, sicher Übersetzung von mānā, wie an anderer Stelle ὄργανον "Instrument": πρὶν ἐνδύσωμαι τὸ ὄργανον τόδε [32].

Mit dem Kölner Papyruscodex haben wir ein sehr bedeutsames Dokument erhalten, das auch sprachlich noch ausgeschöpft werden muß; haben wir doch hier einen Text vor uns von der Art, aus denen die koptischen Texte weiterübersetzt worden sind. Die Bearbeiter des Kölner Codex, A. Henrichs und L. Koenen, sind sogar geneigt, in ihm die Vorlage des verlorengegangenen historischen Buches aus der koptisch-manichäischen Bibliothek zu sehen[33]. Daß der Text erst in Ägypten übersetzt oder zumindest auf Ägypten eingestellt worden ist, wie die

31 Cod. Man. Col. 115, 5ff.

32 Cod. Man. Col. 21, 3ff. Dagegen A. Henrichs - L. Koenen. in der Edition. Anm. 416.

33 S. o. Anm. 14.

Kephalaia, bezeugt der Gebrauch ägyptischer Monatsnamen, wobei man die Zählung nach den mesopotamischen Tagen stehen ließ[34]. Mit großer Vorsicht[35] möchte ich einige Beispiele nennen, die mir in Richtung einer Beeinflussung des Griechischen durch das Syrische zu weisen scheinen: ἀκόλουθον + Inf. kann dem bei Afrahat so häufigen wālē d[36] entsprechen. ἔσονταί σοι συνοπαδοί entspricht in seiner analytischen Ausdrucksweise für "nachfolgen" Impf. von hwā c. part.[37]. Das häufige τίνος χάριν entspricht lmānā. Wenn sich ὅτι ἐκεῖνος ἐγώ εἰμι "daß jener ich bin" und ὅτι ἐγὼ ἐκεῖνος αὐτός εἰμι "daß ich jener bin" gegenüberstehen, so könnte vielleicht in αὐτός eine Übersetzung der Kopula vorliegen[38]. Das Griechisch des Kölner Codex wirkt archaisierend und künstlich, z.B. ὁπηνίκα für "als" oder das Vorhandensein eines Optativs im Finalsatz. Im Wortschatz begegnet ἀραρώς als Part. von ἀραρίσκω "passend, angenehm", ἀναΐσσω "aufstehen", εἵλη "die Sonnenwärme" (in Ἰησοῦς τῆς εἵλης "Jesus der Glanz")[39]. αὐτάρκως ἔχει "es ist genug" stammt aus Aristoteles[40]. Es handelt sich um attizistischen Stil.

Ein weiteres Zeugnis syrisch-manichäischer Diktion, das R. Reitzenstein vermutet und A. Baumstark ausführlich untersucht hat, sind die Mani-Zitate in der syrischen Übersetzung des grie-

---

34 Vgl. A. Henrichs - L. Koenen. Vorbericht zum Kölner Codex, S. 122. Anm. 58.

35 Ich bin inzwischen den folgenden Vorschlägen gegenüber noch viel vorsichtiger geworden.

36 Cod. Man. Col. 62, 9ff. Vgl. dazu Afrahat, Patr. Syr. II (Paris 1907). Index, s. v.

37 Cod. Man. Col. 106, 6ff.

38 Cod. Man. Col. 24, 4ff.

39 Z.B. Cod. Man. Col. 11, 14. Vgl. ΙΗС ΠΠΡΪ6 in koptischen und Yišō zīwā in mitteliranischen Texten. Bei Theodor bar Kōnī (317, 16) ist zīwānā glättende Einführung von zīwā ins Syrische.

40 Vgl. Liddell - Scott - Jones, Greek-English Lexicon, s. v.

chischen Werkes des Titus von Bostra[41]. Titus sagt von Mani
τῇ Σύρων φωνῇ χρώμενος [42]. Er selbst hat bei Abfassung
seiner griechischen Schrift ein syrisches Originalwerk benutzt,
hielt es dabei aber für geboten, die "barbarische" Vorlage "in
wenigstens etwas gefälligere Form zu bringen": εἰ γὰρ καὶ
μὴ τούτοις γε τοῖς ῥήμασιν, ἀλλά γε ταῦτα βού-
λεται λέγειν ἅπερ εὐσχημονέστερον πάνυ γε
πρὸς ἡμῶν εἴρηται [43]. Baumstark hat nachgewiesen, daß
gerade an den Stellen, an denen Mani zitiert wird, eine "Diskrepanz zwischen syrischer und griechischer Fassung unverkennbar" ist. Diese Diskrepanz läßt erkennen, daß hier nicht nur
stilistische Glättung oder auch Verschnörkelung, sondern direkte
Mißverständnisse bei der Übersetzung aus dem Syrischen ins
Griechische eingedrungen sind. Wie hätte in die syrische Version aber der richtige, intakte Text kommen können, wenn nicht
durch die Heranziehung des syrischen manichäischen Originals?
Der Grund für dessen Verwendung dürfte sehr naheliegen. Wollte man die Schrift des Titus in der Diskussion mit den Manichäern gebrauchen, so war ein wörtliches Eingehen auf die manichäischen Aussagen, die ja syrisch vorlagen, wesentlich wir-
kungsvoller als einfach den griechischen Text des Titus zu übersetzen. B. Aland möchte diese These nicht in der so konkreten
Form annehmen, sondern meint, daß der Übersetzer mit der
manichäischen Diktion sehr gut vertraut gewesen sei[44]. Der
Quellenwert der Stellen wäre auch bei dieser Auffassung nicht
geringer.

41 A. Baumstark, Der Text der Mani-Zitate in der syrischen Übersetzung
des Titus von Bostra, Oriens Christ. 28 (1921) 23 - 42.

42 I 17, ed. P. Lagarde.

43 I 17, ed. P. Lagarde.

44 In einem Diskussionsbeitrag.

Wie schon erwähnt, hat Mani aber nicht nur syrisch geschrieben. Dem Herrscher Schapur I. hat er ein Werk in mittelpersischer Sprache überreicht. Diese Tat war ein Zeichen besonderer Aktivität, vor allem wenn man die Breitenwirkung bedenkt,
die er dadurch im iranischen Reich – zumindest auf Zeit –
erlangen konnte. Daß Mani iranische Idiome beherrschte, liegt
nahe, wenn man seine Abkunft aus einem parthischen Geschlecht
als gesichert ansieht[45]. Gewisse erhaltene Fragmente gehören
schon nach ihrer Überschrift sicher zu diesem Schäbuhragän,
andere wie z.B. T III 260 können aus inneren Gründen vielleicht
als Teile davon angesehen werden; der letztere Text muß zumindest einer Schrift Manis mit Sicherheit zugerechnet werden.
M. Boyce betrachtet den Stil des Schäbuhragän als "awkward
and heavy"; die Unbeholfenheit des Satzbaus ließe Schwierigkeiten mit der mittelpersischen Sprache vermuten[46]. Zunächst
könnte man annehmen, Mani habe vielleicht Parthisch geläufig
gekonnt, aber nicht so gut Persisch. Doch auch das scheint
nicht zu stimmen; denn auch bei den parthischen Texten kann
gleiche Kritik geübt werden. Viel eher muß man also annehmen,
daß die mitteliranische Prosa zu Anfang des 3. Jahrhunderts
noch nicht genügend entwickelt war, um derartige Darlegungen
wirklich angemessen darin wiedergeben zu können. Aber auch
Mani selbst mag bei solchen schwierigen Problemen seine Schwierigkeiten mit der Sprache gehabt haben. Allerdings wirkt ein
Abschnitt, der sowohl griechisch wie mittelpersisch nebeneinander erhalten ist und den Anfang des Lebendigen Evangeliums
wiedergibt, in seiner griechischen Fassung durchaus nicht unbe-
holfen, während dies beim Persischen infolge seiner Formen-

---

45 W.B. Henning, The book of the Giants, BSOAS 11 (1943) 52. Anm. 4.
Vgl. G. Haloun - W.B. Henning, The compendium of doctrines. Asia maior 3
(1952) 190.

46 M. Boyce, Manichaean literature 71.

und Nuancenarmut eher der Fall ist[47].

Hatte Mani in seiner eigenen schriftstellerischen Tätigkeit
und in den von ihm autorisierten iranischen Texten bereits mehr-
sprachig gewirkt, so geht dies eindeutig auf die Eigenart des
iranischen Reiches zurück. Ein schönes Beispiel, wie sehr sich
Mani dessen komplexen Charakters bewußt war, bietet Kephalaion 77, wo vier Weltreiche aufgeführt werden: "Das erste
ist das Reich des Landes Babylonien und der Persis"[48]. Daß
hier gerade Persis als Name für den iranischen Raum im engeren Sinn gebraucht wird, nimmt nicht wunder; ist doch die
Persis die Heimat der neuen Sassanidendynastie und wird als
Träger der Kontinuität zwischen dem Achämenidenreich und
dem neuen Reich angesehen. Auch der Kölner Codex bezeich-
net Ardaschir als $\beta\alpha\sigma\iota\lambda\epsilon\dot{\upsilon}\varsigma$ $\tau\tilde{\eta}\varsigma$ $\Pi\epsilon\rho\sigma\dot{\iota}\delta o\varsigma$, wenn auch
von der Einnahme von Hatra berichtet wird[49]. Diese Bezeich-
nung, die auch Cassius Dio verwendet, wenn er vom Kampf
der Perser gegen die Parther spricht, ist nach dem Sieg der
Sassaniden sicher auf den iranischen Herrscher überhaupt übertragen worden. Andererseits dürfte in dem Kephalaion Babylonien für das Zweistromland überhaupt stehen, war doch dieses dessen besonders gewichtiger Teil; es war als Handelsgebiet
von besonderer Bedeutung, während politisch der Norden Mesopotamiens nicht so gesichert war. Hier im Süden hat Seleu-
kos I. gleichsam als Babylons Nachfolgerin die Großstadt Seleukia am Tigris gegründet. Zwar wurde noch zu seinen Lebzeiten
der Reichsschwerpunkt nach Syrien verlegt, aber auch nach
der Begründung von Antiochia und seiner Erhebung zur ersten
Hauptstadt blieb Seleukia als zweite Hauptstadt Sitz des Mit-

47   Vgl. den Abschnitt "Ein neues Fragment aus Manis Lebendigem Evangelium" bei A. Henrichs - L. Koenen, Vorbericht S. 189ff.

48   Keph. 188. 33f.

49   Cod. Man. Col. 18. 1ff.

herrschers. Wirtschaftlich aber wurde Seleukia zum Zentrum
einer Bevölkerung, die Makedonen und Griechen ebenso wie
Eingeborene umfaßte; es wurde zum Gegenstück von Alexandria. Doch um die Mitte des 2. Jahrhunderts rissen die Parther mit den Ostgebieten des Seleukidenreiches auch Babylonien an sich. Seleukia-Ktesiphon wird nun eine ihrer Residenz-
städte. In Mesopotamien hatte in frühseleukidischer Zeit eine
rege griechische Kolonisation stattgefunden. Doch scheint dann
gerade hier der Gegendruck der Orientalisierung sehr beträcht-
lich gewesen zu sein[50]. Das zeigen die Ausgrabungen, z.B. in
Dura. Es ist bezeichnend, daß hier Männer mit alten makedo-
nischen Namen in orientalischer Kleidung auftreten und orientalische Götter verehren oder daß zwei Tempel griechischer
Götter in orientalische umgewandelt werden. Auch die Vermischung der verschiedenen Bevölkerungsgruppen durch Heirat war
möglich. Andererseits zeigt das Vorkommen griechischer Inschriften und Urkunden in parthischer und sassanidischer Zeit,
wie stark der hellenistische Einfluß auch damals noch war[51].
Aber nicht nur Mesopotamien, sondern Iran in einem recht wei-
ten Sinne - einschließlich Ostirans und eines Teils des Kuschan-
reiches im Osten, im Westen einschließlich Transkaukasiens -
bildete das Sassanidenreich, das Schapur I. durch seine Kriege
zu einem neuen Weltreich machen wollte. Bezeichnend für seinen Machtanspruch ist die Titulatur, die er sich nun beilegt.
War Ardaschir noch "König der Könige von Iran" gewesen, so
nannte Schapur sich nun "König der Könige von Iran und Nicht-
Iran"[52]. Wenn man bedenkt, daß die Quellen uns von einer weite
Teile dieses Reiches berührenden mündlichen und schriftlichen

---

50 M. Rostovtzeff. Die hellenistische Welt (Stuttgart 1955). S. 406 - 411.
51 W.B. Henning. Mitteliranisch. S. 28ff. A. Christensen. L'Iran. S. 51f.
52 A. Christensen. L'Iran. S. 220.

Tätigkeit Manis berichten, so können wir kaum leugnen, daß
er ein Synkretist größten Ausmaßes gewesen sein muß, um so
verschiedene Völker ansprechen, ja zeitweilig sogar den Eindruck
erwecken zu können, daß seine Religion die einzig richtige für
das große Weltreich im Osten sei. Oder gab es ein Fluidum,
etwas, was sozusagen in der Luft lag, das die Aufnahme seiner
Religion im Bereich der religiösen und geistigen Strömungen
des Nahen und Mittleren Ostens so sehr ermöglichte?

Ich betone ausdrücklich religiöse und geistige Strömungen
und nehme damit die Kritik auf, die Widengren an Schaeder
übt, der die Bedeutung Manis allein im Maße seiner Denkrationalisierung sieht[53]. Schaeders Maßstab ist der Beurteilung einer
Religion nicht angemessen. Andererseits sind freilich die geistigen Grundlagen für eine Religion, die eine Theologie aus-
bildet, von so wesentlicher Bedeutung, daß ihr Vorhandensein
und ihre Herkunft unbedingt mit den religiösen Grundlagen verbunden werden muß. Die Beurteilung Manis ist aus zwei Gründen so verschiedenartig gewesen, 1. weil die Quellenlage durch
neue Funde immer wieder verändert wurde, 2. weil auch gerade die Wissenschaften, die sich mit dem Manichäismus be-
faßten (Theologie, allgemeine Religionsgeschichte, Orientalistik), in ihrer Geschichte in der Methode immer wieder neue
Wege gingen. Will man also Manis Religion und seine geistigen Voraussetzungen analysieren, so wird man gut daran tun,
zunächst die großen Strömungen der Wissenschaftsgeschichte
ins Auge zu fassen, die sich an ihm versucht haben.

Zuerst wurde die Geschichte des Manichäismus von der Theologie im Rahmen der Ketzergeschichte betrieben. Daß diese
Schau nicht ausreichte, hat schon ein Forscher wie F.C. Baur

53   G. Widengren, Mani, S. 136ff., zu H.H. Schaeder, Urform, S. 121.

gesehen, der in der Einleitung zu seinem auch heute noch un-
entbehrlichen Werk "Das manichäische Religionssystem" schreibt:
"Der ganze Gang der vorliegenden Untersuchung rückt den Manichäismus immer mehr aus dem engen Kreise der christlichen
Sektengeschichte in die weitere und freiere Sphäre der alten
Religionsgeschichte hinüber"[54]. Er sagt aber weiter - und das
sollte man nicht vergessen - : "Nur von diesem Gesichtspunkt
aus kann das manichäische Religionssystem in seiner wahren
Bedeutung erscheinen: für die christliche Kirchen- und Dogmengeschichte bleibt ihm ungeachtet dieselbe Wichtigkeit". Mit der
Auffindung orientalischer Quellen zum Manichäismus, ganz gleich
ob es sich dabei um Berichte von Nichtmanichäern oder Originalquellen aus manichäischer Feder handelte, übernahm die
Orientalistik und die orientalische Religionsgeschichte die weitere Bearbeitung der von Mani verkündeten Lehre. Das stürzte
sie in den Strudel recht gegensätzlicher Meinungen. Hatte K.
Kessler Mani und den Manichäismus panbabylonisch deuten wollen, indem er seine Wurzeln aus mesopotamischer Tradition zu
erklären suchte[55], so stellte dem R. Reitzenstein einen Paniranismus entgegen[56]; unter Zuhilfenahme gewisser mesopotamischer Elemente setzte ihn G. Widengren fort[57]. Dagegen
stand wiederum H.H. Schaeder mit der Vertretung eines gewissen Panhellenismus[58]; er wollte in Manis Lehre Grundzüge

54 F.C. Baur, Das manichäische Religionssystem (Göttingen 1831). S. V.

55 K. Kessler, Mani und die Manichäer, in: Herzog - Hauck, RE f. prot.
Theol. u. Kirche (2. Aufl. 1881). Bd. 9. S. 223 - 259. Ders., Über Gnosis und
altbabylonische Religion, in Verhandlungen d. 5. internat. Orientalisten-Congres-
ses Berlin 1882, 2.T., 1. Hälfte. S. 288 - 305. Ders., Mani I (Berlin 1889), S.
XII.

56 R. Reitzenstein, Das iranische Erlösungsmysterium (Bonn 1921). Ders.,
Mani und Zarathustra (Nachr. d. Gelehrten Gesellschaft Göttingen 1923). S. 249
- 260.

57 G. Widengren, The great Vohu manah and the apostle of God (Uppsala
Universitets Arsskrift 5, 1945); ders., Mesopotamian elements in Manichaeism
(Uppsala Universitets Arsskrift 3, 1946).

58 H.H. Schaeder, Urform 110ff.

einer griechisch-philosophischen Denkstruktur aufzeigen. Der
Streit der Gelehrten artete dahin aus, daß noch heute vulgo
die Problematik als hie westlich (im Sinne von Schaeder), hie
orientalisch (im Sinne der Religionsgeschichtlichen Schule) ver-
einfacht wird[59]. Das wirkliche Problem des Hellenismus, der
Synkretismus im tieferen Sinne, wird meist außer acht gelassen. Man denkt zu wenig daran, daß Neubildung und Neuschöp-
fung auf dem Gebiete der Religion nicht Übernahme und Summierung von Altem ist, sondern daß echte Aufnahme gerade
in der Verarbeitung liegt, die bis ins Gegenteil verkehren kann.
Ein weiterer, oft unberücksichtigt bleibender Gesichtspunkt ist
der: Was verarbeitet ein Religionsstifter an Gut aus seiner Umwelt, was hat aber ihrerseits die Umwelt bereits übernommen?
Kurzum, das Problem der Entstehung des Manichäismus ist ein
anderes als das des Gnostizismus[60].

Es gilt nun, die Strömungen, die Mani beeinflußt haben könnten, durchzugehen und zu fragen, welcher Art ihr Einfluß - rein
formal oder wesenhaft-gewesen sein muß. Da die verschiedenartigen Formen des Christentums in Syrien und Mesopotamien
so besonders zahlreich sind, sollen sie zunächst besprochen werden. Man war sich bisher einig, daß Manis Vater einer Täufersekte in Babylonien beigetreten war, und nahm an, dies seien
die Mandäer gewesen. Für die Züge dieser Sekte, die nicht so
ganz zu diesem Bilde paßten, machte man den Umstand verantwortlich, daß es verschiedene Gruppen von Mandäern gegeben
habe[61]. Die ganz konkrete Aussage im Fihrist, der Gründer
der Sekte, in der Mani aufgewachsen sei, habe den Namen al-

---

59 G. Widengren, Mani, passim.
60 Vgl. A. Böhlig. Zur religionsgeschichtlichen Einordnung des Manichäismus,
s. o. S. 464 ff.
61 G. Widengren, Mani 32.

Ḥasīḥ (Elkasai) geführt[62], tat man als gelehrten Schnörkel ab[63].
Gegen diese allzu kritische Beurteilung spricht jetzt das Zeugnis des Kölner Codex; hier findet sich nämlich ebenfalls der
Sektengründer Alchasaios[64]. Ein großer Abschnitt handelt dort
von Manis Leben in dieser Gemeinde und seinen Bruch mit ihr.
Welchen Charakter hatte aber die Frömmigkeit dieser Leute
und warum brach Mani mit ihnen? Die bisherige Beurteilung
der Elkesaiten ist nicht einhellig. Sie als Judenchristen zu bezeichnen, wie dies A. Henrichs und L. Koenen tun, wird von
gewissen Judaisten energisch zurückgewiesen; diese möchten
die Grundlage ihrer Frömmigkeit als orientalisch-heidnisch ansehen und gewisse jüdische und judenchristliche Züge nur als
aufgepfropft auf sie betrachten. M.E. ist eine umgekehrte Entwicklung aber wesentlich leichter erklärlich. Denn Astrologie,
Magie und Elementenverehrung u.a. konnten doch sehr leicht
eine solche Gemeinde erfassen; der Glaube an den Heiland dagegen ist ein Lehrstück, das viel schwerer Zugang gewinnt.
Eine Lehre, der auch die Judenchristen anhingen, ist der Glaube, daß "Christus in immer neuen Inkarnationen auf diese Welt
kommt"[65]. Danach ist er eben in Alchasaios wiedererschienen.
Auf diese judenchristliche Vorstellung hat Mani seine Lehre
gegründet, mit der er am Anfang der Kephalaia die gesamte
Religionsgeschichte in einem großen Bild zusammenfaßt[66]. Der
entscheidende Unterschied zwischen Manis Jugend und der Zeit

---

62 Kitāb al-Fihrist I, S. 328. 5ff.

63 So H.H. Schaeder, Urform 69 Anm., gegen H. Gressmann, ZAW (1925)
S. 30. Aber auch O. Klima. Mani, scheint so zu denken, weil er bei der Schilderung von Manis Jugend Elkasai überhaupt nicht erwähnt. Ebenso sieht K. Rudolph, Die Mandäer I (Göttingen 1960), S. 41, die Beziehung auf Elkasai als sekundär an.

64 A. Henrichs - L. Koenen setzen sich in Kap. IV des Vorberichts: "Waren
die Täufer Mandäer?" mit der Frage auseinander.

65 A. Henrichs - L. Koenen. Vorbericht. S. 139.

66 Keph. 12, 10ff.

seiner Selbständigkeit dürfte durch den Gegensatz von Gesetz und Evangelium gekennzeichnet sein. Deshalb glaube ich nicht, daß Astrologie und Magie die entscheidenden Züge im Elkesaitismus sind. Vielmehr kommt es Mani auf den Übergang vom νόμος zur γνῶσις an. So sehr sich die Elkesaiten auf die Gebote des Heilands berufen und die Taufe auf ihn zurückführen, so sehr beruft sich Mani auf Jesus für die Freiheit, etwa vom Verbot, Weizenbrot zu essen[67]. Mani bemüht sich gerade, den Elkesaiten klarzumachen, daß ihre gegenwärtigen Lehren nicht den Geboten des Heilands entsprechen. Die Spiritualisierung der Taufe kommt besonders eindringlich in folgenden Worten zum Ausdruck: "Die Reinheit, von der die Rede war, ist also die Reinheit durch Gnosis; sie besteht in der Trennung des Lichts von der Finsternis, des Lebens vom Tode und der lebendigen Wasser von den erstarrten. (So ist es,) damit ihr wißt, daß das eine wegen des anderen ist und umgekehrt, und damit nach den bekannten Geboten des Heilands die Gnosis die Seele aus dem Tod und dem Verderben befreit"[68]. Man soll sich also nicht selber täglich taufen oder das Gemüse, das man anpflanzt, sondern Gnosis gewinnen. Weil hier mit ganz scharfen Worten von der Schädigung des Wassers bei der Taufe gesprochen wird, fühlt man sich erinnert an die Adamapokalypse aus Nag Hammadi, wo ebenfalls die Taufe zur Gnosis spiritualisiert und das Urteil von dem Kölner Codex aus um so verständlicher wird[69]. Daß Mani bzw. seine Jünger ältere Apokalypsen aus dem sonstigen Gebrauch von Gnostikern kannten, erweist nicht nur das schon lange bekannte Fragment eines

---

67 Cod. Man. Col. 91.19 - 92.11.

68 Cod. Man. Col. 84.9 - 85.1.

69 A. Böhlig - P. Labib. Koptisch-gnostische Apokalypsen aus Codex V von Nag Hammadi (Halle 1963), S. 116.

Henochbuches aus Turfan[70], sondern auch in dem Kölner Text[71]
die Heranziehung von Zitaten aus einer anderen Adamapokalypse, einer Sethelapokalypse, einer Enosapokalypse, einer Sem-
apokalypse und einer Henochapokalypse im Zusammenhang der
Diskussion um Entrückung und Offenbarung bei Einsetzung des
Apostels; hierbei wird auch Paulus' Selbstzeugnis über seine
Entrückung angeführt[72]. Mani hat etwas vom Selbstbewußtsein
des Paulus angenommen. Wie wir aus Resten des Briefbuches,
aus Augustin und aus dem Beginn des Lebendigen Evangeliums,
der im Kölner Codex zitiert wird, wissen, beginnt Mani: ($'E\gamma\grave{\omega}$)
$M\alpha\nu\nu\iota\chi\alpha\tilde{\iota}o\varsigma$ $'I\eta\sigma o\tilde{\upsilon}$ $X\rho\iota\sigma\tauo\tilde{\upsilon}$ $\dot{\alpha}\pi\acute{o}\sigma\tauo\lambda o\varsigma$ $\delta\iota\grave{\alpha}$ $\theta\epsilon\lambda\acute{\eta}$-
$\mu\alpha\tauo\varsigma$ $\theta\epsilon o\tilde{\upsilon}$ $\pi\alpha\tau\rho\grave{o}\varsigma$ $\tau\tilde{\eta}\varsigma$ $\dot{\alpha}\lambda\eta\theta\epsilon\acute{\iota}\alpha\varsigma$ [73]. Die paulinische
Note von Manis Selbstbezeichnung könnte sich polemisch ge-
gen die Täufer wenden; Mani will gegenüber den Judenchristen
wie Paulus seine Berufung betonen. Er koppelt in seinem Selbstverständnis zwei Vorstellungen miteinander, die des Apostels
Jesu Christi und die des Parakleten, Paulus und Johannes. Worauf er sich stützt , ist seine Bestallung durch eine Vision bzw.
durch zwei Visionen, von denen er die erste mit 12 Jahren hatte - man denke an den zwölfjährigen Jesus -, die zweite mit
24[74]. Es ist wahr, daß die Auffassungen vom Apostel und Pa-

---

70 W.B. Henning. Ein manichäisches Henochbuch (Sitz.-Ber. d. Preuß. Akad.
d. Wiss. Berlin 1934), S. 27ff. Durch die Qumranfunde ist nun auch die Abhän-
gigkeit des Buches der Giganten vom Henochbuch evident; vgl. W.B. Henning,
Book of the Giants, a.a.O. 52 - 74. J.T. Milik, Turfan et Qumran. Livre des
Géants juif et manichéen, in: Tradition und Glaube (Festgabe f. K.G. Kuhn,
Göttingen 1971).

71 Vgl. A. Henrichs - L. Koenen. Vorbericht. S. 107.

72 Gal 1, 1 - 2; 2 Cor 12, 25. Vgl. Cod. Man. Col. 64,8 - 65,18 mit Gal
1,12.

73 C. Schmidt - H.J. Polotsky, Ein Mani-Fund in Ägypten (Sitz.-Ber. d.
Preuß. Akad. d. Wiss. Berlin 1933), S. 26; Augustin. c. Faust. XIII 13, 4: S. 381.4
ed. Zycha. Zum Proömium des Lebendigen Evangeliums vgl. A. Henrichs - L.
Koenen, Vorbericht, S. 198ff.

74 Zur Datierung vgl. A. Henrichs - L. Koenen. Vorbericht. S. 119.

raklet sich widersprechen; sie weisen auf verschiedene Stufen
von Manis Selbstverständnis hin; doch handelt es sich immer
nur um zwei verschiedene Formen der Berufung auf Jesus, von
denen die eine durch seine elkesaitische Herkunft geklärt ist.
Die Berufung auf Paulus dagegen ist auf einen neuen, wahrscheinlich markionitischen Einfluß zurückzuführen[75]. Nach elke-
saitischer Auffassung hielt sich Mani für eine neue Erscheinung Jesu Christi, der den Elkesaitismus reformieren sollte,
womit er aber bei der Mehrheit der Sekte keinen Erfolg hatte.
Ebenso wie die Elkesaiten zwischen Jesus dem Glanz (Ἰησοῦς
τῆς εἴλης) und dem irdischen Jesus unterscheiden, was Mani
übernimmt, trennt Mani auch bei sich selbst zwischen seinem
himmlischen Bild und seiner Erscheinung auf Erden. So kommt
es, daß Mani einerseits vom Parakleten belehrt wird, andererseits aber selber als Paraklet von der Gemeinde angebetet wird[76].
Er und sein σύζυγος werden zu einer Seele und einem Leib.
Schon Kephalaion 7 erfahren wir von dieser eigenartigen Doppelheit. Aus Jesus entsteht nämlich 1. der Licht-Nus, 2. der
große Richter, 3. "der Knabe, die große Lichtkraft, in seinen
zwei Personen in ... ich rede von dem, den er errichtet hat
in 'Ruf' und 'Hören'"[77]. Von ihm spricht Jesus, wenn er sagt:
"Ich, was ich gesehen habe bei meinem Vater, das sage ich.
Ihr dagegen, was ihr gesehen habt bei eurem Vater, das tut
ihr"[78]. An dieser Stelle bezieht sich die Doppelheit aber auf
den Urmenschen und sein alter ego. Denn der Nus steigt ja

---

75 Vgl. A. Böhlig. Christliche Wurzeln im Manichäismus. in· Mysterion und
Wahrheit. S. 208ff. Man beachte auch Alchasaios als "Stifter eures Gesetzes"
(Cod. Man. Col. 94. 1ff.)!

76 Ps.-B. 20.19ff. 22. 38ff. u.ö. Gerade die Bemapsalmen bieten diese An-
betung; vgl. C.R.C. Allberry, Das manichäische Bema-Fest. ZNW 37 (1938) 2
- 10.

77 Keph. 35. 28 - 30.

78 Keph. 35, 31 - 34 mit Zitat aus Joh 8. 38.

erlöst mit dem befreiten Urmenschen empor. Es entstehen aus dem Licht-Nus 1. der Apostel des Lichts, 2. der Paargenosse, 3. die Lichtgestalt. Hier ist 2 der Helfer und Schutzengel von 1, 3 aber der Helfer der Gläubigen im Tode. Bei Mani selbst wird die endgültige Einheit auch erst im Tode hergestellt, aber schon in seinem Erdenleben ist der Paargenosse ihm Wohngenosse[79]. Diese Doppelseitigkeit wird im Kölner Codex durch die Vorstellung vom σύζυγος , in mitteliranischen Texten mit narjamīg "Zwilling" ausgedrückt[80]. Mani hat also ausgehend von der Doppelheit Jesu bei den Elkesaiten auch für sich als dem neuen Jesus von dieser Vorstellung Gebrauch gemacht und durch seine Lehre von der Offenbarung, die vielleicht vom Damaskuserlebnis des Paulus beeinflußt sein könnte, gleichzeitig die elkesaitische Lehre von ihren eigenen Grundlagen ausgehend bekämpft. Es heißt im Kölner Codex: "Als mein Vater Wohlgefallen hatte und mich unter sein Erbarmen und seine Fürsorge stellte, da sandte er von dort meinen Gefährten, der absolut zuverlässig ist, die umfassende Frucht der Unsterblichkeit. Dieser sollte mich loskaufen und erlösen aus diesen Irrungen der Anhänger jenes Gesetzes. Er kam zu mir und gab mir die beste Hoffnung, die man sich denken kann, die auf der Unsterblichkeit beruhende Erlösung, wahre Instruktionen und die Berufung durch meinen Vater. Jener kam, wählte mich aus und erwählte mich; er trennte mich von ihnen und zog mich aus der Mitte derer zu sich heran, die jenem Gesetz anhangen, in dem ich erzogen wurde"[81]. Der Ton ist paulinisch, aber Mani hat die Diktion umgeformt auf sein eigenes Offenbarungserleb-

79 Keph. 36. 1 - 21.

80 Gut zusammengestellt ist das Material bei A. Henrichs - L. Koenen. Vorbericht. S. 161ff.

81 Cod. Man. Col. 69,9 - 70,10.

nis, durch das er sowohl Paraklet wie Apostel werden konnte. An anderer Stelle zitiert Mani Paulus wörtlich[82].

Wer ist es aber, der Mani zu Paulus geführt haben konnte? Doch wohl Markion. Wir wissen von der großen Bedeutung der markionitischen Kirche in Syrien und können aus der Intensität, mit der Ephräm den Markion bekämpft, das nur bestätigt finden[83]. Markion war ein ausgesprochener Feind der Judenchristen, ein betonter Paulinist und Antinomist. Wenn die Gegner Manis unter den Elkesaiten von ihm fragen: "Will er etwa zu den Griechen ($^{\prime\prime}E\lambda\lambda\eta\nu\epsilon\varsigma$) gehen"? oder von ihm sagen: "Er will zu den Heiden ($\H{\epsilon}\theta\nu\eta$) gehen" oder: "Er will in die Welt gehen"[84], so bedeutet das Abfall von der Gesetzlichkeit ihrer Sekte und damit m.E. Übergang zu einer heidenchristlichen Form des Christentums und nicht Übergang in den Paganismus[85]. Denn in den Kephalaia wird Paulus ausdrücklich als anerkennenswerter Lehrer genannt, nach dessen Zeit die Christenheit auf den Irrweg kommt, aber von einem "wahrhaften Gerechten, der zum Reich gehörte", neue Impulse erhält, an den sich noch ein anderer Reformer anschließt[86]. M.E. hat der Herausgeber in ihnen mit Recht Markion und Bardesanes gesehen. Es sei hier kurz zusammengefaßt, was ich zum Problem Markion und Mani bereits in meinem Aufsatz "Christliche Wurzeln im Manichäismus" gesagt habe[87]. Der Doketismus zu

---

82 1 Cor 7, 29ff. in Keph. 229, 10ff.

83 S. Ephraims Prose Refutations of Mani, Marcion and Bardaisan, ed. C.W. Mitchell I (London 1912), II compl. by A.A. Bevan - F.C. Burkitt (London 1921). E. Beck, Des heiligen Ephraem des Syrers Hymnen contra haereses (CSCO, vol. 169 und 170, Louvain 1957).

84 Cod. Man. Col. 87, 19ff. 89, 14.

85 Die Elkesaiten wollen sich wohl an das Wort Jesu Mt 10, 5 halten: "Geht nicht auf der Heiden Straße".

86 Keph. 13, 26ff.

87 A. Böhlig, Christliche Wurzeln im Manichäismus, in: Mysterion und Wahrheit, S. 207ff. Vgl. auch A. Böhlig, Das Böse in der Lehre des Mani und des Markion, u. S. 623 ff.

Beginn der Kephalaia entspricht dem des Markion. Er betont
die Reichgottespredigt. Die Bezeichnung "wahrhafter Gerechter"
ist dialektisch zu verstehen[88]. Die judenfeindliche Stellung Manis läßt ihn wie Markion das Alte Testament ablehnen. Die
Aufstellung eines Kanons kann auch durch die Reinigungsaktion
des Markion mitangeregt worden sein. Auch in der Verwendung
programmatischer Jesusworte stimmen Markion und Mani überein: dem Gleichnis von den zwei Bäumen und dem Wort vom
neuen Flicken auf dem alten Kleid oder dem neuen Wein in
den alten Schläuchen. Hatten die Elkesaiten gehofft, durch ri-
tuelle Handlungen den negativ bewerteten Leib zu retten, so
stand Mani dem Dualismus des Markion und seinen enkratiti-
schen Tendenzen recht nahe.

Nachdem über das Verhältnis von Bardesanes zu Mani bereits ein ausführliches Referat vorliegt, braucht dieser Punkt
hier nur ganz kurz gestreift zu werden. Ich möchte nur betonen,
daß Bardesanes, obgleich Häretiker, sich doch als Christ fühlt
und daß Mani von ihm also eine christliche Tradition übernimmt.
Für Mani ist es nichts Fremdes, wenn er bei ihm den kosmologisch wirkenden Jesus findet, der auch Logos heißt. Daß seine
Christologie auch doketisch zu sein scheint, rückt ihn um so mehr
in die Nähe sowohl von Markion wie von Mani. Vom Christentum
der Großkirche entfernt ihn, obwohl er nicht körperfeindlich ist,
seine Ablehnung der Auferstehung des Leibes. Im Gegensatz zu
Markion hat Bardesanes für die Darstellung des Gedankengebäu-
des das Element verwendet, das für Mani als Gnostiker so bedeutsam war, den Mythos. Ob allerdings Bardesanes selbst ein
Gnostiker war, bleibt umstritten. Im Gegensatz zu H.J.W. Drij-

---

88 In dem "Gerechten" mit K. Rudolph, Die Bedeutung des Kölner Mani-
Codex für die Manichäismusforschung, in: Mélanges d' histoire des religions offerts à H.-Ch. Puech (Paris 1974), S. 484, Elkesai sehen zu wollen, halte ich
für verfehlt.

vers glaubt ja B. Aland[89] ihn als solchen ansehen zu müssen,
wobei sie besonders auf den asketisch-ablehnenden Zug in der
Einschätzung der Welt meint hinweisen zu sollen. Doch die von
ihr angeführte Stelle, an der die Archonten durch die Sophia
zur Menschenschöpfung veranlaßt werden, dient ja dazu, die
Schaffung des Menschen faktisch als einen Weg zur Befreiung
des Menschen hinzustellen. Immerhin kommt der mythologische
Ausdruck bei ihm gnostischer Darstellungsform sehr nahe. Will
man den bardesanitischen Mythos als gnostizistisch interpretieren, so hat man sich allerdings über das Fehlen des Salvator
salvandus zu wundern; doch mag die plötzliche Verwirrung unter
den Elementen dem Fall-Motiv in der syrisch-ägyptischen Gnosis entsprechen, was Verbindungen zu Materialien wie denen
von Nag Hammadi herstellen würde[90].

Hatte Mani Beten, Fasten und Almosengeben wahrscheinlich schon in seiner judenchristlichen Periode angenommen, so
hat er den Gebrauch der Bibel und gerade der Worte Jesu und
des Paulus in seiner Begegnung mit den christlichen Häretikern
erst recht entwickelt[91]. Will man den gnostischen Hintergrund
bei Mani beurteilen, so hatten wir schon Beispiele an Markion
und Bardesanes gesehen, wenn man diese zu den Gnostikern
zählt. Sie waren aber eindeutig Christen. Bei einem weiteren
Vergleich gnostischer Literatur ist jedoch die christliche und
nichtchristliche schwer zu trennen, weil die nichtchristliche
oft genug christlich übermalt worden ist. Mani hatte Markion

---

89   H.J.W. Drijvers, Bardaisan of Edessa (Assen 1966). B. Aland-Ehlers.
Bardesanes von Edessa - ein syrischer Gnostiker. ZKG (1970) 334 - 351.

90   Man denke an das Überlaufen der Sophia oder den Fall der Sophia. Zum
ersteren vgl. die titellose Schrift des Codex II von Nag Hammadi 98. 13ff. (ed.
A. Böhlig - P. Labib), zum letzteren das Johannesapokryphon nach Pap. Berol.
gnost. 8502, 36, 16ff (ed. W. Till) = Nag Hammadi III 14. 9ff; II 9. 25ff. (ed.
M. Krause - P. Labib).

91   Vgl. meinen angeführten Artikel und die Arbeit "Die Bibel bei den Manichäern" (Theol. Diss. Münster 1947, in Maschinenschrift).

und Bardesanes durchaus gewürdigt, sich aber auch von ihnen
abgesetzt. Wir können deshalb auch Beziehungen zu anderen
Gruppen bei ihm annehmen, mit denen er sich polemisch auseinandersetzte. Da sind zunächst die Mandäer, die man als die
Stufe seiner Jugend ansah, bis der Kölner Codex uns eines besseren belehrte. Die Mandäer mußten Mani schon deshalb feind-
lich gegenüberstehen, weil sie antichristlich sind. In den Kephalaia begegnet die Bezeichnung Ναζοραῖος , die für die Mandäer gebraucht zu sein schien[92]. An der angesprochenen Stelle
diskutiert Mani mit einem von ihnen; es handelt sich dabei aber
um einen Christen[93]. Mandäischem Gebrauch entspricht Seth
in der Form Seth-el[94]. Es gibt eine ganze Anzahl von Zügen,
in denen Mandäismus und Manichäismus übereinstimmen. K.
Rudolph hat mit Recht betont, daß die "Licht-Leben-Glanz-
Vorstellung" beiden angehört[95]. Der mandäische "Herr der Größe" entspricht dem manichäischen "Vater der Größe", der von
škīnā's umgeben ist. Dem historischen Adam steht bei den Mandäern der Lichtadam gegenüber. Beide können Urmensch heißen.
Dies entspricht mehr anderen gnostischen Schriften als den
Verhältnissen im Manichäismus[96]. Aber Mandäismus und Mani
stimmen in der Vorstellung von der Seele überein, die in der
Welt zerstreut allem Bösen ausgesetzt ist. Die manichäische
Vorstellung vom Urmenschen ist im Mandäismus nur insoweit
zu finden, als vor der Schöpfung ein Kämpfer entsandt wird,

---

92 Vgl. Kap. 89: Keph. 221,19 - 223.16.

93 Zur Begründung vgl. A. Böhlig, Das Problem aramäischer Elemente in
den Texten von Nag Hammadi, s. o. S. 432 und Anm. 95.

94 Kap. 10 "Über die Deutung der vierzehn großen Äonen, über die Sethel
in seinem Gebet gesprochen hat": Keph. 42,24 - 43,21.

95 K. Rudolph, Mandäer I, 178.

96 Mani hat seinen Mythos zu ordnen versucht, während die Mandäer ebenso
wie die koptisch-gnostische Bibliothek von Nag Hammadi kein ausgeglichenes
System bieten.

der die Finsternis fesseln soll, damit dann der Kosmos geschaffen werden kann. Von der Angst dieses Gesandten inmitten der Dämonen und von dessen Gebet zum höchsten Gott hören wir. Die Stelle Jesu nimmt Mandā ḏ hajjē ein, die Gnosis des Lebens, der auch Urmensch heißen kann. Zahl und Art der Elemente sind gleich. In gleicher Weise wie im Manichäismus wird auch der Aufstieg der Seele geschildert. Leider macht die Vielschichtigkeit der mandäischen Überlieferung eine völlige Klärung unmöglich, weil unter Umständen Abschnitte des mandäischen Schrifttums manichäisch beeinflußt sein können[97].

Dieselbe Frage hat man übrigens auch für das Verhältnis zu den Texten von Nag Hammadi gestellt, weil sich dort in der titellosen Schrift des Codex II für das so auffällige Mythologumenon der "Séduction des Archontes" eine ausführliche Paralleldarstellung fand[98]. Doch stellt die titellose Schrift einen anderen Typ gnostischer Vorstellung dar (syrisch-ägyptischer Typ). Man kann aber annehmen, daß eine im Gnostizismus bekannte Tradition in beiden Systemen verschiedenartig eingearbeitet und ausgesponnen ist[99]. Auch Vorstellungen wie die Ausläuterung des Lichts über Sonne und Mond sind gemeinsam[100],

97 Für die Thomaspsalmen hat allerdings T. Säve-Söderbergh die Meinung vertreten, daß sie auf außermanichäische Dichtung, wahrscheinlich auf mandäische, zurückgehen; vgl. T. Säve-Söderbergh, Studies in the Coptic Manichaean Psalm-Book, Prosody and Mandaean parallels (Uppsala 1949). Vgl. auch C. Colpe, Die Thomaspsalmen als chronologischer Fixpunkt in der Geschichte der orientalischen Gnosis, JAC 7 (1964) 77 – 93, der in ihnen originalmanichäische Psalmen sehen möchte, die einer bestimmten, wohl mandäischen, Einflußsphäre angehören. Vgl. auch A. Böhlig, Die Gnosis, 3. Bd.: Der Manichäismus (Zürich 1980), S. 58f., wo in den Thomaspsalmen eine sehr alte missionarische Verkündigung der manichäischen Lehre bei den Mandäern durch einen Schüler Manis gesehen wird. Vgl. auch noch P. Nagel, Die Thomaspsalmen des koptisch-manichäischen Psalmenbuches (Quellen. Ausgewählte Texte aus der Geschichte der christlichen Kirche. N. F., 1. Berlin 1980).

98 NH II 108, 2ff., 21; 109, 1ff.

99 Zum Versuch einer Ableitung aus dem Iranischen vgl. G. Widengren, Mani, S. 60; F. Cumont, La cosmogonie manichéenne, S. 54 - 68.

100 In der titellosen Schrift des Codex II von Nag Hammadi wird dieses Mythologumenon mit ägyptischer Mythologie (zwei Stiere) in Verbindung gebracht: NH II 122, 21f.

ebenso eschatologische Darstellungen[101]. Eine Erlöserfigur, die der mandäischen Sohn-Gottes-Gestalt nahekommt, findet sich in der Paraphrase des Sēem[102]. In ihrem Mythos stehen sich Licht und Finsternis gegenüber, getrennt durch das πνεῦμα [103]. Man denke an den iranischen Vayu[104]. Der Sohn des Lichtes, Derdekeas (= derdeqjā "das Kind"[105]), steigt herab, um das Licht, das von der Finsternis verhaftet, aber im Geschlecht des Sēem wirksam ist, zu erlösen[106]. Eine Parallele findet sich in der schon erwähnten titellosen Schrift des Codex II. Dort steigt der Lichtmensch aus der Ogdoas herab und am 3. Tage wieder hinauf, doch darf er nicht mehr in die Ogdoas zurück, weil er durch diesen Descensus befleckt worden ist[107]. Es gibt also in der Gnosis durchaus das Motiv des Descensus, dem der Aufstieg folgt. Daß ein solcher Aufstieg Schwierigkeiten bereitet, ist verständlich. Mani hat deshalb die Descensus-Vorstellung mit dem Schicksal der Seele zu einem einzigen Vorgang verbunden, der das Weltgeschehen logischer und verständlicher macht[108].

Ein gnostischer Text, dessen Kenntnis man bei Mani voraussetzen kann, ist ferner das Perlenlied aus den Thomasakten[109].

101　Vgl. NH II 125, 32ff.

102　Vgl. F. Wisse, The redeemer figure in the paraphrase of Shem, Nov. Test. 12 (1970) 130 - 140.

103　NH VII 1, 25ff.: "Es war Licht und Finsternis und es war ein πνεῦμα in ihrer Mitte".

104　Er ist in der Kosmologie die den Himmel und die Erde zusammenbindende Gottheit; s. G. Widengren. Die Religionen Irans (Stuttgart 1965), S. 8. 17.

105　NH VII 1, 5. Vgl. F. Wisse. Redeemer 133, Anm. 3.

106　NH VII 9, 26 - 31.

107　NH II 111, 29 - 34.

108　Vielleicht hat er dabei auf Konstruktionen zurückgegriffen, wie sie aus der Naassenerpredigt bekannt waren (Hippol. V 7.2 - 9.9). Er hat allerdings die Gedanken gestrafft und ihnen eine seinem Mythos angemessene Linie gegeben. Die Trennung des Urmenschen von der Seele durch den Lebendigen Geist bei seiner Heimholung. wie sie Mani kennt. könnte mit der Vorstellung der Naassener (Hippol. V 13f.) verglichen werden. daß der männliche Teil der Seele durch die Göttermutter abgeschnitten und emporgezogen wird.

Es wird kaum Mani selbst zuzuschreiben sein. Hier wird eine Handlung geschildert, die als Vorform des Urmensch-Mythos angesehen werden kann. Ein Descensus des Prinzen soll die Perle dem Drachen entführen; aber der Prinz wird von den Feinden hinterlistig betäubt und versinkt in Schlaf. Davon hört man wiederum am Hofe und schickt dem Prinzen einen Brief, daß er erwachen und sich seiner Aufgabe bewußt werden soll. Das hat Erfolg. Er holt die Perle und steigt wieder zu seiner Heimat empor. Da wird ihm sein Strahlenkleid, das er vor der Expedition ausgezogen hatte, entgegengeschickt wie ein Spiegel, in dem er sich sieht und mit dem er sich wiedervereinigt. Dieses Schicksal ist, aufs kosmische Geschehen übertragen, ein Vorbild für die manichäische Lehre. Der Prinz kann mit dem Urmenschen gleichgesetzt werden. Dann denke man an Ruf und Antwort! Auch das Schicksal Manis selbst, der sich mit seinem alter ego wiedervereinigt, kann man herauslesen. Weniger möchte ich etwa Prinz und Seele identifizieren. Die Seele entspricht eher der Perle. In diesem Text ist noch nicht die Gestalt des mit der Lebendigen Seele ausgerüsteten Urmenschen konzipiert wie bei Mani.

Die Rüstung des Urmenschen - das sind die Elemente, die Lebendige Seele - ist mit der ganzen Welt vermischt. Aus lateinischer Überlieferung kennen wir dafür auch die Bezeichnung Jesus patibilis. Darin sah man lange eine Angleichung an das Christentum. Konnte aber schon aus dem Gnostizismus des Thomasevangeliums[110] in der Verbindung mit der Lehre vom Kind bzw. Jesus dem Kind die Ursprünglichkeit dieser Vorstellung vermutet werden, so findet sich jetzt im Kölner Codex

109 Vgl. E. Hennecke - W. Schneemelcher, Neutestamentliche Apokryphen II (3. Aufl. Tübingen 1964), S. 303ff. 349ff. Zur Interpretation vgl. auch A. Henrichs - L. Koenen, Vorbericht, S. 171ff.

110 Log. 77.

ausdrücklich folgende Aussage über den Staub der Erde, von dem es heißt: "Das ist das Fleisch und Blut meines Herrn"[111].

Auch wenn man Widengrens Vorwurf gegen Schaeder aufnimmt, ist man noch nicht berechtigt, den griechischen Einfluß auszuscheiden[112]. Gerade der griechische Geist konnte bei der Bildung einer Theologie mitwirken und ihr wertvolle Impulse geben. Über θεολογία hat schon Platon im "Staat" gesprochen und dabei Leitlinien für ein richtiges περὶ θεῶν λέγειν aufgestellt[113]. Platon hat aber zum Dialogos den Mythos hinzugenommen. Das zeigt der "Timaios" gerade für den uns besonders interessierenden Bereich von Kosmologie und Anthropologie. So sehr der gnostische und damit auch der manichäische Mythos merkwürdige Geschichten bringt, so sehr ist der manichäische Mythos doch ein Werk aus einem Guß mit einer Idee. Die Frage der Excerpta ex Theodoto: "Woher bin ich, wo bin ich und wohin gehe ich"[114] wird durch ihn beantwortet. Was für die Großkirche die Regula fidei ist, das ist für Mani der Mythos. Er ist theologisch geformte Offenbarung, in dem das Wirken des Sohnes Gottes die zentrale Rolle spielt[115]. Aus ihm kann man anthropologische und kosmologische, ethische und Gemeindeprobleme herausinterpretieren und Normen aufstellen. Das ist die Arbeit des Logos, die z.B. die Kephalaia zeigen. Auch wer keinen hellenistischen Einfluß gelten lassen will, muß doch zugeben, daß Grundgedanken wie die Makro-Mikro-Kosmosspekulation in der griechischen Popularphilosophie der Zeit Manis vorhanden waren, ebenso wie die Lehre von der ambivalenten

---

111 Cod. Man. Col. 97, 10.

112 Vgl. A. Böhlig, Denkformen hellenistischer Philosophie im Manichäismus, u. S. 551 - 585.

113 Republ. II, 379 a ff.

114 Excerpta ex Theod. 78, 2, ed. F. Sagnard.

115 Vgl. A. Böhlig, Das Neue Testament und die Idee des manichäischen Mythos, u. S. 590.

Weltseele. Ψυχή ist ebenso Einzelseele wie Weltseele. Die Auffassung von der Weltseele bei Mani erinnert an die Konzeption
des Numenios, für den es zwei bzw. drei Götter gibt[116]. Der
erste ist der in sich eine Gott bzw. Nus. Ihm ist bei Mani der
Nus als Vater[117] zu vergleichen, der in der Größe wohnt und
fünf Glieder besitzt, deren erstes der Nus ist (νοῦς, ἔννοια,
φρόνησις, ἐνθύμησις, λογισμός)[118]. Dem ersten Gott
steht bei Numenios ein zweiter gegenüber, der wegen seiner
Spaltung durch die Hyle auch als zweiter und dritter Gott angesehen werden kann. Er ist die hin und hergerissene Weltseele.
Man könnte bei Mani ebenfalls die Weltseele vergleichen, die
trotz ihrem lichthaften Charakter an die Hyle gefesselt ist.
Auch sie besitzt die gleichen Glieder wie der große Nus[119].
Andererseits ist sie im geläuterten Zustand, wenn sie aufsteigt,
geläuterter, befreiter Nus, der deshalb als νοερόν qualifiziert werden kann[120]. Die Seele besteht aus fünf Elementen.
Auch das kann griechisch sein[121]. Αἰσθητήρια stammt aus
der wissenschaftlichen Sprache[122]. Ein weites Feld, das im
manichäischen Lehrvortrag ausführlich behandelt wird, ist die
Astrologie, die übrigens auch in mittelpersischen Quellen zu
finden ist[123]. Das ist im Heimatland der Astrologen nicht

116   H.J. Krämer, Der Ursprung der Geistmetaphysik (2. Aufl. Amsterdam
1967), S. 63ff. 71f. Vgl. auch A. Böhlig. Denkformen hellenistischer Philosophie,
u. S. 583.

117   Keph. 20, 19.

118   Keph. 76, 17ff.

119   Acta Archelai X 1, ed. Beeson.

120   Keph. 175, 26ff. (Kap. 71 "Über die Einsammlung der Elemente").

121   Aristoteles setzt neben die vier στοιχεῖα warmes Feuer. kalte Luft.
feuchtes Wasser und trockene Erde noch den Äther als fünftes himmlisches Element an (de caelo 270 b 22); vgl. M. Pohlenz. Die Stoa (3. Aufl. Göttingen 1964).
S. 71. 81.

122   Liddell - Scott - Jones, Greek-English Lexicon, s. v.

123   Man kann bei Mani Astronomie und Astrologie nicht trennen, zumindest hat die Astronomie der religiösen Darstellung zu dienen. Vgl. die Interpretation der astronomischen Stellen aus T III 260 durch W.B. Henning. Ein manichäisches Henochbuch, S. 33ff.

weiter verwunderlich; man kann hier aber durchaus mit der
Einwirkung griechischer Weiterentwicklung der Ideen in hellenistischer Zeit rechnen. An Poseidonios erinnert der Aufstieg
der Seele über Mond und Sonne ins All. Die   ἐκπύρωσις
kennt auch er[124]. Natürlich ist dabei immer zu fragen, wie
weit hier der Synkretismus etwa schon gewirkt hatte.

Dieser Synkretismus scheint allerdings weniger vom Mutter-
land Manis, Babylonien, beeinflußt zu sein. Soweit hier gnostisches Gut einströmte, haben wir es schon erwähnt (Mandäer
etc.). Auch auf die Astrologie wurde schon hingewiesen. Einen
noch wunden Punkt in der wissenschaftlichen Erforschung bilden
etwaige Survivals babylonischer Religion. Nach der Methode
von K. Kessler einfach Mythologumena zu vergleichen, ohne
nach der Möglichkeit zu fragen, ob die Geschichte auch eine
solche Verbindung zuläßt, geht nicht an. Außerdem hat die Akkadistik inzwischen so wesentliche Fortschritte in der Editions-
und Übersetzungsmethodik gemacht, daß alle Arbeiten, auch
die umfangreichen Materialsammlungen von G. Widengren, er-
neut auf verwendete Keilschrift-Materialien überprüft werden
müssen[125]. Ein Mangel der Akkadistik ist außerdem, daß sie
sich kaum mit der Endzeit der babylonischen Religion und der
hellenistischen Zeit befaßt, so daß wir weder von deren Einfluß auf den Gnostizismus noch auf Mani speziell uns eine richtige Vorstellung machen können. Eines aber ist sicher festzustellen: Im Gegensatz zum Mandäismus haben wir bei Mani keine
babylonisch-assyrischen Namen für die Planeten; auch Götternamen begegnen nicht. Nur einmal findet sich in den Kephalaia "die Sekte der nobe"[126], was eventuell ein solcher Einfluß

---

124 M. Pohlenz, Stoa 219. Diog. Laert., De clar. philosoph. vitis VII 142.

125 Das gilt besonders für sein Werk "Mesopotamian elements in Manichaeism".

126 Keph. 288,19 - 290,28 (Kap. 121 "Über die Sekte der nobe"). Vgl. A.

sein könnte; ihr Vertreter wird als Götzendiener bezeichnet. Aus dem zerstörten Zusammenhang ist eine Deutung kaum möglich. Man kann eher den Eindruck gewinnen, daß Mani bei etwaiger Benutzung babylonischer Vorstellungen unter dem Einfluß der interpretatio graeca gestanden hat. Eine im Mythos so nebensächliche Szene wie die Besiegung des Meerungeheuers mag auf den Mythos von der Besiegung der Tiamat zurückgehen. Viel wichtiger wäre es wohl zu wissen, ob man etwa die Vorstellung vom besiegten Urmenschen auf einen Tammuzmythos zurückführen kann[127]. Aber auch dies gehört nur zur Vorgeschichte. Das Entscheidende scheint mir bei Mani seine Verbindung von Urmensch und Seele zu sein[128].

Auch bei der Frage nach iranischen Einflüssen muß man den iranischen Hintergrund der Gnosis für unser Thema ausklammern. Es kommt für uns darauf an, was Mani selber aus iranischer Tradition so und nicht anders gestaltet hat. Ein schönes Beispiel dafür bildet der "Logos vom Großen Krieg"[129]. Dieser "Große Krieg", der in den manichäischen Homilien ähnlich der synoptischen Apokalypse geschildert wird, ist als Terminus iranisch[130]. Zugleich ist man sich des synkretistischen Charakters der Schrift bewußt; denn es heißt dort direkt: "Das Gerücht von ihm (dem Krieg) ist in der ganzen Welt verbreitet

---

Böhlig, Probleme des manichäischen Lehrvortrages. in: Mysterion und Wahrheit. S. 232ff.

127 Zum Problem vgl. G. Widengren, Mesopotamian elements. S. 64ff., dagegen K. Rudolph, Mandäer I. S. 197ff., der sich bezüglich der Interpretation der Keilschrifttexte auf die Ablehnung bei W.v. Soden, ZA n.F. 17 (1955) 130ff. stützt.

128 Der Urmensch hatte die Elemente als Kleid angelegt und diese sind bei seiner Erlösung in der Welt gefesselt als Seele zurückgeblieben.

129 "Der Sermon vom Großen Krieg" in: Manichäische Homilien, hrsg. v. H.J. Polotsky (Stuttgart 1934), 7.8 - 42.8.

130 Artīk i vazurg (Zādspram XXXIV 52). Wenn G. Widengren, Mani. S. 70, auf mithrazistische Terminologie hinweist, ist dem beizupflichten. Aber bereits Mani und seine "Urgemeinde" dürfte Mithras durch Jesus ersetzt haben.

und auch sein Ursprung in allen Religionen (δόγμα)"[131]. In
der Tat haben Judentum, Christentum, gewisse Gnostiker und
die iranische Religion die Eschatologie gepflegt. Die Verbindung
von iranischen und christlichen Darstellungen erweist sich auch
in der Identifizierung von Jesus und dem großen König, d.h.
Mithra, wie es auch in einem Turfantext aus dem Ausdruck
"der falsche Mithra" (für Antichrist) zu erschließen ist[132]. Jesus
wird auch als "großer König der Könige" bezeichnet[133]. Die
politische und religiöse Umwelt in ihrer iranischen Form kann
in der Schrift vom Großen Krieg auf Mani selber zurückgehen.
Liegt es nicht nahe, daß ein Mann, der aus einer parthischen
Familie stammte, trotz babylonischer und speziell sektiereri-
scher Umwelt genügend Traditionsgut iranischen Glaubens kennengelernt hatte? Die Umwelt, mit deren Hilfe der Dichter des
Perlenliedes seine Ideen darstellte, war auch Mani, vielleicht
in etwas weiterentwickelter Form, aber gerade infolge seiner
Verbindung mit dem Hof, bekannt[134]. Nur so war Mani auch
imstande, in mittelpersischer Terminologie ein selbständiges
Werk über seine Lehre zu verfassen. Nimmt man außerdem an,
daß der Gnostizismus, über dessen Ursprung hier nicht zu sprechen war, Anregungen aus der iranischen Religion erhalten hatte,
so war es nicht schwer, daß Mani außer an häretisches und gnostisches Christentum auch an iranische Gedanken anknüpfen
konnte. Die Dreizeitenformel: was ist, was war und was sein
wird, scheint mir gerade infolge ihres Alters weniger geeignet
zum Vergleich als der Zerwanismus[135]. An dem kosmogonischen

131 Hom. 8,3f.

132 T.M. 180 in A. v. Le Coq, Türkische Manichaica aus Chotscho II (Abhandl. d. Preuß. Akad. d. Wiss. Berlin 1919), S. 5f.

133 Hom. 37, 15.

134 O. Klima, Mani, S. 72ff., besonders S. 84ff.

135 Vgl. A. Böhlig, Zur religionsgeschichtlichen Einordnung des Manichäismus, o. S. 468 ff.

Fragment T III 260 kann man Manis Bewältigung dieser Richtung ablesen[136]. Ohrmizd als Urmensch steht hier dem Ahriman als Herrscher der Finsternis gegenüber. Das weist auf das Mythologumenon von Ohrmizd und Ahriman als den miteinander kämpfenden Söhnen des Zerwan hin, nur daß die beiden bei den Manichäern nicht als Brüder betrachtet werden dürfen. Ebenfalls kann die Bezeichnung des höchsten Gottes mit τετρα-πρόσωπος [137], wie sie aus der großen Abschwörungsformel bekannt ist, mit der Vorstellung vom viergestaltigen Zerwan verbunden werden: Er ist wie der Vater der Größe Gott, Licht, Kraft und Weisheit[138]. In T III 260 bietet die Nomenklatur noch eine bemerkenswerte Eigenart. Die mythologischen Figuren sind entweder mit Götternamen oder mit Funktionsbezeichnungen benannt. Wir haben Ohrmizd als Urmenschen, Mihr als Lebendigen Geist, Narisah als Dritten Gesandten. Das paßt sehr gut. Ohrmizd ist der benachteiligte Sohn des höchsten Gottes, Mihr = Mithras der Besieger der bösen Mächte, Narisah = Neryosang ein Gott, den die Frauen begehren; hier wird er als typischer Gott der Séduction des Archontes eingeführt, zugleich hat er den Charakter des Götterboten. Neben solchen aus missionarischen Erwägungen erfolgten Übersetzungen aus der ursprünglichen Mythologie in die iranische stehen Wiedergaben mit Funktionsbeschreibungen im Schābuhragān, so Rōšnšahryazd "Lichtweltgott" für den Dritten Gesandten oder Chradēšahryazd "Verstandesweltgott" für Jesus bzw. den Nus oder Kišwarwāryazd

---

136 F.C. Andreas - W. Henning. Mitteliranische Manichaica aus Chinesisch Turkestan I (Sitz.-Ber. d. Preuß. Akad. d. Wiss. Berlin 1932). S. 175 - 222.

137 MPG 1461 C.

138 Vgl. G. Flügel. Mani. S. 64. Das dort gegebene Gebot findet sich auch im türkischen Laienbeichtspiegel als 10. Vorschrift; vgl. J.P. Asmussen, X^{u}ast-vānīft. Studies in Manichaeism (Kopenhagen 1965), S. 197. Zur Vorstellung vgl. auch F.C. Andreas - W. Henning, Mitteliranische Manichaica II. S. 326; W.B. Henning. Ein manichäisches Bet- und Beichtbuch (Abhandl. d. Preuß. Akad. d. Wiss. Berlin 1936). Nr. 10, S. 31.

"Weltträgergott" für die Säule der Herrlichkeit, die ja auch als großer Omophoros[139] bezeichnet wird. Die Verwendung solcher Funktionsbezeichnungen kann für ihren sekundären Charakter sprechen. Bei Chradēšahryazd = νοῦς stellt sich die Frage, ob hier griechischer oder iranischer Einfluß vorherrscht. Im Gegensatz zu H.J. Polotsky[140], der Schaeders hellenistische Tendenz weiterführt, möchte Widengren die Nus-Vorstellung auf das iranische Vohu manah zurückführen, von dem ja das wahman in mittelpersischen und manuhmed in mittelparthischen Texten stammt[141]. Da aber diese Texte iranische Nomenklatur verwenden, kann solche Ausdrucksform auch missionarisch angepaßt sein, so daß in Manis Terminologie der hellenistische Nus vorliegt.

Ich selbst komme bei dieser Lage zu dem Schluß, daß eine alternative Fragestellung dem Sachverhalt nicht gerecht wird. Mani kann nicht als abhängig von etwas Bestimmtem angesehen werden. Er stellt sich vielmehr allen gegenüber, den Elkesaiten, Markion, Bardesanes, sonstigen Gnostikern, Mandäern, Heiden und nicht zuletzt Vertretern iranischer Religionen. Mit niemandem ist er einig, sondern er schafft sein eigenes System[142].

Auch den Buddhismus hat Mani persönlich gekannt. Schon in Babylonien, wo durch den Handel Inder auftauchten, mag er von ihm Kenntnis genommen haben[143]. Besonders aber war dies

---

139 Keph. 35, 12f.

140 C. Schmidt - H.J. Polotsky, Ein Mani-Fund. S. 68ff.

141 Vgl. besonders "The great Vohu manah and the Apostle of God".

142 Ich möchte jetzt allerdings die konstitutive Wirkung der Christologie stärker hervorheben; vgl. A. Böhlig. Das Neue Testament und die Idee des manichäischen Mythos , u. S. 611, und ders.. Zur religionsgeschichtlichen Einordnung des Manichäismus, o. S. 480 f.

143 Über Beziehungen auf dem Land- und Seeweg in hellenistischer Zeit vgl. M. Rostovtzeff, Die hellenistische Welt, S. 354 - 359. Zum Namen von Babylon in buddhistischer Literatur vgl. O. Klima, Mani, S. 146ff., der die Zeugnisse über Buddhismus und Brahmanismus in der Umwelt Manis ausführlich be-

der Fall bei seinen Reisen in den Osten des Reiches und nach Indien[144]. Dabei ist natürlich ein Problem, welche Form dieser Religion Mani bekannt wurde. Es ist auf jeden Fall damit zu rechnen, daß er weniger die theoretische Ausprägung als die praktisch-vulgäre Seite zu Gesicht bekam, den Buddhismus des Glaubens. M.E. hat dieser auf Manis Religionssystem keinen konstitutiven Einfluß gehabt, doch konnte sich Mani in Grundgedanken wie Fremdheit der Seele in der Welt und Bemühung um das Verdienst für die Soteriologie nur bestätigt finden. Vielleicht ist die radikale Teilung der Gemeinde in Electi und Auditores endgültig vorgenommen und die Bedeutung des Wirkens der Electi endgültig herausgearbeitet worden, nachdem Mani die besondere Stellung der buddhistischen Mönche und ihren Asketismus kennengelernt hatte. Die Seelenwanderungslehre, die er wahrscheinlich aus dem Vorderen Orient und der griechischen Popularphilosophie kannte, traf er gerade auch als eine Station der Soteriologie bei den Buddhisten. Daß es schon vor ihm Lehrer gegeben hatte, war dem Meister bereits aus seiner elkesaitischen Jugend her bekannt. Darum konnte er in manichäischen Hymnen auch dem Buddha Maitreya, dem kommenden Erlöser[145], gleichgesetzt werden, was ebenso wie die Schaffung von Parinirwana-Hymnen durchaus in seinem Sinne gewesen sein dürfte. Vielleicht hat er das selber auch bereits angeregt. Im Gegensatz zum Buddhismus steht aber die zentrale Stellung der

spricht; dort auch die hellenistischen Erwähnungen. Der Buddhismus hat allerdings in Vorderasien kaum Erfolge erzielt, obwohl das Konzil von Pātaliputra auch das Land der Griechen unter den Ländern nennt, in die Missionare geschickt wurden.

144 Zur Reise nach Indien vgl. Keph. 15, 25f. Manis Bekanntschaft mit dem Kuschan-König Peroz, einem Bruder des Schapur, weist auch auf Bekanntschaft mit dem Buddhismus hin, da dieser in dem ostiranischen Lande ja durchaus verbreitet war; vgl. G. Flügel, Mani, S. 52.

145 Vgl. F.C. Andreas - W. Henning, Mitteliranische Manichaica III, i 64; W.B. Henning, Ein manichäisches Bet- und Beichtbuch, Z. 44. 57. 90. 98. c 7. Zu Parinirwanahymnen vgl. z.B. F.C. Andreas - W. Henning, Mitteliranische Manichaica III, d. e. f.

Kosmologie und die Ich-Bezogenheit der Erlösung bei aller Be-
jahung der Weltseele[146].

Zusammenfassend läßt sich etwa sagen: Ein iranischer Adeli-
ger schließt sich einer Täufersekte judenchristlichen Typs, den
Elkesaiten, an. Sein Sohn wächst in dieser Gemeinde auf, bricht
aber auf Grund einer Offenbarung mit Täufertum und Gesetz
und geht zum häretischen Heidenchristentum über. An die Stelle von Elkasai tritt für ihn der Apostel der Häretiker, Paulus.
Die gnostische Umwelt prägt seine religiöse Entwicklung. Insbesondere wird die Darstellung seiner Theologie mit Hilfe des
Mythos hierdurch bestimmt. Griechische, mesopotamisch-auto-
chthone und iranische Gedanken sind, wenn sie zu ihm gelangen,
meist schon durch dieses Filter gegangen. Entsprechend seinem
Sitz im Leben ist er genötigt, sich auch mit seinem iranischen
Erbe, speziell dem Zerwanismus, auseinanderzusetzen, woraus
von ihm sicher produktive Gedanken gewonnen wurden. Die Auseinandersetzung mit dem Buddhismus dagegen dürfte kaum noch
ein konstitutives Element für seine Lehre mit sich gebracht
haben, aber die persönliche Kenntnisnahme konnte ihn in manchem bestärken. Die Entwicklung zum Parakleten läßt Mani an
die Stelle Jesu treten. Wie er einst von den Elkesaiten, die er
reformieren wollte, wegging, so gründet er jetzt eine neue Kirche, die an die Stelle der christlichen treten soll. Er bleibt
nicht Häretiker, sondern wird Religionsstifter, dessen Ziel es
ist, mit der Durchsetzung seiner Religion in einem persischen
Weltreich eine Weltkirche zu schaffen, die Christentum, iranische Religion und Buddhismus ersetzen kann. Das ist ihm nicht
gelungen. Auch er mußte, wie Jesus, sterben; aber eine Welt-

---

146 Zur negativen Einschätzung des Buddhismus vgl. jetzt auch W. Sundermann. Mani, India and the Manichaean religion. Journ. South Asian Stud. (1986).
S. 11 - 19.

religion, die über Jahrhunderte lebte, verehrte ihn nicht nur als Apostel und Meister, sondern als göttlichen Parakleten; das war wohl auch in seinem Sinn. Er hat sich mit seinem Werk als einer der souveränsten Synkretisten gezeigt. Er war fähig, seine Lehre in verschiedenen Nomenklaturen zu konzipieren und den Gehalt der Lehren, mit denen er sich auseinandersetzte, umzuformen in sein neues System, wobei auf dem Worte "neu" der Nachdruck zu liegen hat.

ZUM SELBSTVERSTÄNDNIS
DES MANICHÄISMUS

Unser Jubilar hat im Rahmen seiner wissenschaftlichen Arbeiten sich mit besonderer Liebe gerade manichäischen Quellen zugewandt, wie ich selbst in gemeinsamer Zusammenarbeit erleben konnte[1]. Deshalb dürfte es am Platze sein, wenn ich als Gnosisforscher ihm einen kleinen Beitrag zu Problemen des Manichäismus widme.

Eine Beurteilung des Selbstverständnisses des Manichäismus muß zunächst die Quellen anführen, auf die er sich selber beruft. Danach ist von unserer Kenntnis der damaligen Zeit- und Religionsgeschichte aus nach Schwerpunkten zu suchen und auf Möglichkeiten der Vervollständigung hinzuweisen.

I.

Im Kapitel von den vier Königreichen in den manichäischen "Kephalaia"[2] wird deren Größe der Mensch gegenübergestellt, der den Mitgliedern der manichäischen Kirche Gutes tut. Der

Erstveröffentlichung in: A Green Leaf. Papers presented to Prof. Jes P. Asmussen on his 60th birthday. Kopenhagen 1988, S. 317 - 338.

1 Die Gnosis, 3. Band: Der Manichäismus. Unter Mitwirkung von J.P. Asmussen eingeleitet, übersetzt und erläutert von A. Böhlig (Bibliothek der Alten Welt), Zürich 1980.

2 Kephalaia, 1. Hälfte, ed. H.J. Polotsky - A. Böhlig (Stuttgart 1934 - 1940), Kap. 77: 188,30 - 190,10.

Verfasser dieser Betrachtung gibt mit den Königreichen einen Überblick über die Ökumene. Die Vierzahl dürfte auf die vier Himmelsrichtungen bzw. Klimata hinweisen, auch wenn das nicht besonders gesagt wird. An erster Stelle steht das Reich der Sassaniden. Es ist "das Reich des Landes Babylon und das der Persis"[3]. Mani oder der Schüler, der das Kapitel redigiert hat, beginnt die Darstellung verständlicherweise mit seinem Heimatstaat, aus dem seine Religion hervorgegangen ist, und gliedert ihn in seine konstitutiven Bestandteile: das Zweistromland (außer seinem nördlichen römischen Teil), zusammengefaßt als Babylonien, und Iran, bezeichnet als Persis, dem Teil, aus dem die neue Dynastie kommt. An zweiter Stelle wird "das Königreich der Römer (ʿΡωμαῖος)"[4] aufgezählt. Somit stehen sich Ostreich und Westreich gegenüber. Sie kämpfen zu dieser Zeit ja in aller Härte miteinander. Die Truppen Schapurs I. dringen tief in die Ostprovinzen des römischen Reiches ein. Zwar erlebt der letzte große arabische Pufferstaat Palmyra damals noch eine große Blüte, bricht aber 272 n. Chr. zusammen, so daß Rom und Iran nun direkt eng aneinander grenzen. An dritter Stelle wird "das Königreich der Aksumiten (ʾΕξομ(της)"[5] genannt. Dieser Staat ist die politische Größe, die den Süden der Ökumene ausfüllt. Zu Manis Zeit hat sich in Nordabessinien ein Reich entwickelt, das sich mit Aksum[6] eine großartige Hauptstadt schuf, nach der es sich auch den Namen gab. H. de Contenson hat sich erfolgreich um eine Datierung der

---

3 Keph. 188. 23f.

4 Keph. 189. 2.

5 Keph. 189. 3.

6 E. Littmann. Deutsche Aksum-Expedition I - IV. Berlin 1913. E. Hammerschmidt. Äthiopien (Wiesbaden 1967). S. 37ff. J. Leclant. Vorgeschichte. Archäologie und Geschichte des alten Äthiopien, in: Koptische Kunst. Christentum am Nil (Essen 1963). S. 178 - 182. B. Rubin. Das Zeitalter Justinians, I (Berlin 1960). S. 299.

Bauschichten bemüht und ist zu dem Ergebnis gekommen, daß die Gründung in das 1. Jahrhundert n. Chr. zu setzen ist, die Stadt also auf jeden Fall im 2. Jahrhundert bereits vorhanden war. Über den Hafen Adulis bestanden Verbindungen zum sabäischen Reich im damals kulturell und wirtschaftlich florierenden Südarabien. Griechische Inschriften weisen auf hellenistische Einflüsse hin, so daß Aksum als ein typischer Bestandteil der Ökumene betrachtet werden konnte. In späteren Jahrhunderten hat es dann ein Zwischenglied im Kampf zwischen Byzanz und Iran gebildet. Als viertes Königreich wird schließlich "das Königreich des Silis (ⲦⲘⲚⲦⲢⲢⲞ ⲚⲤⲓⲗⲉⲰⲤ)"[7] erwähnt. Seine Bestimmung ist noch strittig. Insbesondere gibt die Form ⲚⲤⲓⲗⲉⲰⲤ Probleme auf. Wenn man für die koptische Fassung der Kephalaia eine griechische Vorlage annimmt, kann der Übersetzer die Form eines ihm unbekannten Eigennamens im Genitiv stehen gelassen haben. Dann könnte $\Sigma\ell\lambda\varepsilon\omega\varsigma$, einer Form wie $\pi\delta\lambda\varepsilon\omega\varsigma$ entsprechend, zu einem Nominativ $\Sigma\ell\lambda\iota\varsigma$ gehören, dem Namen des Sir Darja bzw. Jaxartes; er ist mit dem Namen "Silis" bei Plinius d. Ä. (23 - 79 n. Chr.) zu finden[8]. Wie ist aber die Bezeichnung "das Königreich des Silis" zu deuten? Nachdem die Reiche des Ostens, Westens und Südens genannt sind, muß es sich um das Reich des Nordens handeln und der Aralsee, in den der Sir Darja (Jaxartes) und der Amu Darja (Oxus) münden, wird ja auch als Nordmeer bezeichnet. Man hat dieses Reich in Verbindung mit dem Namen "Serinda" setzen und in ihm die sogdischen Gebiete und Fürstentümer sehen wollen. Wahrscheinlicher ist es aber, an das Reich der Kuschan zu denken, das ja nicht nur in einer

---

7 Keph. 189, 3f.
8 Vgl. Plinius d. Ä., Historia naturalis VI 49.

indischen Form, sondern auch in einer nördlichen, eigentlich nordöstlichen Gestalt vorhanden war und gegen das wohl schon Ardaschir, sicher aber Schapur I. zu kämpfen hatte. Es lag am oberen Lauf des Sir Darja. Die Deutung von "Reich des Silis" auf China, die F. Altheim[9] vorschlägt und die weitgehend angenommen wurde, krankt an der Außerachtlassung der Einteilung der vier Reiche nach den Himmelsrichtungen. Altheim sieht in dem fraglichen Reich einen Staat im Osten, so daß er zu einer Einteilung Zentrum = Sassanidenreich, Westen = römisches Reich, Süden = Aksum und Osten = China kommt. Da fehlt der Norden. Außerdem bedarf Altheim für seine Lösung sprachlicher Konstruktionen, die wesentlich schwieriger als unsere Erklärung sind.

Die Aufzählung der vier Reiche gibt eine Vorstellung von dem geographischen Selbstverständnis des frühen Manichäismus. In ihr wird die Ökumene seiner Zeit gegliedert. Zugleich soll mit ihr die Verteilung der weltlichen Macht dargestellt werden. Im Anschluß an die Aufzählung soll die durch den Charakter der Welt gegebene Beschränktheit betont werden; kennen diese Reiche doch nicht die Wahrheit Gottes und haben ebenso wenig der "Gerechtigkeit", d.h. der Gemeinde Gottes, geholfen[10]. Denn die Hilfe, die einem Manichäer erwiesen wird, macht den Täter größer als die weltlichen Mächte. Das auf die Jünger bezogene Wort Jesu[11] wird ausgeweitet auf die Fürsorge für die Manichäer: "Wer einem dieser Kleinen einen Becher kalten (Wassers) zu trinken gibt im Namen eines Jüngers, wahrlich, ich sage euch, er wird seinen Lohn nicht verlie-

---

9 F. Altheim, Die vier Weltreiche in den manichäischen Kephalaia, in: Probleme der koptischen Literatur, hrsg. v. P. Nagel (Wissenschaftliche Beiträge d. Martin-Luther-Univ. Halle-Wittenberg, Halle 1968), S. 115 - 119.

10 Keph. 189,6 - 190,7.

11 Mt 10, 42, Mc 9, 41.

ren". Oder: "Denn wer euch einen Becher Wassers zu trinken gibt im Namen, daß ihr Christen seid, wahrlich ..." Mani bezieht sich dabei bewußt auf das Wort des Heilands (σωτήρ)[12]. Er zitiert in folgender Form: "Wer [geben wird Brot und einen Becher Wassers] einem dieser kleinen [Gläubigen (πιστός)], die an mich glauben wegen des Namens eines Jüngers[13] [... zerstört]. Mani betont, daß der Heiland mit den kleinen Gläubigen die Heiligen der manichäischen Kirche gemeint hat[14]. Ebenso wird die Gemeinschaft mit Elekten und gläubigen Katechumenen als ein Werk für den in ihnen wohnenden heiligen Geist betrachtet, der dafür Vergeltung durch den Vater beim jüngsten Gericht herbeiführt. Die Manichäer wissen, welche Mächte politischer Art über sie herrschen, sind sich aber vor allem auch dessen bewußt, wie hoch über allen diesen die in seiner Kirche wirkende Macht Gottes steht.

II.

Hatten die Manichäer ihre Stellung gegenüber den Reichen der Welt mit dem Blick auf die wahre Größe und Macht verglichen, so hat Mani selbst auch bereits seine Lehre in das System der großen Weltreligionen eingereiht und sein Selbstverständnis verschiedentlich dargelegt. Mani bzw. seine Tradition gibt einen Überblick über die Religionen der Welt im Gegensatz zur Schilderung der Weltreiche nicht synchronisch, sondern diachronisch[15]. Immer aufs neue werden Apostel zu den

12 Keph. 189, 17ff.
13 Keph. 189, 18 - 20.
14 Keph. 189, 20f.
15 Keph. 12,10ff. So auch im Kapitel 1 "Über das Kommen des Apostels" (Keph. 9.11 - 16,31). In geographischer synchroner Anordnung finden sich die

Menschen gesandt von Anbeginn der Welt[16]. Hier greift Mani auf die Überlieferung zurück, die in der Genealogie der Väter von Adam bis Noah vorliegt[17]. Daß Seth wie auch sonst im Manichäismus in der Form CHΘHλ [18] gegeben wird, zeigt den auch sonst in der Gnosis mythifizierten Charakter des Seth. Als Ersatz für den von Kain erschlagenen Abel ist er ja der wahrhafte Sohn Adams, der Licht und Weisheit in sich trägt; ist er doch in der Gnosis nicht nur der Sohn des Menschen Adam, sondern auch der göttliche Abkomme des transzendenten Adamas[19]. Bei den Manichäern ist Sethel ebenfalls der Sohn von Adam und Eva[20]. Der Gewaltige, der Adam durch Eva zum Coitus veranlaßt hatte, ist wohl der gnostische παντο-κράτωρ. Er sieht in Sethel ein Geschöpf, das ihm unähnlich ist, so daß der Archon es umbringen soll[21]. Aber Adam bewahrt Seth und wird von ihm selber ermahnt: "Wohlan, brechen wir auf nach dem Osten zu dem Licht und der Weisheit Gottes". Die Sukzession geht nun bis zu Sem, dem Sohn Noahs. Nunmehr ist die Erde bevölkert und die verschiedenen Gegenden werden zu verschiedenen Zeiten durch besondere Boten belehrt. Nach Osten wurde Buddha gesandt[22]. Später, unter dem König Hy-

---

Stifter der Weltreligionen im Einleitungsabschnitt der Kephalaia (1 - 9,10) an der Stelle 7.18 - 8.7.

16 Keph. 12. 10ff.

17 Gen 5. 1 - 32.

18 CHΘ + Hλ = + >א .

19 Vgl. Ev. Aeg. NH III 51. 14 - 22 = IV 63. 8 - 17. Vgl. auch die Form CHΘϬYϹ im "Unbekannten altgnostischen Werk" (Koptisch-gnostische Schriften I. ed. C. Schmidt - W. Till. 3.Aufl. Berlin 1962). Index. s. v. Vgl. dazu F.C. Burkitt. Setheus. JThS 36 (1935) 74 - 76. Die Transzendierung des Seth führt zur Begründung oder mindestens Annahme einer sethianischen Gnosis.

20 G. Flügel. Mani. Seine Lehre und seine Schriften (Leipzig 1862. Neudr. Osnabrück 1969). S. 91.

21 Der Bericht des Fihrist geht. wenn auch etwas variiert. auf eine Tradition zurück. die in einer longa fabula die Geschichte der ersten Menschen erzählt. Es handelt sich um mittelpersische Fragmente. die von W. Sundermann in: Mittelpersische und parthische kosmogonische und Parabeltexte der Manichäer (Berliner Turfantexte IV. Berlin 1973). S. 70 - 75. herausgegeben wurden.

staspes, kam Zarathustra. Schließlich erschien Jesus Christus, der Sohn der Größe[23]. Die angeführte Apposition besagt, daß Mani in Jesus den Sohn Gottes (d.h. des Vaters der Größe) sieht, ebenso wie er ihn als Kyrios betrachtet. Er spricht ihn als "meinen Vater und Herrn" an[24]. Später wird er von den Manichäern in Turfan "unser aller Herr" genannt[25].

Jesus Christus, der Herr, wird im 1. Kapitel der Kephalaia im Gegensatz zu Buddha und Zarathustra wesentlich ausführlicher geschildert[26]. Hier wird wirklich, trotz allen dogmatischen Schwierigkeiten, die sie für Mani und seine Jünger bietet, die Darstellung eines auf Erden erschienenen Jesus Christus gegeben. Denn der historische Jesus hat ja unter den Vorläufern Manis die bedeutendste Rolle gespielt. Schließlich hat der Sohn Gottes, der sich in ihm offenbart, in einer noch nicht lange zurückliegenden Zeit dem Westteil der Ökumene die Botschaft von der Lichtkindschaft verkündet. Als Sohn Gottes konnte er natürlich keinen menschlichen Leib besitzen. An der leider sehr zerstörten Stelle[27] ist vielleicht zu lesen: "Er ist gekommen .... pneumatisch, [nicht] somatisch .... wie ich über ihn zu euch gesagt habe. Ich habe [aber] von ihm [gesagt], daß er ohne Leib gekommen ist"[28]. Mani weist dabei

---

22 Daß neben Buddha noch Aurentes genannt wird. erklärt H.H. Schaeder. Der Manichäismus nach neuen Funden und Forschungen (Orientalische Stimmen zum Erlösungsgedanken. Morgenland 28. Leipzig 1936). S. 95. Anm. 1. In Aurentes sieht er "arha(n)t". Mani hat aus diesem Epitheton. parallel zu Buddha. einen Namen gemacht. Der Arha(n)t ist der ideale Mensch. der bereits auf Erden Nirwana gewinnen kann. Vgl. E. Conze. Der Buddhismus (4. Aufl. Stuttgart 1953). S. 87 - 89.

23 Keph. 12. 19ff.

24 M 177 V 1, ed. W. Sundermann, Mitteliranische manichäische Texte kirchengeschichtlichen Inhalts (Berliner Turfantexte XI. Berlin 1981). S. 118.

25 W. Sundermann, Texte kirchengeschichtlichen Inhalts. S. 76. Z. 1127-1128.

26 Keph. 12,21 - 13.13.

27 Keph. 12. 21 - 23.

28 Dem 2N OYΠΝΕΥΜΑΤΙΚΟΝ folgt sicher der Gegensatz. so daß 2N OYCWMA [TIKON 6N] zu ergänzen ist. Die adverbialen Ausdrücke sind typische Übersetzungen des griechischen Adverbs πνευματικῶς bzw. σωματικῶς .

auf eine frühere Aussage zurück, wo von χωρὶς σώματος die Rede ist[29]. Aber andererseits ist doch bei Mani auch gesagt: "er erschien in körperlicher Gestalt"[30]. Hiermit wird die christliche Inkarnationslehre doketisch eingeschränkt. Die manichäische Christologie bedient sich im 1. Kapitel sehr geschickt der Ausdrucksform von Phil 2,7. Denn μορφή und σχῆμα sind Bezeichnungen für die "äußere Erscheinungsform" und können durchaus in diesem Sinn interpretiert werden. Auch die übrige Darstellung von Leben und Leiden Jesu entspricht dem manichäischen Denken, obwohl traditionelle christliche Diktion gebraucht wird. Die Erfüllung des Willens des Vaters, der Jesus gesandt hat, ist johanneisch[31]. Die Erwählung der Jünger kennt die Zahl von 12 und 72[32]. Der Dualismus Manis kommt in der Passionsgeschichte zum Ausdruck. Denn "der Böse" erweckt bei den Juden Neid[33]. ὁ πονηρός ist durchaus ein neutestamentlicher Terminus[34]. Auch beim Eintritt des Satans in Judas Ischarioth ist das der Fall[35]. Daß er Jesus verklagte (κατηγορεῖν), ist sinngemäße Interpretation. Die Übergabe an die Juden entspricht dem Wortlaut des Neuen Testaments. Die Juden haben ihn ungerechterweise verurteilt. Daß er sündlos war, wird im Pilatusschrifttum berichtet, von dem Reste in die Passion Manis gelangt sind[36]. Die Juden

29 E. Rose, Die manichäische Christologie (Wiesbaden 1979), S. 121 (zitiert versehentlich ΧШРІС СШΜΑΤΙΚΟΝ).

30 Manichäische Homilien, ed. H.J. Polotsky (Stuttgart 1934). 11, 6: ΔϤΧΙ ΟΥ2ΡΒ6 ΝСШΜΛ.

31 Keph. 12. 28f. Vgl. Joh 6. 38.

32 Luc 10. 1 hat bei der Aussendung der 70 Jünger die Variante 72.

33 Λ ПΛΟΓΜΛ ΝΝΪΟΥΛΛΙΟС ist die Entsprechung von syr. lwāt ʾīhūdājē "bei den Juden". Das koptische λ- kann diese Bedeutung besitzen und braucht kein Mißverständnis des Übersetzers zu sein.

34 Vgl. 1 Joh 2, 13 - 14; 5,18 u.ö.. auch Eph 6, 16 (neben διάβολος).

35 Keph. 12, 30f. Vgl. Joh 13, 27.

36 M 4574, ed. W. Sundermann, Texte kirchengeschichtlichen Inhalts, S. 79ff.

sollten schuld am Tod Jesu sein, was durch die folgende In-
schrift am Kreuz hervorgehoben wird: "Dies ist Jesus von Nazareth, der Juden König. Wer dies liest, möge wissen, daß
Sünde nicht an ihm gefunden wurde". Auch die Szene, in der
Pilatus von den Juden bedroht wird, ist in einem iranischen
Fragment zu finden[37]. "Als [die Juden ihn] bedrängen, spricht
Pilatus zu ihnen: 'Lasset uns Jesus Christus losgeben!' [Da
sagen] die Juden: ['Wenn du Jesus nicht] tötest, [bist du des
Kaisers Freund nicht'] ". Kreuzigung, Tod und Auferstehung
widersprechen nicht dem manichäischen Denken. Auch die Erscheinung vor den Jüngern und das Einblasen des heiligen Geistes sind durchaus neutestamentlich, ebenso wie die Beklei-
dung mit Kraft. Während für Jesus die Himmelfahrt gilt, haben
die Jünger als echt manichäisches Thema die Größe zu predigen. Nach Erfüllung ihrer Tätigkeit haben auch sie zur Größe
aufsteigen und dort Ruhe finden können[38]. Zu den Jüngern
ist noch Paulus getreten und ebenfalls nach missionarischer
Tätigkeit zur Ruhe gegangen. In zerstörtem Zusammenhang
ist von der Kirche des Heilands (ἐκκλησία τοῦ σωτῆρος)
die Rede, die von Paulus und den Jüngern gebildet wurde[39].

Nach Paulus fällt die Menschheit allerdings dem σκάνδαλον
der Irrlehre anheim (σκανδαλίζεσθαι)[40]. Unter Menschheit ist dabei entweder die noch zu missionierende oder aber
die vom Christentum berührte Menschheit zu verstehen. Sinn-
voller erscheint letzteres. Soll damit gesagt werden, daß das
Verständnis der paulinischen Theologie in der christlichen Gemeinde immer mehr verlorengegangen ist? Paulus war ja der

---

37 Joh 19, 1 - 15. Vgl. M 4525, ed. W. Sundermann, Texte kirchengeschichtlichen Inhalts, S. 72.
38 Keph. 13, 17f.
39 Keph. 13, 18 - 25.
40 Keph. 13, 26ff.

apostolus haereticorum. Dann muß unter dem Gerechten von Kephalaia 13,30 Markion verstanden werden, der ja einen häretischen Paulinismus entworfen hat. Wenn er ein "wahrhafter Gerechter, der zum Reich gehört", ist, so soll damit eine judaisierende Deutung überboten werden[41]. Nach Kephalaia 13, 31 ff. traf er mit einem Lehrer zusammen, dessen Name bzw. nähere Bestimmung zerstört ist. Von beiden ist gesagt, daß sie die Kirche kräftigten[42]. Wer dieser zweite war, ist umstritten, doch spricht immer noch genug für Bardesanes. Mit dem Kölner manichäischen Codex[43] in dieser Frage auf Elkesai zurückzugreifen, ist wohl eine Fehlkonstruktion, da sich Mani ja von dieser Gruppe so ostentativ getrennt hatte. Elkesai würde nur dann eine größere Autorität für Mani besitzen, wenn man in der Sekte, in der er aufwuchs, eine auch von ihm als dekadent betrachtete Form eines wirklichen Elkesaitismus sähe. Nach den angeführten Reformerscheinungen geht es aber mit der Kirche Jesu Christi nach Manis Meinung doch zu Ende[44].

Zu dieser Zeit wird nun der Paraklet, der Geist der Wahrheit[45], kommen, wie Jesus vorausgesagt hat. Er ist der σύζυ-γος (kopt. ⲤⲀⲒⲰ, mp. narjamīg), der alter ego Manis, der ihm die Offenbarung bringt:"Ich habe das All durch ihn gesehen und wurde ein Körper und ein Geist"[46]. Diese enge Ver-

---

41 Vgl. Tertullian, adv. Marcionem IV 24: regnum dei Christus novum atque inauditum adnuntiavit. Vgl. auch A. Böhlig. Christliche Wurzeln im Manichäismus (in: Mysterion und Wahrheit. Leiden 1968). S. 208f.

42 ⲠⲦⲀⲔ heißt nicht "operieren". sondern "Halt geben".

43 Der Kölner Mani-Codex (P. Colon. inv. nr. 4780) Περὶ τῆς γέννης τοῦ σώματος αὐτοῦ , Ztschr. f. Papyr. u. Epigr. 19 (1975) 1 - 85; 32 (1978) 87 - 199; 44 (1981) 201 - 318; 48 (1982) 1 - 59, ed. A. Henrichs - L Koenen.

44 Keph. 13, 34ff.

45 Keph. 14, 4ff. ⲬⲚ ⲘⲠⲒⲤⲎⲨ bedeutet nicht "von jener Zeit ab", sondern "zu jener Zeit"; vgl. sa ⲬⲒⲚ ⲦⲈⲚⲞⲨ für νῦν Jud 25 = bo ϮⲚⲞⲨ , sa ⲬⲒⲚ ⲚⲰⲞⲢⲠ Heb 1, 10 = bo ⲒⳞⲬⲈⲚ ⳞⲎ für κατ᾽ ἀρχάς.

46 Keph. 15, 23.

bindung von Mani und dem Parakleten äußert sich darin, daß
Mani von seiner Kirche selber als der Paraklet angesehen und
verehrt wird, wie das Bemafest und die Hymnen auf den Parakleten zeigen. Die Vorstellung vom Parakleten bei Mani ist
aus dem Johannesevangelium entnommen[47]. Sie verbindet die
manichäische Propheten- und Gründerperson mit Jesus und seiner Sendung. Mani wird dadurch der Erfüller der Vorhersage
und dadurch das Siegel der Propheten.

Es ist darum kein Wunder, daß sich Mani "Apostel Jesu
Christi" nennt und dem historischen Jesus eine so ausführliche
Darstellung zuteil werden läßt, ist er doch kein Fremdkörper
im manichäischen System. Er hat seinen Platz in der Heilsgeschichte erhalten. Im Logos vom Großen Krieg[48] bekämpft
er die Plane, die im jüdischen Kult und Gesetz Gestalt gewonnen hat, und vernichtet sie. Er wirft sie aus Jerusalem
hinaus, wie das vorher Zarathustra in Babylon getan hatte.
Zuvor vollendet er aber sein Mysterium am Kreuz[49]. Nach der
Zerstörung des Tempels verläßt die Plane Jerusalem und läßt
sich in Mesopotamien im Feuer der Magier nieder. Aber auch
da findet sie keine Ruhe; denn nun wurde der dritte Apostel
(Mani), der Erlöser, zu ihr gesandt, um sie zu bekämpfen[50].
Sie wehrt sich aufs äußerste, so daß die Leiden und Martyrien
der Manichäer auf sie zurückgehen[51].

Wenn man beobachtet, wie in den Kephalaia der Weg des
historischen Jesus ausführlich dargestellt und daneben im Logos
vom Großen Krieg sein Wirken im Weltgeschehen geschildert
wird, wird es verständlich, daß auch der Mythos Manis eine

47   Joh 14, 16. 26; 15, 26; 16, 7.
48   Manichäische Homilien 7, 8 - 42, 8.
49   Horr.ilien 11, 15.
50   Homilien 11, 23ff.
51   Homilien 12ff.

Projektion des Wirkens Jesu in seiner Auffassung vom All bildet. Mani hat dabei die verschiedenen Aufgaben, die Jesus Christus als Sohn Gottes nach christlicher Lehre erfüllt (Weltschöpfung, Erlösung durch Lehre und Stellvertretung am Kreuz sowie Auferstehung, Himmelfahrt und Wiederkunft am Ende), zum Teil anderen göttlichen Emanationen übertragen[52]. So sehr betont Mani sich auch Apostel Jesu Christi nennt, so stark ist doch die Verselbständigung als eigene Religion durch ihn. In den Kephalaia kommt dies im 105. Kapitel[53] zum Ausdruck. Die Christen haben folgende Anweisungen zu befolgen: 1. Bei allem, was sie anfangen, sollen sie den Namen Jesu nennen. 2. Die Anhänger Christi soll man als Christen bezeichnen. 3. Einen Schwur soll man bei seiner (Jesu) Eudaimonia und seinem Heil leisten. Demgegenüber soll man die Anhänger Manis Manichäer nennen, entsprechend der zweiten Forderung. Auch die dritte Forderung wird entsprechend übernommen; die Manichäer sollen bei der Eudaimonia Manis schwören. Die erste Forderung wird nicht gesondert angeführt. Nach der Einführung von dem, was sich auf Mani bezieht, und der dabei erfolgten Erwähnung von drei Gaben kann aber auch sie in entsprechender Form angenommen werden. Manis Selbstbewußtsein tritt in diesem Kapitel durchaus hervor. Doch er überhebt sich nicht über seine Vorgänger. Sie haben seiner Überzeugung nach Grundlagen (θεμέλιος) in der Welt gelegt, so daß er mit seiner Gemeinde in den Neuen Äon einziehen kann.

52 Vgl. A. Böhlig, Zur religionsgeschichtlichen Einordnung des Manichäismus, o. S. 481.

53 Kephalaia, 2. Hälfte (Lfg. 11/12), ed. A. Böhlig (Stuttgart 1966) 258,26 - 259,23. Vgl. auch A. Böhlig, Neue Kephalaia des Mani (Mysterion und Wahrheit, Leiden 1968), S. 262.

III.

Wie Mani allerdings seine Lehre als die Summe aller vorhergehenden Religionen aufgefaßt hat, wird auch in den Kephalaia
und in iranischen Texten bezeugt[54]. Es wird darauf hingewiesen,
daß die früheren Lehrer jeweils nur in einem Teil der Welt
wirksam waren, während Mani überall missioniert. Besonders
wichtig ist zugleich die Fähigkeit der Lehre Manis, alle früheren Lehren und Schriften aufzunehmen. Die Wahrheit dieser
Behauptung erweist sich z.B. an Werken wie dem Logos vom
Großen Krieg[55] und dem Buch der Giganten[56].

IV.

Hatte sich Mani selbst als Vollender der großen Weltreligionen angesehen, so hat der Religionshistoriker zu fragen,
welche sonstigen Strömungen noch auf ihn eingewirkt haben
mögen. Hier sind besonders Gnostizismus, Philosophie und Astrologie zu berücksichtigen. Daß die gnostischen Lehren mindestens zum Teil ein pluralistisches Selbstverständnis besitzen,
geht aus einem Abschnitt der titellosen Schrift des Codex II

---

54 Vgl. das Zitat aus Kapitel 154 in: C. Schmidt - H.J. Polotsky. Ein Mani-
Fund in Ägypten (Sitz.-Ber. d. Preuß. Akad. d. Wiss. Berlin 1933). S. 42 (Text
im Anhang, S. 86, Nr. II; in der Gesamtausgabe der Kephalaia noch nicht ediert).
M 5794 (T II D 126) in: F.C. Andreas - W. Henning. Mitteliranische Manichaica
aus Chinesisch Turkestan II (Sitz.-Ber. d. Preuß. Akad. d. Wiss. Berlin 1933).
S. 295f.; M. Boyce. A reader in Manichaean middle Persian and Parthian (Leiden
1975). S. 29f.

55 Das eschatologische Werk "Logos vom Großen Krieg" geht in seinem Titel
auf ein iranisches Mythologumenon zurück.

56 Das Buch der Giganten. das zu Manis Kanon gehört. ist stark vom Henochbuch beeinflußt, das, von jüdischer Herkunft. in die altchristliche Literatur aufgenommen wurde.

von Nag Hammadi hervor[57]. Um die Unwissenheit der Menschen zu beheben, hat der unsterbliche Vater ihnen Ebenbil-
der, die arglosen kleinen seligen Geister, gesandt. Diese Geister können nicht von den Archonten befleckt werden. "Als
nun die Seligen (μακάριος) sich lichthaft offenbarten,
offenbarten sie sich unterschiedlich (κατά, διαφορά), und
jeder einzelne von ihnen hat aus seinem Lande seine Gnosis
der Kirche (ἐκκλησία) offenbart, die erschienen ist unter
den Gebilden (πλάσμα) des Verderbens. Man hat gefunden,
daß sie allen Samen (σπέρμα) hat wegen des Mächtesamens
(σπέρμα, ἐξουσία), der sich [mit ihr] vermischt hat". Hier
soll die Vielfalt der in der Kirche - die Gnostiker fühlen sich
ja als Christen - vorhandenen Gnosisformen betont werden.
Nach Mani ist aber erst in seiner Kirche die Fülle der religiösen Erkenntnis wirklich vereint[58]. Zu Manis Verhältnis zur
Philosophie vergleiche man meine Bemerkungen in "Denkformen
hellenistischer Philosophie im Manichäismus"[59]. Bei alledem
bleibt noch zu fragen, wieweit gnostisches Denken und Philosophie sich vermischt haben, wie dies zwischen katholischem
und gnostischem Denken auch der Fall ist.

Bisher hat man die christliche Häresienfolge Markion -
Bardesanes - Mani in den Vordergrund gestellt, wie dies in
klassischer Form Ephräm Syrus[60] bietet. Dabei ist man zu
nicht unumstrittenen Ergebnissen gekommen. Im allgemeinen
betrachtete man die ägyptische Gruppe der Spekulationen ge-

---

57 NH II 124, 5 - 33.

58 Auch H.-G. Bethge hat in seinem Kommentar zu dieser Schrift auf die
manichäische Parallele hingewiesen (ungedruckte Dissertation der Theologischen
Fakultät der Humboldt-Universität Berlin 1975).

59 Perspektiven der Philosophie 12 (1986) 11 - 39.

60 Ephräm Syrus, Hymni contra haereses, ed. E. Beck (CSCO 169 - 170,
Louvain 1957). S. Ephraim's prose refutations of Mani, Marcion, and Bardaisan,
ed. C.W. Mitchell - A.A. Bevan - F.C. Burkitt I - II (London/Oxford 1912, 1921).

trennt von der iranischen. Der Fund von Nag Hammadi in Ägypten brachte nun aber Mythologumena zutage, die sowohl in ihm
als auch im Manichäismus zu finden sind. Dadurch entstand
das Problem, an welchem Ort das betreffende Element primär
anzusetzen ist. Hat der Manichäismus bei seinem frühen Eindringen in Ägypten vielleicht Einfluß auf die Mythologie der
gnostischen Texte genommen oder waren Mythologumena des
frühen Gnostizismus schon in den Manichäismus eingedrungen?
Ist die Séduction des Archontes ein aus dem Iranischen stammendes konstitutives Element des Manichäismus oder ist die
in der titellosen Schrift des Codex II entsprechende Gestalt
der Erzählung von dem lichten Bild und der Partnerin des Archigenetor das Ursprüngliche[61]? Ich glaube, die Abhängigkeit
des Manichäismus bei der Wandlung von ursprünglichem δοξο-
κράτωρ über s̱ap̱ēt̠ zīwā "der den Glanz hält" zu φεγγοκάτ-
οχος aufgezeigt zu haben[62]. Daß noch Afrahat von dem Gnostiker Valentinos spricht, zeugt für das Vorhandensein seiner
Schule in Mesopotamien. Interessant ist, daß Afrahat in "De
ieiunio" eine Reihenfolge Markion - Valentinos - Mani aufstellt[63]. "Siehe an die falschen Lehren, die Werkzeuge des
Bösen. Sie fasten und bekennen ihre Sünden. Keiner ist, der
sie belohnt. Denn wer wird den Markion belohnen, der unseren
guten Schöpfer nicht bekennt? Und wer wiederum wird dem
Valentinos sein Fasten vergelten, der predigt, daß viele seine
Schöpfer seien, und sagt, daß der vollkommene Gott nicht mit
dem Munde gesagt werde und daß ihn das Denken nicht erreicht hat. Aber wer wird vergelten den Söhnen der Finsternis, der Lehre Manis des Frevlers, die in der Finsternis woh-

61 NH II 108, 2 - 19.
62 Gnosis III. S. 56.
63 Aphraates, ed. J. Parisot (Patr. Syr. I) 1. 116, 4 - 17.

nen wie Schlangen und das Chaldäertum, die Lehre Babels, wirken. Siehe, diese alle fasten und ihr Fasten wird nicht angenommen".

Wenn der Valentinianismus demnach in Mesopotamien bekannt war, mußte er da nicht Einfluß auf Mani gehabt haben? Er konnte dabei auch Träger für gnostische Gedanken anderer Schulen sein, deren Schriften er sich unter Umständen durch Interpolationen angeeignet hatte.

Wenn man daran denkt, welchen Kampf die Religionsstifter nach Mani gerade mit der Plane führen, und von den Untaten der Plane im Logos vom Großen Krieg liest[64], so wird man an den Plane-Mythos im Evangelium veritatis erinnert[65]. Dort heißt es[66]: "Die mangelnde Erkenntnis des[67] Vaters bewirkte Angst und Furcht. Die Angst verfestigte sich als Nebel, damit (so daß ?) niemand sehen konnte. Deshalb wurde die Plane mächtig. Sie schuf ihre Hyle ohne Erfolg[68], weil sie die Wahrheit nicht kannte. Sie (die Hyle) wurde zu einer Kreatur, als sie (die Plane) mit Kraft und Schönheit den Ersatz der Wahrheit zubereitete ". Wie bei der Pistis Sophia in der titellosen Schrift des Codex II von Nag Hammadi die psychische Haltung aus Qualität zur Quantität wird[69], so verdichtet sich die Furcht zu einer mythologischen Figur, die eine Ersatzgröße schafft, ganz so, wie im Apokryphon des Johannes das Antimimon Pneuma hervorgebracht wird[70]. "Deshalb verachtet die

---

64 S. o. Anm. 48.

65 NH I 16,31 - 43,24.

66 NH I 17. 10ff.

67 Gen. obi.

68 ⲈⲚ ⲞⲨⲠⲈⲦⲰⲈ ⲒⲦ "in Nichtigkeit". Die Plane kann ja infolge ihrer Unwissenheit nur ein unbrauchbares Geschöpf hervorbringen, im besten Fall einen Abklatsch. Der Ausdruck kann auch für griech. ἀργός stehen; vgl. NH I 26, 26; W.E. Crum, Coptic Dictionary 602 b f.

69 NH II 98. 13ff.

70 BG (Papyrus Berolinensis gnosticus 8502. ed. W.C. Till - H.-M. Schenke.

Plane"[71]! Nachdem so viele in die Irre gegangen waren[72], holt
Jesus viele aus der Plane zurück. Denn er bringt Erkenntnis
und bereitet damit der Plane Angst. Wie bei Mani Jesus sein
Mysterium am Kreuz vollendet, so ist im Evangelium veritatis
Jesus Christus, das Mysterium, "ans Holz genagelt". Wie die
Plane gegen die Manichäer tobt, so richtet sich ihr Zorn im
Evangelium veritatis gegen Jesus. Die Zurückführung, die durch
die von Jesus geschenkte Erkenntnis erfolgt, ist μετάνοια [73].
Im Manichäismus wird sie ebenfalls als Folge der Belehrung
bezeichnet[74]. Sie kommt vom Heiland über den Nus, der in der
Lehre des Meisters wirkt. Der Unterschied zwischen der Lehre
Manis und dem Evangelium veritatis bzw. dem Valentinianismus
liegt in der Art des Dualismus. Zum Dualismus im Evangelium
veritatis hat sich B. Aland in ihrem Aufsatz "Gnosis und Christentum" ausführlich geäußert[75]. Sie meint, der Fall der Äonen
und ihre Erlösung durch Jesus Christus stelle eine Aufteilung
in Sophia und Christus, d.h. in fallenden und rettenden Gott,
dar. Besonders beachtlich erscheint ihr das Nichtwissen der
Äonen über den Vater, als sie noch im Vater waren. So sieht
sie als Tendenz des Valentinianismus: "Gott will dem Nichtigen verfallen, damit Gott das Nichtige überwindet"[76]. Sie
meint, das Schicksal der Äonen nur vom Heilsgeschehen des
Christentums aus erklären zu können. Demgegenüber könnte

2. Aufl. Berlin 1972) 71.2 - 72.2 = NH III 36. 15 - 37.6 = NH II 27.31 - 28.11 = NH IV 43. 6 - 24.

71 NH I 17. 29.

72 ⲬⲒ ⲚⲦⲠⲖⲀⲚⲀ "die Irre empfangen" NH I 22. 24 kann als Übersetzung von πλανᾶσθαι "in die Irre gehen" angesehen werden.

73 NH I 35. 22f.

74 Kapitel 138 (noch nicht ediert); Übersetzung bei C. Schmidt - H.J. Polotsky, Mani-Fund, S. 70.

75 B. Aland, Gnosis und Christentum, in: The rediscovery of gnosticism I. hrsg. v. B. Layton (Leiden 1980). S. 319 - 342.

76 B. Aland, a.a.O. 339.

m.E. das Schicksal der Äonen mit dem Adams und Evas in ihrem paradiesischen Zustand vor dem Sündenfall verglichen werden. Die ersten Menschen hatten ja noch nicht vom Baum der
Erkenntnis gegessen. Sie waren also nicht Geschöpfe, die über
ihre Herkunft Bescheid wußten. Die erstaunliche Tatsache ist,
daß die Äonen bei Gott waren, ohne von ihm zu wissen[77]. Valentin kann hier auf die jüdische und dann christliche Urgeschichte zurückgegriffen haben. Er kann damit eine Erklärung des Dualismus versucht haben. Wenn man weiter die monistische Weltschau der Stoa und den in ihr vorgenommenen Einbau des Dualismus durch die zwei ἀρχαί , Logos und Materie, als eine Voraussetzung des damaligen Denkens betrachtet, kann man die gnostische Weltschau Valentins auch von ihr aus erklären. Die Unwissenheit entspricht der Materie, Christus, der Sohn, dem Logos, wie er ja auch bezeichnet wird. Unwissenheit und Erkenntnis stehen sich im Evangelium veritatis gegenüber, die in Plane
und Jesus Christus Person gewinnen. Zwei Irrealsätze begründen
das Vergessen, das den Äonen innewohnt. 1.[78] "Nicht war Gott
neidisch. Wie sollte Neid zwischen ihm und seinen Kindern bestehen[79]? Hätte nämlich dieser Äon ihre [Vollendung] empfangen, hätten sie nicht [zum] Vater kommen können. In sich behält er ja diese ihre Vollendung und gibt sie ihnen als Umkehr
zu ihm und Erkenntnis. Ein einziger Vollkommener ist es, der
das All geschaffen hat, in dem das All ist und dessen das All
bedarf". 2.[80] "Es war außerordentlich erstaunlich, daß sie im

77   "Es war ein großes Wunder" (22. 27ff.) ist wohl nicht theologisch zu
deuten. sondern heißt einfach "es war sehr erstaunlich"; es soll damit die Absonderlichkeit der Situation beschrieben werden.

78   NH I 18. 18ff.

79   Dieser Vorwurf wird von heidnischer und gnostischer Seite erhoben; vgl.
Julianus imperator. adv. Galil. 94a. ed. C.J. Neumann; Testamentum veritatis
NH IX 47. 15ff.; N. Brox. Gnostische Argumente bei Julian Apostata. JAC 10
(1967) 181 - 186.

80   NH I 22. 28ff.

Vater waren, ohne ihn zu kennen, und daß sie von selbst heraus-
kommen konnten. Denn sie vermochten nicht, den, in dem sie
waren, aufzunehmen und zu erkennen. Denn ⟨hätten sie seinen
Willen gekannt⟩, wäre sein Wille nicht aus ihm herausgekommen
[81]. Denn er offenbarte sich, (und es kamen) zur Erkenntnis
alle diese seine Emanationen in der Verbindung mit ihm." Gott
selber in seiner Vollendung konnte gar nicht erkennbar sein.
Bereits zu Beginn seines Werkes adversus haereses weist Irenäus auf die Gottesschau der Valentinianer via negationis hin[82].
Auch im Evangelium veritatis findet sich bei der Schilderung
des Willens des Vaters eine Betonung der Unfaßbarkeit Gottes[83]. "Der Wille aber ist es, in dem der Vater ruhte und an
ihm Wohlgefallen hatte. Nicht wird etwas ohne ihn und nicht
wird etwas ohne den Willen des Vaters. Aber unfaßbar ist sein
Wille. Seine Spur ist der Wille. Und keiner wird ihn erkennen
und kann ihn bemerken, um ihn zu erfassen"[84]. Doch der Wille
ist verantwortlich für Logos und Nus. Man muß also die Vorstellung von der Devolution annehmen, wie sie sie auch der Neu-
platonismus besitzt. Bei Valentin als christlichem Gnostiker ist
die Brücke zwischen dem unfaßbaren Gott und den Äonen durch
Jesus Christus geschlagen. Die Erfahrung der Welt, die nach einer Erklärung des Gegensatzes von Gut und Böse fragen läßt,
hat den Glauben des Äon an die Herkunft aus Gott zwar beibehalten, aber aus der λήθη [85], hinter der die πλάνη in ihrer

---

81 Die Schwierigkeit des Textes ist bei Annahme eines Textfehlers zu lösen.
Zwischen Zeile 33 und Zeile 34 ist durch Homoioarkton eine Zeile ausgefallen.
Die Rekonstruktion sähe so aus:
I 22, 33   ΤΝϬΥΝϨΗΤϤ · ϬΝϬΘϬ ΓΑΡ Ϭ
           ⟨ ΝϬΥϹΑΥΝϬ ΜΠϬϤΟΥШϪϬ ΠϬ⟩
        34 ΝϬΜΠϬϤΙ ΑΒΑΛ · ΝϨΗΤϤ ΝϬΙ
82 I 1, 1.
83 NH I 36,33 – 37,35.
84 NH I 37, 19 – 29.
85 Kopt. ΒШϬ "Vergessen" bedeutet "Erkenntnisunfähigkeit"; vgl. NH I 17.33.

Macht sichtbar wird, die Grundlage des Bösen entwickelt. Zu beachten ist die Bedeutung des Nus als Äußerung des Willens Gottes, mit der die Bedeutung des Nus im Manichäismus zu vergleichen ist. Bei Mani wird die logische Konsequenz gezogen. Die Hyle, das Objekt der Plane im Evangelium veritatis, wird bei Mani als eine Größe angesehen, die von Uranfang an der Lichtwelt entgegensteht. Der Lichtgott wird ja von Mani nicht via negationis vorgestellt, sondern konkret im Rahmen seiner Umgebung geschildert. Außer der philosophischen Logik kann bei ihm auch der Einfluß der iranischen Religion, speziell des Zurwanismus, zur stärkeren Betonung des Dualismus beigetragen haben.

Die christliche Vorstellung von Jesus als dem Lehrer, der die Erkenntnis schenkt, ist ebenfalls übernommen, sowohl im Evangelium veritatis als auch bei Mani.

Der Gedanke bei den Valentinianern, daß der Demiurg eine zwar untergeordnete, aber nicht Gott feindliche Stellung einnimmt[86], wird im Manichäismus dahin gewandelt, daß er in der Figur des Lebendigen Geistes im Auftrag des höchsten Gottes kosmologisch und soteriologisch wirkt.

Auch die Vorstellung von der Zerstörung der Materie kehrt als Verbrennung der Welt und Einschluß in den Klumpen (βῶλος) wieder[87]. Die merkwürdige Zeitangabe über die Dauer der Verbrennung der Welt durch Feuer von 1468 Jahren[88] be-

---

86 Iren., adv. haer. I 5, 3 über die Unwissenheit des Demiurgen; I 7, 4 über seine Bekehrung. Diese Stelle erinnert an das Verhalten des Sabaoth (NH II 103, 32ff.), wo sich dieser von Jaldabaoth trennt und zur oberen Sophia übergeht.

87 Iren., adv. haer. I 7, 1· τούτων δὲ γενομένων οὕτως τὸ ἐμφωλεῦον τῷ κόσμῳ πῦρ ἐκλάμψαν καὶ ἐξαφθὲν καὶ κατεργασάμενον πᾶσαν ὕλην συναλωθήσεσθαι αὐτῇ καὶ εἰς τὸ μηκέτι εἶναι χωρήσειν διδάσκουσι.

88 Šābuhragān, ed. D.N. MacKenzie, BSOAS 42 (1979) 516, Z. 289. Zu den Hypothesen ihrer Erklärung vgl. A. Adam, Texte zum Manichäismus (2. Aufl. Berlin 1969), S. 123f.

gegnet auch in einem Nag-Hammadi-Text "Die intellektuelle Wahrnehmung ($\alpha\check{\iota}\sigma\theta\eta\sigma\iota\varsigma$, $\delta\iota\acute{\alpha}\nu\circ\iota\alpha$), die Vorstellung von der großen Kraft"[89]. Nach dem Beginn der Endzeit wird die Sicherstellung der Seelen vorgenommen ; das Feuer, das 1468 Jahre dauert und, wenn es nichts mehr zu verbrennen gibt, von selbst ausgeht, kann sie nicht berühren.

Wenn bei Mani Gott selber in den Kampf gegen die sein Reich angreifende Finsternis zieht, erscheint er als Sohn Gottes, den dieser mit der Mutter des Lebens hervorbringt, und erhält den Namen "der Erste Mensch". Im Ägypterevangelium von Nag Hammadi wird in dem Abschnitt[90] über den Adamas von dem unerreichbaren und undenkbaren Vater ausgesagt, daß dieser gekommen sei, den Mangel zu beseitigen[91]. Der Adamas stammt aus dem Ersten Menschen, wie in diesem Text der oberste Gott bereits genannt wird, und wird im Text des Codex IV als sein Auge bezeichnet. In beiden Vorstellungen, bei Mani und im Ägypterevangelium, wird der Kampf gegen die Mangelhaftigkeit durch eine Selbstoffenbarung Gottes geführt. Nur ist im gnostischen Text der Name "der Erste Mensch" dem obersten Gott vorbehalten.

Die fünf Seelenteile Gottes, die vom Vater der Größe her die Welt durchfluten, stammen nach M. Tardieu aus der Tradition des Eugnostosbriefs, der vielleicht in einer valentinianischen Redaktion nach Mesopotamien gekommen und dort ins Syrische übersetzt worden ist[92]. In der Form des Codex III von Nag Hammadi, in der eine Version des Eugnostosbriefs erhalten

89 NH VI 46. 27f.; vgl. auch G. Stroumsa. Aspects de l' eschatologie manichéenne. Revue de l' hist. des relig. 198 (1981) 164 - 181. n. 20.

90 NH III 49. 13 - 16 ~ IV 61. 14 - 18.

91 In IV kann ΠΙШΤ ЄΤΑЧЄІ ЄΒΟλ entweder als Apposition zum Vorhergehenden. also zu ΠШΟΡΠ ΝΡШΜЄ . angesehen werden oder als cleft sentence.

92 Ecrits gnostiques. Codex de Berlin (Paris 1984). S. 355ff.; 366ff. Vgl. auch A. Orbe, Estudios Valentinianos I (Rom 1955). S. 363 - 386.

ist, begegnen die gleichen Bezeichnungen, die auch der Mani-
chäismus kennt[93]: $\nu o\tilde{u}\varsigma$, $\check{\epsilon}\nu\nu o\iota\alpha$, $\varphi\rho\acute{o}\nu\eta\sigma\iota\varsigma$, $\dot{\epsilon}\nu\theta\acute{u}\mu\eta\sigma\iota\varsigma$,
$\lambda o\gamma\iota\sigma\mu\acute{o}\varsigma$. Allerdings schwankt die Reihenfolge. Im Eugno-
stosbrief steht $\dot{\epsilon}\nu\theta\acute{u}\mu\eta\sigma\iota\varsigma$ vor $\varphi\rho\acute{o}\nu\eta\sigma\iota\varsigma$. Das folgende
$\delta\acute{u}\nu\alpha\mu\iota\varsigma$ ist mit Tardieu nicht als sechste Größe anzusehen,
sondern die Zusammenfassung, wie aus der Version des Eugno-
stosbriefs in Codex V hervorgeht, wo es heißt: ΠΑΙ ΟΥΝΟΥϹ
Πϵ ΜΝ ΟΥϵΝΝΟΙΑ, ΟΥΜϵϵΥϵ Δϵ ΜΝ ΟΥϹΒШ ΜΝ ΟΥШΟΧΝϵ
ΜΝ ΠΗ ϵΤϨΙΧΝ ΟΥШΟΧΝϵ ΜΝ ΟΥϬΟΜ. "Dieser ist $\nu o\tilde{u}\varsigma$ und
$\check{\epsilon}\nu\nu o\iota\alpha$, $\dot{\epsilon}\nu\theta\acute{u}\mu\eta\sigma\iota\varsigma$ aber und $\varphi\rho\acute{o}\nu\eta\sigma\iota\varsigma$ und $\lambda o\gamma\iota\sigma\mu\acute{o}\varsigma$ und
das, was über $\lambda o\gamma\iota\sigma\mu\acute{o}\varsigma$ und $\delta\acute{u}\nu\alpha\mu\iota\varsigma$ ist". Wenn man ΠΗ
... ШΟΧΝϵ nicht als Interpolation ansieht wie M. Parrott[94],
kann man mit A. Orbe sechs Glieder annehmen.

Die Belehrung des Adam erfolgt im Manichäismus durch
Jesus den Glanz. "Er weckte ihn, gab ihm Bewegung, machte
ihn munter und trieb den irreführenden Geist aus ihm"[95]. Wie
im sonstigen Gnostizismus wurde Adam von der Plane ergriffen. Bei der starken Betonung, die Jesus als Bringer der Erkenntnis erfährt, tritt er bei Mani an die Stelle, die im Gnostizismus oft die Schlange einnimmt, die ja auf dem Weg über
Eva den Adam aufklärt[96]. Darum ist es wohl ein Erbe aus dem
Gnostizismus, wenn die Manichäer - vielleicht nicht ursprünglich - gelegentlich Jesus mit der Schlange gleichsetzen[97]: "Chri-
stum autem fuisse affirmant quem dicit nostra scriptura serpentem, a quo illuminatos asserunt, ut cognitionis oculos ape-

93 NH III 73, 9f. Vgl. NH V 3, 10ff.

94 In seiner Claremonter Ausgabe. Zu A. Orbe vgl. o. Anm. 92.

95 Theodor bar Kōnī, Liber scholiorum, ed. A. Scher, S. 317. (Übersetzung
in: Gnosis III, S. 107.)

96 Vgl. besonders die Darstellung in der "Hypostasis der Archonten" NH
II 89, 11ff. 31ff. Zur positiven Beurteilung der Schlange vgl. auch die titellose
Schrift in NH II 118,24 - 119,7.

97 Augustin, de haer. (MPL 42, Paris 1882), col. 37.

rirent et bonum malumque dignoscerent". An dieser Stelle
wird Christus nicht mit der Schlange gleichgesetzt, sondern
tritt nur an ihre Stelle. In der Diskussion mit Faustus wirft
Augustin den Manichäern vor, daß sie die Schlange ehren und
würdigen. "Cur autem serpentem patrem nostrum dixisti? An
excidit tibi, quemadmodum soleatis vituperare deum, qui homini
praeceptum in paradiso dedit, et laudare serpentem, quod ei
per suum consilium oculos aperuit"[98]? Bei der Interpretation
von 2 Cor 11, 1-5 weist Augustin auf sie als Gehilfin des Ma-
nichäers hin, während Paulus die Paradiesesgeschichte im kirchlichen Sinn auffaßt. Darum kann Augustin von den Manichäern
sagen: "Ita enim huic serpenti amici sunt isti, ut eum prae-
stitisse potius quam nocuisse contendant"[99].

Aber auch im Gnostizismus kommt bereits eine Gleichset-
zung von Schlange und Christus vor; vor allem begegnet eine
Verbindung von Schlange und Christus. Das ist besonders augen-
fällig im Testamentum veritatis, in dem sich ein gnostischer
Schlangenmidrasch findet, der aus einem Florilegium der Stellen Gen 3, Ex 7,11 und Num 21,9 besteht[100]. Die Genesiser-
zählung wird mit einer Kritik des alttestamentlichen Gottes
versehen. Die Schlange wird zwar nicht direkt als lobenswert
bezeichnet, die beiden folgenden Stellen weisen aber auf ihre
Überlegenheit hin. Die Stelle aus Exodus, die mit der aus Nu-
meri kombiniert ist, hat der Verfasser fälschlich auf Moses
bezogen. In Ex 7, 3-12 ist von einem Wunder die Rede, das
Moses und Aaron vor dem Pharao vollbringen. Dabei wird der
Stab Aarons ebenso zur Schlange wie die Stäbe der ägyptischen
Zauberer. Aber der Stab Aarons verschlingt deren Schlangen.

---

98 Augustin. contr. Faust. I 3 (S. 253), ed. J. Zycha (CSEL 25).
99 Contr. Faust. XXII 49 (S. 642).
100 NH IX 45,23 - 49,29.

Dieser Bericht wird gekoppelt mit Num 21, 4-9, wo von einer Schlangenplage erzählt wird, durch die viele Israeliten umkamen. Moses setzt ihnen eine eherne Schlange gegenüber, deren gläubiges Anschauen die Gebissenen heilt. Das Testamentum veritatis identifiziert nun diese Schlange mit Christus in weiterer Ausdeutung von Joh 3,14: "Und wie Moses in der Wüste die Schlange erhöhte, so muß der Sohn des Menschen erhöht werden, damit jeder, der an ihn glaubt, das ewige Leben hat". Dazu das Testamentum veritatis[101]: "Denn diese (Schlange) ist Christus. Die an sie glaubten, haben ewiges Leben empfangen; die nicht glaubten, werden sterben". Beide Stellen aus dem Pentateuch werden bei Hippolyt angeführt[102]. Die allgemeine Schlange ist die weise Rede der Eva[103]. "Nach dem Bilde des Menschensohns ist die Schlange des Moses in der Wüste errichtet worden. Dessen ähnliches Bild allein, sagt er, ist am Himmel leuchtend zu sehen"[104]. Er ist der Logos und aus ihm stammt das Leben. Also ist durch ihn Eva entstanden, die ja das Leben ist. Bei den Sethianern[105] macht sich der Logos der Schlange gleich und geht in den Schoß der Jungfrau ein[106], um den Nus zu befreien. Auch die Ophiten[107] setzen Christus mit der Schlange gleich. Sie lassen die Schlange sich selbst als Christus bezeichnen[108]. Dagegen betont Epiphanius, daß Christus nicht die Schlange, sondern ihr Gegner sei[109]. Eine sehr

101 NH IX 49, 7ff.
102 Hippol., Philos. V 16, 7 - 8. 10 - 12. ed. P. Wendland.
103 Hippol., Philos. V 16, 8.
104 Hippol., Philos. V 16, 12.
105 Hippol., Philos. V 19,1 - 22,1.
106 Hippol., Philos. V 19, 20.
107 Epiphan., Panar. 37, 2, 6; 8, 1, ed. K. Holl.
108 Epiphan., Panar. 37, 2, 6.
109 Epiphan., Panar. 8, 1.

differenzierte Darstellung bietet das Apokryphon des Johannes
[110]. Hier sagt Christus, daß er sie (plur. = Adam und Eva
nach Berolinensis gnosticus und Nag Hammadi II) bzw. ihn
(Adam in Nag Hammadi III) angeregt habe, zu essen. Worauf
Johannes fragt, ob es denn nicht die Schlange gewesen sei,
die die Belehrung gab. Darauf wiederum antwortet Christus,
von der Schlange stammten die bösen Eigenschaften des Menschen her. Hier wird also zugunsten von Christus der Glaube
an eine soteriologische Tätigkeit der Schlange abgelehnt und
ihre Wirkung im Sündenfall betont. Was von manchen Gnostikern als Belehrung durch die Schlange im guten Sinn angesehen wird, ist im Apokryphon des Johannes Christus zugeschrie-
ben. In den Versionen sind allerdings die Personen fehlerhaft
durcheinander gebracht worden. Mit Recht hält m.E. M. Tardieu
die Belehrung nur des Adam für die richtige Darstellung, da
Eva ja noch gar nicht geschaffen war[111].

Der Manichäismus hat eine negative Auffassung von der
Frau. "Und in ihn (den Körper des ersten Weibes) wurden
ihre (der Kinder der Mazan) Gier usw. und aller Art Schlecht-
gläubigkeit und Sündhaftigkeit mehr hineingetan und voller eingefüllt als in Gēhmurd"[112]. Eine Wurzel einer solchen Abquali-
fizierung dürfte in der Auffassung von Platons Timaios[113] liegen. Aber ob nicht auch gerade Syrien-Mesopotamien ein besonders geeigneter Boden für solche Gedanken war? Auch bei
Afrahat findet sich eine Zusammenstellung aller Übeltaten von
Frauen im Alten Testament[114]. Im Bericht des Fihrist[115] wird

---

110 NH II 22, 9, III 28, 16f., BG 57, 20f.

111 Codex de Berlin 323.

112 T III 260 in: F.C. Andreas - W. Henning. Mitteliranische Manichaica
aus Chinesisch Turkestan I (Sitz.-Ber. d. Preuß. Akad. d. Wiss. Berlin 1932), S. 198.

113 Tim. 90 e.

114 De monachis, p. 255 - 260.

von der Geilheit des Oberarchon gesprochen. "Alsdann kehrte der Archon zu seiner Tochter Eva zurück und beschlief sie mit der Geilheit, die ihm innewohnt, daß sie einen Sohn gebar". Die Darstellung ist etwas kompliziert. So gibt es auch unter den Frauen eine "Weltweise". Ob das wohl auf die Teilung der Eva bei den Gnostikern in eine höhere und in eine untere Eva hinweist? Der "Gewaltige" - das ist wohl eine Wiedergabe von παντοκράτωρ , dem Gott dieser Welt - lehrt Eva die Bezauberung Adams, woraus die Erzeugung Sethels hervorgeht. Die Qualität Sethels beängstigt aber den Weltherrscher, so daß er ihn schon als Kind töten will, wie auch iranische Quellen bezeugen[116]. Nachdem ihm dies nicht gelingt, versucht er Eva zu einer Verführung Adams zu gewinnen. Doch Seth ermahnt ihn mit den Worten: "Wohlan, brechen wir auf nach dem Osten zu dem Licht und der Weisheit Gottes"! Er führt Adam ins Paradies, Eva geht in die Hölle.

Die Überlieferung von dem Mißbrauch der Eva durch die Archonten ist auch in gnostischen Texten aus Nag Hammadi vorhanden. In der "Hypostasis der Archonten" sehen die Archonten das geistliche Weib, das Adam erweckt hat; sie werden von Gier nach ihr erfüllt und sagen: "Wohlan, wir wollen unseren Samen auf sie werfen". Sie aber lacht über sie, verwandelt sich in einen Baum und läßt ihnen ihren Schatten als Abbild zur Befleckung, das irdische Weib[117].

Eva wird aber auch ohne eine Teilung in einen besseren und einen schlechteren Teil als gutes, dem Adam förderliches

---

115 G. Flügel, Mani, S. 91f.

116 W. Sundermann, Kosmogonische und Parabeltexte, S. 70ff.

117 NH II 89. 17ff. Vgl. die ähnliche Version in der titellosen Schrift, NH II 116. 35ff. Dort geht die höhere Eva in den Baum der Erkenntnis (116. 25ff.).

Element angesehen. Dabei wird eine ursprüngliche Einheit, die Adam und Eva bilden, angenommen, deren Trennung das Unheil mit sich bringt. Adam sagt: "Sie verkündete mir ein Wort einer Erkenntnis Gottes"[118]. Auch das valentinianische Philippusevangelium von Nag Hammadi spricht von der Trennung als todbringendem Unglück für Adam. "Als Eva in Adam war, gab es keinen Tod. Als sie sich von ihm trennte, entstand der Tod"[119]. "Hätte die Frau sich nicht vom Mann getrennt, würde sie nicht mit dem Mann sterben. Seine Trennung wurde zum Anfang des Todes. Deshalb kam Christus, damit er die Trennung, die von Anfang an bestand, wieder beseitige und sie beide vereinige und denjenigen, die in der Trennung gestorben sind, Leben gebe und sie vereinige"[120].

Es ist die Frage, inwieweit sich eine solche höhere Eva, wie sie der Gnostizismus kennt, auch im Manichäismus findet. Nach den Kephalaia scheint dies der Fall zu sein. Im Kapitel 38 wird von der Demütigung der Rebellionen im Kosmos durch die fünf Wächter, die Söhne des Lebendigen Geistes, berichtet[121]. Zu diesen Rebellionen gehört die Erschaffung von Adam und Eva im Wachbezirk des Lichtadamas. Als Kämpfer gegen die Bösen wurde Jesus entsandt. 1. Keph. 93,31 - 94,11 ist von zwei Unternehmungen Jesu die Rede. Die erste ist allerdings wegen der Zerstörtheit des Textes unklar. Auch die zweite ist nicht eindeutig[122]. Hatte Jesus vorher in der Welt des Adamas gewirkt, so spielen sich die beiden folgenden Abschnitte in den darunter liegenden Wachbereichen ab. Wenn es auch

118 In der Apokalypse des Adam: NH V 64. 5ff.
119 NH II 68. 23ff.
120 NH II 70. 9ff.
121 Keph. 92.12 - 94.16.
122 Keph. 94. 1 - 6; 6 - 11.

nicht ausdrücklich ausgesprochen wird, so muß in den Zeilen 1-6 der Seite 94 vom Bereich des Königs der Herrlichkeit die Rede sein, während in den Zeilen 6-11 die Handlung im Bereich des Omophoros abläuft. Durch ein Erdbeben, das von der Finsternis ausgelöst wird, hören auf den oberen drei Erden die Wege auf und werden die Brunnen zurückgehalten, mit deren Hilfe die noch zu befreienden Elemente Wind, Wasser und Feuer ausgeläutert werden sollen. "Er (Jesus) öffnete ihnen die Brunnen und bereitete ihnen den Weg für ihr Hinaufkommen". Zur Erfüllung dieser Aufgabe war Jesus herabgestiegen – er residierte ja im Mond – und hatte Eva angezogen. Das Gleiche tut er, um die Störungen zu bereinigen, die den Omophoros betroffen haben. Seine Erde hat die Befestigungen ausgezogen [123]. 2. Keph. 53,18 - 54,9 werden ganz allgemein die Machttaten Jesu im Kampf gegen den Teufel geschildert[124]. Wie der historische Jesus im Kampf gegen den Teufel Wunder und Zeichen vollbracht hat und bei der Parusie die Guten und Bösen trennen wird, so gleicht der kosmische Jesus der Glanz einem Menschen, der seine Pflanzung von schlechten Bäumen reinigt und sie mit guten Bäumen bepflanzt. "Wie das Feuer, das die Bäume verbrennt und vernichtet, so hat er seinen Willen in der Zone an vielen Kräften ausgeführt, bis er zum Geschöpf des Fleisches, Adam und Eva, den ersten Menschen, gelangte und seinen Willen durch Eva ausführte"[125]. Da Eva an diesen Stellen nur positiv gedeutet werden kann[126], so kann man hier

---

123 In den Acta Archelai 9. ed. Ch.H. Beeson. ist von einem Erdbeben die Rede, von dem der Omophoros mitbetroffen wird.

124 Kapitel 16 "Über die fünf Größen. welche gegen die Finsternis ausgezogen sind": Keph. 49,18 - 55,15.

125 Zu 54, 1 - 6: Der durch ⲦⲈⲈ eingeführte Nebensatz gehört nicht zum Vorhergehenden. sondern ist die Entsprechung zu ⲦⲈⲈ ⲌⲰϤ ⲀⲚ ⲦⲈ ⲦⲈⲓ in Z. 2. πλάσμα bedeutet nicht "Erschaffung". sondern "Geschöpf". Jesus hat ja die Menschen nicht erschaffen. Das von H.J. Polotsky bereits mit Fragezeichen vorgeschlagene "durch Eva" wird durch ⲈⲂⲞⲗ ⲌⲚ bestätigt.

einen Rest der Vorstellung von einer höheren Eva sehen, wie
sie der Gnostizismus besitzt. Eine solche liegt auch noch Auffassungen zugrunde, die die große Abschwörungsformel verwirft,
wo es heißt: "Adam aber sei tiergestaltig erschaffen worden,
Eva unbeseelt; Eva habe von der sogenannten männlichen Jungfrau Leben erhalten und Adam sei von Eva aus seiner Tierhaftigkeit befreit worden"[127].

Warum die Archonten Saklas und Nebroël[128] den Menschen
und sein Weib schufen, haben die Manichäer versucht in einer
systematischen Liste der Gründe zusammenzustellen[129]. 1. Sie
begehrten nach dem herrlichen Bild Gottes, das im Gesandten
erschienen ist. 2. Sie wollten das Licht in ihm zurückhalten.
3. Durch die Nachahmung der göttlichen Gestalt sollte sich das
Göttliche im All vor seiner Schönheit demütigen. 4. Er ist das
Siegel für neue Geschöpfe. 5. Er ist Vermittler aller $\tau\acute{\epsilon}\chi\nu\alpha\iota$
und Wissenschaft im All. 6. Wegen seiner himmlischen Gestalt
werden die Himmlischen ihn schonen, so daß er auch ein Schutz
für die Archonten ist. 7. Er wird der Herrscher über die Geschöpfe sein und auf diese Weise werden auch sie (= die Archonten) das Reich erben. Ein Vorbild für diese Denkweise findet sich bereits in der "Hypostasis der Archonten"[130]: "Sie nah-
men [Staub] von der Erde und bildeten [ihren Men]schen nach
ihrem Leibe und [nach dem Bilde] Gottes, das sich ihnen in den

---

126 Im Fihrist (G. Flügel. Mani. S. 91) heißt es von Jesus bei der Befreiung
Adams, er sei von einem Gott begleitet worden. Im Westen (s. Augustin. contra
Faust. XX 2) wird Christus in Gottes Kraft und Weisheit geteilt.

127 MPG 1. 1464 B.

128 Bei Theodor bar Kōnī 317: Aśaqlūn und Namra'ēl. Die richtige Variante
Nebrō'ēl findet sich bei Michael Syrus. t. I. p. 118. col. 3. ed. J.B. Chabot; auch
bei Priscillian. Tract. I. p. 17. 39. ed. G. Schepss; im Ägyptèrevangelium von Nag
Hammadi III 57. 18. 22. IV 69. 2.

129 Kapitel 64 "Über Adam": Keph. 157,1 – 158,23.

130 NH II 86,20 – 97,21, speziell 87,23 – 88,1; das Zitat steht 87, 29f.

Wassern offenbart hatte. Sie sprachen: 'Kommt und laßt uns es
mit unserem Geschöpf erfassen, damit es sein Ebenbild sehe und
es liebe, wir es aber in unserem Geschöpf fassen'". Ein deutli-
cher Widerspruch liegt aber in dem Verständnis der Motivation.
Im Gegensatz zu Mani steht hier die Auffassung, Gott habe sein
Bild in der Welt offenbar werden lassen, damit der Mensch geschaffen würde[131]. Mani hat diese These radikal zurückgewiesen[132]. In der "Hypostasis" kann man dagegen die Meinung derer erkennen, die ihn fragten: "Dies alles aber geschah nach dem
Willen des Vaters des Alls"[133]. Dies gilt freilich nur, wenn man
diese Worte für den ganzen vorhergehenden Abschnitt einschließlich der Schöpfung durch die Archonten gelten läßt. Es soll damit ihre Unfähigkeit gezeigt werden, die Kraft Gottes zu erkennen. Die Motive für die subjektive Meinung der Archonten, wie
sie in der titellosen Schrift des Codex II von Nag Hammadi geäußert werden, kommen manichäischen Auffassungen sehr nahe
[134]. Doch wird auch hier die göttliche Vorausschau bei der
Menschenschöpfung betont[135].

V.

In dem riesigen geographischen Umfang der Ökumene steht
der Manichäismus nach seiner Auffassung als eine Macht da,

131 Keph. 133. 8ff.

132 Keph. 133. 21ff.

133 NH II 88. 10f.

134 Eine Parallele findet sich in der titellosen Schrift des Codex II: NH II.
112. 33ff.   "Laßt uns einen Menschen bilden aus der Erde nach dem Bilde unseres Körpers und nach dem Aussehen von diesem. daß er uns diene. damit dieser.
wenn er sein Ebenbild sieht. es liebe. Er wird nicht mehr unser Werk vernichten.
sondern wir werden die. welche aus dem Licht hervorgebracht werden. uns zu Die-
nern machen in der ganzen Zeit dieses Äons".

135 NH II 113. 5ff.

die den Mächten der Welt überlegen ist und für die Weltreligionen und sonstigen Glaubensformen die Erfüllung bildet. Wie das Glaubensdenken des Gnostizismus Vorform des Manichäismus war und Einflüsse und Anregungen zur Auseinandersetzung bieten konnte, sollte an ausgewählten Beispielen aufgezeigt werden, wobei die Rolle des Valentinianismus nicht unbedeutend gewesen zu sein scheint.

DENKFORMEN HELLENISTISCHER PHILOSOPHIE
IM MANICHÄISMUS

I.

Man kann den Manichäismus als die Krönung des Gnostizismus betrachten. In ihm hat eine gnostische Richtung sich zu einer Weltreligion entwickelt. Sie ist allerdings von ihrem Stifter auch auf eine solche angelegt worden. In ganz besonderem Maße ist dabei ihr synkretistischer Charakter zu erkennen, den sie von Anfang an besitzt[1]. Die Täufersekte - wohl der Elchesaiten[2] -, in der Mani aufwuchs, die eine judenchristliche Häresie war, und die griechische Häresie, der er sich dann zuwandte, waren geprägt von gnostischen Gedankengängen. Grundlage, an die Mani anknüpfte, war der Glaube an Jesus Christus; allerdings schuf er eine Vorstellung vom Sohne Gottes, die ein sehr umfassendes Bild des Sohnes Gottes wiedergibt und Christus mit Hilfe des Mythos in verschiedene Gestalten aufgliedert. In einem Beitrag in der Festschrift für R. McL. Wilson[3] konnte ich nachweisen,

Erstveröffentlichung in: Perspektiven der Philosophie 12 (1986) 11 - 39.

1 Vgl. A. Böhlig, Der Synkretismus des Mani, in: A. Dietrich, Synkretismus im syrisch-persischen Kulturgebiet (Abhandl. d. Göttinger Akad. d. Wiss., Philol.-hist. Kl., Nr. 96), Göttingen 1975, S. 144 - 169.

2 Vgl. z.B. A. Henrichs - L. Koenen, Ein griechischer Mani-Codex, Zeitschr. f. Papyrol. u. Epigr. 5 (1970) 141 - 160 (Mani und die Elchasaiten). - Neuester Forschungsstand: Atti del Simposio Internazionale sul Codex Manichaicus Coloniensis (Università degli Studi della Calabria, 3. - 7. Sept. 1984), hrsg. v. L. Cirillo, Cosenza 1986.

3 A. Böhlig, The New Testament and the Concept of the Manichean Myth, in: The New Testament and Gnosis. Essays in honour of R. McL. Wilson, ed. by A. H. B. Logan and A. J. M. Wedderburn, Edinburgh 1983, S. 90 - 104.; s. a. u. S. 586 - 611.

daß der manichäische Mythos das Erlösungswerk Gottes mit
Hilfe seines Sohnes darstellt. Ist diese Deutung des Mythos
richtig, so besteht über die bewußte Verbindung Manis mit dem
Christentum kein Zweifel. Da Manis Gedankengänge aber eine
gnostische Note haben, ist es problematisch, ob sie hier aus
dem orientalischen oder aus dem griechischen Denken gespeist
sind. Weil Mani im Schâbuhragân, dem Buch, das er dem König
Schapur I. gewidmet hat, Termini iranischer Mythologie und in
anderen Texten die zerwanitische Viergottlehre verwendet, sieht
G. Widengren im Manichäismus eine iranische Religion[4]. Ihm
gegenüber steht H. H. Schaeder, den er angreift, da dieser
der Denkrationalisierung eine zu große Bedeutung einräume[5].
So sehr dies Schaeder auch tut, greift ihn Widengren doch zu
Unrecht an[6]; denn Schaeder betont besonders die Einheit von
Religion und Erkenntnis nach Art der Griechen[7]. Er erkennt
die denkerische Arbeit des Griechentums als das wesentliche
Element bei Mani und nimmt "Manis Vertrautheit mit griechi-
schem Denken und griechischer Wissenschaft" an.

Wenn man Mani zugesteht, Theologe zu sein, darf man bei
ihm auch den Gebrauch philosophischer Denkformen unterstellen.
Theologe aber muß er sein, um die Aufgabe erfüllen zu können,
die er sich oder der in ihm wirkende Nus ihm gestellt hat. Wenn
er die vor ihm bestehenden Religionslehren in sein System aufnehmen, wenn er eine autoritative Darstellung in seinen kanonischen Schriften geben will, benötigt er das theologische Rüstzeug, wie wir es auch bei den griechischen Kirchenvätern ken-

---

4 G. Widengren, Die Religionen Irans (Die Religionen der Menschheit, Bd.
14), Stuttgart 1965, S. 299 - 308. Ders., Mani und der Manichäismus (Urban-
Bücher 57), Stuttgart 1961, S. 136ff.

5 H. H. Schaeder, Urform und Fortbildungen des manichäischen Systems
(Vorträge der Bibliothek Warburg), Leipzig 1927.

6 G. Widengren, Mani 136ff.

7 H. H. Schaeder, Urform 118.

nen. Dieses Rüstzeug bedarf griechischer Philosophie. Die Begrifflichkeit, mit der es Mani zu tun hatte, war durch eine Fülle von Einflüssen geprägt. Sein Wille, Weltapostel zu sein, mußte ihn dazu antreiben, aus allen Weltreligionen das Beste zu entnehmen, um es in seiner Religion zu vereinigen oder, was richtiger sein wird, zu einer neuen Lehre umzugestalten[8]. Vom Christentum war schon die Rede. Der Glaube der Perser war die Lehre Zarathustras und im Osten Irans war der Buddhismus zu finden. Der Einfluß des Griechentums gerade zu Manis Zeit dürfte aus dem trilinguen Charakter der Inschriften von Naqš-i-Rustam and Naqš-i-Ragab unter Ardaschir I. (224-241) und Schapur I. (241-271) hervorgehen. Wenn Mani bei Schapur zunächst Anklang fand, konnte das an der Übereinstimmung ihrer beider Pläne liegen. Hatte doch Schapur das Großreich der Achämeniden zum Vorbild, als er das bisherige iranische Reich sowohl im Westen als auch im Osten ausdehnen wollte. Hierbei hatte er an beiden Fronten beträchtliche Erfolge. Hatte Ardaschir noch den Titel "König der Könige von Iran" geführt, so konnte sich Schapur den Titel "König der Könige von Iran und Nicht-Iran" beilegen; gelang es ihm doch sogar, Antiochia zu erobern und seine Bewohner nach Iran zu verpflanzen, ja den Kaiser Valerian gefangenzunehmen. Wenn Mani nach seinen Worten den König Schapur auf seinen Kriegszügen begleitete, so war er dazu deshalb besonders geeignet, weil seine Lehre inhaltlich und formal für die verschiedenen Teile des Reiches und die Gebiete, von denen Schapur einen längeren Besitz erhoffte, ansprechbar war. Im Westen war ein gnostisches Christentum, das mit griechischer Popularphilosophie verbunden war,

---

8 Vgl. A. Böhlig - J. P. Asmussen, Die Gnosis, 3. Bd.: Der Manichäismus, Zürich 1980, S. 80f.: M 5794 I. C. Schmidt - H. J. Polotsky, Ein Mani-Fund in Ägypten (Sitz.-Ber. d. Preuß. Akad. d. Wiss., Phil.-hist. Kl.), Berlin 1933, S. 45: Kap. 154 der Kephalaia (insgesamt noch nicht ediert).

für eine Mission geeignet, unter den Anhängern iranischer Religion wurden nicht nur eine iranische Nomenklatur des Mythos, sondern auch Modelle iranischer Religionsformen verstanden, aber auch weiter im Osten konnten Gedanken des Buddhismus Manis Gedanken bestätigen, schon als er auf seinen ersten
Reisen dorthin kam. Eine Religion, die vielgestaltig Formen des
Denkens in sich aufnehmen konnte, war für ein so umfassendes
Reich, wie Schapur es anstrebte, gerade richtig. Wie seinerzeit
mit Alexander die griechische Koinesprache tief in den Orient
eindrang und ein einigendes Kulturband bildete, so konnte Manis
Glaube ein festigendes Band um die sonst so verschiedenen Gebiete Vorderasiens werden. Vielleicht hat Schapur damals ähnlich
wie spätere römische Kaiser etwas davon geahnt, was es bedeuten kann, wenn eine Reichskirche als Stütze des Staates vorhanden ist.

Hatte ich in meinem Aufsatz für R. McL. Wilson die Bedeutung der Christologie für Manis Mythos herausgearbeitet, so
soll hier von der Bedeutung gewisser hellenischer und hellenistischer Vorstellungen für den Manichäismus die Rede sein. Das
soll nicht heißen, Mani habe seine Religion als eine Umwand-
lung der griechischen Philosophie empfunden, vielmehr soll ge-
sucht werden, wo Mani sich griechische Modelle zunutze macht
oder sich auch von ihnen anregen läßt. Dabei sollte man sich
nicht dadurch abschrecken lassen, daß auch die griechische Philosophie in verschiedenen Perioden von iranischen Ideen beeinflußt sein kann[9]. Allerdings kommt es dabei darauf an, nach
welchen Quellen man sich beim Bild des Zoroastrismus richtet.

---

9 M. Boyce, A History of Zoroastrianism (Handbuch d. Orientalistik, 8. Bd.,
1. Abschn., Lfg. 2: 2 Bde.), Leiden 1975 und 1982, hat von solchen Vermutungen,
wie sie besonders M. L. West, Early greek philosophy and the Orient, Oxford
1971, aufgestellt hat, viel übernommen.

Schaeder hat sogar einmal die Möglichkeit ins Auge gefaßt, daß in der späten Zeit, in der die großen Lehrschriften des Zoroastrismus verfaßt wurden, griechisches Gut hätte einfließen können. Man kann damit rechnen, daß gewisse Vorstellungen griechischer Philosophen, die in der Zeit der Vorsokratiker durch Berührung mit Iran angeregt und von den Klassikern weiterverarbeitet waren, jetzt die iranische Theologie befruchteten[10]. Doch welche griechische Philosophie war zu Manis Zeit vorhanden, die auf ihn wirken konnte? Der Hellenismus hatte über die Gelehrsamkeit des Aristoteles vielerlei Mitteilungen, auch über die vorsokratische Philosophie. Gedanken aus Platon und der Akademie, Aristoteles und dem Peripatos sowie der Stoa bestimmten die Zeit Manis. Es kam zu einem Verschmelzungsprozeß, der in einen Platonismus mündete, der besonders stoische und peripatetische Züge aufwies. Von alten Schulen hatte sich zudem die pythagoräische regeneriert, wenn dieser Neupythagoräismus auch bereits einen eklektischen Charakter trägt[11].

II.

Das berühmte Wort, das am Tempel des Apollo zu Delphi stand und auf Sokrates bedeutenden Eindruck gemacht haben soll, γνῶθι σαυτόν "Erkenne dich selbst"[12], begegnet auch

10 M. Tardieu, Écrits gnostiques 1. Codex de Berlin, Paris 1984, S. 3o8, hat in seinem Kommentar zum Johannesapokryphon sich sehr gegen West ausgesprochen und ist für den Einfluß des chaldäischen gnostischen Platonismus auf Manichäismus und zoroastrische Lehrschriften eingetreten.

11 H. J. Krämer, Der Ursprung der Geistmetaphysik, 2. Aufl. Amsterdam 1967, S. 45ff.

12 Aristoteles, De philosophia, frg. 1/2. Cicero, Tuscul. I 52; V 70, De fin. V 44.

in manichäischen Texten[13]. Allerdings geht es hier nicht wie bei Sokrates um Selbstkritik. Sokrates läßt ja nach der ἀρετή fragen, nach der Tugend, nach dem, was zuträglich ist; das kann nur das Gute sein. Wer aber das Gute kennt, das er zu tun hat, der kann es auch vollbringen. Sich selbst erkennen, ist also die Selbstprüfung, ob man weiß, was zu tun ist[14]. Die gleiche optimistische Einschätzung vom Verhältnis menschlichen Erkennens und Handelns weist auch die Stoa auf, die für die Zeit Manis recht bedeutungsvoll war. Die gnostische Weltschau fordert die Erkenntnis der Herkunft des Menschen[15]. Für Mani ist die Erkenntnis des Weltgeschehens und seiner Probleme Voraussetzung seiner Ethik. Was gut und böse ist, darüber klärt Jesus den unwissenden Adam auf[16]. Er weckt ihn vom Todesschlaf, gibt ihm Bewegung und treibt den Irrgeist aus ihm. "Darauf prüfte Adam sich selbst und erkannte, wer er war." Dieses Zitat dürfte sicher ein von Mani stammendes Wort sein. Auch aus iranischen Originalschriften haben wir Stellen, wo von Selbsterkenntnis die Rede ist. So heißt es in einem kosmogonischen Text, daß "die Weisen sich selbst erkennen" (zīrān kē xwēbaš grīw izwārend)[17]. Sie wissen dann, daß ihr Leib ein Dämonengebilde ist. Darum ist der Mensch verhaftet im Götzen-

---

13 Für den Gnostizismus des 2. Jh's vgl. den Anfang des Thomasevangeliums, das diese Forderung im Logion 3 zieht: "Wenn ihr euch erkennt, dann werdet ihr erkannt werden, und ihr werdet erkennen, daß ihr die Söhne des lebendigen Vaters seid. Wenn ihr euch aber nicht erkennt, so seid ihr in Armut und ihr seid Armut". (Nag Hammadi II 32,19 - 33,5).

14 Xenophon, Memor. III 9, 4f., IV 2, 24.

15 Excerpta ex Theodoto, ed. F. Sagnard, 78, 2 (Clément d' Alexandrie, Extraits de Théodote, Paris 1970. S. 202): ἡ γνῶσις, τίνες ἦμεν, τί γεγόναμεν· ποῦ ἦμεν, ποῦ ἐνεβλήθημεν· ποῦ σπεύδομεν, πόθεν λυτρούμεθα· τί γέννησις, τί ἀναγέννησις.

16 Theodor bar Kōnī, Liber scholiorum, ed. A. Scher (CSCO 69, Paris 1912) 317f. Übersetzung bei A. Böhlig, Die Gnosis III, 107f.

17 W. Sundermann, Mittelpersische und parthische kosmogonische und Parabeltexte der Manichäer (Berliner Turfantexte IV), Berlin 1973, S. 27.

dienst. Das hat der Manichäer zu durchschauen und sein wirkliches Wesen zu erkennen. Deshalb wird bei der Beschreibung des heidnischen Kultes in M 219 an den Gläubigen die Aufforderung gerichtet: "Du aber erkenne dich selbst" (tō xwēš grīw dān)[18].

Die Zitate aus Mani zeigen, daß der Mensch in dieser Welt sich im Kampf zwischen Gut und Böse zu sehen hat. In Manis Religion ist der Dualismus eine Grundlage für das Verständnis des Kosmos. Dieser Dualismus bedeutet aber keine pessimistische Schau der Geschichte des Alls, in der sich Licht und Finsternis, Gut und Böse gegenüberstehen. Es vollzieht sich vielmehr ein historischer Prozeß, der mit dem Angriff der Finsternis auf das Licht beginnt und schließlich mit dem Sieg des Lichts endet, um die Finsternis für immer zu fesseln und machtlos werden zu lassen. Die Zeit des Kampfes zwischen Gut und Böse, Licht und Finsternis ist der entscheidende Zeitraum, die eigentliche Zeit, ist die Heilsgeschichte. Mani kannte die Vorstellungen iranischer Religion, verwendete er ja in der mittelpersischen Gestalt seines Mythos Vorstellungen des Zurwanismus, einer vielleicht seit der Zeit Artaxerxes' II. (404-358) auftauchenden Sonderform des Zoroastriertums[19]. Wenn in dem Modell der Zoroastrier überhaupt das Modell der drei Zeiten für das Allgeschehen eingeführt wird, so wurde bis auf P. Nagels wichtigen Aufsatz[20] übersehen, daß in den Kephalaia die transzendente Zeit vor dem Weltdrama und die auf das Weltende

18 F. C. Andreas - W. Henning, Mitteliranische Manichaica aus Chinesisch Turkestan II (Sitz.-Ber. d. Preuß. Akad. d. Wiss., Phil.-hist. Kl.), Berlin 1933, S. 311f. Vgl. auch die Edition von M. Boyce, A reader in Manichaean middle Persian and Parthian, Leiden 1975, S. 182.

19 M. Boyce, Zoroastrianism II, S. 231ff.

20 P. Nagel, Bemerkungen zum manichäischen Zeit- und Geschichtsverständnis, in: Studia Coptica (Berliner Byzantinistische Arbeiten 45), Berlin 1974, S. 201 - 214.

folgende ja keine "Zeiten" sind. Wenn aber Nagel klarmacht, daß von "Zeit" nur für die Zeit des Weltdramas gesprochen werden kann, so wird man in der östlichen Überlieferung eine Angleichung an das Drei-Zeiten-Schema des Zoroastriertums sehen müssen, während eine Interpretation, die von "Zeit" nur im Zusammenhang mit dem geschaffenen Kosmos spricht, auf schärfere rationale Differenzierung entsprechend griechischem Denken zurückgeht.

Der Gegensatz der lichten und finsteren Welt wird als Gegensatz zweier οὐσίαι "Wesenheiten" bezeichnet, der Welt des Lichts und der Welt der Finsternis. Im Kapitel 120 der Kephalaia[21] wird die Auswirkung dieser Wesenheiten auf den Kosmos der Gegenwart polemisch zum Ausdruck gebracht. In dieser Darlegung soll wahrscheinlich vor großkirchlichen Christen die Annahme Gottes als nur einer ἀρχή bekämpft werden[22]. Wer sollte denn in solchem Fall den Willen zu allen Übeltaten in die Herzen der Menschen gelegt haben? Bei einer Ablehnung des Dualismus würde man ja Gott mit der Verantwortung für das Böse belasten. Schon Jesus habe doch gute und böse Bäume als Früchte verschiedener Herkunft gekannt. Hatte Mani verschiedentlich die Urwelt des Guten und Bösen breit ausgemalt und den Kosmos als ein Ergebnis des Kampfes zwischen beiden Urwelten dargestellt, so neigte man gern dazu, hierin einen iranischen Einfluß zu sehen. Gekannt hat Mani

---

21 Manichäische Handschriften der Staatlichen Museen Berlin, Bd. 1: Kephalaia, 2. Hälfte (Lfg. 11/12), ed. A. Böhlig, Stuttgart 1966, S. 286,24 - 288,18.

22 Vgl. das Gespräch mit dem Nazoräer in Kap. 89: Keph. 221,18 - 223,16 (Manichäische Handschriften der Staatlichen Museen Berlin, Bd. 1: Kephalaia, 1. Hälfte, ed. H. J. Polotsky - A. Böhlig, Stuttgart 1934 - 1940). Auch dort wird Gott vom Bösen, das er richtet, getrennt. Der Christ will Mani in Verlegenheit bringen. Zur Deutung von Nazoräer als Christ vgl. A. Böhlig, Das Problem aramäischer Elemente in den Texten von Nag Hammadi, in: Studien zu Sprache und Religion Ägyptens (Festschrift f. W. Westendorf) II, Göttingen 1984, S. 983 - 1011; s. a. o. S. 414 - 453, besonders S. 432 und Anm. 95.

diese Weltschau sicher, er gibt ihr aber eine wesentlich andere Deutung[23].

Ebenso bekannt und nicht ohne Einfluß auf ihn dürfte jedenfalls die griechische Terminologie gewesen sein. In den Kephalaia begegnet οὐσία als Bezeichnung für die Urwelten[24]. Es soll das syrische ītjā wiedergeben[25]. Allerdings wird bei Mani die Bezeichnung οὐσία nicht auf nur eine Qualität eingeschränkt. Parmenides hatte einst diesen Begriff nur dem seiner Meinung nach wirklich Seienden vorbehalten. Auch bei Platon ist der Gegensatz von Seiendem und Nichtseiendem so stark, daß in der Welt der Erfahrung der Mensch vom Nichtsein bedroht ist, wenn er sich nicht der Ideenwelt zuwendet, um schließlich durch die Liebe zum Seienden zur Unsterblichkeit geführt zu werden[26]. Das Vorhandensein des Bösen ist für Platon eine Wahrheit, sie hat jedoch keine οὐσία im Sinn einer metaphysischen Größe. Im Theätet[27] wird die logische Notwendigkeit des Bösen betont: "Das Böse kann weder ausgerottet werden – es muß ja doch immer einen Gegensatz zum Guten geben –, und es kann auch nicht bei den Göttern seinen Sitz haben; es muß also notwendig in dieser sterblichen Natur und an derartigem Ort umgehen." Für die Stoiker dagegen ist οὐσία eine stoffliche Größe mit ontologischer Realität[28], so nach Zenon: " οὐσία aber sei die erste Hyle von allem Seienden, diese aber ganz ewig und weder zu- noch abneh-

23 Manis Weltschau ist antikosmisch, während der Zoroastrianismus prokosmisch ist. Vgl. M. Boyce, Zoroastrianism I, S. 230.

24 So Keph. 4,2; 5,5; 47,28 u.ö.

25 C. W. Mitchell, S. Ephraim's prose refutations of Mani, Marcion and Bardaisan, Bd. 1, London/Oxford 1912, S. 129, Z. 46.

26 Plat., Symp. 206 ff.

27 Plat., Theaet. 176 a.

28 Vgl. P. Hadot, in: Lexikon der Philosophie 2, Basel 1972, Sp. 854.

mend"[29]. So sind schließlich der Logos und der Stoff die zwei
Seiten des einen Seins, der einen $ο\dot{υ}σ ία$. Damit knüpft Zenon
an die Vorstellung des Aristoteles von $ε\tilde{ι}δος$ und $ο\dot{υ}σ ία$ an,
dadurch daß er $ποιο\tilde{υ}ν$ und $πάσχον$ als zwei $\dot{α}ρχα ί$ ansieht
[30]. Bereits Seneca erkennt den Gegensatz[31]. Schärfer als die
Stoa, deren Monismus er ablehnt, hat der Syrer Numenios, der
Pythagoräer und Platoniker ist, in seiner Philosophie die Konsequenz von zwei einander entgegengesetzten Urgrößen gezogen
[32]. So ist es auch von der Philosophie her für Mani möglich,
zwei $ο\dot{υ}σ ία ι$ einzuführen, die im Anfang sich gleichberechtigt,
aber nicht qualitativ gleich gegenüberstehen.

Die Heilsgeschichte soll für Mani die daraus entstehenden
Probleme endgültig lösen. Wenn eines Tages durch den kosmischen Heilsmechanismus und durch das ethische Verhalten der
Manichäer der wesentliche Bestandteil der noch im Kosmos
befindlichen Lichtelemente ausgeläutert sein wird, kommt es
zum Weltende, bei dem die Welt verbrennt und anschließend
das Böse für immer gefesselt wird, das Licht aber unbelästigt
ruhen kann. Die Vorstellungen davon können mit zoroastrischen,
jüdischen, christlichen und stoischen Darstellungen in Verbindung gebracht werden. Bei Mani geht es nur insofern dabei
um eine Wiederherstellung, als das Licht heimgeholt wird.
Hierin entspricht seine Auffassung vom Frašegird der Zoroa-
sters. Der Unterschied zu dessen ursprünglicher Lehre liegt
aber darin, daß bei ihm ein anderer Zustand als bei Mani wiederhergestellt werden soll. Denn Zoroaster verkündete eine pro-

29 H. Diels, Doxographi graeci, 4. Aufl. Berlin 1965, S. 457, Nr. 20.

30 Vgl. H. J. Krämer, Platonismus und hellenistische Philosophie, Berlin 1971,
S. 108 ff.

31 M. Pohlenz, Die Stoa, 3. Aufl. Göttingen 1964, S. 320 f.

32 R. Beutler, in: Pauly - Wissowa, RE Suppl. VII, Sp. 664 - 678. Vgl. auch
H. J. Krämer, Geistmetaphysik, S. 63 - 92.

kosmische und nicht eine antikosmische Lehre[33]. Auch die Vernichtung der Welt durch Feuer weist einen Unterschied auf. Bei Zoroaster haben wir das Gericht durch das Ordal[34], bei Mani durch Feuerbrand; das Gericht, das Jesus vornimmt, geht voran[35]. Die Ähnlichkeit zu Zoroaster besteht nur darin, daß auch bei Mani das Feuer den Gerechten nichts anhaben kann. Wahrscheinlich ist, daß Vorstellungen der Stoa ebenfalls auf Mani gewirkt haben. Die Stoa kennt den Gedanken der συν- τέλεια durch die ἐκπύρωσις, in der das ursprünglich produktive Feuer am Ende die Welt wieder in sich aufgehen läßt. Sie hat aber zur Folge die παλιγγενεσία, in der eine neue Welt entsteht[36]. Hier steht die Stoa zwischen Mani und Zoroaster.

III.

Im wesentlichen geht es bei Mani um das Schicksal der Seele. Sie ist die Summe der Lichtelemente, die im Kampf mit den bösen Elementen mit diesen vermischt wurden und dadurch in Gefangenschaft gerieten, die bösen Elemente aber gleichzeitig lähmten. Als Gesamtheit ist von ihnen als Weltseele die Rede, während sie zugleich als Seelen der einzelnen Menschen verstanden werden. Dadurch daß nur die lichten Teile im Menschen als Seelen angesehen werden, ist das Problem des innerseelischen Kampfes ein anderes als im Griechentum. Das dortige

---

33 S. o. Anm. 23.

34 M. Boyce, Zoroastrianism I, S. 242 f.

35 Vgl. Mani's Schābuhragān, ed. D. N. MacKenzie, Bull. of School of Orient. and Afric. Studies 42 (1979) 500 - 534.

36 M. Pohlenz, Die Stoa 79 f. Poseidonios nimmt diese Lehre wieder auf; a.a.O. 219.

Problem von vernünftigen Seelenteilen, die von unvernünftigen
unterdrückt werden können, wird bei Mani auf die Ebene des
Kampfes von Licht und Finsternis im Menschen verlagert. Es
geht darum, daß man sich von dem σῶμα als einem σῆμα frei-
macht. Gewiß greift man hiermit auf eine alte Tradition griechischer Philosophie zurück, die von Platon in seinem Dualismus
aufgenommen wurde; ist doch für ihn die Seele eine ambiva-
lente Größe, von deren Gefährdung die Rede war[37]. Mani kommt
es darauf an, daß der Mensch eine Veränderung durchmacht,
die Lichtelemente von den finsteren trennt. Er bedient sich
zur Kennzeichnung dieses Vorgangs eines Terminus der deutero-
paulinischen Theologie. Er spricht vom Übergang des Alten zum
Neuen Menschen[38]. Doch auch der manichäische Neue Mensch
erlebt zeitweise den Aufruhr des Körpers. In den Kephalaia
wird der Kampf im Menschen parallel mit dem Kampf im Makrokosmos ausführlich geschildert[39]. In dieser Darstellung wird
nicht von den Elementen gesprochen; es treten vielmehr dieselben Seelenteile als Bestandteile des Menschen auf, die auch
die Seelenteile des Vaters der Größe sind: νοῦς, ἔννοια,
φρόνησις, ἐνθύμησις, λογισμός [40]. Sie werden jeweils

---

[37] O. Gigon - L. Zimmermann, Platon. Lexikon der Namen und Begriffe,
Zürich 1975, S. 243 - 251, besonders 245 f. Zu den Problemen der Weltseele
und der individuellen Seele vgl. auch K. Gaiser, Platons ungeschriebene Lehre,
2. Aufl. Stuttgart 1968.

[38] Paulus hat schon Rom 6,6 bei der Beseitigung der Sünde den Begriff des
Alten Menschen geprägt: "unser Alter Mensch mit ihm gekreuzigt"; vgl. Col 3,9.
Im Epheserbrief ist die Alternative ausgebaut: Alter Mensch 4,22, Neuer Mensch
2,15; 4,24.

[39] Kap. 38: Keph. 89,18 - 102,12. Hier liegt eine bei Mani oft wiederkeh-
rende Darstellung der Verbindung von Makro- und Mikrokosmos vor, entsprechend
der Auffassung von der Sympathie des Alls, wie sie für Poseidonios charakteristisch ist. Sie hat ihn auch zu einer positiven Haltung gegenüber der Astrologie
geführt.

[40] Keph. 95,15 - 100,14. Die Reihe der Seelenglieder begegnet auch im
Eugnostosbrief und in der Sophia Jesu Christi (Nag Hammadi III 73, 9-11 = V
3, 10-13 bzw. III 96, 3-7 = Pap. Berol. gnost. 86, 17-19). M. Tardieu nimmt
an, daß Mani diese Seelenglieder durch eine syrische Übersetzung kennengelernt
hat, wohl auf dem Weg über Bardesanes (Codex de Berlin 366, wo er sich auf
A. Orbe beruft).

in einen typischen Bestandteil des Körpers gefesselt: Knochen, Sehne, Ader, Fleisch, Haut. So fesselt die Sünde die Seele im Körper. Man geht noch weiter und spricht von einer bösen Seele und ihren Teilen, die die lichten Seelenteile überlagern: "Sie (die Sünde) stellte ihre fünf Kräfte auf: ihren Nus auf den Nus der Seele, ihr Denken auf das Denken der Seele, ihre Einsicht auf die Einsicht der Seele, ihr Sinnen auf das Sinnen der Seele, ihre Überlegung auf die Überlegung der Seele. Sie setzte ihre fünf Engel und Machthaber auf die fünf Glieder der Seele, die sie aufgenommen hatte und die sie im Fleisch gefesselt hatte" [41]. So führt die Sünde die im Menschen unterjochten Lichtelemente sowohl in ihren somatischen als auch psychischen Bestandteilen zu "allen Sünden der Begierde", insbesondere zu paganem Götzendienst. Das ist der Zustand des Alten Menschen, aus dem er erlöst werden muß. Solche Erlösung ist ein religiöser Akt für die betreffende Persönlichkeit, doch steht sie auch für die Philosophie nicht außerhalb des Denkens. Man muß sich klarmachen, daß die Seelenglieder des Menschen die gleichen sind wie die Schekīnātā Gottes [42] und daß auch die Emanationen, die als Wächter des Lebendigen Geistes fungieren [43], mit ihnen gleichgesetzt werden. So ziehen sich also diese Seelenglieder vom höchsten Gott über die kosmischen Größen zum Menschen. Gott versicherte ja, daß er selbst in den Kampf ziehen werde. So ist das Schicksal der Seele des Menschen das Schicksal der Seele Gottes. Ihre Erlösung ist damit die Selbsterlösung Gottes. Sie erfolgt durch den Licht-Nus, der eine Aus-

41 Keph. 95, 19-25. Im iranischen Mythos der manichäischen Anthropogonie (M 7980-4 [T III 260]) ist eine Fülle schlechter Eigenschaften in den Menschen gelegt. Vgl. Die Gnosis III, S. 115.

42 Theodor bar Kōnī 313.

43 Keph. 91, 19-31. In M 99 wird der Omophoros unter dem Namen parmānagēn yazd "understanding God" angeführt; vgl. M. Boyce, Reader 61 Anm.

strahlung Jesu ist. Der soteriologische Licht-Nus und der Nus
in der Welt[44] sind nur insofern Widersprüche, als auch sie von
ihren verschiedenen Funktionen aus gesehen werden müssen. Der
Nus der Sünde[45] kann nur als dialektisches Gegenstück betrachtet werden; diese Bezeichnung ist auch nicht häufig. Wenn der
Nus bei Mani eine so beherrschende Rolle einnimmt, kann das
nur als philosophischer Einfluß gewertet werden. Zu beachten
ist, daß Nus und nicht etwa Logos verwendet wird[46]! Die Bedeutungen von Nus entsprechen bei Mani durchaus denen, die
in der Stoa vorkommen. In ihr ist der oberste Gott Nus[47], Nus
ist Weltvernunft[48]. Als ἀπόσπασμα Gottes[49] weilt er im Menschen. Auch als Seelenteil tritt er in Erscheinung[50]. Wird in
der manichäischen Tradition bei Theodor bar Kōnī Jesus als
der Erwecker und Belehrer des Menschen angeführt, so ist aus
ihm als zeitlos wirkende Kraft der Licht-Nus entstanden[51].
Er ist "der Erwecker der Schlafenden, der Sammler der Zer-
streuten"[52] oder auch "Arzt der Seelen"[53]. Damit verbunden

---

44 Bei seiner Erschaffung erhält Adam nach Keph. 157, 18-20 Nus als
menschliche Fähigkeit.

45 Keph. 95, 20.

46 Für diesen Gebrauch kann man wohl Einwirkung des Poseidonios verantwortlich machen. Dieser hat wohl für das wahre Wesen der Seele νοῦς und
nicht λόγος gebraucht, "weil man beim Logos zu sehr an die denkende Verarbeitung der sinnlichen Erfahrung dachte, in der sich für ihn (Pos.) das Wesen
des Geistes nicht erschöpfte. Denn dieses entfaltet sich am reinsten in der leib-
freien Existenz" (M. Pohlenz, Die Stoa 230).

47 Stoicorum veterum fragm., ed. v. Arnim II 306,24.

48 Stoic. vet. fragm. II 192, 1f.

49 Marc Aurel, Τὰ εἰς ἑαυτόν V 27, ed. W. Theiler.

50 Stoic. vet. fragm. I 87,2.

51 Keph. 35, 21ff.

52 Keph. 44, 11f.

53 Manichaean Manuscripts in the Chester Beatty Collection, II: A Manichaean Psalm-Book, p. II, ed. C. R. C. Allberry, Stuttgart 1938, S. 152,22. Vgl.
Jesus als Arzt in Ps.-Book 145,6. Auch der Philosoph wird als Arzt der Seelen
im Gegensatz zum Arzt des Körpers bezeichnet. Vgl. O. Gigon, Grundprobleme
der antiken Philosophie, Bern 1959, S. 40. Auch bei Mani wird Keph. 199,9 σοφός dem vernünftigen Arzt gleichgesetzt.

ist seine Tätigkeit als Offenbarer: "Einer ist der Nus, der kommt, der offenbart, wenn er die heilige Kirche sammelt und erwählt"[54].

Die Erlösung wird wie die Fesselung ganz ausführlich geschildert. Zunächst werden die Glieder der Seele aus den körperlichen Bestandteilen gelöst und dafür die Sündenglieder in sie gefesselt. "So löst er die Glieder der Seele und macht sie frei aus den fünf Gliedern der Sünde. Die fünf Glieder der Sünde aber, die gelöst waren, fesselt er"[55]. Aus den befreiten Seelenteilen bildet er den Neuen Menschen und schenkt den Seelenteilen neue Eigenschaften, die seine eigenen sind: Liebe, Glaube, Vollendung, Geduld, Weisheit. Wenn auch der Licht-Nus Herrscher über den Neuen Menschen ist, so geschieht doch das gleiche wie im Makrokosmos. Solange der Kosmos besteht, haben seine Herrscher mit Rebellionen der Finsternis zu rechnen. So ist es auch im Menschen. Die Sünde versucht, die Gaben des Licht-Nus aus den Gliedern des Neuen Menschen wieder wegzunehmen. An Hand von Beispielen aus der Gemeinde macht Mani klar, wie sich . der Gläubige anfangend mit dem letzten Seelenglied immer mehr verwirrt, um schließlich ganz aus der Kirche auszuscheiden. Auf diese Weise wird ziemlich konkret die Psychologie um den Menschen dargestellt. Mani hat das Problem der Ambivalenz der Seele, das schon bei Platon behandelt und besonders bei den Stoikern strittig wurde, mythologisiert.

In einem Kapitel[56], das von der Schaffung der Menschen ausgeht, wird die Wahrnehmung dualistisch besprochen. Was die αἰσθητήρια , Augen, Ohren, Geschmacksorgane, Tastgefühl, aufnehmen, wird von Gemächern im Menschen aufbe-

---

54 Ps.-Book 160,6 f.
55 Keph. 96, 22-25.
56 Kap. 56 "Über Saklas und seine Mächte": Keph. 137,12 - 144,12.

wahrt und kann von da aus zur Erinnerung verhelfen. Als Zentrum des Körpers aber wird, wie in der Stoa, das Herz angesehen. Mit Hilfe der αἰσθητήρια gleicht der Körper einem Heerlager, das von der ἐνθύμησις des Körpers befehligt wird. Mit ihm muß der Licht-Nus kämpfen, um eindringen zu können. Mit seinem Sieg unterliegen die bösen Lüste, insbesondere sind die Vorstellungen (φαντασία) der Begierde zum Abscheu geworden. Die αἰσθητήρια aber sind jetzt dem Guten geöffnet. "Jetzt aber hat man von der Sünde die Vollmacht (ἐξουσία) weggenommen in den αἰσθητήρια des Körpers"[57]. Von diesen Wahrnehmungsorganen ist auch in der Stoa die Rede. Die Psychologie Manis löst den Streit zwischen Chrysipp und Poseidonios zugunsten des letzteren. Chrysipp hatte die negative Handlung der Seele nicht dieser zuschreiben wollen, sondern einen anderen Einfluß angenommen, während Poseidonios an ein ἐπιθυμητικόν , also ein irrationales Triebleben, glaubt. Mani löst das Problem auf mythologischer Grundlage. Wie im Makrokosmos ein steter Kampf stattfindet, so auch in der Seele. Dabei ist "Seele" allerdings im weiteren Sinn genommen, nicht nur als die lichte, lebendige Seele. Da die Herrschaft des Lichts im Kosmos immer mit Rebellionen der Finsternis zu tun hat, solange die Welt steht, kann Mani, der den Menschen als Mikrokosmos ansieht, die seelischen Konflikte mit Kämpfen des Licht-Nus erklären.

Ein Dualismus in der Ethik liegt in der Stoa insofern vor, als sich hier Tugend und Untugend radikal gegenüberstehen. "Aus der Verworfenheit tritt der Mensch mit einem Schlag in die Vollkommenheit ein"[58]. Man ist sich allerdings klar,

---

57 Keph. 143, 24f.

58 O. Gigon, Grundprobleme 270.

daß diese Vollkommenheit nur sehr wenigen Menschen zuteil wird. Deshalb begnügt man sich für den Durchschnitt der Menschen mit einer Ethik der Angemessenheit. Mani hat hier eine andere Lösung. Er verbindet in seiner Ethik Hochleistung und Angemessenheit durch die Seelenwanderung. Er teilt seine Gemeinde in zwei Klassen. Den Weisen der Philosophie und des Glaubens entsprechen die Electi als Spitzengruppe. An zweiter Stelle stehen die Katechumenen, auch Auditores genannt [59], die Manis Forderungen in angemessenem Maße erfüllen. Zwar kann bei besonderer Leistung auch der Katechumen die volle Erlösung gleich erlangen[60]. Im Durchschnitt erfolgt aber die Verwandlung eines guten Katechumenen in einen Electus nach dem Tode und die Erlösung nach einem erfolgreichen neuen Leben als Electus.

Da dem Gebildeten des 19. Jh's die Seelenwanderung als eigentümliche Vorstellung des Buddhismus bekannt war, hat man auch in der neueren Religionswissenschaft die Frage aufgeworfen, ob Mani diese Lehre seinen Erfahrungen aus Reisen nach Indien und Ostiran oder auch den Verbindungen Mesopotamiens mit Indien verdankt. Das ist aber nicht nötig, weil bereits in der vorsokratischen Philosophie bei Pythagoras[61], aber auch nach ihm bei Empedokles[62] solche Vorstellungen vorhanden sind. Auch Platon spricht im Timaios[63] davon und

---

59 Im Syrischen ist "Hörer" (šāmō‘ē) auch in der Kirche geläufig als Bezeichnung für Katechumenen. Im Persischen und Lateinischen wird wörtlich übersetzt.

60 Vgl. Kap. 91 "Über den Katechumenen, der in einem einzigen Körper gerettet wird": Keph. 228,5 - 234,23.

61 H. Diels, Die Fragmente der Vorsokratiker, 6. Aufl. Berlin 1951, Bd. I: Xenophanes frg. 21 B 7. Vgl. auch Porphyrios, Vita Pyth. 19.

62 H. Diels, Vorsokratiker: Empedokles frg. 31 B 117. 136. 137. Vgl. dazu Ovid, Metam. XV 459 - 470.

63 Plat., Tim. 42 b.

man kann damit seinen Einfluß auf Mani bestätigen. Im Timaios wird gelehrt, daß ein Mann, der seine Pflichten nicht
voll erfüllt hat, nach seinem Tod in eine Frau oder im schlim-
meren Fall sogar in ein Tier verwandelt wird. Von dieser Lehre ist Mani auch bei der negativen Beschreibung der Frau beeinflußt[64]. Dies ist ein Beispiel für einen Gerichtsgedanken
in der griechischen Philosophie. Platon nimmt weiter an, daß
die Seele das bewegende Element ist, das sich in der Leitung
des Körpers mit der Vernunft oder der Unvernunft verbindet.
Solche Trennung der Seelen nach Qualitäten führt zur Unter-
scheidung von guten und schlechten Seelen. In seiner Alters-
schrift, den Gesetzen, kennt Platon eine solche Vorstellung[65].
Für Mani hat die Seelenwanderung einen historisch begrenzten Charakter, kann sie sich doch nur in der Zeit des Kosmos
abspielen. Eine Stelle in den Kephalaia ordnet dem Dritten
Gesandten ihren Beginn zu. Im Kapitel 34 "Zehn Werke, die
der Gesandte begonnen hat bei seinem Kommen" wird als 10.
Werk die Seelenwanderung genannt[66]. Auch sonst wird dieser
Vorgang erwähnt. Einige Beispiele: Leider ist das spezielle
Kapitel 99 "Über die Seelenwanderung" verhältnismäßig stark

64 M 7983 (T III 260) "und aller Art Schlechtigkeit und Sündhaftigkeit mehr
hineingetan und voller eingefüllt als in Gêhmurd": F. C. Andreas - W. Henning,
Mitteliranische Manichaica aus Chinesisch Turkestan (Sitz.-Ber. d. Preuß. Akad.
d. Wiss., Phil.-hist. Kl.) I, Berlin 1932, S. 198.

65 Plat., Nom. 896 d-e.

66 Keph. 87, 12f. - Die Bezeichnung μεταγγισμός ist eigenartig. μεταγγίζειν bedeutet "umgießen". Vgl. μεταγγισθεῖσα ἡ ψυχή bei Eusta-
thios, Comment. ad Homeri Iliadem et Odysseam, Leipzig 1825 - 1830, 1090,32.
Vgl. auch Clem. Alex., Strom. III 13,1: Diese Lehre ist nicht mehr den Anhängern Markions zu eigen, sondern denen, die glauben, daß die Seelen in die Körper eingeschlossen werden und dieses Gefängnis wechseln und von dem einen
Körper in einen anderen wie in ein anderes Gefäß umgegossen werden. Der Gebrauch von μεταγγισμός und μεταγγίζειν bei den Pythagoräern, Platoni-
kern und Stoikern findet sich auch an Stellen, die Epiphanius von Salamis (4.
Jh.) doxographisch entlehnt hat: H. Diels, Doxographi graeci, S. 587, = Epiphanius I 165,4 - 166,4, ed. Holl; Diels 588, 4-19 = Holl 183,12 - 184,5; Diels 588,
20-29 = Holl 185, 14-25. Vgl. die Kritik an Epiphanius bei Diels, S. 175.

zerstört[67]. Es befaßt sich mit der unterschiedlichen Behandlung der Katechumenen und Sünder. Für beide ist sie eine Züchtigung (παίδευσις). Doch wie Söhne nur zurechtgewiesen, Knechte aber körperlich gestraft werden, sind die Katechumenen weniger stark betroffen. Die Seelenwanderung kann verschiedene Dauer und verschiedene Härte besitzen[68]. Aus Zehntausenden von Seelenwanderungen können durch Bittgebete der "Heiligen" Seelen gerettet werden[69]. Ein besonderes Zeichen, das ein in der Seelenwanderung befindlicher Katechumen aufweist, ist die Enkratie. Denn ein ἐγκρατής ist "der Rest von diesem Licht, der zurückgeblieben ist von dem, was ausgeläutert worden ist, das auf- und absteigt in der Seelenwanderung"[70]. Ein Problem bleibt das Vorleben der Katechumenen, "bevor sie den Glauben Gottes angenommen haben"[71]. Aber diese Sorge kann zerstreut werden durch den Gedanken an die Vorherbestimmung, der in Kapitel 90 ausführlich behandelt wird[72]. Die Frage, die hier ein Gläubiger an den Apostel richtet, ist ziemlich umfangreich. Das entspricht anderen Kapiteln, in denen es um Probleme der Anthropologie geht und die Fragen berühren, die in der damaligen weitverbreiteten Popularphilosophie und ebenso in den religiösen Gruppierungen aktuell waren. Das, was der Katechumen in früheren Lebensläufen an Übeltaten, zum Teil ganz einfach durch die Schädigung der Lichtelemente, begangen hat, führt ihn wohl

---

67 Keph. 249,31 - 251,25.

68 In M 8171 (T III D 267) wird Z. 26ff. die baldige Erlösung durch das Weltende erbeten: F. C. Andreas - W. Henning, Mitteliranische Manichaica aus Chinesisch Turkestan (Sitz.-Ber. d. Preuß. Akad. d. Wiss., Phil.-hist. Kl.) III, Berlin 1934, S. 868.

69 Keph. 280, 11-14.

70 Keph. 249, 9-12.

71 Keph. 224, 21-24.

72 Keph. 223,17 - 228,4.

zwangsläufig zur "Seelenwanderung der Höllen". Wie kann er
schließlich zum Leben kommen? Der Apostel weist darauf
hin, daß es ein Vorspiel im Himmel gibt. Denn bevor der Apostel auf Erden erscheint, erwählt er bereits die μορφαί sowohl der Electi als auch der Katechumenen und "macht sie
frei". Bei seinem Kommen in die Welt werden sie befreit aus
der Zugehörigkeit zu Sekten und Häresien. Die Werke aber,
die der Katechumen in seinem Leben als Katechumen leistet,
wirken als Hebel für den Aufstieg der in der Seelenwanderung
befindlichen bösen Werke, um sie freizumachen, so daß sie
bereits vor ihm selbst zum Licht aufsteigen. Der μεταγγισμός ist also nicht nur die Metempsychose, die von Lebewesen
zu Lebewesen führt, sondern auch die Bewegung der Seelen
durch die Firmamente. Merkwürdig ist dabei allerdings die
Vorstellung, daß im μεταγγισμός befindliche Werke aus den
Fesseln der Erde erst nach seinem Tod und nicht mit ihm
erlöst werden[73]. Der Gedanke der Vorherbestimmung wird
ganz konkret dargestellt durch die Annahme einer Gestalt
(μορφή) in der Höhe, die sich der betreffenden Werke annimmt und sie auf dem Weg des μεταγγισμός läutern läßt,
damit sie nicht verlorengehen. Wir finden in diesem Kapitel
sicher Einwirkungen des stoischen Determinismus, gekoppelt
mit platonischem Urbild-Abbild-Denken. Daß überall in der
Welt Seelenteile durch den μεταγγισμός umhergetrieben
werden, stimmt mit der durch das astrologische Weltbild entstandenen Vorstellung zusammen, daß die Seelen im Luftraum
fortexistieren[74].

Bei Mani findet sich noch die eigenartige Konsequenz, –

---

73 Keph. 227, 19-26.
74 M. P. Nilsson, Geschichte der griechischen Religion II, 2. Aufl. München
1961, S. 491.

man möchte Inkonsequenz sagen – , daß es verlorene Seelen gibt, so daß Augustin ironisch sagen kann, Gott hätte am Ende etwas von seinem Licht verloren[75]. In jedem Menschen sind ja Lichtelemente; es kann aber sein, daß sie das Heilsziel nicht erreichen. Dann werden sie durch ihre Werke verurteilt und beim Endgericht an den Klumpen (βῶλος), in dem die Finsternis gefesselt ist, gekreuzigt[76]. Von den Seelen, die "die Hoffnung nicht angenommen haben und nicht in dieser Festigung und diesem Stehen in der Wahrheit befestigt haben", heißt es, daß sie ewiglich zur Hölle fahren. Mani bringt zum Ausdruck, daß er um sie betrübt sei, weil sie die Aufforderung zur Metanoia nicht angenommen haben[77]. Ebenso werden die weinen, die beim Ende nicht in die letzte Statue (ἀνδριάς) aufgenommen werden[78]. Die Frage nach Schuld und Sühne läßt Mani nicht los. Er scheint in seiner Meinung dahin zu tendieren, daß gewisse Sünder für ihre Übeltaten selbst verantwortlich sind. Gott hat sie ja nicht erwählt wie die Gläubigen, die ihre Gestalt im Lichtreich haben. Deshalb kann Mani dem Kirchenchristen, der ihn der Zweigötterei überführen möchte, antworten, Gott handle nicht böse mit den Strafen, die über den Sünder kommen, sondern allein der Sünder sei daran selber schuld[79].

Die Frage nach dem Wesen der Seele hat die Stoiker immer wieder aufs neue beschäftigt, um so mehr, als diese ihrem Wesen nach materialistische und monistische Lehre sich

---

75 Augustinus, Contra Secundinum. 20.

76 Keph. 105,2ff.

77 Keph. 148,14ff.

78 Keph. 150,3ff.

79 Vgl. Kap. 89 "Das Kapitel von dem Nazoräer, der den Meister fragt": Keph. 221,18 - 223,16.

religiösen Strömungen öffnete. Was Mani ganz besonders mit dem Glauben der Griechen verband, war die Meinung, daß die Welt und ihre Erklärung in Zusammenhang und Abhängigkeit stehe mit den Konsequenzen, die das Leben aus ihr bezieht. Gerade der Einheitsgedanke, daß nicht nur alles in der Welt lebendig sein und daß es durch die συμπάθεια τῶν ὅλων ständig zueinander in Verbindung stehen müsse, läßt danach fragen, ınwieweit die Seele in ein solches Gefüge eingebunden ist und wie die einzelnen persönlichen Stimmungen und Handlungen zu erklären sind. Dieselben Probleme wie Mani sieht schon Poseidonios und benutzt bei der Erläuterung des Sympathiegedankens auch die Astrologie[80], die Mani ja in reichem Maße verwendet. Wie für Poseidonios[81] hat auch für Mani die Sonne eine besondere Rolle, die zusammen mit dem Mond den Weg der erlösten Seelen bildet. Aber auch die Definition des Kosmos überhaupt, er sei um der in ihm wohnenden Wesenheiten geschaffen, entspricht ganz der Erklärung von Mani, daß der Kosmos als Heilsmaschinerie zur Erlösung der Seelen erschaffen sei. Darum ist es auch sinnvoll, nach der Seele und ihrer Beschaffenheit in der Stoa zu fragen[82]. Poseidonios geht über die "seit Chrysipp herrschende Schullehre, daß das Zentralorgan der Seele reiner Logos sei", hinaus. Nach ihm kommt Chrysipp mit seinem Intellektualismus eben nicht zu einer wirklichkeitsnahen Lösung und findet keinen Grund für die Herkunft der Affekte und Laster. Es muß im Menschen ein negatives Element vorhanden sein, das die Triebe wachwerden läßt. Vernunft und Triebleben, die unter Umständen

80   M. Pohlenz, Die Stoa 230. K. Reinhardt, Kosmos und Sympathie, München 1926.
81   M. Pohlenz, Die Stoa 230.
82   M. Pohlenz, Die Stoa 224 ff.

den Menschen dem Laster unterwerfen oder ihn von ihm ab-
halten, entsprechen aber den platonischen Seelenteilen. Poseidonios lehnt diese Bezeichnung ab; denn er scheut sich, eine
substantielle Verschiedenheit der Seelenteile anzunehmen. Demgegenüber können Numenios[83] und erst recht Mani aus ihrer
Zwei-Prinzipien-Lehre heraus die Konsequenzen ziehen.

War oben bereits Grundsätzliches an Hand von Beispielen
ausgeführt worden, so bleibt noch vorzuzeigen, wie der Manichäer im Einzelfall die verschiedenen Situationen seines See-
lenlebens zu beurteilen und zu meistern hat. So handelt z.B.
das Kapitel 86 der Kephalaia[84] von dem Problem, warum der
Mensch manchmal ruhig und manchmal verwirrt ist. Wie ernst
das dem manichäischen Jünger ist, erweist die Länge der Frage. Sie macht den Eindruck, als ob der Jünger seelsorgerliche
Betreuung braucht. Zunächst ist er vom Nus in der Seele er-
leichtert, so daß er sich an Weisheit und Erkenntnis freut.
Dann tritt aber mitunter das Wirken der πάθη ein. Der Ausdruck πάθος selbst wird zwar nicht verwendet, dafür aber
Traurigkeit, Trauer, Zorn und Neid. Kommen nun die bösen
Gedanken von außen oder liegen sie schon im Menschen selbst?
Die Fragestellung entspricht der Alternative, die die stoischen
Richtungen aufweisen. Des Menschen Verhalten in der Gemeinde ist nicht mehr angemessen. Auch körperliche Beschwerden
stellen sich ein. Demgegenüber steht die Freudigkeit zu Beten, Fasten und Almosengeben. Der Apostel macht dem Jünger nun klar, daß die negative Wirkung von zwei Faktoren ausgeht: erstens von seiner Bindung an die Sterne[85], zweitens

83 Numénius, Fragments, ed. E. des Places, Paris 1973, S. 19f.

84 Keph. 213,21 - 216,30.

85 Vgl. M 7980 (T III 260), ed. F. C. Andreas - W. Henning, Mitteliranische Manichaica I 196 f. Der erste Mensch wird bei seiner Erschaffung von den
Mazan und Zodia her mit Zorn, Sinnenlust, Sünde und bösem Geist erfüllt.

von gewisser Nahrung, die sogar schlimmere Wirkungen als
die genannten παθη· haben kann. Der gute Einfluß kommt
von besserer, geläuterter Nahrung, in .der weniger "Bodensatz" und damit κακία "Schlechtigkeit" ist. Vielleicht bezieht sich dabei die Bemerkung, daß der ἀήρ ruhig und geläutert ist, auf die Wirkung der himmlischen Größen. Besonders wichtig für das gute Befinden des Gläubigen ist aber,
daß mit der Nahrung im "lebendigen Glied" (μέλος) ein darin
vorhandener Überfluß an gerechtfertigten Seelenteilen in den
Menschen hinein- und aus ihm herauskommt. Die Seele des
Gläubigen kumuliert also geläuterte Seelen von außen und innen.
Die Wirkung auf die Seele erfolgt von außen. Die Frage der
griechischen Philosophie nach der Wirkung von außen oder innen, wird scheinbar im Sinne von außen beantwortet. Die Seele
wird hier von dem Ausgangspunkt aus betrachtet, daß sie eigentlich licht und gut ist, daß die Seele im Menschen aber
ebenso wie die sonst in der Welt befindlichen Seelenteile zum
Teil noch in einem Prozeß der Läuterung stehen. Je nach dem,
wie solche Seelenteile den Zustand des Menschen beeinflussen,
ist auch sein Gesamtbefinden von Seele und Leib. Mani befindet sich mit einer solchen Verbindung von Kosmos und Seele
auf dem Weg, den Poseidonios beschreitet, wenn er die Seelen den Kosmos erfüllen läßt, dessen Glieder in Wechselwir-
kung und Sympathie zueinander stehen.

Erst recht kommt einem Jünger die Frage, wie ein Electus
von Affekten bewegt werden könnte[86]. Beachtlich ist für den
Katechumenen, daß er den Electus "Gerechter" (δίκαιος)
nennt. Ein Verhalten wie gegenseitiger Streit nehme ihnen
doch ihren Charakter als Gerechte und in der Wahrheit Ste-

---

86 Kapitel 88 "Über den Katechumenen, der den Electus tadelte, warum
er zornig sei": Keph. 219,1 - 221,17.

hende. Sie sind also tadelnswert. Aber welchen Grund haben sie für solches Handeln, da sie doch in der Welt nichts besitzen? Der Apostel lehnt die Frage als unberechtigt ab. Er bringt einen Vergleich mit einem wohlriechenden Baum; wenn man einen abgerissenen Zweig von ihm verbrennt, entwickelt sich Rauch; der Baum aber wird nicht umgehauen, sondern gepflegt. So sind die Affektäußerungen des Electus nur als beiläufig zu betrachten. Sie sind zwar Götter, weil sich die Gottheit in ihnen niedergelassen hat, aber zugleich leben sie im Fleisch der Sünde. Das führt sie zu solchen Ausbrüchen. Die Kenntnis der dualistischen Existenz soll Verständnis wecken. Abgesehen davon hat der Katechumen auch die liebevolle Nachsicht, die die Electi mit seinem weltlichen Lebenswandel üben, zu würdigen. So wie sie ihn lieben und ehren, soll er das auch tun. Nach den Worten des Lehrers sieht der Katechumen ein, daß auch im Körper der Gerechten der "Alte Mensch" wohnt. In diesem Kapitel ist die Tendenz zu erkennen, alles menschliche Handeln auch noch so sehr qualifizierter Gläubiger unter der Not des Kampfes von Gut und Böse zu betrachten, das in dem Dasein eines jeden Menschen begründet ist. "Weil du das Mysterium der zwei οὐσίαι erkannt hast, hast du eingesehen, daß das Gute und das Böse in allen Menschen wohnt, und hast auch eingesehen, daß die Heiligen eine große Last auf ihren Schultern tragen"[87]. Wenn auch der Nus vorhanden ist, wird doch der Körper in seiner Aktivität nicht beseitigt. Damit wird eher die Doppelheit im Menschen bestätigt, wie sie auch Poseidonios lehrt.

---

87 Keph. 220, 15-18.

IV.

Das Bewußtsein von der Einheit des Kosmos beschränkt
sich bei Mani nicht nur auf die Sympathie des Kosmos, sondern bezieht das überkosmische Weltall mit ein, so daß eine
enge Beziehung zwischen der höchsten Transzendenz und jeder
seelischen Größe besteht. Alle intellektuellen und emotionalen
Fähigkeiten und Äußerungen können deshalb vom mythischen
Geschehen aus erklärt werden. Im 3. Kapitel der Kephalaia[88]
gibt Mani eine Probe davon. Er führt hier eine   ἑρμηνεία·
vor, die drei für griechische Ohren sehr bedeutsame Begriffe
behandelt: εὐδαιμονία, σοφία, δύναμις [89]. Zu fragen
ist, was ἑρμηνεία hier bedeutet. Das Wort kommt auch in
den Nag-Hammadi-Schriften vor, z.B. als Terminus für "übersetzen" und "Übersetzung", aber auch im Sinne von "deuten"
und "Deutung". Dabei geht es um das Gewinnen der richtigen Deutung oder auch um den Hinweis auf eine falsche Deutung. Es kann sich auch um die übertragene Deutung, z.B.
der Taufe, handeln[90]. Man darf da wohl Deutung und Umdeu-
tung nicht trennen. Denn die richtige Deutung steht ja einer
anderen, die überboten werden soll, gegenüber. Mani geht deshalb hier erst auf das Verständnis ein, das er vorfindet, bezeichnet es als weltlich und weist auf die Selbstzufriedenheit
der Menschen hin. Er macht auch auf die Vergänglichkeit der
Eudämonie dieser Welt aufmerksam[91]. Zugleich wird er an
1 Cor 7,31 denken: "Das Wesen dieser Welt vergeht". Gemeint

---

88 Keph. 23,14 - 25,6.
89 Für δύναμις steht im koptischen Text ϬΟΜ (ϬΑΜ).
90 Vgl. ἑρμηνεία Nag Hammadi II 32,13; 114,2, XI 21,35; 41,33, ἑρμηνεύειν
NH I 112,19, V 36,5, VI 58,29; 64,12, XIII 37,10.
91 Keph. 23,23.

ist die Glückseligkeit, die in Wohlbefinden und Wohlstand besteht. Dieser Auffassung von Eudämonie will Mani eine andere
entgegensetzen. Schon die griechische Philosophie kannte höhere Deutungen des Wortes. Die Eudämonie ist "eine Tätigkeit
der Seele im Sinne der ihr wesenhaften Tüchtigkeit"[92]. Dabei
meint Aristoteles, daß gutes Leben und gutes Handeln mit
Eudämonie identisch seien[93]. Eudämonie ist zugleich ein Vorgang und ein Zustand. Besonders die Götter besitzen sie; der
Aufstieg zu ihnen führt auch zu ihr. Mani zeigt auf, wie die
manichäische Religion einen Einblick in die Verbreitung der
Eudämonie durch das All gibt. Er führt das in fünf Stufen
vor. Dabei ist die Eudämonie von ihrer Weisheit begleitet.
Die Weisheit ist für Mani aus dem griechischen, jüdisch-christ-
lichen und iranischen Traditionsgut bekannt. Wenn die Weisheit als Eigenschaft Gottes bezeugt wird, braucht man nur
an Platon zu denken: θεῶν οὐδεὶς φιλοσοφεῖ οὐδ' ἐπι-
θυμεῖ σοφὸς γενέσθαι - ἔστι γάρ [94]. Aristoteles sieht
in der σοφία die vollendetste Form von Wissen, die πρώτη
φιλοσοφία [95]. In der Stoa wird sie als ἐπιστήμη θείων τε
καὶ ἀνθρωπείων πραγμάτων[96] die Grundtugend, die Theorie
und Praxis vereint. Wenn bei Mani die Weisheit nicht nur im
Herzen behalten, sondern ausgesprochen werden soll[97], kann
das auch hierauf zurückgehen. Die δύναμις wird zwar hier
als Singular angeführt, doch in den Beispielen wird für sie
stets eine kollektive Größe gegeben. Das entspricht der Vor-

92 F. Dirlmeier in der Einleitung zur Übersetzung der Nikomachischen Ethik,
Berlin 1956, S. 248.

93 Aristot., Eth. Nicom. 1095 a.

94 Plat., Symp. 204 a.

95 Aristot., Metaphys. 981 b; 1026 a.

96 Stoic. vet. fragm. II 15,3 ff.

97 Kapitel 84 "Über die Weisheit, daß sie auf der Zunge bedeutender ist,
als wenn sie im Herzen des Menschen ist": Keph. 204,24 - 208,10.

stellung von Kräften, die eine in der Welt vorhandene Kraft-
einheit bilden. Poseidonios vertrat ja z.B. die Meinung, daß
aus den Kräften des Kosmos Geister, Energien und dergleichen
hervorgegangen seien[98].

Mani führt in dem genannten Kapitel nun vor, wie im Weltall und im Weltgeschehen die Lichtgrößen in fünf Gruppen,
nach der Reihenfolge des Heilsgeschehens geordnet, der Eudämonie, der Weisheit und der Dynamis entsprechen. 1. Die Eudämonie in höchster Höhe, die in sich ruht, ist der Vater der
Größe, die Weisheit ist als weiblicher Partner sein großer Geist,
der die lichten Äonen durchwandert, seine Dynamis aber besteht aus den Heerscharen der Äonenwelt[99]. 2. Für das Lichtschiff des Dritten Gesandten werden die drei Größen mit seinen Bewohnern gleichgesetzt: die Eudämonie mit dem Lebendigen Geist, die Weisheit mit der Mutter des Lebens als weiblicher Partner, die Dynamis mit den Engeln im Schiff[100]. 3.
Das Schiff der lebendigen Wasser hat als Eudämonie (Jesus)
den Nus des Vaters, als Weisheit die Jungfrau des Lichts, als
Dynamis die Götter und Engel im Schiff[101]. 4. Im Bereich
der Elemente ist die Eudämonie die Säule der Herrlichkeit
der vollkommene Mann, die Weisheit die fünf Söhne des Lebendigen Geistes und die Dynamis die fünf Söhne des Urmenschen, die in die Welt eingemischt sind[102]. 5. In der heiligen
Kirche stellen die Eudämonie der Apostel des Lichts, die Weisheit die Hierarchie und die Lehrer, die Dynamis das Kirchen-
volk dar[103].

98 K. Reinhardt, Kosmos und Sympathie 249.
99 Kapitel 3: Keph. 23,32 - 24,6.
100 Keph. 24, 9-15.
101 Keph. 24, 16-20.
102 Keph. 24, 21-27.
103 Keph. 24,28 - 25,2.

Ganz eindeutig ist die 1. Gruppe, die die transzendente Welt bildet. Denn ihre Eudämonie ist wie bei Numenios voll von dem Sein des βασιλεὺς ἀργός [104]. Die Weisheit entspricht dem 2. Gott, δι' οὐρανοῦ ἰών bei Numenios[105] oder διὰ παντὸς καθήκειν im Denken des Poseidonios [106], wenn man die Unterschiede des Weltbilds bei Mani berücksichtigt. Diese himmlische Welt hat ihr Abbild im Kosmos und seinen Lichtbestandteilen, der Welt von Sonne und Mond sowie den Elementen, um schließlich ihr gegenwärtiges aktuelles Abbild in der manichäischen Kirche zu finden. In der 2. und 3. Gruppe wird die Weisheit noch durch ein Femininum bestimmt, während in der 4. und 5. Gruppe ein pluralischer Ausdruck an die Stelle treten mußte. Die Dynamis hat immer den Charakter von δυνάμεις , da es sich immer um pluralische Größen handelt. Der göttlichen Eudämonie, die sicher den Bestandteil des Nus enthält, entspricht in der 3. Gruppe "der Nus des Vaters" und in der 5. der Apostel, der ja dem Nus entstammt. Die Säule der Herrlichkeit in der 4. Gruppe ist die reinste Zusammenfassung der auf die Erlösung zustrebenden Energie, die so mit Recht als Eudämonie der Elemente bezeichnet werden kann. Aber auch der Lebendige Geist als Eudämonie im Lichtschiff (2. Gruppe) ist verständlich. Sein Sitz dort ist auch anderweitig bekannt. Er hat dort einen Thron [107] und residiert auf ihm, um am Weltende von der Sonne her zu kommen[108] und die letzte Statue zu bilden[109]. Seine Wir-

---

104 Numenios, fragm. 12, ed. des Places.

105 S. Anm. 104.

106 M. Pohlenz, Die Stoa 233 f. Die Ausdrucksform begegnet bereits bei Chrysipp.

107 Keph. 82,31.

108 Schābuhragān, Z. 201 ff., ed. MacKenzie.

109 Keph. 86,12f; 54,19ff.

kung ist auch bei der Erleuchtung des Menschen durch den Nus erkennbar[110]. So ist er also nicht nur der Schöpfer, sondern auch der Bewahrer und am Ende der Retter des Lichts. Er strebt mit vollem Bewußtsein, das Gute zu tun und das Böse zu beseitigen, dem Telos zu und kann damit als Eudämonie angesehen werden. Wenn die Mutter des Lebens, die ebenfalls einen Thron im Lichtschiff besitzt[111] und die sehr häufig als Helferin angeführt wird, als seine Sophia bezeichnet wird, so ist dabei wohl an die gemeinsame Tätigkeit[112], aber auch an ihren Doppelcharakter als Mutter des Lebens und großer Geist gedacht.

Begriffsdefinitionen finden sich auch im Kapitel 63 der Kephalaia[113], wo Liebe und Haß gegenübergestellt werden. Sie werden als die bewegenden Kräfte des Weltgeschehens gesehen, mit den Grundprinzipien identifiziert und in deren Wirkungen dargestellt. Hier wird der höchste Gott und seine Liebe als Einheit bezeichnet. Gott schenkt seinem Reich den Sieg, weil er sich selber hingibt[114]. Das hat er in der Vorzeit getan; aber Kampf und Hingabe ist noch in der Einheit von Nus und Kirche zu bemerken. Der Apostel gibt sich hin entsprechend dem Jesuswort[115]: "Nicht gibt es größere Liebe als die, daß einer sich in den Tod gibt für seinen Nächsten".

110 Keph. 143,25ff.

111 Keph. 82,30f. (hier als großer Geist); Schäbuhragān, Z. 231 f., ed. Mac Kenzie (als "weibliche Gestalt der Mutter des Ohrmizd"; "sie kommt vom Wagen der Sonne").

112 Der Lebendige Geist heißt oft auch "Vater des Lebens", so Keph. 57, 21. 30; 60,28.

113 Keph. 155,30 - 156,34.

114 Die Entsendung des Urmenschen als Sohnes Gottes ist die Verwirklichung seines Ausspruchs: "Ich werde selber gehen und diesen Kampf führen" (Theodor bar Kōnī 313).

115 Keph. 156, 15f. Vgl. Joh 15,13.

Der Haß dagegen ist das Böse, das als der erste Tod bezeichnet wird, der sich mit Schaden und Verderben gegen das Reich
gewandt hat, das ihm nicht gehörte. Damit wird auf die Vorzeit zurückgegriffen, aber auch der Schaden, den er in der
Gegenwart anrichtet, wird erwähnt. Dem Tod als Prinzip, der
ἐνθύμησις des Todes[116], entspringen weitere Tode, so die
Vergehen am Licht, das im Kosmos vorhanden ist[117]. Wegen
all seiner Taten wird er als Verhaßter, Neid, Teufel, Böser
beschimpft, der darin seine Abkunft hat. Ohne eigens darauf
hinzuweisen, führt Mani hier christliche Argumentationen an:
"Wer Sünde tut, der ist vom Teufel; denn der Teufel sündigt
von Anfang"[118]. "Darin sind offenbar die Kinder Gottes und
die Kinder des Teufels"[119]. "Ihr seid von dem Vater, dem
Teufel ... er ist ein Menschentöter von Anfang an und steht
nicht in der Wahrheit"[120]. Das Kapitel ist methodisch dem
vorher besprochenen ähnlich, erklärt aber, wie wir sehen, von
christlicher Beweisführung aus.

V.

Aus den vorangehenden Betrachtungen ergibt sich, daß bei
Mani beträchtliche Beziehungen zur stoischen Philosophie des
Poseidonios bestehen. Doch ist auch ein Einfluß von Neupytha-
goräismus und Platonismus zu erkennen, der einer Form, wie

116 Keph. 180,16. Hier ist " ἐνθύμησις des Todes" Apposition zu ὕλη.
117 Vgl. Kapitel 72 "Über die zerrissenen und zerfetzten Gewänder oder
die zerschlissenen Kleider oder die Elemente, das Kreuz und den übrigen Rest":
Keph. 176,9 - 178,23.
118 1 Joh 3,8.
119 1 Joh 3,10.
120 Joh 8,44.

sie Numenios von Apamea zeigt, nahekommt. Dieser hatte ja
den Dualismus vom anfangslosen Gegensatz von Gott und Hyle
gelehrt und war damit über die Stoiker hinausgegangen. Er
hatte auch deren Materialismus bekämpft, den Mani freilich
in der Form einer Materialisierung des Lichts beibehalten hat.
Auch in der Lehre von der Seelenwanderung hatte Numenios
platonisches Erbe tradiert und an Mani weitergegeben. Der
Unterschied zur griechischen Philosophie besteht ganz allgemein
in Manis christlicher Ausgangsbasis. Er läßt Jesus Christus
den Erlöser als Personifizierung des Gottes, der selbst in den
Kampf ziehen will, im mythischen Urmenschen Gestalt gewinnen; alle seine Eigenschaften vom Schöpfer (der präexistente
Schöpfer mußte in der zeitlichen Reihenfolge umgestellt werden) bis zum Lehrer und Weltenrichter stellt er an anderen
Figuren des Mythos dar. Die Fülle der Mythologie wird ihm
dabei nicht nur aus heidnischer Religion geliefert - man denke an den Topos vom Großen Krieg aus der iranischen Eschatologie und an gnostische Schulen -, sondern auch aus griechischer Philosophie werden von ihm Elemente im einzelnen
und für die Gliederung entnommen. Der monistische Zug der
Stoa wird durch den Gegensatz von Gott und Hyle überwunden. Hier geht Mani den gleichen Weg wie Numenios. Mit
seiner Aufspaltung des Weltgeschehens in verschiedene Stadien
unter Mitwirkung verschiedener Gottheiten folgt Mani nicht
allein seiner Phantasie, die z.B. durch andere religiöse Literatur gespeist ist, wie z.B. Henoch; er kann damit auch gewisse Vorgänge des Heils und Unheils besser differenzieren.
Die Schaffung des Kosmos, eine Tat Gottes und nicht des
Teufels, wird so zum großartigen Erlösungsvorgang auf dem
Wege zur Unterwerfung der Finsternis, auch wenn Mani dem
Kosmos in seiner Gesamtheit negativ gegenübersteht. Es vergeht die Welt mit ihrer Lust, aber, wer den Willen Gottes tut,

bleibt in Ewigkeit[121]. Dieser christliche Gedanke ist in den Mythos umgesetzt, wenn nach dem Untergang der Welt die Finsternis für ewig ausgeschaltet ist.

Die Lichtwelt ist ein Urbild dessen, was später gestaltet wird. Hier scheint der platonische Einfluß gewirkt zu haben. Der "Vater der Größe" ist wie bei Numenios ein βασιλεὺς ἀρ-γός [122], was man auch mit dem iranischen Zurwan zusammenbringen könnte, aber auch πατήρ . Auffallend ist die Übereinstimmung von Manis "Erstem Stehen"[123] mit dem ἑστώς des Numenios, dessen στάσις eine κίνησις σύμφυτος ist[124]. Wie bei Numenios enthält er in sich insbesondere den νοῦς [125]. Außerdem legt Mani seinem Reich einen eigenen ἀήρ , eine eigene Erde und eigene Elemente bei[126]. Nicht wie in der Philosophie entsteht bei Mani rein aus dem Willen Gottes ohne besonderen Anlaß der zweite Gott. Hier ergibt sich die Notwendigkeit der Erlösung aus der gegenseitigen Fesselung von Licht und Finsternis im Kampf. Die Kombination der zweiten Gottheit von Schöpfer und Weltseele im Platonismus des Numenios ist von Mani insofern aufgelöst, als das im Kampf verbliebene Licht als Lebendige Seele betrachtet wird, an deren Erlösung der Schöpfer mitwirkt. Wenn bei Numenios der erste Gott das σπέρμα πάσης ψυχῆς sät, der zweite Gott als νομοθέτης δὲ φυτεύει καὶ διανέμει καὶ μετα-φυτεύει εἰς ἡμᾶς ἑκάστους τὰ ἐκεῖθεν προκατα-βεβλημένα [127], so ist hieraus Manis Reihenfolge durchaus

---

121 1 Joh 2,17.

122 Numenios, fragm. 12, ed. des Places.

123 Keph. 70,28; 272,1.

124 Numenios, fragm. 15, ed. des Places.

125 Numenios, fragm. 16, 17, ed. des Places.

126 Vgl. Ibn an-Nadīm, Kitāb al-Fihrist 329, ed. G. Flügel; übersetzt in: A. Böhlig, Die Gnosis III, S. 144.

127 Numenios, fragm. 13, ed. des Places.

verständlich: die Weltseele wird vom Lebendigen Geist betreut.
Sein Name mag noch auf das Pneuma der Stoa hinweisen, das
die Wirklichkeit zusammenhält[128]. Der Lebendige Geist ist
zugleich Demiurg im Sinne Platons, seine Technites-Eigenschaft
tritt gerade auch am Weltende hervor, wenn er die letzte Statue (ἀνδριάς) gestaltet[129]. Die kämpferische Note seines
Wesens könnte von der Eigenschaft des iranischen Mihr (Mitra)
herstammen. Seine Eudämonie im Schiff der Sonne entspricht
seinem bewahrenden Wesen. Man vergleiche Numenios: ὁ δεύτερος (sc. θεὸς) αὐτοποιεῖ τήν τε ἰδέαν ἑαυτοῦ
καὶ τὸν κόσμον, δημιουργὸς ὤν, ἔπειτα θεωρη-
τικὸς ὅλως. [130]. Wenn dem Lebendigen Geist im Schiff
des Tages ein Platz zugewiesen wird, so resultiert das daher,
daß Mani in der Sonne den besten Teil des Lichts in der Welt
sieht, zu dem im Einklang mit stoischen Auffassungen die Seelen über Milchstraße und Mond gelangen[131]. Wie im Platonismus hat die Seele aber erst ein Gericht durchzumachen, das
sie zunächst zur Seelenwanderung führen kann (so auch bei
Numenios). Auch für die Lichtelemente Wind, Wasser, Feuer
existiert ein mechanischer Weg im Zodiakos und den Planeten
zur Erlösung. Der Zodiakos ist ein großes Schöpfrad. Mit ihm
bedient sich astrologisches Denken eines Gerätes der mesopotamischen Bewässerungspraxis, das wir heute noch aus Ägypten
kennen, der Saqije. An diesem Schöpfrad, dem Zodiakos, sind
die Mächte gefesselt und so gezwungen, das Licht emporzu-

128 Stoic. vet. fragm. II 154, 7ff.

129 Vgl. Kapitel 32 "Über die sieben Werke des Lebendigen Geistes": Keph.
85,19 - 86,17.

130 Numenios, fragm. 16, ed. des Places.

131 Vgl. A. Böhlig, The New Testament and the concept of the Manichean
Myth, S. 96 ff.; s. a. u. S. 600 ff.

führen[132]. Das Feuer am Ende entspricht dem stoischen Gedanken von der συντέλεια der Welt. Der materialistische Zug der Stoa ist erhalten geblieben in der Auffassung vom Licht als einem Stoff, allerdings einem anderen als dem der Finsternis, so daß zwei οὐσίαι gegeneinander stehen. Auch der Gedanke der Sympathie des Kosmos ist von Mani aufgenommen worden; denn alles im Kosmos wird von einer der in ihm wirkenden Kräfte bewegt, es können nicht einzelne Gruppen wie etwa der Mensch aus dem allgemeinen Zusammenhang herausgenommen werden, so daß der Licht-Nus einerseits und die bösen Mächte andererseits während des Bestehens der Welt ständig am Werk sind. Die Schöpfer des Menschen könnten eine Gegeninterpretation der νέοι θεοί im Platonismus sein[133]. Sie übernehmen damit die Rolle des Demiurgen, soweit er in der gnostischen Mythologie eine böse Rolle spielt.

Wie der geistige Hintergrund Manis und wohl auch gewisser Philosophen vom Gnostizismus beeinflußt wird, muß eine immer eindringendere Interpretation der gnostischen Texte von Nag Hammadi zeigen.

132 Vgl. Kapitel 47 "Über die vier großen Dinge": Keph. 118,13 - 120,20. Vgl. auch Theodor bar Kōnī 315, übersetzt in: A. Böhlig, Die Gnosis III, S. 105f.

133 Vgl. P. Boyancé, Dieu cosmique et dualisme, in: Le origini dello Gnosticismo, Colloquio di Messina 1966, Leiden 1967, S. 340 - 356, zu Plat., Tim. 41 a-d.

DAS NEUE TESTAMENT UND DIE IDEE
DES MANICHÄISCHEN MYTHOS

Der Jubilar hat sich in seiner neutestamentlichen Forschung
in besonderem Maße der Frage gewidmet, wieweit Beziehungen
zwischen Gnosis und Neuem Testament bestehen[1]. Er hat dabei
nicht nur die patristischen Quellen, sondern auch die neuen Funde von Nag Hammadi herangezogen. In seinen Thesen warnt er
vor übereilten Schlüssen, wie sie die Religionsgeschichtliche Schule gezogen hatte, als sie glaubte, daß Material aus dem 2. und
3. Jh. auch Auskunft über die Gedankenwelt der vorchristlichen
Zeit geben könne, ja daß im Neuen Testament bereits Ausein-
andersetzungen mit Gemeinschaften wie den gnostischen Häresien zu erkennen seien. Dennoch möchte er nicht einseitig sein
und erkennt Spuren der Gnosis zumindest bedingt in den Johan-
nes- und Pastoralbriefen an. Er rät aber, das Neue Testament
nicht mit gnostischer Brille zu lesen. Das überläßt er den Gnostikern selber. Auf dem Gebiet der Christianisierung oder Entchristianisierung von Traktaten liegen für ihn beide Möglichkeiten vor, je nach dem Wesen der jeweiligen Schrift. Den Sitz
im Leben jeden Textes von Nag Hammadi oder seiner Teile zu
bestimmen, bedarf m.E. noch eingehender Analysen, mittels de-

Erstveröffentlichung auf englisch in: The New Testament and Gnosis. Essays
in honour of R.McL. Wilson. hrsg. v. A.H.B. Logan - A.J.M. Wedderburn. Edinburgh 1983. S. 90 - 104.

1 S. Bibliography of published works 1952 - 1981 in: The New Testament
and Gnosis. S. 245 - 258.

rer wir dann eine Geschichte der gnostischen Tradition schreiben können[2]. Sie würde dann wiederum Grundlage für eine Geschichte des Gnostizismus sein. Ein solches Unterfangen ist aber von vornherein mit einer großen Schwierigkeit behaftet, ist doch der Gnostizismus in seiner inneren und äußeren Form vom Synkretismus geprägt. Pagane Religion und Philosophie, christliche und jüdische Elemente sind in ihm zu finden. Es gibt auch Schulen, die vom Christentum besonders bestimmt sind und deren Vertreter sich als die wirklichen Christen betrachten[3]. Als Apostel Jesu Christi bezeichnet sich auch Mani[4], ohne Kenntnis von dessen Lehre man auch den Gnostizismus im ganzen nicht voll beurteilen kann. Sein mythologisches System, mit dem er glaubte, Buddhismus, Zoroastrismus und Christentum ersetzen zu können, wurde in der ersten Hälfte unseres Jahrhunderts von manchen Religionshistorikern und Theologen als eine Quelle angesehen, die insbesondere aus Iran kommende Gedanken konserviert habe, deren Wirkung bereits im Neuen Testament zu spüren sei. Ganz gleich, ob aber die Gnosis vorchristlich ist oder nicht, der Manichäismus ist in System und Kirchenbildung ihr Höhepunkt. Die iranischen Einflüsse in ihm sind nicht konstitutiv. Er beginnt vielmehr als gnostisches Christentum.

Im folgenden soll nun gezeigt werden, daß die Grundtendenz der Lehre Manis auf die Grundgedanken der christlichen Erlösungslehre zurückgeht. Mani verarbeitet in seinem Mythos verschiedene gnostische und großkirchliche Vorstellungen von

2 Dazu gehört auch die Anlage von synoptischen Ausgaben mehrfach überlieferter Schriften, weil hieraus die Traditionsstücke im einzelnen und im Zusammenhang besser zu erkennen sind, ferner auch Übersetzungsfehler und Textverderbnisse besser nachzuweisen sind.

3 K. Koschorke. Die Polemik der Gnostiker gegen das kirchliche Christentum (Nag Hammadi Studies. XII), Leiden 1978.

4 A. Böhlig - J.P. Asmussen. Die Gnosis. 3. Band: Der Manichäismus (Zürich 1980), S. 228. C. Schmidt - H.J. Polotsky. Ein Mani-Fund in Ägypten (Sitz.-Ber. d. Preuß. Akad. d. Wiss. Berlin 1933), S. 24.

Jesus, die er zu seiner Zeit (3. Jh.) kennenlernte[5]. Dabei scheut er sich nicht, die Person Jesu aufzuspalten.

Mani ist ja in einer judenchristlich-gnostischen Sekte auf-gewachsen. Der Kölner Mani-Codex berichtet von seiner Jugend bei den Elkesaiten und von dem Bruch mit ihnen[6]. Aus dieser Quelle kennen wir auch die Vorstellung, nach der Mani die Er-de "Fleisch und Blut des Herrn" nennt[7]. Er legt dort diese Auffassung dem Elkesai in den Mund: "Elkesai nahm Staub von der Erde, die zu ihm gesprochen hatte, weinte, küßte ihn, leg-te ihn in seinen Schoß und fing an zu sagen: Das ist das Fleisch und das Blut meines Herrn". Dieser Gedanke findet sich, wie noch zu behandeln sein wird, auch im Westen im Römerreich und im Osten in China. Wenn er in den alten Schichten des My-thos, in denen er auch vorhanden ist, nicht so stark hervor-tritt, ist das durch die vielfältigere Ausdrucksweise des Mythos bedingt, in dem grundsätzliche Probleme in einzelne Mythologu-mena aufgeteilt werden können und auf diese Weise ein bunt-farbiges Bild geben.

Schon aus chronologischen Gründen fällt es schwer, ja ist es eigentlich unmöglich, den Manichäismus zur Erklärung des Neu-en Testaments heranzuziehen[8]. Außerdem hat C. Colpe gezeigt,

5 Man vergleiche die ausführliche Beschreibung der Christologie im 1. Teil (Kap. 1 - 3) von A. Grillmeier, Jesus Christus im Glauben der Kirche, Bd. 1 (Freiburg 1979), S. 1 - 280. Wie umfangreich schon die Verwendung der Gestalt Jesu unter Nennung seines Namens in unseren Quellen ist, zeigt E. Rose, Die manichäische Christologie, Wiesbaden 1979. Über Rose hinaus liegt mir daran, den gesamten Mythos von der Christologie her zu betrachten.

6 Vgl. A. Henrichs - L. Koenen, Ein griechischer Mani-Codex, Ztschr. f. Papyr. u. Epigr. 5 (1970) 97 - 214, speziell 141 - 160. Veröffentlichung des Tex-tes (im folgenden mit CMC zitiert) in der gleichen Zeitschrift 19 (1975) 1 - 85; 32 (1978) 87 - 199; 44 (1981) 201 - 318; 48 (1982) 1 - 59.

7 CMC 96,21 - 97,10.

8 So hatte es R. Bultmann versucht in seinem Artikel: Die Bedeutung der neuerschlossenen mandäischen und manichäischen Quellen für das Verständnis des Johannesevangeliums, ZNW 24 (1925) 100 - 146. Die Grundtendenz ist auch in Bultmanns Theologie des Neuen Testaments in ihren verschiedenen Auflagen beibehalten, ja von ihm auch auf andere Schriften des Neuen Testaments über-

daß die Urmenschlehre der Manichäer nicht von der Gayomart-
Vorstellung der Iraner herrühren kann[9]. Ebenso bleibt die Erklärung durch den sterbenden und auferstehenden Gott Tammuz
fraglich[10]. Wenn man berücksichtigt, daß Mani das Christentum
ja gekannt und nach den Bruchstücken seiner Briefe sowie der
Einleitung der Kephalaia auch Paulus gut gekannt und hoch ge-
achtet hat[11], so wird es methodisch richtiger sein, zunächst
zu fragen, ob die in Frage kommenden Stellen bei Paulus nicht
aus dessen eigener Dialektik und aus dem jüdischen Hintergrund besser zu erklären sind als aus Ideen einer Religion des
3. Jh's, deren Elemente man dann ja auch als schon drei Jahrhunderte früher vorhanden ansehen müßte.

Um die Frage nach einer Abhängigkeit des Manichäismus
vom Christentum richtig beurteilen zu können, müssen die Haupt-
dogmen beider Religionen gegenübergestellt werden.

Christentum: Gott, der Vater und Schöpfer, sendet seinen
Sohn, d.h. er kommt selbst in die Welt, um sie von der Sünde
zu befreien, die durch einen Menschen in sie gekommen war.
Jesus Christus führt diesen Auftrag in Menschengestalt aus, er
hilft den Menschen und siegt über die bösen Geister, wie seine
Heilungen zeigen. Zur Rettung der Welt leidet er am Kreuz
und gewinnt in seiner Auferstehung den Sieg über Sünde und
Tod. Seine Gläubigen, seine Kirche, folgen in der Auferstehung
zum Vater.

tragen worden. Bei der Darstellung des Kerygmas der hellenistischen Gemeinde
vor und neben Paulus ist ein umfangreicher Abschnitt "Gnostische Motive" bei-
gegeben (§ 15).

9 C. Colpe, Die Religionsgeschichtliche Schule. Darstellung und Kritik ihres
Bildes vom gnostischen Erlösermythos. Göttingen 1961. Vgl. auch RAC 11. 546ff.;
H.-M. Schenke, Der Gott "Mensch" in der Gnosis. Berlin 1962.

10 G. Widengren, Mani und der Manichäismus (Stuttgart 1961), S. 58, besonders aber 65. Eine solche Mythologie kann jedoch dazu beigetragen haben, die
Einzelheiten der Urmenschszene auszumalen.

11 Keph. 13, 18ff.; s. a. o. Anm. 4.

Manichäismus: Der höchste Gott des himmlischen Reiches sendet seinen Sohn, den Ersten Menschen, in dem er selbst Gestalt angenommen hat, in den Krieg mit der ihn bedrohenden Finsternis. Sein Kampf mit dieser lähmt sie zwar, doch werden er und seine Waffenrüstung, die Seele, zunächst in der Tiefe festgehalten. Auch seine Befreiung und sein Aufstieg verhindern aber nicht, daß beträchtliche Lichtelemente noch weiter gefangen bleiben. Als Läuterungsmaschine wird die Welt geschaffen. Doch das Böse versucht, deren Wirksamkeit durch die Erschaffung der Menschen zu behindern. Durch Jesus werden diese aber über ihren Zustand aufgeklärt. Und Mani führt sie über die Kirche ins Lichtreich zurück.

In seinem Mythos und in seinen theologischen Gesprächen hat Mani die wesentlichen Glaubenssätze des Christentums zur Grundlage auch seiner eigenen Lehre gemacht: Gott als Schöpfer des Himmels und der Erde, Heilswirken Gottes in seinem Sohn durch Kampf, Leiden und endgültigen Sieg, Vernichtung von Tod und Sünde, Emporführung der Menschen durch die Kirche zu Gott.

Freilich, wenn man den Mythos der Manichäer mit der christlichen Lehre vergleicht, erscheint der Unterschied außerordentlich groß. Man darf sich aber nicht dadurch täuschen lassen, daß die Darbietung durch das Mittel des Mythos das System Manis zu einem bunten Gemisch von mythischen Motiven zu machen scheint, sondern muß beachten, wie scharf die Darstellung von Mani gegliedert worden ist. Über der einkleidenden Form darf der Inhalt nicht vergessen werden. Daß aber auch Unterschiede grundsätzlicher Art vorhanden sind, soll nicht bestritten werden. Auch wenn Mani sich Apostel Jesu Christi nennt, kann er der christlichen Lehre eine neue Form geben, in der er das eigentliche Christentum sieht. Die Texte von Nag Hammadi haben gezeigt, wie auch andere Gnostiker solchen Anspruch erhoben haben. Die Unterschiede liegen also sowohl in grundsätzlichen als auch formalen Eigenarten.

Im Gegensatz zum Christentum ist der Manichäismus von einem scharfen Dualismus geprägt. Von Anfang an steht dem himmlischen Reich das Reich des Bösen, die Finsternis, gegenüber, dessen Ziel die Eroberung des Lichtreiches ist. Die Aufgabe des Gegenstoßes ist es, die Finsternis außer Kraft zu setzen und in einem Gefängnis einzuschließen, so daß durch den endgültigen Sieg der endgültige Friede erreicht wird. Wer weiß, wie dieses Ende herbeigeführt werden kann und was für gute Werke er dazu tun muß, trägt zur Überwindung der bösen Hyle bei und wird in die Lichtwelt zurückgeführt, während gewisse Lichtseelen, die zu wenig geleistet haben, mit der Finsternis der ewigen Fesselung anheimfallen.

Dieser Dualismus ist ein typisch gnostisches Vorstellungsmodell[12]. Im Gegensatz zum Christentum des Neuen Testaments, das sich um die Erlösung des Menschen bemüht und das Problem von Sünde und Erlösung aus der biblischen Geschichte entnimmt, geht es dem Gnostizismus und seiner Krönung, dem Manichäismus, um die Projektion all dessen in den Weltraum. Es reicht also nicht aus, das Leben Jesu, sein Leiden und seine Auferstehung in den Mittelpunkt zu stellen. Da genügen nicht Angaben wie im Johannesprolog[13] oder am Anfang des Hebräerbriefs[14], sondern es muß zunächst eine Beschreibung der Lichtwelt gegeben werden. Obwohl aus dem Mythos nur Fragmente erhalten sind, bieten die in den Kephalaia enthaltenen Lehrvorträge ebenso wie hymnodische Texte eine Fülle von mythologischen Schilderungen, so daß selbst

---

12 Daß Mani auch von seiner Kenntnis iranischer Gedankenwelt aus einem solchen Dualismus zuneigte, liegt nahe.

13 Joh 1, 1 - 18.

14 Heb 1.

die Grauen der Finsternis eingehend ausgemalt werden.

Die Auseinandersetzung beider Welten führt zu gegenseitigen Aktivitäten. Aus ihnen ergibt sich der Zustand, von dem
die Menschen erlöst werden müssen. Über seine Voraussetzungen muß der Gnostiker gut informiert sein. Ohne Kosmologie
und Anthropologie ist für ihn keine Soteriologie möglich. Denn
wie ein guter Arzt erst die Ursache einer Krankheit kennen
muß, um ihre Erscheinungen wirksam bekämpfen zu können,
so muß der Gnostiker um den Grund für das Unheil wissen,
um sich aus ihm zu retten. Nach dem Christentum liegt dieses Unheil im Sündenfall. Bei Mani wird es in eine frühere
Zeit zurückverlegt. Wenn in der Urzeit der Welten Ruhe und
Unruhe gegenüberstehen, so ist es kein Wunder, daß die Unruhe sich zum Angriff rüstet und die Ruhe zur Verteidigung
nötigt. Gott übernimmt selbst die Initiative und konkretisiert
sich im Sohn. Im Christentum entspricht dieser Vorstellung,
daß der Vater im Sohn offenbar geworden ist. Doch ist hier
der Sohn direkt der Sohn des Vaters, während bei Mani der
Sohn die dritte Person in der aus dem Paganismus stammenden Trias Vater, Mutter, Sohn ist. Mani hat hier also für seine
Darstellung ein gnostisches Modell verwendet, dessen Konkur-
renz mit dem christlichen Vater - Sohn - Geist sich in anderen gnostischen Texten beobachten läßt[15]. Auch die Vorstellung, daß sich Gott im Menschen konkretisiert, ist in gnostischer Literatur zu finden[16]. Dabei handelt es sich um einen
himmlischen Menschen, wobei Gott selbst oder auch sein Sohn
"Mensch" genannt wird. Die Identifizierung von Mensch und

---

15 Vgl. A. Böhlig. Triade und Trinität in den Schriften von Nag Hammadi.
s. o. S. 289 - 311.

16 Ev. Aeg. III 49. 8 - 16 ∿ IV 61. 8 - 18. Dort erscheint der Gott
"Mensch" als himmlischer Adamas, um den Mangel zu beseitigen.

Menschensohn entspricht der von Gott und Gottessohn. Die Aufgabe des Erlösers, die Jesus Christus zu erfüllen hat, wird bei der kosmologischen Sicht der Soteriologie in einen viel weiteren Rahmen als im Christentum gestellt. Das führt zur Aufspaltung der Handlung in verschiedene Arbeitsgänge und zur Einführung zahlreicher Mythengestalten. Das Handeln Jesu Christi wird auf gewisse Ereignisse und Tätigkeiten beschränkt; doch können noch Überlappungen von Jesus mit anderen Mythosfiguren nachgewiesen werden, die zeigen, daß das manichäische System gegenüber dem christlichen Kern sekundär ist.

Die große Selbstoffenbarung Gottes ist bei Mani nicht wie in der Großkirche und auch in gewissen gnostischen Systemen Christus, sondern der "Erste Mensch"[17]. Dieser Umstand hat die Frage laut werden lassen, ob nicht das mythologische Geschehen, das an ihm zu beobachten ist, ein konstitutiver Bestandteil gnostischen Denkens überhaupt ist, das in Stellen wie Rom 5,12, 1 Cor 15,20 und 44-49 entweder Einfluß auf Paulus geübt hat oder doch in der Auseinandersetzung mit Gnostikern von ihm für sein theologisches Ziel umgestaltet worden ist[18].

Der Apostel begründet seine These zur Auferstehung von den Toten[19] damit, daß hier auf Erden nur ein psychischer Leib gesät wird, daß aber bei der Auferweckung ein pneumatischer zu finden sei. Das Alte Testament besage das durch Gen 2,7: ἐγένετο ὁ ἄνθρωπος εἰς ψυχὴν ζῶσαν , wobei

17 Vgl. z.B. Evangelium veritatis NH I.3; 2. Logos des großen Seth NH VII.2. Demgegenüber ist der "Erste Mensch" im Johannesapokryphon die Barbelo (NH II 25, 7 = III 7, 23 = BG 27. 19).

18 W. Schmithals, Die Gnosis in Korinth (3. Aufl. Göttingen 1969), S. 66ff.

19 Zur Interpretation von Rom 5, 12ff und 1 Cor 15 vgl. auch die umfangreiche Arbeit von E. Brandenburger. Adam und Christus. Neukirchen 1962. Bei sorgfältiger Bemühung um den religionsgeschichtlichen Hintergrund erkennt der Verfasser zwar die Bedeutung des jüdischen Hintergrunds, kann sich aber von der gnostisierenden Schule. die nachchristliche Quellen für Paulus heranzieht (Mandäer), nicht genügend trennen.

er allerdings das Zitat zu einem Theologumenon umgestaltet
und erweitert. Dabei wird ὁ ἄνθρωπος zu ὁ πρῶτος ἄνθρωπος ᾿Αδάμ verändert, weil ὁ ἔσχατος ᾿Αδάμ εἰς
πνεῦμα ζωοποιοῦν angeschlossen wird (1 Cor 15,45). Der
Gegensatz seelisch - geistlich wird durch die Vergleichung von
Adam und Christus dargestellt. V. 47 erklärt das noch deutli-
cher: ὁ πρῶτος ἄνθρωπος ἐκ γῆς χοϊκός, ὁ δεύτερος
ἄνθρωπος ἐξ οὐρανοῦ . Zwei Menschen stehen sich gegenüber, die zeitlich einander folgen, der erste und der zweite
Mensch. Dieser zweite ist aber zugleich der letzte. ὁ ἔσχατος
kann hier entweder einfach ein Synonym zu ὁ δεύτερος
sein, es kann aber auch terminologisch die Endgültigkeit eschatologischen Geschehens zum Ausdruck bringen. Die zeitliche Anordnung des Heilsgeschehens ist gleich wichtig der qualitativen
Beurteilung. Der irdische Mensch wird von der Seele belebt.
Paulus sieht in dieser Tatsache aber eine Begrenzung. Er hat
das ja bereits 1 Cor 2,14 deutlich zum Ausdruck gebracht:
"Der psychische Mensch nimmt nicht an, was vom Geist Gottes kommt". Darum liegt ein grundsätzlicher Vorrang im Besitz
des belebenden Geistes. Außerdem wird die Herkunft aus dem
Staub durch die vom Himmel her überboten. Diese Bezeichnung
Jesu Christi als ἐπουράνιος und die Angleichung seiner Gemeinde an ihn weist auf das heilsgeschichtliche Geschehen auf Erden hin. Die Benennung erster und zweiter Mensch erklärt sich
also vollkommen im Rahmen der Dialektik, mit der Paulus seine These "erst psychisch, dann pneumatisch" lösen will. Die
Argumentation, die den Aufstieg vom Geringeren zum Höheren
darlegt, wird bereits in V. 35-44 begonnen.

Paulus braucht für den Fall, daß ihm Vorstellungen von
einem himmlischen Menschen bekannt waren, die er als Material zur Bildung seines Modells verwendete, diese durchaus
nicht in der Auseinandersetzung mit Gnostikern oder einer

häretischen Gruppe von diesen übernommen zu haben. Vielmehr können die Theologumena aus seiner Kenntnis der jüdischen Tradition und Exegese stammen. Schließlich hatte er ja nach Damaskus seinen theologischen Besitz als Pharisäer auf Christus hin neu auszurichten, aber nicht wegzuwerfen. Christus als himmlischer Mensch läßt an seine Präexistenz und die damit verbundene Schöpfungsmittlerschaft denken, von der ja im Neuen Testament auch bei Paulus die Rede ist. Dann müßte allerdings der himmlische Mensch der erste und nicht der zweite sein. Eine solche Auffassung von zwei von Gott geschaffenen Menschen findet sich ja bei Philon, der Gen 1,26 und Gen 2,7 als zwei verschiedene Handlungen interpretiert. Nach Gen 1,26 wird als erster Mensch eine Person geschaffen, die "nach dem Bilde Gottes und seiner Ähnlichkeit" gemacht ist. Diese Ebenbildlichkeit bezieht sich nach Philon nicht auf eine menschliche Gestalt Gottes oder des Menschen. Hier entsteht ein Idealmensch, während Gen 2,7 von dem irdischen Menschen spricht[20]: "Hiermit zeigt er ganz klar, daß ein sehr großer Unterschied besteht zwischen dem Menschen, der jetzt gebildet wurde, und dem, der früher nach dem Ebenbild Gottes geschaffen war; denn der jetzt gebildete Mensch war sinnlich wahrnehmbar, hatte schon eine bestimmte Beschaffenheit, bestand aus Körper und Seele, war Mann oder Weib und von Natur sterblich; dagegen war der nach dem Ebenbilde Gottes geschaffene eine Idee oder ein Gattungsbegriff oder ein Siegel, nur gedacht, unkörperlich, weder männlich noch weiblich, von Natur unvergänglich". Wenn man eine solche Theologie von zwei Menschen wie die angeführte als Hintergrund der Paulusstelle ansehen will, wäre der zweite Mensch von 1 Cor als der himmlische eigentlich der erste, würde aber zum zweiten, weil er

20 De opif. mundi 134 (Übersetzung nach J. Cohn).

als eschatologischer zeitlich zum zweiten wird, der die Erlösung schafft. Er wäre also ursprünglich der Urmensch, an den
gewisse gnostisierende Theologen glauben. Doch Paulus hat sich
bei der Neuformulierung seiner Theologie um den Nachweis bemüht, daß Christus Ursprung und Ziel ist[21]. Er tritt für ihn an
die Stelle der Weisheit bzw. der Tora als Schöpfungsmittler.
Aber weil das Problem die Erlösung der Menschen durch Jesus
Christus, der ihm erschienen war, ist, muß er in ihm den eschatologischen Erlöser sehen, der Sünde und Tod überwunden hat.
Die Entsprechung erster Mensch - zweiter Mensch, irdischer
Mensch - himmlischer Mensch, psychischer Mensch - pneumatischer Mensch erfordert für die Heilsgeschichte die von Paulus angewandte Zählung. Das gilt auch für 1 Cor 15, 21-22:
"Denn durch einen Menschen kommt der Tod und durch einen
Menschen die Auferstehung der Toten. Denn wie in Adam alle
sterben, so werden in Christus alle zum Leben erweckt". Breit
ausgeführt ist die Grundlage für diesen verheißungsvollen Glauben in der Konzeption von Rom 5. Nachdem die Gewißheit der
Versöhnung in V. 11 ausgesprochen worden ist, wird in V. 12ff.
Adams verhängnisvolle Übertretung und ihre Folge, der Tod,
mit dem Werk des einen Menschen Jesus konfrontiert. Wieder
hat dieser erlösende Mensch eschatologische Bedeutung. Adam
war für ihn, den kommenden, der (Anti)typ (τύπος τοῦ μέλ-
λοντος). Der präexistente Christus erscheint in der Zeit der
Erfüllung auf Erden[22]. Religionsgeschichtlich braucht man für
diese Gedanken, auch wenn man die Deuteropaulinen hinzunimmt,
nicht auf den Gnostizismus zurückzugehen, sondern die Grundtendenz des Paulus ist auch hier die Umgestaltung seines jüdischen Glaubens zu einem christozentrischen. Der präexistente

21 1 Cor 8. 6.
22 Gal 4. 4.

Christus tritt, wie schon gesagt, als Schöpfungsmittler an die
Stelle der Weisheit oder der Tora, die im palästinischen Judentum an deren Stelle getreten war. Die Sünde Adams, die durch
die Tora nicht zu bewältigen ist, wird durch den Erlöser Jesus
Christus überwunden. Für einen Menschen, der selbst frommer
Jude gewesen war und die Tora als schaffende und erhaltende
Größe voll angenommen hatte, mußte die Frage entstehen, welche Rolle sie in Wirklichkeit spielt. Sie wird nicht gestrichen
oder übergangen, sondern sie wird eingebaut, indem sie bei der
Beantwortung der Heilsfrage auf ihren historischen Bereich beschränkt wird. Vom Nomos, den Moses gebracht hat, kann παρ-
εισῆλθεν gesagt werden. Doch das Gesetz Gottes als die Summe seines Willens bleibt erhalten. So erhält das Gesetz einen
vertieften Inhalt. Es ist νόμος πνευματικός als νόμος τοῦ
Χριστοῦ [23].

Bei Mani haben wir, ähnlich wie bei Philon, zwei Menschen;
die Differenzierung ist aber ganz radikalisiert. Der himmlische
Mensch ist Sohn Gottes[24], der irdische Adam aber ist nicht
ein Geschöpf des Willens Gottes. Vielmehr tritt in seiner Gestaltung gerade der Widerstand gegen Gott hervor. Das pluralische Handeln[25] wird von Helfern auf Feinde Gottes umge-
deutet. Als Helfer, die allerdings die Verantwortung für Mängel
zu tragen hätten, werden an der Erschaffung des Menschen be-
teiligte Götter schon von Platon genannt[26]. Der Erste Mensch
bei Mani ist ein Angehöriger der himmlischen Welt, während

---

23   Rom 7, 14; Gal 6, 2.

24   Der Adamas der Gnostiker, der entweder Gott oder Gottessohn ist, erhält bei Mani nur eine Nebenrolle. Als einer der Söhne des Lebendigen Geistes
hat er das aus dem Meer auftauchende Ungeheuer niederzuwerfen. Vgl. Gnosis
III. S. 107.

25   Gen 1, 26: Lasset uns einen Menschen machen ...

26   Plat., Tim. 41 a-d; vgl. P. Boyancé, Dieu cosmique et dualisme, in:
Le origini dello gnosticismo, hrsg. v. U. Bianchi (Leiden 1967), S. 340 - 356.

der irdische Mensch ein Glied des Kosmos ist, dessen Rettung
durch die Fortpflanzung des Menschen gehemmt werden soll.

Der Erste Mensch bei Mani wird mit einer Rüstung verse-
hen, die auch den Namen "Söhne des Urmenschen" führen kann.
Es handelt sich um fünf Elemente: Aër, Licht, Wind, Wasser,
Feuer. Sie können kollektiv auch als "Lebendige Seele" bezeichnet, ja auch mit dem Ersten Menschen in eins gesetzt werden.
Nicht nur gnostische Motive, sondern auch philosophische Gedanken tragen hier in der Vorstellung von den Elementen zur
Konstruktion des manichäischen Mythos bei. Der stoische Monismus entspricht der Homogenität des Lichts. Man könnte von
Materialismus sprechen, wird aber eher wie moderne Neugno-
stiker[27] Geistelemente in den Lichtteilen sehen müssen. Wenn
man die Mischung von Licht und Finsternis beurteilen will, so
kann man an die stoischen zwei $\dot{\alpha}\rho\chi\alpha\acute{\iota}$, ungeformte Hyle und
Logos, denken. Wie in der Großkirche Christus sowohl Sieger
als auch Leidender ist, so hat auch Mani den Kampf zwischen
Licht und Finsternis zu einem Sieg und einer Gefangenschaft
für das Licht werden lassen. Der Sieg bedeutet noch keine endgültige Unterwerfung; es handelt sich nur um eine Lähmung
bzw. Fesselung der Finsternis. Der Erste Mensch und seine
Söhne werden gefangengenommen, zugleich aber die Finsternis
durch sie gelähmt. Am Ersten Menschen wird besonders sein
Wirken als Kämpfer betont, bei den Elementen ihres Leidens
gedacht. Diese Teilung ermöglicht es, dem historischen Ablauf
des mythischen Geschehens gerecht zu werden. Denn die Lei-
denszeit des Ersten Menschen ist ja ungleich kürzer als die
der Lebendigen Seele. Zugleich wird durch die Teilung aber
auch beidem, dem Kampf und dem Leiden, stärkeres Gewicht

---

27 Vgl. J.E. Charon, Tod, wo ist dein Stachel?, Wien 1981; R. Ruyer. Jen-
seits der Erkenntnis. Wien 1977.

beigelegt[28].

Um den Ersten Menschen zu befreien, macht sich der Lebendige Geist auf, der nach dieser Heimholung die Finsterniswelt überwindet und aus der zurückgebliebenen Mischung die Welt schafft. Da es sich hierbei um Ereignisse im Weltall handelte, die den Sohn Gottes als Ersten Menschen erscheinen ließen, die Welt aber noch nicht geschaffen war, folgt die Aufgabe des Schöpfungsmittlers erst dem Auftreten des Ersten Menschen. Der Lebendige Geist als von Gott entsandter Demiurg vollzieht also eine Aufgabe, die nach christlicher Theologie Christus obliegt. Man vergleiche, was im Diognetbrief von Christus gesagt wird[29]: "Aber er, der wahrhaft allmächtige und allschaffende und unsichtbare Vater, er hat die Wahrheit und den heiligen und unbegreiflichen Logos den Menschen eingepflanzt und in ihren Herzen befestigt. Er hat nicht, wie man vermuten könnte, den Menschen einen Diener gesandt oder Boten oder Archonten oder einen von denen, die irdischen Pflichten nachkommen, oder einen derer, die mit Walten im Himmel betraut sind, sondern ihn, den Erbauer und Schöpfer (τεχνίτης, δημιουργός) des Alls, durch den er die Himmel geschaffen hat, durch den er das Meer in seine Grenzen eingeschlossen hat, dessen Geheimnisse zuverlässig alle Elemente bewahren, von dem ⟨die Sonne⟩ die Maße für die Läufe des Tages zu bewahren genommen hat, auf dessen Gebot der Mond nachts scheint, dem die Sterne gehorchen, wenn sie dem Lauf des Mondes folgen, durch den alles geordnet und begrenzt und dem alles unterworfen ist, die Himmel und, was in den Himmeln ist, die Erde und, was auf der Erde ist, das Meer

---

28 Daß bei der engen Verbindung von Erstem Menschen und Elementen diese Teilung nicht immer scharf durchgeführt wird. versteht sich von selbst.

29 Diogn. 7. 2f.

und, was im Meer ist, Feuer, Aër, Abgrund, was in der Höhe, was in der Tiefe, was dazwischen ist. Diesen sandte er zu ihnen". Allerdings gilt nicht das Folgende: "Ob es wohl, wie einer der Menschen denken werde, mit Tyrannis, Furcht und Schrecken geschieht? Nein". Vielmehr ist der Lebendige Geist im manichäischen Mythos im Kampf mit den Archonten sehr grausam, wenn er aus ihren Leibern die Himmel macht, andere an das Rad der Gestirne heftet usw., muß er ihnen doch die Lichtelemente rauben.

Die Ausläuterung der Elemente aus dem Kosmos ist bei Mani ein sehr komplizierter Prozeß geworden, der in mehrere Stufen aufgeteilt ist. Zunächst hat bei der Weltschöpfung der Lebendige Geist selber gewisse Mengen der Finsternis abgesondert[30]. Besonders wichtig ist aber die Herstellung von Sonne und Mond aus Licht. Diese Himmelskörper, die ja in der griechischen Kosmologie einen besonderen Rang durch ihre Qualität einnehmen, werden mit mythologischen Personen besetzt. Wie bei der Beurteilung der Elemente auf die griechische Philosophie zu verweisen war, ist bei der Einteilung des Kosmos an die aristotelische Teilung von sublunarer und translunarer Welt zu denken. Denn die Elemente werden über die Milchstraße zum Mond und von dort zur Sonne geleitet. Die Galaxie[31] führt den eigenartigen Namen "die Säule der Herrlichkeit, der vollkommene Mann". Vielleicht sollte man das ⲈⲀⲨ der koptischen Texte mit "Glanz" übersetzen. "Säule des Glanzes" gibt in parthischen Texten den Helligkeitscharakter der Milchstraße wieder. Anaxagoras und Demokrit sehen

30 Z.B. die drei Fahrzeuge; vgl. Keph. Kap. 42 (S. 106.21 - 111.17). Kap. 43 (S. 111.18 - 113.25) und Kap. 45 (S. 116.1 - 117.9). Damit übt der Lebendige Geist eine richterliche Tätigkeit aus.

31 W. Gundel, Galaxias, Pauly-Wissowa, Real-Encyclopädie d. class. Altertumswiss. VII, Sp. 560 - 571.

in ihr eine Ansammlung kleiner Sterne. Nach Parmenides ist
aus ihr Sonne und Mond ausgeschieden worden. Diese Tradition kann die Grundlage für Manis Anschauung gebildet haben. Auf der Milchstraße, die den Weg der Himmlischen empor zu Zeus bildet, steigen die Seelen zum Himmel empor,
da ja das wissenschaftliche Weltbild den Hades dorthin verlegt hatte[32]. Schon die Pythagoräer sollen sie· als Aufenthalts-
ort der Seelen angesehen haben. Es sei auch auf Somnium
Scipionis 16 verwiesen: "ea vita via est in caelum et in hunc
coetum eorum, qui iam vixerunt et corpore laxati illum in-
colunt locum quem vides – erat autem is splendidissimo can-
dore inter flammas circus elucens –, quem vos, ut a Grais
accepistis, orbem lacteum nuncupatis". Die Säule der Herrlichkeit wird sehr oft zusätzlich als "der vollkommene Mann"
bezeichnet. Damit greift Mani auf einen Terminus aus der
Theologie der Deuteropaulinen zurück. Eph 4,11ff. ist die Rede
vom Bau der Gemeinde Christi; V. 13f. heißt es: "bis wir alle
gelangen zur Einheit des Glaubens und der Erkenntnis des Sohnes Gottes, zu einem vollkommenen Mann, zum Maße der Reife
der Fülle Christi, damit wir nicht mehr unmündig sind, hin
und hergetrieben von jedem Wind der Lehre durch das Würfel-
spiel der Menschen, durch Schlauheit zur (oder: entsprechend
der) Arglist der Irrlehre". Das Ziel ist eine sichere und nicht
von Irrtum geschädigte Glaubenserfahrung und Erkenntnis des
Gottessohnes. Betroffen ist die Gesamtheit der Gläubigen, die
eine Einheit bilden sollen. Diese Einheit wird appositionell
als "vollkommener Mann" bezeichnet, dem eine weitere Apposition folgt: "zum Maße der Reife der Fülle Christi". Der Sinn
ist zunächst einfach der, daß die Gemeinde in ihrer Einheit

---

32 M.P. Nilsson, Geschichte der griechischen Religion II (2. Aufl. München
1961), S. 240.

einem volljährigen Mann gleichen soll, als dessen Maß Christus angegeben wird. Zwei Vorstellungen verbinden sich in diesen Versen. Der Gegensatz erwachsen - nicht erwachsen ist durch den Wunsch bezeugt, nicht unmündig zu sein. Er wird zur Verdeutlichung des Wunsches gebraucht, daß die Kirche "die Fülle Christi" erreichen möge. Der τέλειος ἀνήρ ist an unserer Stelle die in Christus zusammengefaßte Kirche, also eine Kollektivgröße. Kein Wunder, daß Mani im "vollkommenen Mann" eine solche Kollektivgröße von Seelen erblicken konnte, noch dazu, wenn diese zum Mond strebten, in dem ja Christus residiert. Das könnte man mit Col 1,18 vergleichen, wo Christus als Haupt des Leibes der Gemeinde bezeichnet wird. Col 1,28 wird auch von der Vollkommenheit des Menschen (ἄνθρωπος , nicht ἀνήρ !) gesprochen; doch geht es hier nicht um die Gesamtgemeinde, sondern um die Belehrung eines jeden Menschen, damit er vollkommener Christ werde.

Die Säule der Herrlichkeit, der vollkommene Mann, bildet bei Mani das Verbindungsglied zwischen Kirche und Mond[33]. Dadurch daß sie die gereinigten Elemente zusammenfaßt, schafft sie einen festen Halt im Kosmos. Sie wird deshalb als Fels bezeichnet[34]: "Der erste Fels ist die Säule der Herrlichkeit, der vollkommene Mann, der vom herrlichen Gesandten berufen worden ist und den er in die Zone gesetzt hat. Er hat sich von unten nach oben ausgedehnt, hat die ganze Welt getragen, ist der Erstling aller Lastträger durch seine Kräfte geworden, hat sich durch seine Festigkeit aufgestellt und alle Dinge drunten und droben befestigt". Im manichäischen Psalmbuch begegnet die Charakterisierung "die Kraft Gottes, die

---

33 Keph. 20. 21 - 27. Hier wird der Erste Mensch als Resident im Mond genannt. Zum Verhältnis Erster Mensch - Jesus vgl. u. Anm. 39.

34 Keph. 155. 10 - 16.

das All trägt"[35]. Die Eigenschaft als tragende Größe verschafft der Säule der Herrlichkeit auch den Namen "der große Omophoros" im Gegensatz zum Atlas (= Omophoros), dem 5. Sohn des Lebendigen Geistes. Eine Funktionsbezeichnung erhält sie aber nicht nur im Koptischen, sondern auch in mittelpersischen Texten. Die mythologische Benennung Srōśahrāy "der gerechte Srōś"[36] spielt wohl auf die Tätigkeit der Säule als richtende Größe an. Denn Srōś befindet sich in der Lehre Zarathustras in der Umgebung des Mitra als Richter; er wird direkt als Aspekt des Mitra angesehen[37]. Wie die Galaxie in ihrer Eigenschaft als Weg der Erlösung mit Jesus und dem Ersten Menschen verbunden ist, wird im koptischen Psalmbuch sichtbar. Sie wird als Stätte genannt, wo Jesus die Reinigung vornimmt[38]: "O Heiland (σωτήρ), Sohn Gottes, ⌈nimm⌉ mich eilends zu dir, wasche mich ab mit dem Tau der Säule der Herrlichkeit". In einem anderen Psalm wird Jesus angeredet[39]: "Vollkommener Mensch, Hafen meines Vertrauens, erhebe dich! Du bist der Erste Mensch, mein wahrer Aufnehmer, erhebe dich!" In einem weiteren Jesuspsalm wird dieser in einem Abschnitt, der ihn charakterisiert, auch direkt mit der Säule gleichgesetzt[40]:

"Jesus ist die erste Gabe, die geschenkt wurde.

Jesus ist die Blume des heiligen Vaters.

Jesus ist das erste Sitzen auf den Leuchtern.

---

35 Ps.-B. 133, 24f.

36 Gnosis III. S. 63.

37 G. Widengren, Die Religionen Irans (Stuttgart 1965), S. 82.

38 Ps.-B. 103, 34ff.

39 Ps.-B. 88, 12f.

40 Ps.-B. 59, 17f.; vgl. auch W. Sundermann. Mitteliranische manichäische Texte kirchengeschichtlichen Inhalts (Berliner Turfantexte XI. Berlin 1981). S. 115.

Jesus ist der vollkommene Mensch in der Säule[41].

Jesus ist die Auferstehung der Toten in der Kirche".

Die Identifizierung Jesu mit dem Ersten Menschen und seine Zurückführung auf den Anfang des Alls, auf die Leuchter Sonne und Mond, seine Identifizierung mit der Säule der Herrlichkeit und als Erwecker der Toten erweist den ganzen Abschnitt vom Entstehen des Ersten Menschen bis zur Belehrung des irdischen Menschen als eine Aufspaltung der Christologie in einzelne Aufgabenbereiche. Die durch die Erschaffung von Sonne und Mond angelegte Erlösungsmaschinerie bedurfte noch der Personen, die sie bedienten. Der manichäische Mythos setzt in die Sonne den Dritten Gesandten. Der Erste Mensch war der erste Gesandte, der Lebendige Geist der zweite; nun tritt ein weiterer hinzu, der keinen besonderen Namen erhält, sondern der Gesandte par excellence bzw. eben der dritte ist, damit die Harmonie erfüllt ist; bildeten doch der Vater der Größe, die Mutter des Lebens und der Erste Mensch die erste Trias, der Geliebte der Lichter, der Große Baumeister und der Lebendige Geist die zweite. Während Mani im Syrischen sich mit der Funktion des Dritten Gesandten begnügt, gebraucht er in iranischen Texten sowohl einen Funktionsnamen anderer Art, nämlich Rōšnšahryazd "der Gott, dessen Reich das Licht ist", als auch einen Götternamen, Narisah, der Götterbote ist, aber auch durch seine Schönheit die Dämonen verführt. An seine Stelle tritt im Osten der Sonnengott Mitra, da der Dritte Gesandte ja im Schiff der Sonne sitzt. In Nordafrika wird er durch Christus ersetzt. Der Dritte Gesandte wird auch noch mit zwei anderen Figuren oder Figurengrup-

---

41 Die Annahme, Christus sei eine kolossale, zwischen Himmel und Erde stehende menschliche Gestalt, findet sich bereits bei Elkesai. Mani könnte diese Vorstellung mit der paulinischen Tradition vom vollkommenen Mann, die er über Markion kannte, kombiniert haben. Vgl. Epiphan., adv. haer. 30, 17, 6.

pen verbunden. Wenn man konsequent sein will, genügt er ja auch allein nicht, weil durch ihn nur die Sonne besetzt ist, aber auch der Mond besetzt werden muß. Dies geschieht durch die Heranziehung Jesu. In den iranischen Lehrschriften bedient man sich wieder einer Funktionsangabe als Name: Chradēšahryazd "der Gott, dessen Reich der Verstand ist". In allen anderen Texten wird "Jesus der Glanz" gebraucht. Er wohnt mit der Lichtjungfrau und dem Nus im Schiff des Mondes. Anstelle des Nus begleitet ihn aber auch der Erste Mensch[42]. In einer Aufzählung der Erlösungsstationen findet er sich zwischen der Säule der Herrlichkeit (Galaxie) und dem Dritten Gesandten (Sonne), also im Mond[43].

Nach seiner Heimkehr in die himmlische Heimat kehrt der Erste Mensch doch wieder in die Welt zurück, um die Lebendige Seele zu befreien[44]. Er handelt hier wie der Jesus des Neuen Testaments, der nach Leiden und Auferstehung siegreich zum Vater kommt, aber andererseits "bis an der Welt Ende" bei seinen Gläubigen bleibt. Auch dieser Parallelismus spricht dafür, daß Mani die Person Jesu Christi in seinem Mythos aufgeteilt hat. Das ist ihm freilich nicht mit letzter Konsequenz gelungen. Die freigebige Angleichung der Nomenklatur in der Mission macht es zudem nicht immer einfach, missionarische von konstitutiven Veränderungen zu unterscheiden. Verkürzungen der Mythologie scheinen manchmal rein missionarische Gründe zu haben. Durch die vermehrte Anzahl der erhaltenen Quellen ließ sich aber feststellen, daß solche Verkürzungen keine Veränderung des Inhalts, sondern nur eine Zurückführung des breiter ausgeführten mythologischen Systems auf

42 Keph. 37, 1f.; 82. 33f.

43 Keph. 176, 4f.

44 Weil der Erste Mensch damit ja einen Teil von sich selber erlöst, erweist er sich echt als salvator salvandus.

eines darstellt, das den theologischen Inhalt auch genügend
zum Ausdruck bringt. Obgleich in den koptisch-manichäischen
Texten die Stellung Jesu durchaus genügend beschrieben ist,
ist im nordafrikanischen Manichäismus, den Augustin kannte,
die mythologische Figur Jesus wesentlich erweitert. In ihm
wird das leidende Licht als Jesus patibilis, der in Sonne und
Mond befindliche Christus als virtus und sapientia dei angesehen. Daß die leidenden Elemente nicht erst von der manichäischen Mission unter den Christen als der Leib Jesu betrachtet
wurden, ist, wie bereits erwähnt[45], schon für Mani bezeugt.
Ein besonderes Zeugnis legt dafür die manichäische Deutung
von Mt 25,31 ff. ab, die in der Schrift Manis an den persischen Großkönig, dem Schābuhragān[46], erhalten ist. Chradēšahryazd, der mit dem Menschensohn (märdan pusar), also
Jesus, gleichgesetzt ist, begründet das Urteil über Gerechte
und Ungerechte damit, wie sie sich ihm gegenüber verhalten
haben. Dabei ist mit Gutes oder Böses an Jesus tun gemeint,
wie die Menschen die Lichtelemente behandelt haben, d.h.
ob sie in genügendem Maße der manichäischen Ethik gemäß
gelebt haben. Die Lehre von der Einheit Jesu mit den Lichtelementen ist auch nach dem Osten getragen worden, so daß
sie im chinesischen Hymnenbuch ebenfalls zu finden ist[47].

War Gott Herr über die himmlische Welt, die ungeschaffen
ist, so war er doch auch Schöpfer des Kosmos. Wie bei Platon ist ein δημιουργός am Werk, der ein Modus von ihm

---

45 S. o. S. 588.
46 Gnosis III, S. 236f.
47 V. 254: Denn sie sind Jesu Fleisch und Blut.
        Wer immer ihrer bedarf, kann sie nach seinem Belieben nehmen.
        Doch ist er leer und trügerisch und undankbaren Herzens,
        dann ist auch Jesus machtlos und es gibt keinen Schneeweg.
        (Übersetzung nach H. Schmidt-Glintzer, Chinesische Manichaica.
        Wiesbaden 1987, S. 43.)

ist. Mit dieser positiven Stellung zum Schöpfergott unterscheidet sich Mani von gewissen anderen Gnostikern, insbesondere von Markion, dem er doch sonst soviel verdankt[48], aber nicht vom Christentum. Zur Schöpfung des Menschen nimmt er dagegen eine negative Stellung ein. Der Mensch ist durch obszöne Handlungen der Archonten ein sarkisches Wesen, in dem Teile der Lebendigen Seele gefesselt sind. Er bedarf deshalb der Gnosis, durch die er erkennt, wie es um ihn steht. Solche Information erhält er durch Jesus. Man könnte zunächst annehmen, daß hier Jesus als Lehrer auf das manichäische mythische System aufgepfropft sei. Doch zeigt seine Identität mit den Elementen und seine kosmologische Siegerstellung in Sonne und Mond, daß er in viel tieferem Maße hinter all dem Geschehen steht. Mythologisch wird das so ausgedrückt, daß er in der Säule der Herrlichkeit, dem vollkommenen Mann, erglänzte, herabkam und in der Welt erschien[49]. Schon nach griechischer Vorstellung benutzten die Götter die Milchstraße als Weg hinab zur Welt. In dem gnostischen Text Nag Hammadi VII,2 "Der zweite Traktat des großen Seth" findet sich eine entsprechende Handlung. Der Erlöser wird aus dem Lichtreich herabgesandt, um in der Welt verstreute ἔννοιαι (Gedanken in hypostasiertem Sinne) aus ihr zu sammeln und zu befreien [50]. Dieser Abschnitt des manichäischen Mythos läßt an Eph 5,11 ff. denken. Dort wird aufgerufen zur Trennung von der Finsternis und zur Hinwendung zum Licht. Die Verbindung von Offenbarung und Licht weist auf das in Christus kommende

---

48 Ich halte die Person, die Keph. 13. 30f. als "wirklicher Gerechter" bezeichnet wird, durchaus für Markion, da sie gerade mit der Reichgottespredigt verbunden wird. Es handelt sich nicht um Elkesai. Die Ausdrucksweise zielt auf eine dialektische Überbietung des Judenchristentums ab.

49 Keph. 37. 3ff.

50 NH VII 50. 1ff.

Licht hin. Gerade wenn V. 14 "Wache auf, der du schläfst[51],
und steh auf von den Toten, so wird dich Christus erleuchten"
ein altchristlicher Taufspruch sein sollte, würde in einer Häresie, die eine Wassertaufe ablehnt, dieser Wortlaut auch Ausgangspunkt für Gnosis als Spiritualisierung der Taufe sein.

Daß Jesus und Erster Mensch, die ja beide Sohn Gottes
sind, auch ausgetauscht werden, beweist das persische kosmogonische Fragment[52]. In ihm wird der Mensch von Ohrmizd,
wie der Erste Mensch in gewissen iranischen Texten heißt,
über sein Wesen belehrt. Auch in diesem Hymnus ist die Folge
die Auferstehung. Man wollte die Rolle als Erlöser, die der
Erste Mensch in dieser Darstellung spielt, ihn auch konsequent
bis zu Ende spielen lassen.

Die Belehrung hat in den Augen der Manichäer eine grundlegende Auswirkung auf die Existenz des Menschen. Auch die
manichäische Anthropologie knüpft an die paulinische Botschaft
an[53]. Aus dem Alten Menschen wird bei Mani durch die Gnosis
der Neue Mensch. Auch in diesem Fall wird von Mani das spiritualisiert, was Paulus von dem Tauferlebnis des Christen aus-
sagt. Rom 6,3 ff. ist von der Auferstehung die Rede, die sich
aus der Taufe auf Christi Tod ergibt: V. 6 "wenn wir erkennen, daß unser Alter Mensch mitgekreuzigt wurde, damit der
Leib der Sünde beseitigt werde". Und Col 3,9 f.: "Leget ab
den Alten Menschen mit seinen Werken, ziehet aber an den
Neuen (νέος), der erneuert wird zur Erkenntnis nach dem
Bilde dessen, der ihn geschaffen hat". Das Bild des Schöpfers

51 Vgl. die auf S. 603 f. zitierte Stelle aus dem manichäischen Psalter, in
der Jesus als die Auferstehung der Toten bezeichnet wird.

52 S 9; vgl. Gnosis III, S. 121 - 123.

53 Das hat bereits K. Holl in seinem Aufsatz "Urchristentum und Religionsgeschichte" (Gesammelte Aufsätze II: Der Osten, Tübingen 1928), S. 1 - 32. gesehen. Vgl. auch H.H. Schaeder. Urform und Fortbildungen des manichäischen
Systems (Leipzig 1927), S. 93. Anm. 1.

ist Christus. Eph 4,20 ff.: "Ihr aber habt Christus nicht so
kennengelernt, insofern ihr ihn ja gehört habt und in ihm un-
terrichtet worden seid, - weil Wahrheit in Christus ist -, daß
ihr ablegen sollt den Alten Menschen, wie er in eurem früheren Wandel (sichtbar ist), der in den Begierden der Täuschung
vergeht, daß ihr aber erneuert werden sollt im Geist eures
Sinnes und den Neuen (καινός) Menschen, der nach Gott
geschaffen ist, anziehen sollt in wahrer Rechtschaffenheit und
Frömmigkeit". Im Diognetbrief wird der Leser zur Reinigung
aufgefordert, durch die er ein Neuer Mensch wird wie am Anfang der Schöpfung[54]. Nicht nur für das Individuum gelten
aber diese Sätze. Schon der Plural in der Anrede weist auf
die Gesamtheit der Gemeinde hin. Das kam schon in der erwähnten Stelle Eph 4,13[55] zum Ausdruck, wo die Gläubigen
als ἀνὴρ τέλειος vereinigt werden sollten; ihr entspricht
2,15 die Vereinigung der Gemeinde als καινὸς ἄνθρωπος. Bei
Mani findet sich das Gegenüber von Alter und Neuer Mensch
besonders in den Lehrvorträgen, sowohl in den koptischen Kephalaia als auch im chinesischen Traktat. Aber auch in den
Hymnen begegnen uns interessante Stellen. Im besonderen ist
es der Nus, der den Menschen verwandelt. Deswegen kann es
heißen: "der Neue Mensch, in dem der Nus Gestalt gewinnt"[56].
In einem langen Kapitel, das über den Nus handelt[57], wird die
Fesselung der Seele durch die Sünde dargestellt. Der ganze
Vorgang wird dabei verglichen mit dem kosmischen Geschehen,
weil der Mensch ja ein Mikrokosmos ist[58]. Die Sünde wohnt

54 Diogn. 2,1; 11,4; 12,3.
55 S. o. S. 601.
56 Keph. 269, 19f.
57 Kap. 38: Keph. 89 - 102.
58 Diese Art der Betrachtung ist besonders beliebt auch im chinesischen

im Körper, aber der Licht-Nus vertreibt den Alten Körper
und fesselt die finsteren Elemente, so daß die befreiten Lichtelemente den Neuen Menschen bilden können. Dieses Geschehen wird bis in Kleinigkeiten durchspekuliert. In einem Psalm
wird der Neue Mensch mit einem Arzt verglichen, der schwere
Geschwüre beseitigt mit Hilfe von Medizin und medizinischem
Gerät; dafür dienen die Bücher Manis[59]. Ganz im paulinischen
Stil heißt es in einem Bemapsalm, der an den Parakleten gerichtet ist[60]: "Sei gegrüßt, o Auferstehung der Toten, o neuer
Äon der Seelen, der uns den Alten Menschen ausgezogen und
uns den Neuen Menschen angezogen hat". Wie intensiv man sich
auch im Westen mit dieser Gegenüberstellung befaßt hat, zeigt
Faustus von Mileve[61], der die paulinischen Stellen zum Beweis
dafür heranzieht, daß es zwei verschiedene Körper gibt, von
denen nur der "Neue" von Gott geschaffen ist. Die Nähe, die
Mani, der Nus und Jesus in der manichäischen Anthropologie
zueinander besitzen, beweist uns, wie auch bei diesen Vorstellungen Jesus Christus einen ursprünglichen Charakter hat.

Mani hatte sicher in seiner Jugend und durch seine Herkunft
mancherlei religiöse Strömungen kennengelernt; Judenchristen-
tum gnostischer Prägung war die Heimat seiner Kindheit; Iranisches mag durch seine Abstammung an ihn herangetragen
worden sein. Der Welt des Buddhismus ist er im Osten Irans
und in Indien auf seinen Reisen begegnet. Vielleicht ist sein
schroffer Dualismus von iranischem Gedankengut beeinflußt,
ebenso wie gewisse Modelle, z.B. der Große Krieg, die Mythologie der persischen Lehrtexte und Vorstellungen vom Aufstieg

---

Traktat; vgl. Un traité manichéen retrouvé en Chine, ed. E. Chavannes - P. Pel-
liot, Journ. Asiatique 1912, S. 27ff.

59 Ps.-B. 46, 18ff.

60 Ps.-B. 25, 12ff.

61 Augustin, contr. Faustum 24,1 (CSEL 25, 717ff. ed. Zycha).

der Seele. Aus Indien mag ihm die Seelenwanderung, die er schon aus griechischer Philosophie kannte, bestätigt worden sein, ebenso wie die Ablehnung der Arbeit für die Electi. Doch die Grundtendenz des Mythos, der seinen Glaubensinhalt zentral wiedergibt, ist, wie m.E. die dargelegten Beobachtungen zeigen, ein gnostisches Christentum, das in großer Schau den Weg des Sohnes Gottes mannigfaltig inkarniert als Schöpfer und Erlöser darstellt, um durch seine Gnosis und die aus ihr gezogenen Konsequenzen zum Vater geführt zu werden.

DAS BÖSE IN DER LEHRE
DES MANI UND DES MARKION

In dem einleitenden Vortrag haben wir von dem grundsätzlichen Gegensatz von Gut und Böse gehört. Es ist jetzt meine Aufgabe, ihn in der Theologie von gnostischen Gruppen zu umreißen, die als Kirchen die Erfüllung der Verheißung Jesu Christi darzubieten beanspruchten. Dabei soll Eigenschaft und Stellung des Bösen besonders beschrieben werden. Die Fülle des Materials, das der Manichäismus gerade an Originalquellen bietet, führt mich dazu, wie in der Formulierung des Vortragsthemas, die Darstellung der Vorstellung vom Bösen bei Mani der Behandlung des Gegenstands bei Markion voranzustellen. Die Quellenlage bei Markion ist ungleich schwieriger, weil alle vorhandenen Mitteilungen auf häresiologische Angaben zurückgehen, die noch dazu auf ihren jeweiligen Sitz im Leben untersucht werden müssen, insbesondere aber auch, ob Markion selbst Mani beeinflußt hat oder eine weiterentwickelte markionitische Kirche von Mani beeinflußt worden ist. Deshalb wird es zweckmäßig sein, erst im Anschluß an das manichäische Problem die geistige Lage bei Markion und den Markioniten sowie ihre Verbindung zu Mani und dem Manichäismus zu behandeln.

Markion und Mani stehen in einem kausalen Verhältnis. Wie

Erstveröffentlichung in: Makarios-Symposium über das Böse. Vorträge der Finnisch-deutschen Theologentagung in Goslar 1980, hrsg. v. W. Strothmann (Göttinger Orientforschungen I, 24), Wiesbaden 1983, S. 18 - 35.

ich bereits vor langer Zeit ausführen konnte[1], hat Mani sein Christentum – er bezeichnet sich ja selbst als "Apostel Jesu Christi" – in einer Form übernommen, die von Markion stark angeregt war. In den Kephalaia wird vom Verfall des Christentums in der Zeit nach Paulus gesprochen und berichtet, daß "ein wahrhafter Gerechter, der zum Reich gehört" aufgetreten sei. Der Rückgriff auf eine doppelte Gerechtigkeit und die Verkündigung eines neuen Gottesreiches sind für Markion charakteristisch. Auch weitere Aussagen, ja sogar Topoi Markions begegnen in den Kephalaia.

In seinem analytischen Werk "Gnosis und spätantiker Geist" hat H. Jonas den Manichäismus bei einer Aufgliederung in Großgebilde als einen iranischen Typus bezeichnet[2]. Das geht auf das Gegenüber zurück, das Mani von Anfang an zwischen Licht und Finsternis bestehen läßt. Dafür könnten in der Tat iranische Einflüsse verantwortlich sein, denen der Religionsstifter ja auch seiner Herkunft nach ausgesetzt gewesen sein mag. Doch könnten dabei genauso dialektische Gedankengänge der griechischen Philosophie, wie sie im Platonismus vorliegen, eine Rolle spielen.

Im 120. Kapitel der Kephalaia[3] wird den Gläubigen, die alles auf einen Gott zurückführen, entgegengehalten, daß es zwei οὐσίαι, Licht und Finsternis, Gutes und Böses, Leben und Tod, von Anfang an geben müsse; woher sollten sonst die im Menschen wirkenden bösen πνεύματα kommen: Lüge, Verleumdung, Magie, Diebstahl, Götzendienst, Raub, hurerische Begierde, Hab-

---

1 A. Böhlig, Christliche Wurzeln im Manichäismus, in: Mysterion und Wahrheit (Leiden 1968), S. 202 – 221. Zur allgemeinen Information über den Manichäismus vgl. jetzt die Einleitung zu A. Böhlig – J.P. Asmussen, Die Gnosis, 3. Bd.: Der Manichäismus (Zürich 1980), S. 5 – 70. Die allgemein bekannten Daten des manichäischen Mythos werden im folgenden nicht mit Stellenangaben belegt.

2 Bereits in der 1. Auflage: H. Jonas, Gnosis und spätantiker Geist. Teil 1: Die mythologische Gnosis (Göttingen 1934), S. 283ff.

3 Kephalaia, Lfg. 11/12 (S. 244 – 291), ed. A. Böhlig (Stuttgart 1966), 286,24 – 288,18.

sucht u.a. quälen den Menschen und führen sogar seinen Tod herbei. Gewiß, wenn diese Laster von Gott kämen, wäre der Mensch sündlos. Wenn sie aber nicht von Gott stammen, verleumden wir Gott mit der Behauptung, alles Schlechte sei aus ihm entstanden. Und sie sind es in der Tat nicht. Das hat schon Jesus als wesensgleicher (ὁμοούσιος) Sohn Gottes verkündet, wenn er vom Wirken des πονηρός sprach[4]. Es kommt darauf an, daß der Manichäer die beiden Wesenheiten zu trennen vermag. Bereits im 2. Kapitel der Kephalaia hat Mani diese Probleme an dem schon von Markion gebrauchten Gleichnis Jesu vom guten und schlechten Baum (Mt 7, 16-20, Lc 6, 43f.) ausgeführt[5].

Als Darstellungsmittel hat Mani den Mythos gewählt, der ja im Griechentum, im iranischen Glauben und im Gnostizismus gleich beliebt war. Dieser Mythos beinhaltet die Wiedergabe eines Grundgedankens und kann über die von Mani selbst geschaffene Grundform hinaus in logizistischer Verarbeitung auf die Praxis des kosmischen Lebens bezogen und auch zur Erklärung all dessen, was der Manichäer zu seiner Erbauung und Erlösung wissen muß, ausgedeutet werden[6].

Wie das Böse nach Mani existiert und tätig ist, soll im folgenden nach Bereichen aufgegliedert werden, die zugleich mit den Epochen der Heilsgeschichte fast zusammenfallen:

1. das Böse in der Zeit vor der Erschaffung der Welt,

2. das Böse in der Kosmologie,

3. das Böse in der Anthropologie,

4. das Böse in der Eschatologie.

---

4 Keph. 287, 29ff.

5 Kephalaia, Lfg. 1 - 10 (S. 1 - 244), ed. H.J. Polotsky - A. Böhlig (Stuttgart 1934 - 1940), 16,32 - 23,13.

6 A. Böhlig, Probleme des manichäischen Lehrvortrages, in: Mysterion und Wahrheit, S. 228 - 244.

1. Dem Reich des Lichts, in dem der Vater der Größe, umgeben von seinem lichten Hofstaat, residiert, steht das Reich der
Finsternis gegenüber. Der konkrete Charakter mythischen Denkens
bevorzugt besonders gern die Gegenüberstellung von Licht und
Finsternis im gleichen Sinne wie Gut und Böse. Wie das Reich
des Lichts gegliedert ist, so auch das der Finsternis. Den Wohn-
stätten des höchsten Gottes: Nus, Denken, Einsicht, Gedanke,
Überlegung, entsprechen dialektisch die gleichen Größen auf sei-
ten der Finsternis. Da die Tierhaftigkeit besonders charakteri-
stisch für mangelhaftes Wesen ist und gerade gewisse Tiere
Schrecken einjagen können, dienen diese zur Ausmalung des Finsternisreiches. Dort bildet zugleich ein schweres Problem das
Gegenüber von Einheit und Vielheit, von dem in der friedlichen
Lichtwelt keine Rede ist. So steht der Hyle, auch "Gedanke des
Todes" oder in iranischen Texten Āz "Begierde" genannt, eine
Vielzahl von Äonen gegenüber, die einerseits ihre Einzelteile bilden, andererseits in ihrer Friedlosigkeit ein Reich darstellen, das
in sich uneins ist und deshalb, wie Jesus sagt, verwüstet wird
und nicht bestehen kann (Mt 12, 25 parr.). Und wenn auch
durch die Flucht nach vorn, den Angriff auf das Lichtreich,
eine scheinbare Einigung zustande kam, eine wirkliche Einheit
konnte doch nicht erzielt werden. Darum kann es im Kapitel
52 heißen[7]: "Das Reich aber, dessen Mysteriumsgenossen in ihm
gespalten sind, muß notwendigerweise verurteilt und gedemütigt
werden und in die Hände des gegnerischen Reiches geraten".
Besonders kraß gibt diesen Zustand Severus von Antiochia mit
einem Zitat aus einer manichäischen Schrift wieder[8]. Da wird

---

7 Keph. 128, 15-17.

8 Les Homiliae Cathédrales (traduction syriaque de Jacques d' Edesse), Ho-
mélies 120 - 125, ed. M. Brière (Paris 1960) (PO 29) 162, 6-13; 164,10 - 166,15.
Vgl. auch A. Böhlig, Gnosis III, S. 135ff.

die Finsternis mit einem Baum des Todes und seinen Früchten verglichen. Diese Mächte kannten sich nicht einmal gegenseitig und sahen sich nicht, sie hörten nur ihre Stimmen, auf die sie zugingen. Allein der Angriff auf das Lichtreich und die Sehnsucht, es zu besitzen, führte sie in eine geschlossene Front, obwohl sie sehr verschiedenartig waren.

Bei all dieser Unordnung des Finsternisreiches hatten sich Mani und seine Jünger doch eine Vorstellung konstruiert, mittels deren sie einen Überblick über die Organisation des Finsternisreiches gewinnen konnten. Den fünf lichten Elementen Luft (ἀήρ), Wind, Licht, Wasser und Feuer stellt man fünf finstere Elemente gegenüber, die als die fünf Welten der Finsternis angesehen werden: Rauch, Finsternis, Feuer, Wasser, Wind. (Die Reihenfolge schwankt für beide Reihen in den Quellen.) Eine Schwierigkeit bildet bei solcher Schilderung freilich die Tatsache, daß Licht bzw. Finsternis sowohl Bezeichnung für die sich gegenüberstehenden Welten als Ganzes als auch für eines ihrer Elemente ist. Auch der Urteufel besteht aus fünf Teufeln. So konnte es kommen, daß in Kephalaion 6 zwischen die Schilderung der Welt des Rauches und der des Feuers ein ausführlicher Abschnitt über die Welt der Finsternis als Ganzes eingeschoben ist, obwohl die Welt der Finsternis als Teilwelt der Gesamtfinsternis sowie als letztes Element behandelt wird[9]. Der tierische Charakter der Finsterniswelt wird durch eine Darstellung von fünf Königreichen gekennzeichnet, deren Herrscher typische Tiere sind, typisch in ihrer Gewalttätigkeit und in ihrer Eigenart, mit der sie die gesamte Tierwelt repräsentieren. Dort, wo der König der Finsternis als Summe seiner Welten geschildert wird, sind sie ihm als Körperteile zu-

9 Die einschlägigen Texte sind behandelt von A. Böhlig, Eine Bemerkung zur Beurteilung der Kephalaia, in: Mysterion und Wahrheit, S. 245 - 251.

geordnet. Die Welt des Feuers bildet den Kopf in Gestalt eines Löwengesichts. Die Welt des Windes wird einerseits mit dem Adler als fliegendem Wesen zusammengebracht, andererseits aber auch mit den Dämonen und bösen Geistern. Auch die Welt des Rauches sieht man entweder als Dämonen oder als adlergesichtig an. Hier scheint in gewissen Quellen eine Verwechslung der mythischen Ausdrucksmittel vorzuliegen. Doch beiden ist gemeinsam, daß sie fliegen. Es liegt aber näher, die Dämonen dem Rauch der Finsternis zuzuordnen. Es ist somit die Darstellung konsequenter, die die Welt des Windes mit Adlergesicht sowie Flügeln und Schultern, die Welt des Rauches aber mit Dämonen sowie Händen und Füßen verbindet. Daß der Bauch der Welt der Finsternis als Element entspricht und sie drachengesichtig dargestellt wird, entspricht ganz der negativen Rolle, die der Bauch etwa auch in der Auffassung Platons (im Timaios) spielt[10]. Zugleich gehört der Drache zu den Reptilien. Daß die Welt des Wassers schließlich mit den Fischen kombiniert wird und den Schwanz bildet, liegt nahe und erinnert zugleich an die Vorstellung von mythologischen Größen, deren Unterleib fischgestaltig gedacht ist[11]. Es stehen somit Löwe, Adler, Dämon, Drache und Fisch den zweibeinigen, vierbeinigen, fliegenden, kriechenden und schwimmenden Lebewesen gegenüber, wobei die Rechnung allerdings insofern nicht ganz aufgeht, als ja der Mensch als zweibeiniges Wesen ausscheidet[12].

Die manichäische Kosmologie ist Folge des großen Zusammenstoßes zwischen Licht und Finsternis. Das Böse im Wesen der Finsternis liegt in ihrem Eroberungsdrang, mit dem sie das Lichtreich an sich reißen will. "Gier" ist ja auch ein Name für

10 Tim. 70 df.

11 Vgl. die Eden im Baruchbuch Hipp. V 26.

12 Aber der Dämon kann als zweibeiniges Geschöpf der Finsternis betrachtet werden.

das Böse. Wie eine Heeresmacht sammelt sie all die finsteren
Kräfte zum Angriff. Das Licht dagegen ist seinem Wesen nach
friedlich. Darum hat Gott keine kämpferischen Heerscharen zur
Verfügung und muß selbst in den Kampf ziehen. Er tut das in
Gestalt seines Sohnes, des Ersten Menschen, der als Rüstung
die Lichtelemente angelegt hat. Wie ich meine, muß dieser
mythologische Vorgang, der nicht aus dem Iranischen erklärt
werden kann[13], als die kosmologische Interpretation eines dualistisch entwickelten Christentums angesehen werden[14]. Auf diese Weise wird verständlich, wie nahe das Leiden des Ersten
Menschen bei Mani der Auffassung der Alten Kirche steht, wenn
sie Jesu Leiden zugleich als Sieg Christi über die Welt zu deuten
vermag. Der Erste Mensch wird ja von der Finsternis gefesselt
und die Elemente, die Lebendige Seele, werden von dem Bösen
festgehalten. Andererseits wird aber durch diese Vermischung
auch das Böse gelähmt. Das endgültige Ziel muß also sein die
letztliche Unterwerfung des Bösen sowie die Herstellung eines
Zustands, in dem das Böse nie wieder eine Gefahr für das lichte Gute bilden kann.

2. Die Voraussetzungen dafür werden zunächst durch die Erschaffung des Kosmos hergestellt. Ein Demiurg besiegt im Auftrag des höchsten Gottes die Mächte des Bösen. Wenn dabei sehr
konkrete Vorgänge geschildert werden, muß man bedenken, daß
Licht und Finsternis, Gut und Böse ja nicht Symbole für einen
seelischen Vorgang sind, der sich in Aktion und Reaktion guter
oder böser Art kundtut. Vielmehr ist im gnostischen Denken
überhaupt Physis und Psyche nicht in unserem Sinn zu trennen.

---

13 Vgl. auch G. Widengren, Die Religionen Irans (Stuttgart 1965), S. 303,
der zwar im armenischen Volksglauben auf eine leidende Gestalt verweist, den
Gedanken an eine leidende Gottheit aber nicht als typisch iranisch ansieht.

14 Vgl. A. Böhlig, Das Neue Testament und die Idee des manichäischen
Mythos, s. o. S. 586 - 611, speziell 590.

Denn auch das Licht ist ebenso wie die Finsternis etwas Mate-
rielles, wohl in Anlehnung an den Monismus der Stoa. Die Weltschöpfung besteht in einer erstmaligen groben Trennung von
Licht und Finsternis. Die bösen, finsteren Mächte werden vom
Demiurgen zu Himmeln und Erden, zu Planeten und Fixsternen
verarbeitet. Der Tierkreis ist gedacht als eine große Maschine
in der Art einer Saqije[15], mit der die guten Elemente Wind,
Wasser und Feuer mit Hilfe der bösen Kräfte, die an ihn gefesselt sind, ihren Weg in die lichte Heimat finden. Die gröb-
ste Menge der bösen Elemente Wasser, Finsternis und Feuer
wird abgesondert und in Gräben, die durch Mauern getrennt
sind, rund um die Erde herum isoliert[16]. In einem dritten Akt
des Zusammenstoßes von Licht und Finsternis vollzieht sich dann
die endgültige Ausläuterung des Lichts. Sonne und Mond läutern aus den an den Himmeln gefesselten Archonten durch die
Erregung ihrer obszönen Begierde Licht aus. Die Gier, das Böse,
möchte aber nicht zurückbleiben, sondern, vermischt mit dem
Licht, ebenfalls emporsteigen. Da vollzieht der in der Sonne re-
sidierende Gott eine Handlung, die für den Manichäismus charakteristisch ist, er trennt Licht und Finsternis. Da fällt schließlich das Böse auf die Erde. Im Meer entsteht ein Ungeheuer,
das von einem der Söhne des Demiurgen besiegt wird, auf dem
Land entsteht die Vegetation, in die noch gewisse Elemente

15 Zu beachten ist, daß nicht nur in Ägypten, sondern auch im Euphrat-
und Orontesgebiet derartige Schöpfgeräte verwendet wurden, also Mani aus Erfahrung bekannt waren. Vgl. M. Rostovzeff, Die hellenistische Welt. Gesellschaft
und Wirtschaft. I (Stuttgart 1955), S. 287. Vgl. auch Kephalaion 36: Über das
Rad, das sich vor dem König der Ehre befindet (Keph. 87,30 - 88,34); Kephalaion 47: Über die vier großen Dinge (Keph. 118,13 - 120,20, auch Gnosis III,
S. 167 - 169); Kephalaion 48: Über die lihme (Keph. 120,21 - 124,32); Kephalaion 49: Über das Rad [und die lihme (?)] (Keph. 125, 1-24).
16 Kapitel 42: Über die drei Fahrzeuge (Keph. 106,21 - 111,17); Kapitel
43: Über die Fahrzeuge (Keph. 111,18 - 113,25); Kapitel 45: Über die Fahrzeuge
(Keph. 116,1 - 117,9); Kapitel 44: Über den Meeresriesen (Keph. 113,26 - 115,
31. Während es sich bei den drei Fahrzeugen um den Schmutz aus den Firma-
menten handelt, so beim Meeresriesen um den aus dem Rad der Sterne.

des Lichts hineingemischt sind. Ein anderer Teil des Bösen wird zu teuflischen Lebewesen. In all der Fauna und Flora der Erde wirkt die Gier. Wie bei der ursprünglichen Darstellung der Welt der Finsternis sich die Finsternis in allen übrigen finsteren Welten als Teilen offenbart, so bildet die Sünde oder Gier den wesensmäßigen Kern der irdischen Lebewesen, so daß von ihr die Reaktion gegen das Handeln des Guten ausgeht. Der Kampf von Gut und Böse vollzieht sich als Stoß und Gegenstoß, bei Mani wie auch sonst in gnostischen Schriften.

3. Hatte sich der Kampf im Kosmos schon sehr zugunsten eines Sieges des Lichts gewendet, so fand doch die Finsternis ein raffiniertes Mittel, um sich zu behaupten, die Erschaffung des Menschen und seine Vermehrung. Der Zweck war zweifach: Dadurch daß man ein Ebenbild Gottes schuf, sicherte man sich selbst, nämlich durch den Menschen als Schutzschild. Denn wie sollte Gott seinem Ebenbild etwas Böses tun[17]? Dadurch daß die im Menschen vorhandene Lichtmenge aber bei seiner Fortpflanzung weitergegeben, d.h. in der Welt weiterhin gefesselt wurde, konnte das Böse seine Tätigkeit und gegebenenfalls Herrschaft auf Erden weiter aufrechterhalten und die endgültige Scheidung von Licht und Finsternis hinauszögern. Somit nimmt die Anthropologie im System Manis die zentrale Stellung ein. Denn sie bietet die Erkenntnis, von der die gnostische Frage ausgeht, und zeigt die Mittel für das Heil des Menschen auf; sie hängt also aufs engste mit der Soteriologie zusammen. Denn der Mensch, der den Lichtelementen zum Heil verhilft, bewirkt über das Heil des Menschen hinaus auch das Heil der Welt. Bedenkt man zugleich, wie stark das astrologische Weltbild auf Mani und seine Jünger gewirkt hat und die Einheit der Welt sich in der Verbundenheit von Makro- und Mikrokosmos für sie darstellt, versteht

17 Keph. 158, 19–21.

man, daß gnostische Soteriologie auch die Anthropologie nur mit
Hilfe der Kosmologie erklären kann und ebenso die Heilswerke
des Menschen mit denen Gottes und seiner Berufungen aufs
engste zusammenhängen.

Der Kampf von Licht und Finsternis, Gut und Böse, Gerechtigkeit und Sünde tritt besonders im Gegensatzpaar Alter Mensch
- Neuer Mensch hervor. Dieser Gegensatz stammt aus der Sprache der Pseudopaulinen (Col 3, 9-10 und Eph 4, 22-24). Es sei
aber auch auf Rom 6,6 hingewiesen, wo bereits "Alter Mensch"
begegnet. An den genannten Stellen ist von einer neuen Ethik
die Rede. Bei Mani wird die Vorstellung materialisiert. Die
Durchdringung bzw. Vermischung der lichten Elemente und eine
darauf beruhende Psychologie wird von den Manichäern als Denk-
modell ausgeführt. Der Mythos ließ die Menschen auf obszöne
Art entstehen: der Oberarchon hatte die Kinder der übrigen
Archonten gefressen und mit seiner teuflischen Partnerin die
Menschen hervorgebracht; die "Gier" hatte in ihnen gewirkt.
Weniger mythologisch und mehr theoretisch - was übrigens in
der Mythologie von T III 260 bereits angebahnt ist - wird in
Kephalaion 38[18] der menschliche Körper behandelt. Die Sünde
(vgl. auch "Gesetz der Sünde" Rom 7,7!) errichtete den Kör-
per in seinen Gliedern. Sie nimmt dazu die Körperteile aus den
Körpern der Finsternis, während die Seelenteile aus den lich-
ten Göttern beigefügt werden. So wie die Seele mit den Seelenteilen Nus, Denken, Einsicht, Gedanke, Überlegung in die
Körperglieder Knochen, Nerv, Ader, Fleisch, Haut gefesselt
wird, entwickelt man spekulativ auch Nus, Denken, Einsicht,
Gedanke und Überlegung der Finsternis bzw. Sünde, von denen

---

18 F.C. Andreas - W. Henning, Mitteliranische Manichaica aus Chinesisch
Turkestan I (Sitz.-Ber. d. Preuß. Akad. d. Wiss., Phil.-hist. Kl., Berlin 1932),
S. 195ff. - Kephalaion 38: Keph. 89,19 - 102,12.

die lichten Seelenteile überlagert werden, so daß sie ihre Herkunft (οὐσία) vergessen und die Plane anlegen. Die Seele
wird schlecht, ja sie verfeindet sich mit dem Vater der Größe,
von dem sie ja herstammt. Dieser Zustand wird als "Alter
Mensch" bezeichnet. Doch es gibt eine Erlösung: Gott sendet
den Licht-Nus. (Das Prinzip ist dem in der "Exegesis der Seele" Nag Hammadi II 6 geschilderten ähnlich.) Dieser befreit
die Seelenglieder aus den Körperteilen und fesselt in sie die
Finsternisglieder. Die befreiten Lichtglieder aber werden be-
schenkt mit fünf Gaben: Liebe, Glaube, Vollendung, Geduld,
Weisheit. Doch diese Rettung ist noch nicht definitiv. So wie
in Qumrantexten die zwei Seelen miteinander streiten, so versucht hier die Sünde in ihrer Torheit, den Menschen, auch den
Manichäer, aus seiner neuen Existenz herabzuziehen. Gerade der
Ungehorsam gegenüber den geistlichen Oberen, die Disziplin-
losigkeit, die aus Anmaßung und falscher Selbstsicherheit entsteht, bedroht die neue Existenz. In ungünstiger Situation kann
es so sogar zum Abfall kommen. Dann teilt sich der Mensch
auf. Der Nus kehrt zum Apostel zurück, von dem er herstammt,
der natürliche Mensch aber füllt sich mit bösen Geistern, die
ihn hin- und herreißen, kurzum, er wird ein Erdenmensch. Das
ist der zweite Tod[19], von dem auch Jesus Mc 3,29 par. spricht.
Denn solche Menschen haben den heiligen Geist gelästert. Dieses ganze Geschehen wird in Parallele gesetzt zum Kampf der
im Kosmos wirkenden Mächte von Licht und Finsternis. Das
ist nicht Gedankenspielerei, wie man oft hört, sondern dahinter steht die feste Überzeugung, daß Welt und Mensch, Makro-
und Mikrokosmos eine Einheit bilden, wobei jeder Teil seinen
festen Platz hat und zwischen den einzelnen Teilen klare Be-

19 Keph. 104,16ff.

ziehungen bestehen. Das Weltbild der Astrologie ist ein konstitutiver Bestandteil des Manichäismus.

Weil der Licht-Nus vom Apostel, dem Erleuchter Mani, ausgeht, ist es nur allzu verständlich, wenn das Böse, die Finsternis, seinen Tod herbeiführt. Schon bei Jesus hatte der Böse (ob maskulin oder neutrum, dürfte übrigens in den manichäischen Texten ebenso fraglich sein wie im Vaterunser) seinen Prozeß und Tod bewirkt, der das Vorbild für das Leiden Manis war.

4. Die Trennung des Lichts von der Finsternis war also im Kosmos und im Menschen Mittel der Soteriologie. Das ganze Weltgeschehen zielt auf ein Eschaton ab. Das ist erreicht, wenn die größtmögliche Menge Licht ausgeläutert worden ist. Dann kann man den Kosmos im Weltbrand untergehen lassen. Dann wird die Finsternis in ein speziell für sie erbautes Gefängnis eingeschlossen, in dem sie für alle Ewigkeit gefesselt sein wird. Das Dach dieses βῶλος (Klumpen) bilden Seelen, "die zwar von Natur gut sind, aber dennoch nicht imstande waren, sich von der Berührung mit der schlechten Natur zu reinigen"[20].

Die Vorstellungen Manis umfaßten den Weg von der Urzeit bis zur Endzeit. Dieser Weg hatte von unserem Thema aus gesehen heilsgeschichtliche, also zeitliche Dimension. Doch bediente sich Mani bei der Darstellung gleichzeitig der räumlichen Dimension.

Bei Markion dagegen ist es noch strittig, ob wir einen wirklichen Mythos vor uns haben. Die ausführliche Form seiner Lehre, die Eznik von Kolb im 5. Jh. bietet, dürfte als Spätform zu betrachten sein[21]. Aber auch A. Adam hat in seiner Dogmenge-

---

20 Augustin, de haeres. c. 46: MPL 42, 38.
21 Eznik de Kolb, de Deo, ed. L. Mariès - Ch. Mercier (armen. Text PO

schichte für Markion selbst einen zu geschlossenen mythischen Ablauf konstruiert[22]. Man kann nicht von vornherein jede geistige Vorstellung, bei der Gott geteilt wird, als Gnostizismus betrachten und muß deshalb die Berichte der Häresiologen erst daraufhin prüfen, was an Aussagen über Markion von ihnen nur referiert oder was bei der Wiedergabe zum Zweck der Bekämpfung umgestaltet wurde. Dabei braucht durchaus nicht boshaftes Unterschieben gewisser Gedankengänge vorzuliegen, sondern der Angreifer kann u.U. gewisse gegnerische Vorstellungen eben nur von seiner Logik oder Ontologie aus begreifen, die aber dem Denken des anderen und seiner Religiosität nicht gerecht wird.

Der große Streit um die Einordnung Markions dreht sich um die Frage, war er Gnostiker? Das meint U. Bianchi[23]. Oder war er biblischer Theologe? Das meinen A. Harnack[24] und E.U. Schüle[25]. Barbara Aland[26] versucht, über diese Frontenbildung hinauszukommen, begeht aber den Fehler, von einem religiösen System zuviel Logik zu verlangen. Mit Recht hebt sie die Radikalisierung paulinischen Denkens bei Markion hervor, sieht aber Aporien des Systems dort, wo Markion gerade in der Hinnahme von solchen ein berechtigtes Erbe des Paulus antritt.

Der fremde Gott, wie Markion seinen höchsten Gott nennt, ist eine Größe, die auf ihn aus der hellenistischen Gedanken-

28,3, franz. Übers. 28,4), Buch 4, Abschn. 358; deutsche Übers. bei S. Weber, Ausgewählte Schriften der armenischen Kirchenväter I (München 1927) S. 152 - 155.

22 A. Adam, Lehrbuch der Dogmengeschichte I (Gütersloh 1965), S. 147f.

23 U. Bianchi, Marcion: Théologien biblique ou docteur gnostique? Vig. Christ. 21 (1967) 141 - 149.

24 A. von Harnack, Marcion. Das Evangelium vom fremden Gott. Eine Monographie zur Geschichte der Grundlegung der Katholischen Kirche. 2. Aufl. Leipzig 1924.

25 E.U. Schüle, Der Ursprung des Bösen bei Marcion, ZRGG 16 (1964) 23 - 42.

26 B. Aland, Marcion. Versuch einer neuen Interpretation. ZThK 70 (1973) 420 - 447.

welt und aus dem Gnostizismus zukommt. Der sich immer weiter ausdehnende Umfang des Weltbildes hatte Gott in die Ferne gerückt und eine gut und böse qualifizierte Welt von Zwischengöttern entstehen lassen. Aus gnostischer Literatur kennen wir die Bezeichnung ἀλλογενής für den höchsten Gott, der ja besonders gern mit negativen Eigenschaften beschrieben wird, um seine Fremdheit und seine Hoheit zugleich zu umreißen. Auch seine Welt wird negativ beschrieben; daß aber eine solche unsichtbare Welt vorhanden war, darüber gab es keinen Zweifel.

Bei Markion ist nicht wie bei Mani einfach ein Dualismus von Lichtreich und Finsternisreich gegeben, sondern seine Vorstellung ist komplizierter. Dem guten Gott stehen zwei Größen gegenüber: der Weltschöpfer und die Materie. Zunächst liegt in Markions Beurteilung des Weltschöpfers eine aggressive Auseinandersetzung mit dem Gott des Alten Testaments, den er mit ihm identifiziert. Über Einzelheiten der Kosmologie wird von ihm nichts ausgesagt, außer daß der Schöpfer dazu der Materie bedurfte. Hier scheint mir eine Hellenisierung der Kosmologie, verbunden mit einer religiösen Überspitzung paulinischer Gedankengänge, vorzuliegen.

Die Trennung des höchsten Gottes vom Schöpfer findet sich wahrscheinlich schon bei Platon im Timaios[27]. Allerdings delegiert dort dieser Schöpfer die Erschaffung der sterblichen Lebewesen an die von ihm geschaffenen Götter. Hier wird dann der Unterschied zwischen dem Demiurgen und den unteren Schöpfergöttern nicht als gut und böse, sondern als vollkommen und unvollkommen charakterisiert[28], eine Differenzierung, die auch

---

27 Die Stellung des Demiurgen ist viel diskutiert worden; vgl. K. Gaiser, Platons ungeschriebene Lehre (2. Aufl. Stuttgart 1968), S. 193f.; 207f.

28 P. Boyancé, Dieu cosmique et dualisme, in: Le origini dello gnosticismo. Colloquio di Messina 1966 (Leiden 1967), S. 340 - 356.

bei Markion noch sehr stark nachzuwirken scheint. Die Materie
kann ebenfalls sowohl vom Hellenismus als auch vom Alten Testament her als neutrale passive Größe angesehen werden. Sie
ist ja der Stoff, den man zur Schöpfung braucht. Auch das Alte
Testament spricht ja bei der Schöpfung nicht von einer solchen
aus dem Nichts, sondern von der Gestaltung des Himmels und
der Erde[29]. Aber sowohl Tertullian als auch Clemens Alexan-
drinus sehen in der materia (ὕλη) etwas Böses[30]. Das An-
liegen, von dem aus Markion sich solcher Denkformen bediente,
war ein religiöses. Der Gegensatz, den Paulus besonders im Rö-
mer- und im Galaterbrief behandelte, Gesetz und Verheißung
bzw. Evangelium, schien Markion nicht konsequent genug. Deshalb hat er Gott vom Schöpfer völlig getrennt. Bezeichnend,
daß bei ihm eine Stelle wie Gal 3, 6-9 fehlt! Denn die Beziehung des zu erlösenden Menschen zum höchsten Gott ist bei
Markion ganz im Gegensatz zum Gnostizismus nicht vorhanden.
Der Gnostizismus, der Gottes Wesen zum Menschen gehören
läßt, das dann sich sozusagen selber erlöst (erlöster Erlöser),
geht hier auf den Monismus der Stoa zurück. Das ist ein Beweis dafür, daß Markion ganz von der Fragestellung des Paulus
ausgeht, nicht aber, wie dieser, das Gesetz in die göttliche
Ökonomie einbaut, sondern die Diskrepanz zwischen Gesetz und
Evangelium durch eine dualistische Trennung von Gott und Schöpfer zu lösen versucht. Das war um so leichter, als im Judentum
und damit auch bei Paulus das Gesetz δι' ἀγγέλων διατα-
γείς war[31]. Gewiß hat Markion auch dem Gesetz eine gewisse
Würdigung zuteil werden lassen. Sonst hätte er Stellen wie Rom

---

29   Zur Problematik vgl. jetzt G. May, Schöpfung aus dem Nichts, Berlin
1978.

30   Tertull., c. Marcionem I 15, 4f.; Clem. Alex., Strom. III 3, 12.

31   Gal 3, 19.

7,7 oder 12 u.a. gar nicht stehen lassen dürfen! Schließlich
werden von Augustin ja selbst Räubern noch Statuten zugestan-
den[32]. Es scheint für Markion die Frage nicht gelöst zu sein,
inwieweit die Welt des Schöpfers etwas Böses oder doch ein
Wert in sich ist. Auf jeden Fall haben weder der Schöpfer
selbst noch seine Geschöpfe das Gesetz wirklich befolgen können. Das Gefühl der Ohnmacht gegenüber dem Gesetz, das bei
Paulus zu beobachten ist, hat sich auch Markions bemächtigt.

Das hat eine besonders starke Wirkung. Die enkratitische
Note ist übermächtig geworden. Es scheint, als wenn die Bedeutung der σάρξ in ihrer Macht aufs höchste gesteigert ist.
Da in der damaligen Zeit die σάρξ ihren besonderen Ausdruck
im sexuellen Bereich gefunden hatte, mußte Markion im Geschlechtsleben etwas besonders Verwerfliches sehen. Wer Mar-
kionit wurde, mußte asketisch leben. Ja, diese Gläubigen durf-
ten überhaupt nicht heiraten, so daß die Kirche sich nur in
Neugeworbenen fortpflanzen konnte[33].

Die Frage, die sich die Forscher immer wieder gestellt haben, ist die nach der Möglichkeit, wie Gott und Welt einander
begegnen konnten. Warum sollte sich der fremde Gott um eine
nicht von ihm geschaffene Welt kümmern und wie konnte eine
von ihm ganz verschiedene Welt seine Heilsbotschaft annehmen?
Wie sollte sie Christus erkennen können? Man glaubt, an diesem
Punkt die schwache Stelle des markionitischen Systems zu sehen. M.E. zu Unrecht. Der Grund, auf dem Markion seine Vorstellungen aufbaut, ist nicht eine Spekulation, in der aus einer
metaphysischen Voraussetzung die Welt und der Mensch entwickelt wird, um die richtige Soteriologie per Gnosis zu erlan-

---

32 Augustin, de civit. dei IV 4.

33 Vgl. Harnack, a.a.O. 148f.; Tertull., a.a.O. V 7, 6: allerdings kann das
viderint catechumeni schon auf eine ähnliche Ordnung wie bei Mani hinweisen.

gen; vielmehr dürfte bei Markion das religiöse Erlebnis, das ihm
und nach ihm seiner Gemeinde widerfahren war, die Formung
der Gedanken herbeigeführt haben. Er war sich, von Paulus her,
der Erlösung aus dem Glauben ganz sicher. Andererseits war die
Möglichkeit, durch ein kasuistisches Gesetz das Heil zu finden,
für ihn nicht einzusehen. Der Gott, der diese schlechte Welt geschaffen und ihr ein Gesetz gegeben hatte, an das er sich nicht
einmal selbst hielt, konnte doch nicht der Gott Jesu Christi
sein, durch den dem Paulus das Heil verkündet worden war. Dieser Gott mußte ein anderer sein. So kam Markion vom Glaubenserlebnis zur Lehre von den zwei Göttern. Wie der Mensch imstande war, Christus und durch ihn den fremden Gott zu erkennen, war dann für ihn kein Problem mehr. Aus dem gleichen
Grund brauchte er auch keine Erklärung für das heilswirkende
Handeln Gottes mehr. Wenn Ephräm Syrus dialektisch dem Markion nachzuweisen versucht, Gott hätte die Seelen erst umwan-
deln müssen, wenn er sie befreien wollte, da sie ja nicht von
ihm stammten, so geht er an der Ausgangsbasis des Markion
vorbei[34]. Die σάρξ ist für ihn von Paulus her schlecht, die
Seele aber das vegetative Element des Menschen, das im helle-
nischen Denken ambivalenten Charakter hat. Es muß eigentlich
von Natur aus in der Lage sein, sowohl der Verführung als auch
der Leitung zum Guten nachzugeben. Markion weiß von Paulus
her um die neue Schöpfung. Er will sie predigen, nicht erklären. Erlösung ist bei Markion also Befreiung von einer Kraft,
die das Schlechte begründet. Dabei tritt der Charakter der Min-
derwertigkeit stärker hervor als der der aktiven Geschäftigkeit.
Das zeigt sich auch in der eschatologischen Unbeständigkeit der
Welt seines Schöpfers. Es ist der Charakter des gerechten Got-

---

34 S. Ephraim's prose refutations of Mani, Marcion and Bardaisan II, ed.
C.W. Mitchell, complet. by A.A. Bevan and F.C. Burkitt (London 1921), S. 72,15
- 73,5; 117,1 - 123,20.

tes zu unbestimmt, um ihn als den Inbegriff des Bösen zu betrachten. Man hat dies aber mit der Materie getan.

Wie steht es nun aber mit dem Bösen, wenn man Paulus, Markion, Mani und den Gnostizismus vergleicht?

Der Manichäismus ist mit seiner materialistischen Psychologie ganz der Gnosis verhaftet. Seine Soteriologie bedarf zwar bewußten und willensstarken Handelns, doch ist die Erlösung ohne die Erkenntnis der Eingebundenheit des Menschen in die Welt nicht möglich. Die Lehre vom Wirken des Nus gewinnt deshalb besondere Bedeutung. Zugleich besitzt die Ausmalung metaphysischer Existenz und kosmologischen Geschehens einen soteriologischen Erkenntniswert, weil sie die Notwendigkeit der Erlösung und das bereits in Gang gekommene Erlösungsgeschehen schildert, in dessen Rahmen sich auch der Mensch mit seinen Problemen befindet.

Im Christentum und bei Markion steht die Erlösung des Menschen durch Jesus Christus im Mittelpunkt, so daß der gnostische Rahmen weitgehend vernachlässigt werden kann. Daß bei Markion die Annahme einer unsichtbaren Welt und eines gesonderten Schöpfers der sichtbaren Welt zu finden ist, führt noch längst nicht zu den Mythologumena des Valentinianismus und erst recht nicht des Manichäismus.

Berücksichtigt man die Betrachtung der Hyle bei Markion als einer bösen Größe, so hat man auch bei ihm den Gegensatz höchster Gott - Hyle. Man kann dann auch in der Lehre Markions eine Vorform für den ausgebauten Dualismus Manis sehen.

Angesichts der Art, wie der Schöpfergott Markions verschiedenen Deutungen Raum gibt, kann auch hier eine Verbindungslinie von Markion zu Mani gezogen werden. War der gerechte Schöpfergott der Gott des jüdischen Gesetzes, der auch vor Gewalttaten nicht zurückschreckte, der immer ganz von sich aus handelte und insofern dem gnostischen Schöpfergott entsprach,

der meinte, es gäbe keinen Gott außer ihm, so war der Demiurg Manis auch ein Gott des Sieges, der mit Gewalt aus den
bösen Mächten die Welt mit all ihren Einrichtungen gestaltete;
freilich tut er das bewußt im Auftrag des höchsten Gottes;
Gott und Weltschöpfer sind hier also nicht mehr Antipoden.
Vielmehr liegt hier der Gegensatz zwischen Demiurg und Materie. Vielleicht läßt sich durch den Einfluß solcher Gedanken
die eingehende Schilderung des bei Eznik wiedergegebenen Kampfes zwischen beiden bei der Darstellung der markionitischen
Lehre erklären. Eine Tendenz in Richtung Mani kann im Bild
des valentinianischen Demiurgen beobachtet werden. Dieser besitzt als typisch gnostische Größe zwar Eigenarten und Schwä-
chen von Markions Schöpfergott, doch ist sein Zweck und Ziel
auf die Durchsetzung der höheren Heilsökonomie ausgerichtet[35].

Daß Jesus bei Mani als Erlöser in der Gestalt des aufkläaren-
den Lehrers zum neugeborenen Adam kommt, zeigt, wie eine
himmlische Größe den Menschen zu seiner Selbstbewußtwerdung
führt. Das entspricht der gnostischen Lehre von der Erweckung
des göttlichen Funkens im Menschen. Bei Markion ist ein solcher nicht vorhanden. Bei Mani aber wird wie bei den Gnostikern Jesus im kosmologischen Drama als der eingereiht, der gegen das Böse erfolgreich kämpft, zugleich aber auch als leidender Gott in den Elementen, der Seele der Welt, dem Lichtkreuz[36], vorhanden ist. Dennoch können Markion[37] und Mani[38]
ebensowenig wie Basilides[39] mit dem Leiden Jesu am Kreuz

35 Clem. Alex., Extraits de Théodote, ed. F. Sagnard (Sources Chrétiennes,
23) (Paris 1970), 47ff.

36 Vgl. A. Böhlig, Zur Vorstellung vom Lichtkreuz in Gnostizismus und Manichäismus, s. o. S. 135 - 163.

37 Harnack, a.a.O. 125f.; B. Aland, a.a.O. 437f.

38 E. Rose, Die manichäische Christologie (Wiesbaden 1980) S. 123ff.

39 Iren., adv. haer. I 24,4.

zurechtkommen. Bei Markion und Mani ist das Leiden zwar vorhanden, es konnte aber den lichten Kern nicht treffen. Beide vollzogen jedoch nicht die krasse Trennung wie Basilides und Nag Hammadi VII,2[40]. M 28 bietet aber bereits eine Zwei-Naturen-Lehre: Marias Sohn hat gelitten, nicht der Sohn Gottes[41]. Vielleicht wird in der Unausgeglichenheit bei Mani noch der Gedanke Markions von zwei Messiassen verarbeitet. Denn nach ihm konnte ja der im Alten Testament verkündete Messias nicht mit dem Christus identisch sein, der vom fremden Gott kommt.

Daß dieser fremde Gott sich zu den Menschen herabläßt und sich ihrer annimmt, auch wenn er sie nicht geschaffen hat, ist einsichtig für jeden, der etwas von Gnade weiß. In der Größe Gottes liegt seine Aktivität und sein Machtanspruch begründet. Die Erschaffung der himmlischen Welt ist ja immer eine Liebestat Gottes. Bei Mani ist Gott defensiv in der Verteidigung gegen das Böse. Warum sollte er nach Markion bei einem noch nicht so radikalen Dualismus nicht aggressiv in der Liebe sein? War es nicht paulinisch, das Böse mit Gutem zu überwinden? Wenn Paulus glaubte (Gal 3,13), daß Christus die Menschen vom Gesetz freigekauft habe, warum sollte das der Christus Markions nicht auch tun? Wenn Gal 2,20 ἀγαπήσαντος von Markion durch ἐξαγοράσαντος ersetzt wurde, ist das nur eine Bestätigung dafür.

Wenn auf eine solche Liebestat bei Markion die Seele ohne besondere Qualifizierung reagierte, war das kein Wunder. Bei Mani dagegen stellte sie ja einen besonderen göttlichen Stoff dar. Beide stimmen aber darin überein, daß sie ψυχή und

---

40 NH VII 55, 16ff.
41 J.P.Asmussen, Manichaean Literature (New York 1975), S. 107.

πνεῦμα nicht wesentlich trennen. Allerdings wird das, was im biblischen Bereich πνεῦμα ist, bei Mani mit νοῦς wiedergegeben. Hier muß wohl eine bestimmte philosophische Terminologie zugrunde liegen[42].

Wie Mani den Markion auch in der Systematisierung übertrifft, zeigt auch die Lehre vom Satan. Markion hat nämlich entsprechend der jüdischen Tradition die Lehre vom Teufel als einem gefallenen Engel aufgenommen, der den Menschen verführt hat. Darum reute den Schöpfergott seine Erschaffung des Menschen und er vertrieb ihn aus dem Paradies. Markion hat also die Urgeschichte wie andere Gnostiker, aber unter seinen Gesichtspunkten, in den Weltablauf und die Anthropologie eingebaut, während Mani die Problematik der Versuchungsgeschichte nicht wie Markion und andere Gnostiker übernommen oder gedeutet, sondern zugunsten der Straffung des Systems gestrichen hat[43].

Über Markion hinausgegangen ist Mani auch im Aufbau seiner Gemeinde. Das Böse, das speziell im Ehe- und Geschlechtsleben seinen Raum in der Menschenwelt gefunden hat, hat Mani nicht zur radikalen Ablehnung verehelichter Gemeindeglieder geführt. Die Einteilung der Manichäer in Electi und Auditores (Katechumenen) gab der Kirche eine größere Möglichkeit, sich in der Welt auszudehnen, zumal auch gewisse Katechumenen auf Grund besonderer Werke zum Heil gelangen konnten[44].

Wenn das Ende kommt, dann muß ja wohl die Vernichtung oder Außer-Kraft-Setzung des Bösen erfolgen. Auch hierin ist

---

42 Vgl. ThWb IV 952ff.

43 Man könnte aber auch die Erweckung des Adam durch Jesus als Entsprechung zur Versuchung durch die Schlange ansehen; so schreibt es Augustin den Manichäern zu (de haeres., c. 46: MPL 42, 37).

44 Vgl. Kapitel 91: Über den Katechumenen, der in einem einzigen Körper gerettet wird (Keph. 228,5 - 234,23).

Markion zwar radikaler, Mani aber konsequenter. Der gute Gott Markions und sein Christus handeln nicht durch Bestrafungen, die ja letztlich nur neue böse Taten wären. Gott richtet dadurch, daß er das Böse nicht will, und verdammt dadurch, daß er es verhindert. Bei Mani dagegen erfolgt ein Strafgericht. Nach Markion wird die Welt durch Feuer vernichtet, doch ist es das Feuer des gerechten Schöpfergottes, der sich selbst verzehrt. Nach Mani dagegen ist der Untergang der Welt durch Feuer ein notwendiger Akt im gesetzmäßigen Geschehen; das Böse wird gefesselt und unschädlich gemacht, aber nicht einfach vernichtet.

Der Weg von Paulus zu Markion und von da zu Mani wurde unter Einblendung gewisser gnostischer Gedankengänge skizziert. Dieser Versuch hat, wie ich hoffe, gezeigt, daß Markion auf der Basis des Paulus eine eindeutigere und noch konsequentere Haltung einzunehmen versucht hat, während Mani weniger ein Erlösungserlebnis als ein durch Offenbarung ihm kundgewordenes Erlösungsmysterium verkündet und als gnostisches System erarbeitet hat, wobei auch die Stellung und das Wirken des Bösen schärfer umrissen werden konnte.

Auch Makarios/Symeon "war mehr als die Kirche seiner Zeit überzeugt von der Gewalt des Bösen in der Welt und im einzelnen Menschen"[45]. Nur durch die Kraft des Gebets glaubte er den heiligen Geist zu erhalten, der die Seele erlösen würde. Wer den Kampf mit dem Bösen so stark betont und im Satan einen Fürsten der Finsternis sieht, kommt leicht in den Verdacht, Manichäer zu sein oder wenigstens von Manis Lehre wesentlich beeinflußt zu werden[46]. Seinem historischen Ort nach,

---

45   H. Dörries, Die Theologie des Makarios/Symeon (Abh. d. Akad. d. Wiss. Göttingen, Phil.-hist. Kl., 3. F., Nr. 103), Göttingen 1978.

46   Dörries, a.a.O. 77.

so wie in Zeit und Raum Symeon von Mesopotamien seinen
Sitz im Leben hatte, wäre das durchaus möglich. Gekannt hat
Symeon Manis Lehre sicher, aber auch die Differenz zwischen
beider Lehre ist einwandfrei. Allerdings ist diese nicht in all
den Punkten vorhanden, die H. Dörries herausstellt.

Entscheidend ist die absolute *Schöpfergewalt* Gottes, die
nach Symeon auch den Satan und die Dämonen geschaffen hat.
Eine anfangslose Materie, die eine anfangslose Wurzel hat und
eine Gott gegenüber gleich mächtige Kraft darstellt, gibt es
nicht[47]. Wenn dann der Manichäismus trotzdem am Ende der
Welt Gott triumphieren läßt, wirft Symeon seinen Anhängern
Unlogik vor wegen der mangelnden Konsequenz ihres Dualismus[48].

Vom Glauben an den einen, alle Wesenheiten schaffenden
Gott her ist Symeon der festen Überzeugung, daß alle Engel
und Menschen, aber auch der Satan und seine Mächte die Wil-
lensfreiheit besitzen[49]. Bei Mani besitzt diese der Mensch gleichfalls[50]. Um seinen Weg zum Heil zu ergründen und zu weisen,
hat dieser Religionsstifter ja das Welt- und Allgeschehen dargestellt. Das Verhalten des Menschen gegenüber dem Licht ist
maßgeblich für die Möglichkeit seiner Erlösung. Während bei
Symeon der heilige Geist[51] zu Hilfe eilt, so bei Mani der Nus[52],
der aus dem Alten den Neuen Menschen macht. Das tätige Wirken der Seelen kann auch zu gering sein, gibt es ja solche, die
am Eschaton nicht gerettet werden. Unter diesen Umständen
hat Dörries kein Recht, den Manichäern die Reue abzustrei-

---

47 Dörries, a.a.O. 78.
48 Dörries, a.a.O. 79.
49 Dörries, a.a.O. 78.
50 A. Böhlig, Gnosis III, S. 37ff.
51 Dörries, a.a.O. 215ff.
52 Keph. 95,17 - 100,14 (auch Gnosis III, S. 181 - 186).

ten[53]. Abgesehen von den Beichtspiegeln, die aus Zentralasien sowohl für Electi als auch für Katechumenen vorliegen, findet sich in den Kephalaia ein Kapitel mit der Überschrift: "Wer es ist, der da sündigt, dann aber bereut ($-\mu\epsilon\tau\acute{\alpha}\nu o\iota\alpha$)"[54]. Dort wird eine Schilderung des Reuevorgangs gegeben. "Deswegen vergißt sie (die ursprünglich reine Seele) und geht irre wegen ihrer Bedrängnis. Ihr Meister aber, der sie belehrt, indem er Reue ($\mu\epsilon\tau\acute{\alpha}\nu o\iota\alpha$) in ihr Herz flößt, das ist der Licht-Nus ...". Wenn Augustin in den Confessiones[55] berichtet, er habe als Manichäer in der Natur des Bösen ein Alibi für unangemessenes Handeln gesehen, so dürfte das eine recht äußerliche Auffassung sein, die vielleicht auch Symeon in seiner Umgebung kennengelernt hat. Der Verbindung mit dem Nus bei Mani, mit dem Geist bei Symeon entspricht die Tatsache, daß beide im Erlöser den Parakleten sehen.

Wenn weiterhin Dörries den Unterschied zwischen Symeon und den Manichäern bei der Beurteilung der Allgegenwart Gottes besonders betont, scheint er auch hier zu weit zu gehen[56]. Die von Dörries wohl zu Recht als Manichäer angesehenen Häretiker sagen zwar: "Wie kann Gott in der Hölle sein und in der Finsternis oder im Satan oder an gestankvollen Orten?" Sie wollen damit wahrscheinlich betonen, daß bei einer dualistischen Auffassung Gott nicht in den bösen Elementen vorhanden sein kann. Man sollte aber bedenken, daß nach Mani ja Gott selbst in der Gestalt seines Sohnes, des Ersten Menschen, in den Kampf mit der Finsternis hinabgestiegen ist und daß Jesus nicht nur

---

53 Dörries, a.a.O. 79.

54 Kephalaion 138 (unediert); Übers. von H.J. Polotsky in: C. Schmidt - H.J. Polotsky, Ein Mani-Fund in Ägypten (Sitz.-Ber. d. Preuß. Akad. d. Wiss., Phil.-hist. Kl., Berlin 1933), S. 70.

55 Augustin, Confess. V 10, 18.

56 Dörries, a.a.O. 80ff.

als historischer Jesus am Kreuz, sondern auch als Jesus patibilis in allen Elementen der Welt leidet, in die der Sohn Gottes als Weltseele oder Lichtkreuz verstreut ist. Die Polemik gegen Symeon könnte darauf zurückgehen, daß die Manichäer glauben, bei der Weltschöpfung seien ja gewisse Mengen der Finsternis z.B. in den drei Fahrzeugen[57] ausgeschieden und isoliert worden.

Auch das Sonnengleichnis, das bei Symeon die Unbegrenztheit und Unversehrbarkeit Gottes klarmachen soll, steht dem Manichäismus nicht so fern: "Die Sonne, die doch ein Körper und ein Geschöpf ist, leuchtet in übelriechende Orte, wo Totes und Schmutz liegt, und erleidet doch weder Flecken noch Schaden"[58]. Wenn Dörries auf der einen Seite die Uneingeschränktheit des Wirkens der Sonne betont, zugleich aber auf ihre Ferne und Unnahbarkeit bei Symeon hinweist, die ein Abbild der Jenseitigkeit Gottes darstellt, so kann man auf manichäischer Seite Kephalaion 65 vergleichen[59]. Dort heißt es: "... die Größe und Göttlichkeit der Sonne ... wie sie nach dem Bilde der ersten Größe gestaltet worden ist ...". Sie wirkt gerade dort, wo es ohne sie finster wäre, und bildet dadurch ein Tor zum Licht. Die Sonne ist ja bei Mani die Gestalt, die dem Licht nach Gottes Willen den Weg bereitet[60]. Die Voraussetzung dafür war die Erschaffung der Welt.

Der Demiurg ist darum auch nicht eine dämonische Größe, sondern handelt im Auftrag des höchsten Gottes. Er ist im Gegensatz zu der Auffassung von Dörries[61] eine kämpferische

---

57 S. o. Anm. 16.

58 Dörries, a.a.O. 82 ff.

59 Keph. 158,24 - 164,8 (auch Gnosis III, S. 169 - 172).

60 Der Dualismus Manis wird dadurch zum Ausdruck gebracht, daß dem Wirken der Sonne im zweiten Teil des Kapitels das Wirken der Nacht gegenübergestellt wird.

61 Dörries, a.a.O. 85.

und ordnende Emanation Gottes. Der Gegensatz zu Symeon liegt nicht in der Beurteilung des Weltschöpfers, sondern des Menschenschöpfers, der nach Mani ja ein böser Oberarchon ist. Zu Recht weist Dörries darauf hin, daß bei Symeon Schöpfer und Geschöpf nicht wie bei Mani eine pantheistische Einheit bilden[62].

Symeon und Mani unterscheiden sich in ähnlicher Weise wie Markion und Mani. Mani ist als bewußter Religionsstifter zwar auch ein geisterfüllter Verkünder seiner Predigt, er ist aber ein ausgesprochener Gnostiker, der sich der Eigenständigkeit seiner Botschaft immer mehr bewußt wird und die Welt nicht nur von der Schöpfung durch den allmächtigen Gott aus betrachtet, sondern ihr eine spekulativ erschlossene Stelle in einem weit umfassenderen Geschehen im All zuweist. Symeon begnügt sich dagegen mit der Predigt, die der Seele aus ihrer Not durch das Gebet und den Geist zu Gottes Nähe verhilft, ohne daß eine Mythologie oder Pseudowissenschaft nötig ist. Eines aber eint Mani und Symeon, die Bedeutung, die beide dem Gebet zumessen. Sonst hätten wir nicht auch bei Mani neben mythologischer Spekulation eine solche Fülle von inniger Psalmendichtung.

62 Dörries, a.a.O. 84; 91.

JA UND AMEN
IN MANICHÄISCHER DEUTUNG

Als mit der 9. und 10. Lieferung (5. Doppellieferung) der Berliner manichäischen Kephalaia etwa die Hälfte des Werkes ediert und damit ein 1. Band abgeschlossen war[1], wurden von der letzten Seite, der Seite 244, nur die Zeilen 1 bis 20 gegeben, um den Band auch mit einem abgeschlossenen Kapitel enden zu lassen. Als dann der Bearbeiter der ersten Doppellieferung der zweiten Hälfte der Kephalaia (Lieferung 11/12) im Laufe des Jahres 1943 deren Text zum Druck einreichte, dachte er nicht daran, daß zu Beginn des neuen Bandes die Seite 244 nochmals, jetzt in ihrem 2. Teil (Zeile 21 bis 31), gebracht und außerdem eine erste Seite, auf der sonst die Übersetzung der letzten Seite der vorangehenden Lieferung stand, frei bleiben mußte. So sandte ich damals die Seiten 244b bis 292 zum Druck ein. Als dieser dann endlich in den sechziger Jahren erfolgen konnte, entfiel die letzte Seite 292 infolge des vorgegebenen Umfangs des Bandes in der Ausgabe[2], während in dem behelfsmäßigen Druck der Übersetzung, der in der Zwischenzeit erschienen war[3] und der

Erstveröffentlichung in: Ztschr. f. Papyrol. u. Epigr. 58 (1985) 59 -70

1 Manichäische Handschriften der Staatlichen Museen Berlin, Band 1: Kephalaia, 1. Hälfte (Lieferungen 1 - 10), ed. H.J. Polotsky - A. Böhlig, Stuttgart 1934 - 1940.

2 Kephalaia, 2. Hälfte (Lieferung 11/12), ed. A. Böhlig, Stuttgart 1966 (S. 244 - 291).

3 In: Wissenschaftliche Zeitschrift der Martin-Luther-Universität Halle-Wittenberg 5 (1956) 1067 - 1084.

für die Textausgabe noch stark überarbeitet wurde. die Seite
292 bereits übersetzt war. Da entgegen meiner Annahme. die
Ausgabe der manichäischen Kephalaia würde von der Akademie
der Wissenschaften der DDR in Berlin zügig fortgeführt. aber
bis jetzt (Abfassung des Artikels im Februar 1984) keine An-
stalten dazu gemacht wurden, halte ich es für angebracht, Text
und Übersetzung von Seite 292 gesondert zu publizieren. Schade
ist nur. daß damit das Kapitel 122 noch nicht abgeschlossen ist
(es geht bis Seite 295 Anfang). Es besteht aber die Hoffnung.
daß diesen noch fehlenden Teil Herr W.-P. Funk publizieren
wird. der ihn abgeschrieben hat.

Um die Seite 292 nicht allzu fragmentarisch erscheinen zu
lassen. gebe ich hier nochmals den gesamten uns bisher zugäng-
lichen Teil des Kapitels 122 mit der Übersetzung und dem Versuch einer Interpretation[4].

---

4 Dabei konnte der koptische Text von S. 291 und 292 neu durchdacht und
ebenso wie die Übersetzung noch ergänzt werden. Das Gleiche gilt für die Interpretation, die in "Neue Kephalaia des Mani" (in: A. Böhlig, Mysterion und Wahrheit, Leiden 1968, S. 252 - 266, speziell S. 256) versucht worden war.

S.290   29   ⲢⲔⲂ̄

           30   ⲢⲔⲂ̄   ⲉⲧⲃⲉ ⲡⲥⲉ ⲙⲛ ⲡ2ⲁⲙⲏⲛ   ⲢⲔⲂ̄

           31   [ⲡ]ⲁⲗⲓⲛ ⲁⲛ ⲁ ⲟⲩⲉ 2ⲛ ⲙⲙⲁⲑⲏⲧⲏⲥ [ϣⲛⲧϥ ⲉϥϫⲱ ⲙⲙⲁⲥ]

           32   ⲁⲣⲁϥ ⲁϫⲓⲥ ⲁⲣⲁⲓ̈ ⲡⲁϫⲁⲓ̈ⲥ ⲉ˙[

S.291   [ⲥϥ̄ⲁ]

                       · ⲙ̄ⲡⲥⲁ2 ·

           1   [...].. ⲣⲉⲛ ϫⲉ ⲉⲛⲁⲧⲉⲟⲩⲁϥ ⲁⲭⲙ̄ ⲡⲥⲙⲁⲙⲉ [2ⲱⲱϥ]

           2   [ⲉⲧ]ⲛⲁⲥⲙⲁⲙⲉ ⲁⲩⲱ ⲙⲛ ⲡϣⲗⲏⲗ ⲉⲧⲛⲁϣⲗ[ⲏⲗ ⲛ2ⲏ]

           3   [ⲧϥ] ϫⲟⲟⲥ ⲛⲉⲛ ϫⲉ ⲟⲩⲉⲩ ⲡⲉ ⲡⲥⲉ ⲙ̄ⲛ ⲡ2ⲁ[ⲙⲏⲛ ⲧⲟⲧⲉ]

           4   [ⲡ]ⲁϫⲉ ⲡⲛ̄ⲫⲱⲥⲧⲏⲣ ⲁⲣⲁϥ ϫⲉ ⲡⲥⲉ ⲙⲛ ⲡ2ⲁ[ⲙⲏⲛ ⲡⲛⲉⲩ]

           5   [ⲉ]ⲧⲁϥϣⲱⲡⲉ ⲁⲃⲁⲗ ⲛⲛⲓⲛⲁ6 ⲛ̄ⲧⲉ ⲛ̄6ⲁⲙ ⲁⲩ† ⲣ [6ⲛ ⲁ]

           6   [ⲣ]ⲁϥ ⲉⲣⲉ ⲡⲥⲉ ⲛⲡ ⲁⲡⲧⲱ2ⲙⲉ ⲉⲣⲉ ⲡ2ⲁⲙⲏⲛ [ⲛⲡ ⲁ]

           7   ⲡⲟⲩⲱϣⲃⲉ ⲧ2ⲉ ⲙ̄ⲡⲧⲱ2ⲙⲉ [ⲉ ⲙ]ⲛ ⲡⲥⲱⲧⲙ [ⲛⲧ]ⲁⲩ

           8   ⲛⲉⲧⲁⲩⲟⲩⲉⲛ ⲁⲛⲣⲱⲟⲩ ⲙ̄ⲡⲛⲁ6 ⲙⲛ ⲡⲥⲁⲡⲥⲡ̄ [ⲁⲃⲁ]ⲗ

           9   ⲁ2ⲣⲛ̄ ⲡϣⲁⲣⲡ ⲛ̄ⲣⲱⲙⲉ ⲛ̄ⲧⲁⲩ ⲁⲛ ⲛⲉⲧⲁⲩⲣ̄ⲣ̄[ⲟ ⲛ̄ⲧⲙⲉ]ⲉⲩ

           10   ⲛ̄ⲧⲉ [ⲡⲱⲛ]2̄ ⲙ̄ⲛ ⲡⲓⲱⲧ ⲛ̄ⲧⲉ ⲛⲉⲧⲁⲛ2 ⲁ ⲡϣⲁⲣ[ⲡ ⲛ]ⲣⲱ

           11   ⲙⲉ ϣⲓⲛⲉ ⲁ6ⲓⲛⲉ ⲙ̄ⲡⲉϥⲣⲉϥⲥⲱⲧⲉ ⲁ ⲧⲙⲉⲩ [ⲁⲛ ⲁ]ⲉ

           12   ⲛ̄ⲧⲉ ⲡⲱⲛ2̄ ⲙ̄ⲛ ⲡⲓⲱⲧ ⲛ̄ⲧⲉ ⲛⲉⲧⲁⲛ2 ϣⲓⲛⲉ ⲛ[6ⲓⲛ]ⲉ ⲙ

           13   ⲡⲓⲁⲣⲟⲙⲑⲟⲥ ⲉⲧⲁϥⲉⲓ ⲁⲃⲁⲗ 2ⲓⲧⲟⲟⲧⲟⲩ ⲉⲧⲉ ⲛ̄ⲧⲁϥ ⲡⲉ ⲡ

           14   ϣⲁⲣⲡ ⲛ̄ⲣⲱⲙⲉ ⲁⲗⲗⲁ ⲡⲧⲱ2ⲙⲉ ⲙ̄ⲛ ⲡⲥⲱⲧⲙⲉ ⲡⲉⲧⲁϥ

           15   ⲣ̄ⲣⲟ ⲛⲉⲩ leer ⲧ2ⲉ ⲟⲩⲛ ϫⲉ ⲛ̄ⲧⲁⲩ ⲛⲉ ⲛ̄ⲧⲁⲩⲣ̄ⲣ̄[ⲟ ⲛ]ⲧⲉ ⲛⲁⲓ

           16   ⲫⲛ ⲛ̄ⲧⲙ̄ⲛ̄ⲧⲛⲁ6 ϣⲁ ⲡϣⲁⲣⲡ ⲛ̄ⲣⲱⲙⲉ ⲙ̄ⲛ ⲧⲯ[ⲩⲭ]ⲏ ⲉⲧⲁⲥ

           17   [ⲙ]ⲟⲩϫⲧ̄ ⲙ̄ⲛ ⲡⲏⲟⲩ ⲛ̄ⲧⲁⲩ ⲛⲉ ⲛ̄ⲧⲁⲩⲣ̄ⲃⲟⲏⲑⲟⲥ ...ⲕ ⲙ̄ⲡ

           18   ϣⲁⲣⲡ ⲛ̄ⲣⲱⲙⲉ 2ⲛ̄ ⲧⲉϥ6ⲓⲛⲉⲓ ⲁ2ⲣⲏⲓ̈ ⲁⲩⲧⲉ6ϥ ⲉ .. ⲁⲣ ...

           19   ⲛ̄ⲡⲓⲱⲧ ⲛ̄ⲡⲱⲛ2 ⲙ̄ⲛ ⲧⲙⲉⲩ ⲛ̄ⲧⲉ ⲡⲱⲛ2 ⲙ ... ⲉ . ⲛ

           20   ⲛ̄ⲧⲁⲩ ⲛⲉⲧⲟ ⲛ̄ⲣⲉϥⲥⲱⲧϥ̄ ⲛ̄ⲧⲯⲩⲭⲏ ⲉⲧⲁⲛ2̄ ⲉⲩϣ[ⲟⲟⲡ] ⲛⲃⲟ

           21   [ⲏⲑ]ⲟⲥ 2ⲓ ⲣⲉϥ† ⲛⲉⲥ ⲙ̄ⲡⲣ̄ⲙⲉⲩⲉ ⲉⲓⲧⲉ 6ⲉ 2ⲛ̄ .....

           22   .. 2ⲙ ⲡϣⲏⲛ ⲉⲓⲧⲉ 2ⲙ ⲡⲥϣⲱⲛⲧ̄ ⲛ̄ⲧⲥⲁⲣ2̄ ⲙ̄ⲡ ... ⲁⲛ

           23   [.. ⲧⲉ]ⲕⲕⲗⲏⲥⲓⲁ ⲉⲧⲟⲩⲁⲃⲉ ⲡ[

           24   [......] ⲡⲕⲁ2 ⲛ .. [ⲡⲧⲱ2]ⲙⲉ ⲙ̄ⲛ ⲡⲥⲱⲧⲙⲉ ⲉⲧⲁⲩ

           25   [.....]ⲛ . ⲛⲣⲱⲟⲩ .... 2ⲛ ⲧⲉⲕⲕⲗⲏⲥⲓⲁ ⲉⲧⲟⲩⲁⲃⲉ

           26   [......]ⲛ[ⲃⲟ]ⲏⲑⲟⲥ ⲉⲩⲟ ⲛ̄ⲣⲉϥ†6ⲁⲙ 2ⲓ ⲣⲉϥⲥⲱⲩ2 ⲁ2ⲟⲩ

           27   [ⲛ   ] ⲛ̄ⲥⲁ2 [.....]ⲡⲣ[

           28   ]ⲉ ⲙⲛⲛⲁⲛⲕ[......]ⲉⲛ

           29   ]ϣⲱ . ⲥⲱⲧϥ ⲛ̄ⲧⲟ[ⲩⲁ]ⲗⲁⲓ̈6ⲉ ⲧ[..]

           30   ] . ϫⲛ̄ ⲟⲩⲉⲡⲓⲥⲧⲟⲗⲏ [

           31   ]ⲱⲧ .. ⲉⲓ[

29   <u>122</u>
30   122   Über das Ja und das Amen   122
31 Wiederum (πάλιν) [fragte ihn] einer der Jünger (μαθητής) [und sprach]
32 zu ihm: Sage mir, o Herr, ...

                                                              291
                des Lehrers
 1 ... Namen, damit wir es aussprechen bei dem Lobpreis,
 2 mit dem wir preisen, und dem Gebet, mit dem wir beten.
 3 Sage uns, was das Ja und das Amen ist. [Da (τότε)]
 4 sagte unser φωστήρ zu ihm: Das Ja und das Amen, [als]
 5 es aus diesen Großen der Kräfte hervorkam, wurde es benannt,
 6 wobei das Ja zum Ruf gehört, während das Amen zur Antwort
 7 [gehört]. Wie der Ruf und das Hören haben sie
 8 die Tore des Erbarmens und des Flehens geöffnet
 9 gegenüber dem Urmenschen. Sie sind auch zum Tor geworden
                               [für die Mutter]
10 des [Lebens] und den Vater der Lebendigen. Der Urmensch
11 suchte und fand seinen Retter. Die Mutter des
12 Lebens aber (δέ) und der Vater der Lebendigen suchten zu [finden].
13 den Läufer (δρομεύς), der aus ihnen herausgekommen war, d.i. der
14 Urmensch, aber (ἀλλά) der Ruf und das Hören wurden
15 ihnen zum Tor.- Wie sie nun (οὖν) zum Tor geworden sind für die Äonen (αἰών)
16 der Größe hin zum Urmenschen und zur Seele (ψυχή), die
17 sich mit dem Tod vermischt hat, sind sie Helfer (βοηθός)... für den
18 Urmenschen bei seinem Aufstieg geworden. Sie haben ihn gegeben .....
19 des Vaters des Lebens und der Mutter des Lebens ....
20 Sie sind Läuterer der Lebendigen Seele (ψυχή), weil sie Helfer
                                             (βοηθός) sind
21 und solche, die ihr Erinnerung schenken, sei es (εἴτε) nun im .....
22 .. im Baum, sei es (εἴτε) in der Schöpfung des Fleisches (σάρξ).....
23 .. der heiligen Kirche (ἐκκλησία) ....
24 .... Erde .. Ruf und Hören, die haben
25 .... Tore .... in der heiligen Kirche (ἐκκλησία)
26 ...... Helfer (βοηθός), die Kraftspender und Einsammler sind.
27 .... Lehrer ....
28 ....
29 ....läutern ihretwegen .....
30 .... Brief (ἐπιστολή) ....
31   (zerstört)

S.292   [ϹϤⲂ]

· ⲚⲔⲉⲫⲀⲗⲀⲓⲟⲛ ·

```
1   [ ̣ ⲉ]ⲩⲁⲧⲉⲟⲩⲗⲁ ⲁⲭⲙ̄ ⲡⲯⲁⲗⲙⲟⲥ ⲁⲩⲱ ⲁⲭⲙ̄ [ⲡϣⲗⲏⲗ]
2   [ⲙⲛ] ⲡⲧⲱⲃϩ̣ ⲙⲛ̄ ⲡⲥⲁⲡⲥⲡ ⲡⲛⲉⲩ ⲅⲁⲣ ⲉⲧⲟ[ⲩⲛⲁ]
3   [ⲥ]ⲙⲁⲙⲉ ⲛ̄ⲥⲉⲟⲩⲱϣⲃⲉ ⲥⲁ ⲡⲥⲉ ⲙⲛ ⲡⲁⲗⲙⲏⲛ ⲫⲁ[ ]
4   [ⲣⲉ ⲡ]ⲥⲉ ⲙⲛ̄ ⲡⲁⲗⲙⲏⲛ ⲧ̄ ⲟⲩⲧⲃⲃⲉ ⲙ̄ⲡⲥⲙⲁⲁⲙⲧ [ⲡⲛ]
5   [ⲉⲩ] ⲁⲛ ⲉⲧⲉⲣⲉ ⲧⲉⲕⲕⲗⲏⲥⲓⲁ ⲛⲁⲧⲱⲃϩ̣ ⲛ̄ⲟⲩⲧⲱⲃϩ ⲙ̄[ⲛ]
6   [ⲟⲩⲱⲓⲛ]ⲉ ⲛ̄ⲥⲉⲟⲩⲱϣⲃⲉ ⲧⲏⲣⲟⲩ ⲛ̄ⲥⲉⲭⲟⲟⲥ ϫⲉ ⲛⲁⲓ ⲕⲁ[ⲓ]
7   ϩ̣[ⲁⲙⲏ]ⲛ ⲫⲁⲩⲣⲥⲫⲣⲁ̣ⲅⲓⲥ ⲙ̄ⲡⲧⲱⲃϩ ⲉⲧⲁ ⲧⲉⲕⲕⲗⲏⲥⲓ[ⲁ]
8   ϣ[ⲓⲛⲉ] ⲛ̣ⲥⲱⲁ ⲁⲥⲧⲱⲃϩ ⲛ̄ⲙⲁⲁ    leer
9   ϣⲱ[ⲡⲉ ⲉ]ⲧⲉⲧⲛ̄ⲥⲁⲩⲛⲉ ϫⲉ ⲡⲥⲉ ⲙⲛ ⲡⲁⲗⲙⲏⲛ ⲟⲩⲛⲁϭ ⲛ̄ⲣ[ⲱ]
10  ⲙⲉ̣ [ⲡⲉ ⲉ]ϥϣⲟⲟⲡ ϩⲛ̄ [ ̣ ̣ ̣ ̣ ̣ ̣ ̣] ⲙⲟⲩ [ ̣ ̣ ̣ ̣ ̣ ̣ ̣] ̣ ̣ [ⲉⲧ]
11  ⲃⲏ[ⲧⲛ ⲧⲏ]ⲣ̣ⲧⲛ ⲛ̄ⲧⲉⲧⲛ̄ⲣⲉϥⲉ ⲛ̄ϩⲏⲧϥ̄ ϩⲛ ⲟⲩⲛⲁϭ ⲛ̄ⲣⲉϥ[ⲉ]
12  ⲉⲡ[ⲉⲓⲁ]ⲏ ⲛ̄ⲧⲁϥⲉⲓ ⲛⲏⲧⲛ̄ ⲁⲡⲉϥϣⲏⲩ ⲁϥⲣ̄ⲥⲉϫⲉ ⲛⲁⲣ̄[ⲛ̄]
13  ⲧⲏⲛⲉ̣ ⲁⲭⲡⲟ ⲛ̄ϩⲏⲧϥ̄ ⲛⲟⲩⲙⲏⲛⲥⲉ ⲛ̄ⲃⲣⲣⲉ ⲛ̄ⲙⲏⲛⲉ   ⲉ
14  ⲥⲁⲛ[ⲓⲧ ⲧ]ⲟⲛⲱ ⲉⲥⲧⲁⲓ̈ⲁⲓⲧ ⲛⲁⲣ̄ⲛ̄ ⲛⲉⲧⲁⲛ̄ϩ̣ ⲉⲧⲙ̄ⲡⲥⲁⲛⲧⲡⲉ
15  ⲡⲥⲁⲡ [ⲟ]ⲩⲛ ⲉⲧⲟⲩⲧⲉⲟⲩⲟ ⲙ̄ⲡⲥⲉ ⲙⲛ̄ ⲡⲁⲗⲙⲏⲛ ϩⲛ̄ ⲡⲟⲗⲗⲁ[ⲗ]
16  ⲛ̄ϩⲙ̄[ⲙⲏ]ⲛϣⲉ ⲛ̄ⲣⲱⲙⲉ ϣⲱⲡⲉ ⲉⲧⲉⲧⲛ̄ⲥⲁⲩⲛⲉ ϫⲉ ⲡϩ̣
17  ⲣⲁⲩ ⲛ̄ⲛⲣⲱⲙⲉ ⲧⲏⲣⲟⲩ ⲉⲧⲟⲩⲟⲩϣⲃⲉ ⲛ̄ⲥⲱⲁ ϥⲁϥⲥⲱⲟⲩ[ϩ]
18  ⲁⲥⲟⲩⲛ ⲛ̄ϥⲉⲓ ⲁⲛⲉϥⲉⲣⲏⲩ ⲛ̄ⲧⲡⲛⲥⲥⲉ ⲛ̄ϥⲭⲱⲅⲣⲁⲫⲉ [ⲙⲙⲁϥ]
19  ⲛ̄ⲥⲉ[ⲙⲁ]ⲛⲕⲧ̄ ⲛ̄ⲣⲟⲩϩⲓⲕⲱⲛ ⲉⲛⲁⲛⲟⲩⲥ ⲉⲛⲉⲉⲥ ⲧⲟⲛⲱ
20  ⲉⲥⲧⲁ̣ⲓ̣̈ⲁ̣ⲓ̈ⲧ ⲛ̄ⲥⲃⲟⲕ ⲁϩⲣⲏⲓ̈ ⲁⲧⲭⲱⲣⲁ ⲙ̄ⲡⲥⲉⲣⲁϩⲧ ⲙ̄ⲛ ⲧⲉ̣[ⲓ]
21  ⲣⲏ[ⲛⲏ] ⲛ̄ⲥϣⲟⲡ ⲙ̄ⲡⲟⲩϩⲙⲁⲧ ⲧⲏⲣⲟⲩ ⲉⲡⲉⲓⲁⲏ ⲟⲩⲛ [ⲡⲥⲉ ⲙ]
22  ⲛ [ⲡⲁⲗⲙⲏⲛ] ⲉϥⲥⲗⲁϩ ⲡⲉⲧⲁϥⲃⲟⲕ ⲁϩⲣⲏⲓ̈ ϩⲓⲧⲛ̄ [ⲛⲉⲓ ⲧⲏ]
23  ⲣⲟⲩ ⲉ̣ⲧⲁⲩⲟⲩⲱϣⲃⲉ ⲛ̄ⲥⲱⲁ ⲛ̄ⲧⲁⲩⲧⲉⲟⲩⲗⲁ ⲅⲁⲣ ϩⲓⲧⲟⲟⲧ[ⲟⲩ]
24  ⲧⲏⲣⲟⲩ ⲁϥⲛⲁϥⲧ̄ ⲁⲃⲁⲗ ⲁϥⲧⲉϩⲟ ⲧⲭⲱⲣⲁ ⲙ̄ⲡⲥ̣[ⲉⲣⲁϩⲧ]
25  ⲙⲛ ϯⲣⲏⲛⲏ ϩⲛ̄ ⲡⲟⲩⲣⲣⲉϣⲉ ⲙⲛ ⲛⲟⲩⲛⲁϭ
26  ϣⲱⲡⲉ ⲉⲧⲉⲧⲛ̄ⲥⲁⲩⲛⲉ ϫⲉ ⲡⲥⲉ ⲙⲛ̄ ⲡⲓϣⲁⲗⲙⲏⲛ [ⲟⲩⲛⲁϭ ⲛ̄]
27  ϭⲁⲙ ⲧⲉ ⲡⲥⲁⲡ ⲟⲩⲛ ⲉⲧⲟⲩⲛⲁϭⲛ̄ ⲟⲩⲉ ϩⲛ̄ ⲧⲉ[ϥϭ]ⲁⲙ ̣ ̣ ̣ ̣ ̣ ̣
28  ̣ ̣ ̣ ̣ ϩⲛ ⲡⲕⲓⲛⲁⲩⲛⲟⲥ ⲛⲧⲉ ⲡⲥⲱⲙⲁ ⲉϥ[ ̣ ̣ ̣ ̣ ̣ ̣ ̣]
29  ϣⲱⲡⲉ ⲉ[ ̣ ̣]ⲥⲉⲧⲱⲃϩ ⲁⲭⲱϥ [
30  [ⲁ]ⲭⲱϥ ⲙ̄ⲡ[ⲥ]ⲉ̣ ⲙⲛ̄ ⲡⲁⲗⲙⲏⲛ ⲁⲩϣ [
31  ̣ ̣ ̣ ϩⲙ ⲡⲉϥϣⲱⲛⲉ ⲛ̄ϥϭⲛ̄ϩⲏⲩ[
32  [ ̣ ̣ ̣] ̣ ̣ ̣ ϩⲛ̄ [ⲟⲩ]ϭⲁⲙ ⲛ̄ϥⲉⲧⲱⲃϩ ̣ ̣ ̣[
```

[292]

Die Kephalaia

1 sie sollen es sprechen bei dem Psalm (ψαλμός) und bei [dem Gebet]
2 [und] der Bitte und dem Flehen. Wenn sie nämlich (γάρ)
3 preisen werden und auf das Ja und das Amen antworten,
4 reinigt das Ja und das Amen den Lobpreis.
5 Auch wenn die Kirche (ἐκκλησία) ein Gebet [und eine Bitte]
6 betet und alle antworten und sprechen: Ja und
7 A[me]n (ναὶ καὶ ἀμήν), (dann) wird das Gebet, das die Kirche (ἐκκλησία)
8 er[beten] und gebetet hat, besiegelt (σφραγίς).
9 Wisset, daß das Ja und das Amen ein großer Mann
10 [ist], der ist in .... [um]
11 euer aller willen und ihr freut euch in ihm in großer Freude.
12 Denn (ἐπειδή) er ist zu euch gekommen zu seinem Nutzen (und) hat vor euch
13 geredet, um in sich täglich eine neue Geburt hervorzubringen,
14 die sehr gut ist, geehrt bei den Lebendigen droben.
15 Wenn man nun (οὖν) das Ja und das Amen unter großen (πολλά)
16 Mengen Menschen ausspricht, (so) wisset, daß die
17 Stimme aller Menschen, die auf es antworten, sich sammelt,
18 zueinander kommt, sich zusammenfügt (πήσσειν), sich bildet (ζωγραφεῖν),
19 gestaltet wird und zu einem Bild (εἰκών) wird, das gut, sehr groß
20 und geehrt ist und das aufsteigt zum Land (χώρα) der Ruhe und des
21 Friedens (εἰρήνη) und ihnen allen dankt. Denn (ἐπειδή, οὖν) [das Ja]
22 [und das Amen] zusammen ist aufgestiegen durch [alle]
23 [die], die auf es geantwortet haben. Denn (γάρ) durch sie alle
24 wurde es ausgesprochen, entfernte sich (und) erreichte das Land
(χώρα) der [Ruhe]
25 und des Friedens (εἰρήνη) durch ihre Freude und ihre Almosen.
26 Wisset, daß das Ja und das Amen [eine große]
27 Kraft ist. Wenn man nun (οὖν) jemanden findet in [seiner] Kraft ....
28 .... in der Gefahr (κίνδυνος) des Körpers (σῶμα) .... [und]
29 krank ist ... sie für ihn beten ....
30 für ihn das Ja und das Amen und ....
31 .. in seiner Krankheit und er hat Nutzen ....
32 .... in Kraft und sie beten ....

Der vorliegende Text hat den gleichen Charakter wie ähnliche Kephalaia, die liturgische Handlungen deuten sollen. Wenn der Mensch, insbesondere der Gläubige, im Gottesdienst oder im Leben der Gemeinde Handlungen vornimmt, begnügt er sich nicht mit der traditionellen Durchführung dieser Riten, sondern ihm liegt daran, den Grund dafür zu kennen. Zum Wesen des manichäischen Unterrichts gehört es, den Anhängern dieser Religion die kirchlichen Sitten und Gebräuche mit Hilfe des Mythos zu erklären. Denn dieser Mythos ist nicht ein Konglomerat wilder Phantastereien, sondern eine in diese Form gegossene Darstellung theologischen Denkens, in der Wesen und Geschichte von All und Mensch wiedergegeben wird. Er ist damit für den Gläubigen eine Regula fidei, aus der er den überirdischen Typos für sein Geschick ableiten kann.

Ein Kapitel, das in der Fragestellung dem vorliegenden Text entspricht, ist Kapitel 9, in dem der Friedensgruß, die Rechte, der Kuß, die Proskynese und die Handauflegung erklärt werden[5]. Ähnlich ist auch Kapitel 115, in dem behandelt wird, ob einem Verstorbenen durch das Gebet der Heiligen die ewige Ruhe zuteil wird[6]. Dabei wird auf die Gebete, die im mythischen Geschehen dargebracht werden, ausführlich Bezug genommen.

Bei einer liturgischen Handlung ist demnach 1. der konkrete Gebrauch im Manichäismus zu untersuchen, 2. die Deutung aus der manichäischen Theologie, 3. eine etwaige Entwicklung des Ritus auf Grund christlicher Vorstellungen.

1. Bei dem Gebrauch des Ja und Amen denkt man zunächst an eine Akklamation, mit der die Gemeinde einen Psalm oder ein Gebet unterstreichend abschließt[7]. So können die Stellen

5 Keph. 37,28 - 42,23.
6 Keph. 270,25 - 280,19. Vgl. Neue Kephalaia des Mani, a.a.O. 256 - 259.
7 Zu solchem Gebrauch im Christentum vgl. H. Schlier in: Theol. Wörterbuch z. Neuen Testament I 340.

Keph. 291, 1-3 und 292, 4-8 aufgefaßt werden, zumal ЄⲬⲚ, A$_2$ ⲀⲬⲚ die Bedeutung "nach" besitzen kann[8]. Daneben ist die Rede davon, daß die Gemeinde auf das Ja und Amen antwortet[9]. Man möchte annehmen, hier sei an eine Wiederholung des vom Liturgen gesprochenen Ja und Amen gedacht. Das braucht aber nicht die einzige Möglichkeit zu sein. In der schriftlich erhaltenen Hymnodik begegnet aber bisher kein Fall von "Ja und Amen". Amen als Schlußwort findet sich in zwei Thomaspsalmen[10]. Amen, das ja seiner etymologischen Bedeutung nach Betonungs- bzw. Beteuerungsausdruck ist, dient auch im Manichäismus als Ausdruck der Bekräftigung und wird als solcher an die Spitze der Aussage gestellt[11]. In der Hymnodik der Manichäer gibt es Fälle, in denen das Amen eine zentrale Stellung in einem Psalm einnimmt. Ein Psalm aus der Sammlung der ⲮⲀⲖⲘⲞⲒ ⲤⲀⲢⲀⲔⲰⲦⲰⲚ , der S. 185,28 - 186,32 ins manichäische Psalmbuch aufgenommen ist, wird direkt "Hymnus des Amen" genannt[12]. Auf die Ankündigung "Ich werde den Hymnus des Amen verkünden"[13] folgt "Wir wollen zusammen antworten: Amen". Am Ende des eigentlichen Psalmtextes[14] heißt es vor der Doxologie: "Siehe, das ist der Hymnus des Amen, wir wollen zusammen antworten Amen". Der Psalm des Amen führt diesen Namen, weil fast alle Stichen mit Amen beginnen. In ihnen wird die Dauer Gottes zum Ausdruck gebracht: "Amen, du bleibst". Dieses Bekenntnis zur Dauer wird an Gott und sei-

---

8 W.E. Crum, Coptic Dictionary 757 b.

9 Keph. 292, 3. 17.

10 Manichaean Manuscripts in the Chester Beatty Collection, vol. II: A Manichaean Psalm-Book, p. II, ed. C.R.C. Allberry, Stuttgart 1938, S. 224,15; 227,19.

11 Vgl. im Christentum Schlier, a.a.O. 341ff.

12 Ps.-B. 185,29; 186, 1. 28.

13 Ps.-B. 186, 1.

14 Ps.-B. 186, 28f.

ner Anwesenheit im Beter und Leib, Seele und Geist ausgeführt.
An der Spitze steht die Anrufung des dreifachen Gottes. "Amen
Vater, Amen Amen Sohn. Wir wollen antworten zusammen Amen.
Amen, Amen, Amen[15], Heiliger Geist, der offenbart". An dieser Stelle ist die Lehre Manis vom Vater der Größe, dem Ur-
menschen als dem Sohn Gottes und dem Parakletengeist in die
Form der christlichen Trinität gebracht. Beide Verse werden
noch einmal wiederholt, wobei statt "Amen" die Aussage "Du
bist heilig" steht[16]. Jedem Vers folgt der Refrain, wie aus dem
ΤΟΥΒΑÏ "reinige mich" hervorgeht, das überall dort, wo noch
Raum ist, ans Ende des Verses gesetzt ist[17]. Ob der Refrain
allerdings aus dem ganzen einleitenden Vers besteht[18], ist fraglich. Dieser einleitende Vers wurde der Gemeinde vorgesungen:
"Reinige mich, mein Gott, gib mir Kraft, daß ich lobpreise,
gib mir Kraft, daß ich lobpreise und rezitiere den Hymnus des
Amen". Das am Ende von 185,30 stehende ΤΟΥΒΑÏ besagt, daß
die Gemeinde die Einleitung ganz oder teilweise wiederholt
hat und sie als Refrain benutzt. Es spricht sehr viel dafür, daß
selbst eine verkürzte Form des Refrains mit "Hymnus des Amen"
schloß, so daß in der Einleitung Vorsänger und Gemeinde das
Amen sprachen. Vielleicht bezieht sich die Aufforderung zum
gemeinsamen Amen auch auf das Amen im Refrain.

In einem anderen Psalm der gleichen Sammlung[19] findet
sich betontes Amen in der Einleitung, die auch den Refrain
bildet: "Amen, wir preisen dich, Amen Amen, wir lobsingen
(ⲫⲁⲗⲗⲉⲓⲛ) dir". In diesem Psalm folgt der Refrain am Ende

15 Im Text 186, 5 "Amen dreimal".
16 Ps.-B. 186, 7f.
17 Vgl. T. Säve-Söderbergh, Studies in the Coptic Manichaean Psalm-Book,
Uppsala 1949, S. 37f.
18 Ps.-B. 185, 28 - 30.
19 Ps.-B. 179,7 - 181,18; vgl. Säve-Söderbergh, a.a.O. 62f.

der Strophe, während die ersten beiden Aussagen nur mit Amen abgeschlossen werden[20].

"Die Stimme einer Jungfrau ($\pi\alpha\rho\theta\acute{\epsilon}\nu o\varsigma$), wenn sie ruft, vielleicht ruft sie zu Gott.

Amen.

Die Stimme einer Enthaltsamen ($\dot{\epsilon}\gamma\kappa\rho\alpha\tau\acute{\eta}\varsigma$), wenn sie ruft, vielleicht ruft sie zu den Engeln.

Amen.

Die Stimme einer Verheirateten ($\ddot{\epsilon}\gamma\gamma\alpha\mu o\varsigma$), wenn sie ruft, vielleicht ruft sie zum Teufel ($\delta\iota\acute{\alpha}\beta o\lambda o\varsigma$).

Amen wir preisen dich.

Amen Amen wir lobsingen ($\psi\acute{\alpha}\lambda\lambda\epsilon\iota\nu$) dir".

In einem Psalm der dem Herakleides zugewiesenen Gruppe[21] begegnet Amen ebenfalls in Text und Refrain. Wie 186, 3-5 wird auch hier der Vater mit einem, der Sohn mit zwei und der Heilige Geist mit drei Amen eingeleitet[22]. Wie 186, 7-8 folgt auf die Anrufung mit Amen die Anrede in der zweiten Person[23], wobei 190,8 der Vater der Größe[24] als "Amen, König der Äonen" angesprochen wird. In den Zeilen 190,9 bis 24 folgen Appellationen, die durch "Amen" eingeleitet werden und Gestalten Gottes wiedergeben. Dieser Abschnitt wird in Zeile 25 durch den Satz abgeschlossen: "Der Vater, der Sohn, der Heilige Geist ($\pi\nu\epsilon\tilde{\upsilon}\mu\alpha$), das ist die vollkommene Kirche ($\dot{\epsilon}\kappa\kappa\lambda\eta\sigma\acute{\iota}\alpha$)". Diese Zusammenfassung weist m.E. auf den monotheistischen

20 Ps.-B. 179, 8 - 12.

21 Ps.-B. 189,30 - 191,17.

22 Wenn im Text auch vor dem Sohn nur ein Amen (189, 30) steht, muß man wohl doch ein zweites ergänzen, da der Geist durch drei Amen (190, 1) eingeführt wird.

23 Ps.-B. 190, 5 - 8.

24 So in der Doxologie 191, 13 - 16: "Preis und Ehre sei dem Amen, dem Vater der Größe, Segen und Heil sei Jesus, dem Sohn des Amen, Sieg sei dem Heiligen Geist, der uns und seine heiligen Erwählten über das Amen belehrt hat".

Zug in der mythologischen Darstellung hin, der im Manichäismus vorhanden ist. Die Sätze bestehen aus Distichen und werden von dem Refrain gefolgt: "Wir wollen auf das Amen antworten"[25]. Diese Responsion entspricht der Aussage in unserem Kephalaion 122[26]: "Wenn sie nämlich preisen und antworten auf das Ja und das Amen, reinigt das Ja und das Amen den Lobpreis". Das Amen ist aber auch der Sohn Gottes. Der Manichäismus denkt ja modalistisch. Darum handelt der zweite Hauptteil des Psalms von Jesus Christus[27]. Er, das Amen, erklärt den Jüngern, die ihn auf dem Ölberg umgeben, den doketischen Charakter seines Leidens mit Sätzen, in denen jeder Stichos mit "Amen" eingeleitet wird, z.B. "Wahrlich (ἀμήν), sie haben mich durchbohrt, wahrlich (ἀμήν), sie haben mich nicht durchbohrt"[28]. Diese in den Evangelien so häufig gebrauchte Einführung durch ἀμήν [29] hat der manichäische Dichter nachgeahmt und schließlich Joh 10,38 ἐν ἐμοὶ ὁ πατὴρ κἀγὼ ἐν τῷ πατρί in dieses Modell umgeformt: "Wahrlich (ἀμήν), ich bin im Vater, wahrlich (ἀμήν), der Vater ist auch in mir"[30]. Die Vollkommenheit Jesu als Amen zeigt sich in der darauffolgenden Zeile, in der Joh 16,33 "ich habe die Welt besiegt" in den Rahmen der Leidensgeschichte eingefügt wird: "Ich habe die Welt verspottet, nicht konnten sie mich verspotten"[31].

2. Der fragende Jünger kennt zwar den liturgischen Gebrauch, er möchte aber den tieferen Sinn der liturgischen Aussage des

25 Ps.-B. 189, 30f.
26 Keph. 292, 2 - 4.
27 Ps.-B. 190,30 - 191,11.
28 Ps.-B. 191, 7.
29 Vgl. Schlier, a.a.O. 341f.
30 Ps.-B. 191, 9.
31 Vgl. ἐμπαίζειν in: Theol. Wörterbuch z. Neuen Testament V 632ff.

Ja und Amen erfahren. Mani geht sofort darauf ein[32] und führt den Jünger zurück in die Zeit, in der einst im großen Ringen zwischen Licht und Finsternis der in Gefangenschaft geratene Urmensch befreit werden sollte. Damals erging an ihn ein Ruf aus der Höhe, den er hörte und dem er antwortete. Darum steht dem Ruf das Hören bzw. die Antwort gegenüber[33]. Ja und Amen wird nun dem Ruf und dem Hören bzw. der Antwort in der Weise zugeteilt, daß das Ja dem Ruf, das Amen dem Hören zugewiesen wird. Damit hat das Ja einen aktiven, das Amen einen passiven Charakter. Wenn nun beides von der Gemeinde gesprochen wird[34], muß das den Leser zunächst verwundern. Doch scheint mir darin ein Rest der christlichen biblischen Auffassung von Ja und Amen vorzuliegen, die unten zu besprechen sein wird. In ihrer Entsprechung zu Ruf und Hören haben das Ja und das Amen die Tore zwischen der Lichtwelt und dem Urmenschen geöffnet. Sie öffneten das Tor für die Mutter des Lebens, die ja die Mutter des Urmenschen ist, und für den Vater der Lebendigen[35], wie der Lebendige Geist auch genannt wird[36], als sie den "Läufer"[37], den Urmenschen, retteten. Wie sie den Weg von oben nach unten geöffnet haben, so sind sie auch Helfer von unten nach oben. So heißt es auch

---

32 Keph. 291, 3ff.

33 Keph. 291, 7 hier "Antwort", während sonst "Hören" vorkommt: 291, 7. 14. 24.

34 Keph. 292, 4ff.

35 So Keph. 291, 10. 12, dagegen "des Lebens" 291, 19. Beides ist durch syrisches ḥajiē gerechtfertigt.

36 Vgl. Keph. 39, 13; 102, 26; 118, 34.

37 ΔΡΟΜΕΟϹ ist eine in die 2. Deklination überführte Form von δρομεύς, die wegen der Isochronie leicht aus dem Genitiv δρομέως zu gewinnen war. Natürlich wird aber auch noch die ursprüngliche Deklination gebraucht, z.B. ϹΥΠΟΔΟΧΕΥϹ Keph. 272, 31. 32. Andererseits begegnet eine Pseudokorrektheit in ΝΑζΟΡΕΥϹ Keph. 221, 19. 21. 31 gegenüber ΝΑζΟΡΑΙΟϹ 221, 28. Da ΝΑζΟ-ΡΑΙΟϹ ja ΝΑζΟΡΕΟϹ gesprochen wurde, konnte der hyperkorrekt sein wollende Übersetzer des Kapitels diese Form als den Genitiv eines Nomens auf –εύς deuten und den "richtigen" Nominativ herstellen.

im Psalm des Herakleides[38]: "Wenn ich das Amen spreche, öff-
nen sich die Tore der Himmel". Die Erlösung beschränkt sich
nicht auf den einmaligen Akt, in dem der Urmensch zurückge-
holt wird. Die Läuterung wird ja auch der Lebendigen Seele
zuteil, die im Leben der Welt verstreut ist. Der untere Teil
der Seite 291[39], der von den Aufgaben der heiligen Kirche bei
diesem Vorgang spricht, ist leider sehr zerstört. Ihre Aufgabe
besteht in der Einsammlung des Lichts. 292, 1-8 weist darauf
hin, daß Ja und Amen als liturgische Handlungen Gebet und
Lobpreis bestärken. Sie können zur Besiegelung dienen oder
die Antwort auf sie reinigt den Lobpreis.

Anschließend daran wird eine weitere Deutung gegeben, was
aus der Einleitung "erkennet, daß ..." zu ersehen ist[40]. Zunächst
wird Ja und Amen als "großer Mensch" bezeichnet. Wenn von
seinem Kommen um der Manichäer willen, von seiner Rede
und von der neuen durch ihn erzeugten Geburt gesprochen wird,
möchte man an Mani bzw. den in ihm tätigen Nus denken. Im
75. Kapitel[41] wird von einer "Lichtgeburt" (ⲦⲘⲎⲤⲈ ⲚⲞⲨⲀⲒⲚⲈ)[42]
berichtet, die von der Kirche hervorgebracht wird. Sie kommt in
einem Kapitel ähnlichen Aufbaus wie das unsere vor und entspricht unserer neuen Geburt[43]. Ruf und Hören werden dort
als Briefe angesehen, ebenso der Nus, aber auch die Kirche.
Diese "Lichtgeburt" besteht in Kapitel 122 wohl aus den Manichäern vom Electus aufwärts. Ihr Ansehen bei den Lebendigen,
die droben sind, läßt sie entsprechend dem Zusammenhang als

---

38 Ps.-B. 190, 27.
39 Ab Zeile 23.
40 Keph. 292, 9 - 25.
41 Keph. 181,32 - 183,9.
42 Keph. 182, 28.
43 Keph. 292, 13.

den gehobenen Teil der im Gottesdienst Tätigen erscheinen. Die Antwort der Masse auf das Ja und Amen bringt es dahin, daß der Ausruf beider Gruppen sich vereint und zur Höhe aufsteigt. Der große Mann, in dem sich Ja und Amen verbinden und von der Akklamation der Menge noch verstärkt werden, steigt empor und gelangt in das Land der Ruhe und des Friedens. Der liturgische Akt ist also eine Hilfe bei der konkreten Heimholung der Lichtelemente.

Mit 292,26 beginnt wieder ein neuer Abschnitt, der ebenfalls mit "wisset, daß ..." eingeführt wird. Leider ist dieser Teil der Seite recht zerstört. so daß sich nur vermuten läßt. worum es geht. Die Erwähnung von "Gefahr des Körpers"[44] und "in seiner Krankheit"[45] in Verbindung mit "für ihn beten"[46] könnte auf einen liturgischen Akt bei Krankenheilung hinweisen.

3. Wenn entsprechend Ruf und Hören bzw. Antwort das Ja eine aktive, das Amen aber eine passive Funktion besitzt, so läßt sich das mit Äußerungen des Neuen Testaments vergleichen. Ja, man fragt sich, ob nicht hier sogar die letzten Wurzeln der in unserem Kapitel vorhandenen Vorstellungen liegen. Bei Paulus[47] wird betont, daß Jesus Christus nicht Ja und Nein geworden ist, sondern daß Ja in ihm geworden ist. Der Erlöser bringt also in seiner Person das Ja Gottes; er ist selbst das Ja. In ihm sind die Verheißungen Gottes bestätigt[48]. Aus diesem Grund und als Folge seiner Mittlerschaft kann aus unserem Mund das Amen erklingen, das Tatsächlichkeit und Sicherheit des Ja

44 Keph. 292, 28.
45 Keph. 292, 31.
46 Keph. 292, 29.
47 2 Cor 1, 19ff.
48 Rom 15, 8.

bekräftigt.

Ja und Amen begegnet auch in der Johannesapokalypse, die zwar in Syrien erst spät in den Kanon aufgenommen worden ist, aber zu Manis Zeit sicher bekannt war. In der Einleitung wird zunächst die Doxologie mit Amen beschlossen[49]. Am Ende von Apc 1,7, wo ein Zitat, das aus Dan 7,13 und Sach 12,10 kombiniert ist, steht und vom Kommen Jesu Christi berichtet wird, soll diese Prophetie besonders betont werden; es wird ναὶ ἀμήν ans Ende gestellt. Ebenso wird die Seligpreisung der im Herrn Sterbenden mit ναί vom Geist bestätigt[50]. Das ναὶ ἀμήν von 1,7 wird schließlich am Ende der Schrift[51] in korrespondierendem Sinn aufgelöst: Jesus spricht: "Ja, ich komme bald". Dem entspricht das "Amen, komm, Herr Jesu" als Antwort in der Abendmahlsliturgie. Wir finden also in der Apokalypse sowohl das betonende Ja und Amen, von dem die Manichäer sprechen, als auch das Amen als Antwort auf das Ja. Wenn man in der Apokalypse liturgische Anklänge annimmt, kann man von da aus wohl auch auf liturgische Formen schließen, die Mani gekannt hat, was wir ja auch von seiner Kenntnis des παννυχισμός bestätigt finden[52].

Von religionsgeschichtlichem Interesse ist, daß das Amen zur Wiedergabe von theologischen Strukturen der Gottesauffassung gebraucht wird. Das sahen wir an der christlichen Trinität, deren Glieder mit ein, zwei und drei Amen eingeleitet werden[53]. Im gleichen manichäischen Psalm wird am Ende dann

---

49 Apc 1, 6.

50 Apc 14, 13.

51 Apc 22, 20.

52 Vgl. A. Böhlig, Zu den Synaxeis des Lebendigen Evangeliums (in: Mysterion und Wahrheit, S. 222 - 227), S. 226.

53 Ps.-B. 189,30 - 190,1 (vgl. o. Anm. 22; vgl. auch 186, 3 - 5).

der viergestaltige Gott mit vier Amen angerufen[54]. In der großen Abschwörungsformel wird der Vater der Größe viergestaltig (τετραπρόσωπος) genannt[55]. Das kann auf eine räum-
liche Betrachtung nach den vier Himmelsrichtungen zurückgehen
und als Abschluß des Hauptteils beim Psalm als eine umfassende Darstellung des Vatergottes gemeint sein. Mit dieser Vorstellung gleich ist aber auch das Theologumenon vom viergestaltigen Gott im Zerwanismus, das der Manichäismus ebenfalls
verwendet: Gott, Licht, Kraft, Weisheit[56].

54 Ps.-B. 191, 12.

55 MPG 1, 1461 C.

56 Zum viergestaltigen Gott vgl. A. Böhlig. Die Gnosis. 3. Bd.: Der Manichäismus, Zürich 1980. Index s. v. Vgl. auch R. Merkelbach. Mani und sein Religionssystem. Opladen 1986, Exkurs I: Die manichäische Tetras. S. 39 - 50.

REGISTER

Die in den Registern angeführten Stellen ohne römische Zahl beziehen sich auf den Band "Mysterion und Wahrheit", die mit vorangestelltem II auf die Bände "Gnosis und Synkretismus"

STELLENREGISTER

Altes Testament

Stelle		Stelle	
Gen 1,2	87	Num 23,7-10	II 166 u.A.11
	II 298 u.A.28	Num 23,18-24	II 166 u.A.11
Gen 1,6	93 A.4	Num 24,3-9	II 166 u.A.11
Gen 1,14ff.	91 A.7	Num 24,15-24	II 166 u.A.11
Gen 1,26	II 595	Num 25,5	19 A.3
	II 597 u.A.25	Num 31,23	147 A.6
Gen 1,27	93 A.6	Dt 5,16	II 199 A.7
	II 40	Dt 33,2 LXX	99 A.11
Gen 2,7	50 A.6	2 Sam 7,14	65
	II 429	1 Reg 17,4	156 A.3
	II 593	2 REg 18,26	II 419 u.A.21
	II 595	Esr 4,8-6,18	II 419 u.A.22
Gen 2,18	II 448 A.164	Esr 7,12	11 A.1
Gen 2,18ff.	II 27 u.A.4	Esr 7,12-26	II 419 u.A.22
Gen 3	II 542	Tobit 1,14 u.a.	9
Gen 3,4ff.	II 95 u.A.112	1 Macc 1,11f.	41 A.2
Gen 3,6f.	II 95 u.A.111	1 Macc 1,41ff.	41 A.2
Gen 3,20	141 A.4	2 Macc 4	41 A.2
	196 A.6	Ps 1,1 LXX	II 381
	II 384 u.A.51	Ps 21,21	II 448 A.164
	II 422 A.37	Ps 22,7	133
Gen 4,17	19 A.5		146
Gen 4,25	II 423 u.A.47	Ps 24,14	18 A.6
Gen 5,1f.	II 40 A.48	Ps 24,16	II 448 A.164
Gen 5,1-32	II 525 u.A.17	Ps 29	II 52
Gen 5,21-24	19 A.5	Ps 34,17	II 448 A.164
Gen 10,22	II 419 u.A.20	Ps 45,8	93 A.1
Gen 14,18	93 A.1	Ps 67.7	II 448 A.164
Gen 18,1ff.	149 A.4	Ps 67.18	99 A.11
Gen 22,2	II 448 A.164	Ps 68,29	II 384 A.50
Gen 31,47	II 419 A.22	Ps 91,13	133
Gen 32,22-32	II 166 u.A.9		146
Gen 32,28	II 166 u.A.10	Ps 110,1	214
Ex 3,2-5	93 A.3	Prov 2,1 bo	II 446
Ex 3,14	II 92 u.A.93	Prov 8	II 300 A.39
	II 319 u.A.25	Prov 11,13	18 A.3
Ex 7,3-12	II 542		18 A.6
Ex 7,11	II 542	Prov 20,19	18 A.3
Ex 9,16	II 110 A.30		18 A.6
Ex 20,12	II 199 A.7	Prov 25,9	18 A.3
Ex 21,17	II 443 A.150	Prov 26,21	86 A.3
Ex 33,19 G	II 109	Job 15,8	18 A.6
Lev 19,18	II 451	Sap 2,24	87
Num 21,4-9	II 543	Sap 3,7f. 13. 17f.	48 A.1
Num 21,9	II 542	Sap 4,6	48 A.1

Neues Testament

Pseudepigraphen

Griechisch-römische Literatur

664   Register

                459-470   II 567 A.62
PGM IV 1018 f.   II 180
Pap. Lansing 10.5   II 419 A.25
Pap. Oxyrh. I 119   59 A.3
Pap. Oxyrh. II 246   59 A.1
Pap. Oxyrh. IV 744   59 A.2
Pap. Petr. III. p.14   II 419 A.24
Plat.. Crat. 391d   II 276 u. A.120
Plat.. Lach. 191d   II 268 u. A.80
Plat.. Leg. V 747b   II 264 A.64
Plat.. Leg. VI 781a   II 39 u. A.45
Plat.. Leg. X 896d-e   II 568 u. A.65
Plat., Phaedr.243e-257b   II 16 u. A.39
Plat., Phaedr.249a-250c   13 A.4
Plat., Polit. 268d-274e   II 16 u. A.38
Plat., republ.II 379a ff.   II 510 u. A.113
Plat., republ. V
    454d-456a   II 39 u. A.44
Plat., republ. VI 509b   II 35 u. A.31
                                       II 79 u. A.22
                                       II 278 u. A.123
Plat.. republ. IX 586c   II 260 A.35
Plat.. republ. IX
    588b-589b   II 274f. A.113
Plat.. republ. X 616b   237 A.1
Plat.. Symp. 190d   II 91 u. A.87
Plat.. Symp. 204a   II 577 u. A.94
Plat.. Symp. 206 ff.   II 559 u. A.26
Plat.. Symp.210a-212c   13 A.5
Plat.. Theaet.176a   II 559 u. A.27
Plat.. Tim. 30a   II 286 u. A.167
Plat.. Tim.30b-92c   II 15f. u. A.37
Plat.. Tim. 34b ff.   236 A.1
                                       II 280 A.132
                                       II 288 u. A.183
Plat.. Tim. 35a   II 36 u. A.34
Plat.. Tim. 36bc   II 139 u. A.17
                                       II 139 u. A.18
Plat.. Tim. 40b   II 286 u. A.171
Plat.. Tim. 41a-d   II 585 u. A.133
                                       II 597 u. A.26
Plat.. Tim. 42a   II 39 u. A.46
Plat.. Tim. 42b   II 39 u. A.47
                                       II 567 u. A.63
Plat.. Tim. 69b ff.   II 266 A.71
Plat.. Tim. 69c f.   II 288 u. A.183
Plat.. Tim. 70d-f   II 617 u. A.10
Plat.. Tim. 77d   II 265 u. A.68
Plat.. Tim. 90e   II 544 u. A.113
Plin.. Hist.nat. VI 49   II 522 u. A.8
Plin.. Hist.nat. XXIX 1   145 A.6

Plin.. Hist.nat. XXIX 1   II 270 u. A.97
Plot.. Enn. II 9   II 333 u. A.88
Plot.. Enn. III 7.3   II 336 u. A.112
Plot.. Enn. III 8,10,3ff.   II 279 A.126
Plot.. Enn. III 8.11   II 335 u. A.105
Plot.. Enn. V 5.3   II 336 u. A.109
Plot.. Enn. VI 2.22   II 334 u. A.102
Plot.. Enn. VI 4.5   II 49 u. A.72
Plot.. Enn. VI 8.16   II 76 u. A.15
                                       II 279 u. A.130
Plut.. Isid.etOsir. 46f   10
                                       17 A.1
Plut.. Themist. 27   II 185 u. A.9
Ps.-Plut.. fluv. 23,§4   155
                                       156 A.1
Polyb.. 1,49.8   II 397
Pomp.Mela, sit.orb
    III 8,82   145 A.5
                                       II 270 u. A.97
Porphyr., v.Plot. c.II   128 A.4
Porphyr.. v.Pyth. 19   II 567 u. A.61
Ruf., anat. 1   163 A.1
Quintil. 3.8,33   II 201 u. A.15
Quintil. 4,2,31   II 203 u. A.29
Simpl., Arist.phys.24,13ff.   17 A.4
Soph.. Philoct. 950   II 396
Stob. I 20,3ff.   II 264 u. A.64
Stoic.vet.fragm. I 87,2   II 564 u. A.50
Stoic.vet.fragm. II 15,3ff.   II 577 u. A.96
Stoic.vet.fragm.
    II 154,7ff.   II 584 u. A.128
Stoic.vet.fragm. II 192,1f.   II 564 u. A.48
Stoic.vet.fragm. II 306,24   II 564 u. A.47
Stoic.vet.fragm. II 1070
    (Serv..ad georg. I 5)   II 481 u. A.69
Syll. Inscrpt.gr. 985.8   264 A.7
Synkellos Georg. 21.9   231 A.10
Themist.. or. 16. 204c   159 A.3
Theopomp (Plut.. Isid.
    et Osir.46f)   10
                                       17 A.1
Tzetz.. Schol.Lycophr.
    113-114   II 260 A.36
UPZ (Pap.Guer.Joug.1-8)   II 257 u. A.23
Vett.Val. 37.28   262 A.1
Xenophan.. fr.21 B 7   II 567 u. A.61
Xen.. Anab. 1.5.17   II 396
Xen.. Cyrup. 7.5.31   II 419 A.24
Xen., Memor. III 9.4f.   II 556 A.14
Xen., Memor. IV 2.24   II 556 A.14

Christliche Schriftsteller

Große Abschwörungsf.
    MPG I 1461 C   II 102 u. A.150
                        II 471 u. A.37
                        II 515 u. A.137   Act Joh 98,13-101,15   II 144-147
                        II 653 u. A.55   II 144ff. A.30-34
    MPG I 1464 B   II 548 u. A.127   II 148-152
Act Joh 72   259 A.3   Act Joh (S.200.Z.10)   II 149 A.39
                                              Act Joh (S.200.Z.11ff.) II 149 A.42
                                              Act Thom 108-113   35 A.1
                                              Ambros..Hexaem. V 23   146 A.6

Hermetica

Gnostische Literatur

Mandäismus

Manichäismus

Keph. 259,6	235 A.3
Keph. 259,11	II 481 A.71
Keph. 259,13-15	265 A.1
Keph. 259-260	255 u. A.1
Keph. 260-261	254 u. A.4
	254 u. A.5
Keph. 260,29-261,13	239 A.7
Keph. 261-262	255 u. A.4
Keph. 261,4-13	II 21 A.67
Keph. 262-264	212 A.2
	259 u. A.7
Keph. 263,8ff.	260 A.3
Keph. 263,22-27	260 A.2
Keph. 264-265	254 u. A.3
Keph. 264,15-19	260 A.1
Keph. 264,17-19	213 A.4
Keph. 265-266	254 u. A.6
Keph. 266-268	254 u. A.8
	255
Keph. 266,3-268,27	II 158 u. A.66
Keph. 266,6ff.	234 A.13
Keph. 268-269	255 u. A.5
Keph. 268,19f.	II 158 u. A.67
Keph. 268,24-27	II 158 u. A.65
Keph. 269,14-270,24	II 472 u. A.43
Keph. 269,19f.	II 609 u. A.56
Keph. 270-280	257 A.1
Keph. 270,25-280,19	II 22 u. A.74
	II 644 u. A.6
Keph. 270,31-271,12	257 A.2
Keph. 271,13-20	257 A.3
Keph. 271,15	258 u. A.1
Keph. 271,20-22	257 A.4
Keph. 271,22-26	257 A.5
Keph. 271,24ff.	II 354 A.52
Keph. 271,26ff.	II 22 A.74
Keph. 271,30-272,7	257 A.6
Keph. 272,1	II 46 u. A.57
	II 583 u. A.123
Keph. 272,15f.	257 A.8
Keph. 272,28	257 A.7
	II 385 A.57
Keph. 272,31.32	II 649 A.37
Keph. 273,5f.	II 385 A.57
Keph. 273,9-14	257 A.11
Keph. 273,10	258
Keph. 273,20-274,19	257 A.9
Keph. 274,22-29	257 A.11
Keph. 274,23	258
Keph. 274,30ff.	257 A.10
Keph. 275-276	257
	258
Keph. 276,8	257 A.10
Keph. 276,14	257 A.10
Keph. 277,5	258 A.4
Keph. 277,11f.	258 A.4
Keph. 277,21	258 A.4
Keph. 277,28	258 A.4
Keph. 278,23-279,19	258 A.3
Keph. 279,12ff.	259
Keph. 279,16	258
	II 217 u. A.15
Keph. 280-282	254 u. A.1

Keph. 280,11-14	255 A.2
Keph. 280,20-282,6	II 569 u. A.69
Keph. 282ff.	II 23 u. A.75
Keph. 283	254 u. A.2
Keph. 284	252 A.2
Keph. 286-288	252 A.2
Keph. 286,24-288,18	265 u. A.5
	II 558 u. A.21
Keph. 287,29ff.	II 613 u. A.3
Keph. 288,3	II 614 u. A.4
Keph. 288,19-290,28	266
	232 A.4
	II 512 u. A.126
Keph. 288,24	234 A.9
Keph. 289,3	233
Keph. 289,5-21	232
Keph. 289,9	233
Keph. 289,20f.	233
Keph. 290ff.	243 A.1
	256 u. A.1
Keph. 290,29ff.	II 22 u. A.73
Keph. 290,29-292,32	II 639
Keph. 290,29-291,31	II 640/641
Keph. 291,1-3	II 645
Keph. 291,3ff.	II 649 u. A.32
Keph. 291,7-15	256 A.4
Keph. 291,7	II 649 u. A.33
Keph. 291,14.24	II 649 u. A.33
Keph. 291,10	II 649 u. A.35
Keph. 291,12	II 649 u. A.35
Keph. 291,14	II 649 u. A.33
Keph. 291,15-19	256 A.5
Keph. 291,19	II 649 A.35
Keph. 291,20ff.	256 A.6
Keph. 291,23ff.	II 650 u. A.39
Keph. 291,24	II 649 u. A.33
Keph. 292	II 638/639
Keph. 292,1ff.	256 A.3
Keph. 292,1-32	II 642/643
Keph. 292,1-8	II 650
Keph. 292,2-4	II 648 u. A.26
Keph. 292,3	II 645 u. A.9
Keph. 292,4ff.	II 649 u. A.34
Keph. 292,4-8	II 645
Keph. 292,6f.	256 A.2
Keph. 292,9-25	II 650 u. A.40
Keph. 292,9-14	256 A.7
Keph. 292,13	II 650 u. A.43
Keph. 292,17	II 645 u. A.9
Keph. 292,26ff.	II 651
Keph. 292,28	II 651 u. A.44
Keph. 292,29	II 651 u. A.46
Keph. 292,31	II 651 u. A.45
Keph. Kap.138	II 536 u. A.74
	II 635 u. A.54
Keph. Kap.143	II 462 u. A.10
Keph. Kap.147	II 485 A.11
Keph. Kap.148	231 A.11
Keph. Kap.154	243 A.3
	II 458 u. A.5
	II 459 u. A.6
	II 460 u. A.7
	II 460 u. A.8

Orientalische Schriftsteller

Yasna 47	7 A.1
Yasna 50.9	16 A.2
Yašt 13.145	48 A.6
Yašt 14.89	48 A.6
Yašt 19.89	11 A.2
	48 A.6
Yašt 19.92	48 A.6

koptisch:

Act. Mart. II 55.13	
(CSCO 86)	225 A.4.5.6
Act. Mart. II 263.9	
(CSCO 86)	225 A.6
Act. Mart. II 263.15	
(CSCO 86)	225 A.7
Act. Mart. II 349.23	
(CSCO 86)	225 A.4
Act. Mart. II 360.11	
(CSCO 86)	225 A.4 u.6
Catal. of Copt.Mss. in	
Brit. Mus. 172b	225 A.8
Catal. of Copt.Mss. in	
Brit. Mus. 380b	225 A.9
	226 A.2
Apa Epima 19.10,	
ed. T.Mina	224 A.2
Copt.Homilies 45,	
ed. Budge	223 A.2
Copt. Homilies 57,	
ed. Budge	223 A.2
Copt. Homilies 65.	
ed. Budge	223 A.2
Homélies Copt. ed. de Vis	
Coptica I 106	223 A.2
Homélies Copt. ed. de Vis	
Coptica I 126	223 A.2
Homélies Copt. ed. de Vis	
Coptica V 120	223 A.2
Homélies Copt. ed. de Vis	
Coptica V 126.4	225 A.9
	226 A.3
Homélies Copt. ed. de Vis	
Coptica V 268.7	225 A.8
Copt. martyrdoms 71.9.	
ed. Budge	226 A.1
Copt. martyrdoms 72.1.	
ed. Budge	226 A.1
Copt. martyrdoms 143.21.	
ed. Budge	226 A.1
Osterfestbrief 15.80.	
ed. Till	224 A.2
Pachom.. Oeuvr.10.31	
(CSCO 159)	224 A.2
Sinuth.. v.boh. 17.23	
(CSCO 41)	225 A.6
Sinuth.. v.boh. 32.12	
(CSCO 41)	225 A.6
Sinuth.. v.boh. 33.24	
(CSCO 41)	225 A.7
Sinuth., v.boh. 44.22	
(CSCO 41)	225 A.6
Sinuth., v.boh. 77.11	
(CSCO 41)	225 A.7

Sinuth.. op. IV 155.26	
(CSCO 73)	225 A.4
ägypt. Urkunden,	
Berlin II 423	59 A.4

mittelpersisch.
Skand-Gumānīk Wičar

XVI 4–6	II 469 A.28
Zādspram 34.52	II 513 A.130

neupersisch:.
Gardīzī. Zajn al-Ahbār 268

ed. Habībī	II 170 u. A.31

syrisch:

Afrahat 116.4–17	
(Patr.Syr.I)	II 534 u. A.63
Afrahat 255–260	
(Patr.Syr.I)	II 544 u. A.114
Afrahat 256.25ff.	
(Patr.Syr.I)	106 A.5
Afrahat Index	
(Patr.Syr.II)	II 490 A.36
Bardesanes 501	
(Patr.Syr.II)	211 A.1
Bardesanes 514.	
(Patr.Syr. II)	II 382 u. A.42
Chronic. Maron. in:	
Chron. minora II 59f.	
(CSCO 3)	205 A.1
Ephräm, Diatess.Komm.	
S.200, ed. Leloir	
(CSCO 137)	261 A.3
Ephräm, Diatess.Komm.	
S.249f., ed. Leloir	
(CSCO 137)	261 A.3
Ephräm, Hymni in haer.	
1,18	212 A.1
Ephräm, Hymni in haer.	
22,5–6	204 A.1
Ephräm, Pros.refut.	
S.72,15–73,5	II 628 u. A.34
Ephräm, Pros.refut.	
S.117,1–123,20	II 628 u. A.34
Liber Graduum	
12. Serm. S.285–304	II 206ff. u.A.45
Abschn.1: 285,1–292,1	II 206f. u. A.46
Abschn.2: 292,1–3,	II 207 u. A.47
293.17–22	II 207 u. A.49
Abschn.4–5:	
293.23–300.3	II 207 u. A.50
Abschn.6: 300,4–301,14	II 207 u. A.51
Abschn.7:301.15–304.24	II 208 u. A.52
304.23–24	II 208 u. A.53
Liber Graduum	
19. Serm. S.445–525	II 202ff. u.A.26
Abschn.1–2: 445–452.22	II 202 u. A.27
Abschn.3–8:	
451.23–468.16	II 203 u. A.28
Abschn.9–33:	
467.17–509.17	II 203 u. A.32

AUTORENREGISTER

A.10, 236 A. 5 u.6, 242 A.1 u.7.
243 A.2, 250, 251 u.A.1, 252 u.
A.1 u.2, 265 A.2, II 7 A.12, 12
A.21, 13 A. 24, 14 A.29, 15 A.
34, u.35. 17 A.46. 18 A.47 u.52.
19 A.58. 20 A.61, 22 A.71. 57
A.7. 58 A.13 u.14. 60 A.26. 63/
64 u.A.37. 67 A.50.51.52.54. 68
A.56 u.58. 72 A.3. 73 A.5 u.6.
74 A.10. 75 A.12. 77 A.19. 79
A.21, 80 A.25 u.26. 81 A.29, 82
A.36, 85 A.48 u.50, 87 A.62. 90
A.81 u.82, 91 A.84 u.85. 93 A.96.
97 A.121, 98 A.133, 99 A.135.
107 A.14ff., 128 A.2, 129 A.6.
131 A.15, 132 A.24, 153 A.44
u.45, 164 A.3, 168 A.25, 175 A.
51, 189 A.20, 190 A.22, 193 A.
27 u.30, 198 A.4, 215 A.5, 216
A.7 u.9, 217 A.15 u.17, 218 A.
22, 220 u.A.28 u.30, 223 u.A.34
u.35, 225 A.46, 226 A.51, 232
A.3 u.4, 233 A.6 u.7, 234 A.11.
245 A.75.76.77.78, 251 A.0 u.1.
252 u.A.4, 253 A. 6 u.8, 261
A.42, 263 A.60, 277 A.121, 279
A.127, 281 A.142, 286 A.169.
290 A.3, 295 A.19, 297 A.26.
299 A.33, 310 A.89, 313 A.6.
315 A.13, 324 A.41, 325 A.52.
341 A.0. 348 A.29, 353 A.51,
354 A.52.53.55.56. 359 A.73. 374
A.2 u.3, 375 A.7, 382 A.43. 385
A.57. 390 A.76 u.78. 404 A.13.
408 A.28. 414 A.1, 415 A.5. 416
A.7 u.10. 418 A.17. 424 A.56.
425 A.59 u.64. 435 u.A.107. 436
u.A.111.112.114. 437 u.A.117.
457/458 A.2 u.3. 470 u.A.33 u.
34. 474 A.45 u.46. 475 A.48 u.
49. 477 A.58. 479 A.62 u.63. 484
A.7 u.8, 485 A.11. 488 u.A.27
u.29, 490 u.A.35. 497 A.60. 498.
499 A.69. 501 A.75, 503 A.87.
505 A.90 u.91. 506 A.93, 507 A.
97, 510 A.112 u.115. 511 A.116.
512/513 A.126. 514 A.135, 516
A.142, 520 A.1 u.2, 529 A.41.
531 A.52 u.53, 533 A.59, 534 u.
A.62, 551 A.1 u.3, 553 A.8, 556
A.16, 558 A.21 u.22, 583 A.126.
584 A.131, 585 A.132, 587 A.4,
592 A.15, 613 u.A.1 u.3, 614 A.
5 u.6, 615 A.8, 616 A.9, 618 A.
14, 630 A.36, 634 A.50 u.52, 638
u.A.1.2.3, 652 A.52, 653 A.56
Böhme, J.   II 10
Boll, F.   43 A.4
Bonnet, H.   134 A.2.3.5, 141 A.7.
147 A.4, II 144 A.30, 149 A.39.
152 A.43, 234 A.12, 292 A.10
Bonwetsch, N.   19/20 A.6
Bornkamm, G.   12 A.2

Bousset, W.   31. 33 u.A.4. 41/42
A.3. 45 A.3 u.4. 46 A.1 u.4. 47
A.3 u.6, 48 A.3. 51 A.1 u.6. 177.
197 A.4. II 5 u.A.5. 6 A.10. 88
A.71. 139 A.15. 215 A.4
Boyancé, P.   II 227 A.54, 282 A.
147. 585 A.133, 597 A.26, 627
A.28
Boyce, M.   227 A.3. II 18 A.49.
169 A.28, 170 A.32, 172 A.38,
176 A. 58 u.59. 180, 458 A.4.
461 A.9. 466 A.18, 467 u. A.19.
20.21.23.25.26, 468 u.A.27. 470
A.35, 478 A.59, 484 A.5, 485 A.
10.11.13, 486 u.A.15, 492 u.A.
46, 532 A.54, 554 A.9, 557 A.
18 u.19, 559, A.23, 561 A.34,
563 A.43
Boyer, C.   II 126 A.101
Brandenburger, E.   II 593 A.19
Brashler, J.   II 274 A.113
Braun, H.   II 57 A.9
Brière, M.   II 615 A.8
Brinkmann, A.   229 A.8, II 414 A.3
Brockelmann, C.   II 285 A.163.
307 A.75, 387 A.65
Broek, R.v.d.   II 441 A.141
Brooks, E.W.   205 A.1
Browne, G.M.   II 417 A.13
Brox, N.   II 537 A.79
Bryder, P.   II 457 A.0
Budge, E.A.W.   223 A.2, 224 A.1,
226 A.1
Bullard, R.A.   II 396 u.A.6, 398.
430 A.88
Bultmann, R.   14 A.2. 31. 41 u.
A.1. 51 u.A.2. 189, II 5 u.A.6.
124 u.A.96. 588 A.8
Burckhardt-Brandenberg, A.   II
231 A.2
Burkitt, F.C.   II 415 A.6, 487 u.
A.21. 503 A.83. 525 A.19, 533
A.60, 628 A.34

Cameron, G.G.   4 A.3
Campenhausen, H.v.   II 219 A.26
Capelle, W.   17 A.4. II 272 A.103
Chabot, J.B.   205 A.1, II 548 A.128
Charles, R.H.   19 A.6
Charon, J.E.   II 598 A.27
Chavannes, E.   250 A.1, II 18 A.
48, 610 A.58
Christensen, A.   II 483 A.4,
Christensen, A.   II 483 A.4, 494 A.51
u.52
Cirillo, L.   II 469 A.31, 551 A.2
Claude, R.   II 83 A.41
Clemen, C.   8 A.3
Cohn, J.   II 595 A.20
Cohn, L.   II 7 A.11, 167 A.19
Colpe, C.   182, 186, 189, 191 A.1,
222 A.4. 223, II 275 A.114. 507
A.97, 588/589 u. A.9

Contenon, H. de   II 521
Conze, E.   II 526 A.22
Conzelmann, H.   II 93 A.100
Cowley, A.   7 A.3, 64 A.1
Crum, W.E.   146 A.1, 157 A.5,
    164 A.2 u.3, 225 A.4.8.9. 232 u.
    A.3, II 267 A.79, 292 A.11, 320
    A.27, 377 A.11, 378 A.12, 379 u.
    A. 32, 385 A.57, 387 u. A.64,
    405 A.19, 449 A.169, 535 A.68
Cumont, F.   15 A.1, 16 A. 5 u.8,
    22 A.5, 43 A.2, 98 A.3 u.4, 150
    A.1 u.2, 160 A.3, 192 A.1, 241
    A.3, II 76 A.16, 84 A.42, 89 A.
    73, 92 A.88, 93 A.101, 95 A.109,
    98 A.131, 130 A.12, 180, 231 u.
    A.2, 471 A.41, 487 A.22, 507 A.
    99
Cureton, W.   216 A.13

Dalman, G.   II 420 A.26, 421 A.
    34
Debrunner, A.   II 125 A.99, 164
    A.4, 408 A.27, 442 A.147, 443
    A.148
Decret, F.   II 73 A.9, 113 A.44,
    121 A.82
Denis, A.-M.   II 167 A.20
Diekamp, F.   219 A.1.2.3
Diels, H.   17 A.4, II 274 A.110,
    475 A.51, 477 A.57, 560 A.29,
    567 A.61 u.62, 568 A.66
Dietrich, A.   II 458 A.3, 482 A.0,
    551 A.1
Dindorf, G.   231 A.10
Dirlmeier, F.   II 577 A.92
Dittenberger, W.   264 A.7
Dölger, F.   5 A.2, 62 u.A.2, 63 u.
    A.1.2.3.4, II 181 u.A.1, 185 A.7,
    186 A.15
Dörrie, H.   II 230 A.1, 279 A.131,
    333 A.93, 334 A.94
Dörries, H.   II 193 A.28, 221 A.
    33, 230 A.1, 633 A.45 u.46, 634
    u. A.47,48,49,51, 635 u.A.53 u.
    56, 636 u.A.58 u.61, 637 u.A.62
Doresse, J.   34 A.3, 112 A.3, 122
    u. A.1, 129 A.7, 130 u.A.3, 135
    u.A.5, 136 u.A.1, 146 u.A.13,
    147 A.2, II 219 u.A.27, 223, 294
    A.17
Drijvers, H.J.W.   203 A.3, II 477
    A.55, 504/505 u. A.89
Duchesne-Guillemin, J.   7 A.1, 8
    A.3
Dupuis, J.   II 263 A.59, 289 A.1

Edel, E.   II 399 u. A1 u.2, 400
Erman, A.   63 A.6, 129 A.5, 141
    A.7, II 399 A.4
Evans, E.   II 126 A.100

Feine, P.   II 355 A.59, 483 A.3
Festugière, A.J.   II 40 A.49, 65 A.
    45, 277 A.122, 287 A.174, 334
    A.95, 444 A.152, 481 A.68
Fitzmyer, J.A.   II 419 A.19 u.23,
    421 A.32, 453
Flacius, M.   219
Flashar, H.   II 57 A.8
Flemming, J.   19 A.6, 144 A.2,
    231 A.9
Flügel, G.   189 A.4, 192 A.1, 238
    A.10, II 169 A.27, 515 A.138,
    517 A.144, 525 A.20, 545 A.115,
    548 A.126, 583 A.126
Foerster, W.   173 A.1 u.2
Fohrer, G.   85 A. 4 u.6
François, L.   II 271 A.101
Friedrich, G.   II 389 A.73
Fück, J.   II 169 A.27
Funk, W.-P.   II 223 A.35

Gabain, A.v.   II 73 A.9
Gaffron, H.-G.   II 214 A.3, 216
    A.6, 359 u. A.74, 421 A.33, 434
    u. A.103 u.104
Gaiser, K.   II 16 A.40, 35 A.32,
    36 u. A.33 u.35, 37 A.36 u.37,
    57 A.8, 139 A.18, 149 u. A.41,
    273 A.104, 562 A.37, 625 A.27
Gardiner, A.   180, II 399 A.3
Garitte, G.   135 u. A.4, II 441 u.
    A.144
Gehrich, G.   15 A.1
Geißler, F.   II 21 A.62
Gese, H.   II 234 A.12, 292 A.9
Gigon, O.   II 15 A.36, 37 A.38,
    562 A.37, 564 A.53, 566 A.58
Gilbert, R.O.   II 270 A.97
Girgis, V.   II 12 A.22, 83 A.41,
    85 A.52, 233 A.8, 286 A.170
Giversen, S.   162 A.2, 164 u. A.
    1 u.3, II 418 A.18, 485 A.11
Goppelt, L.   II 155 A.50
Görg, M.   II 399 A.0
Grapow, H.   129 A.5, 134 A.1
Green, G.M.   II 125 A.97
Gressmann, H.   41/42 A.3, II 215
    A.4, 498 A.63
Grillmeier, A.   218 A.1, II 588 A.5
Grohmann, A.   179
Guey, J.   II 447 A.161
Guillaumont, A.   II 440 A.136,
    441 u.A.141.142.143.144.145,
    444, 445 u.A.155, 446 u.A.156
    u.159, 447 A.162, 448 u.A.165
    u.166, 449 u. A.168 u.171, 450 u.
    A.173 u.174, 451 A.175
Gundel, W.   43 A.4, II 600 A.31

Haardt, R.   II 57 u.A.5, 58 A.13
    u.14
Habībī, A.   II 170 u.A.31

Hadot, P.   II 559 A.28
Haenchen, E.   II 359 A.75
Haloun, G.   II 483 A.2, 484 A.9,
  492 A.45
Hammerschmidt, E.   II 361 A.81,
  521 A.6
Hanssens, J.M.   225 A.3
Harder, R.   II 333 A.88
Harnack, A.v.   31, 70, 208 A.5,
  209 A.3 u.5, 211 A.3, 229 u. A.
  9, II 6 u.A.10, 183 u. A.2, 216
  A.8, 624 u. A.24, 627 A.33, 630
  A.37
Hauck, A.   II 496 A.55
Hebbelynck, A.   II 257 A.19
Heidegger, M.   II 3 u.A.1, 10 u.
  A.18
Heiler, F.   II 81 A.30
Heisenberg, W.   II 8 A.15, 17 A.
  45, 254
Helderman, J.   II 57 u. A.6
Hengel, M.   II 292 u. A.12, 293
  A.13
Hennecke, E.   36 A.8, 112 A.2,
  167 A.3, 239 A.5, II 143 A.28,
  144 A.30, 147 A.35, 152 A.43,
  395 A.1, 509 A.109
Henning, W.B.   31 A.1, 38 A.4,
  46 A.3, 78 A.2, 192 A.1, 200 A.
  1 u.4, 206 A.1, 215 A.1, 216 A.
  11 u.13, 217 A.4, 231/232 A.11,
  232 A.2, 240 u. A.3, 243 A.3,
  II 11 A.20, 13 A.27, 39 A.42, 75
  A.11, 77 A.17, 101 A.146 u.147,
  121 A.84 u.85, 129 A.4, 154 A.
  46, 160 A.74, 161 A.79, 172 A.
  36 u.37, 173 A.38 u.41, 174 A.
  48, 175 A.50 u.52, 180, 393 A.
  82, 414 A.2, 458 A.4, 483 A.2,
  484 A.9, 485 A.11, 486 u. A.15,
  487 A.19, 492 A.45, 494 A.51,
  500 A.70, 511 A.123, 515 A.136
  u.138, 517 A.145, 532 A.54, 544
  A.112, 557 A.18, 568 A.64, 569
  A.68, 573 A.85
Henrichs, A.   II 215 A.5, 216 A.
  11, 217 A.12 u.13, 415 A.4, 462
  A.14, 469 A.31, 470 u. A.32,
  473 A.44, 485/486 A.14, 489
  u.A.32, 490 A.34, 493 A.47, 498
  u.A.64 u.65, 500 A.71.73.74, 502
  A.80, 509 A.109, 529 A.43, 551
  A.2, 588 A.6
Herzfeld, E.   7 A.2
Herzog, I.I.   II 496 A.55
Hilgenfeld, A.   86, II 84 A.45, 426
Hiller, E.   II 263 A.59, 289 A.1
Holl, K.   218 A.2, II 271 A.102,
  356 A.61, 543 A.107, 568 A.66,
  608 A.53
Hommel, H.   239 A.7, 254 A.5
Hornschuh, M.   II 147 A.35
Humbach, H.   7 A.1

Hyvernat, H.   225 A.4.5.6.7

Ibscher, H.   179, 180, 181, 182,
  183 A.1, 185 u.A.2 u.4, 186,
  222 A.1
Ibscher, R.   181, 182, 185, 186,
  222 A.4

Jackson, A.S.W.   II 177 A.62
Jackson, H.M.   II 89 A.72, 239 A.
  21
Jackson, J.M.   II 424 A.52
Jaeger, W.   II 34 u.A.30, 255 u.
  A.14 u.15, 265 A.67
Janssens, Y.   II 81 A.31
Jastrow, M.   86 A.3, II 420 A.
  30
Jensen, H.   II 401 A·8
Jeremias, J.   20 A.4, 27 A.8, 61
  A.1 u.2, 64 A.2 u.3, 154 u. A.
  2, II 421 A.31, 442 A.146, 450
  u. A.172
Jonas, H.   82 u. A.4, 202 u.A.2,
  206 u.A.2, 211 u.A.2, II 44 u.
  A.55, 69 u.A.61, 74 A.10, 135,
  613 u. A.2
Jones, H.St.   II 138 A.9, 260 A.
  39, 267 A.76, 490 A.40, 511 A.
  122
Jütner, J.   5 A.2
Junge, F.   II 414 A.0
Junge, P.J.   4 A.2 u.3, 5 A.3
Junker, H.   10 A.4
Junod, E.   II 143 A.28, 161 A.75

Kaestli, J.D.   II 143 A.28, 161 A.
  75
Kant, I.   II 7 A.14, 11 u. A.19
Kasser, R.   106 A.6, 113 A.8, 116
  A.4, 117 A.2, II 17 A.44, 90
  A.81, 312 A.1, 422 A.41
Kautzsch, E.   19 A.6
Kees, H.   121 A.1, 126 A.1
Kent, R.G.   7 A.2
Kessler, K.   II 496 u. A.55, 512
Kleinknecht, H.   II 297 A.22
Klima, O.   II 485 A.13, 498 A.
  63, 514 A.134, 516 A.143
Kmosko, M.   II 193 A.28, 198 A.
  1 u.2
Knöll, P.   II 125 A.98
Knudtzon, J.A.   59 A.5
Koenen, L.   II 215 A.5, 216 A.
  11, 217 A.12 u.13, 415 A.4, 462
  A.14, 473 A.44, 478 u. A.60,
  485/486 A.14, 489 u.A.32, 490
  A.34, 493 A.47, 498 u. A.64 u.
  65, 500 A.71.73.74, 502 A.80,
  509 A.109, 529 A.43, 551 A.2,
  588 A.6
Köster, W.   II 286 A.169
Koschorke, K.   II 276 A.119, 587

NAMEN- UND SACHREGISTER

(Die griechischen Wörter sind nach dem deutschen Alphabet eingeordnet.)

Antimanichäer   220
ἀντίμιμον πνεῦμα
    100 u.A.3, 162, 163, 164, 165,
    166, 167, 168, 169, 170, 171,
    172, 173, 174, II 46, 60 u.A.26,
    61, 62, 106, 535
ἀντίμιμος   162f.
Antinomist   II 503
Antiochia   263, II 188, 422 A.44,
    434, 493, 553
antipaulinisch   105, 109
Antityp   163, 174, II 596
ἀντωπός   163, II 82
Antwort (manich.)   II 509, 641,
    649 u.A.33, 651
    s.a. Hören
Apamea   II 419, 465
Apatheia   II 194
Apeiron   II 35
ἀφαίρεσις   II 45, 46
ἄφωνα   II 258
Aphredon, ἀφρηδωνία
    II 173, 174
Aphrodite   30, 122, 133 u.A.2,
    134, 137, 141, 142, 143, 148,
    II 100, 234 u.A.12, 259, 261, 292
Apion   59
Apis   121, 134, 147 u.A.4
Apokalypsen (allg.)   II 460
Apokalypse (synopt.)   75, 215, II
    478, 513
Apokalypse (Joh.) s. Johannesapo-
    kalypse
Apokalypsen (gnost.)   34, 76, 149,
    178
Apokalypse des Dositheos der Stelen
    des Seth s. Stelen des Seth
Apokalypse des Zostrianos s.
    Zostrianos
Apokalyptik, apokalyptisch   11, 19,
    20, 21, 23, 24, 25 u.A.8, 26, 29,
    34, 40, 46, 48, 49, 50, 54, 57,
    74. 107. 214
ἀποκατάστασις   120, 125,
    128, 138, 195
    s.a. restitutio
Apokryphen   19f. A.6, 74, 83, 84,
    112 A.2, 167 A.3, 215, 239 A.5,
    II 129, 161 u.A.75, 344, 361
Apokrypha (gnost.)   76, 178
Apokryphon des Jakobus s. Jakobus-
    brief
Apokryphon des Johannes s.
    Johannesapokryphon
Apollodorus   II 203
Apollon   161, II 481, 555
Apologeten   210
ἀπολύτρωσις   II 216
ἀπόρροια   II 336
ἀπόσπασμα (Gottes)   II 564
Apostel   24, 26, 52, 105, 112, 159,
    160 A.2, 207, 208, 213, 232, 234,
    244, 256, 259, 261, 262, 265, 266,

II 108, 109, 110, 115, 116, 117,
    119, 121, 143, 154, 172, 176,
    198, 201, 203, 206, 207, 214,
    223, 361, 422, 431, 460, 462,
    500, 502, 503, 518, 519, 524,
    530, 569, 570, 573, 575, 578,
    579, 580, 593, 622, 623
Apostel Jesu Christi   184, 204 A.5,
    218 A.2, 243, II 217, 473, 480,
    500, 530, 531, 587, 590, 613
Apostel des Lichts   II 502, 578
apostolus haereticorum   111, 209,
    II 108, 216, 311, 338, 529
apostolus Marcionis   209
Apostelakten   II 151
    (apokryphe A.)   178, II 137, 143,
    149, 153, 160
ἀποταγή   II 350
ἀποθερίζω   II 386
Apuleius   122, II 261
R. Aqiba   23, 48 A.7, 82
Arabia (Provinz)   220
Araber, arabisch   17 A.1, 78,
    188, II 5, 196, 395, 521
Arabersturm   II 191
Aralsee   II 522
Aram   II 419
aramäisch   7, 18 u.A.4, 63, 86 u.
    A.3, 123, 129, 141, 205, 227,
    230 A.1, 233, II 84, 95 A.113,
    100, 285, 293, 298, 414, 418,
    419 u.A.19, 420 u.A.28, 421,
    423, 425, 426, 427, 428, 429,
    432, 433, 434, 435, 441, 442,
    444, 449, 450, 452, 453, 479,
    487
    s.a. ostaramäisch
    s.a. westaramäisch
Aramaismen   II 418, 423, 440
Arbeit, arbeiten   258, II 157,
    208, 611
ἀρχαί   100, II 537, 560
Arche   98, 217, II 225
ἀρχή   II 50, 75, 76, 78, 79,
    85 u.A.47, 88, 127, 128, 277,
    278, 283, 287, 300, 322, 334,
    357. 427, 558, 598
ἀρχηγός   II 179
Archigenetor   87, II 534
ἀρχικόν   II 167 A.21
ἄρχων (= ἡγεμών)   II 167
ἄρχων τοῦ κόσμου τούτου
    3υ
ἄρχοντες , Archonten   25,
    53, 54, 83, 86, 88, 91, 93, 94,
    95, 96, 97 u.A.2 u.6, 100, 105,
    106, 110 u. A.2, 120, 123, 124,
    125, 131, 138, 139, 140, 143,
    144, 145, 164, 168, 169, 170,
    171, 172, 174, 192, 195, 197,
    198, 238, 246 u.A.2, 247, 248,
    249, II 55, 56, 61, 67, 93, 94,
    106, 124, 220 u.A.30, 260, 276,

432, 433
Austausch (von Schriften)   127,
    178
Austrocknung   235
Auswahl   II 114
    s.a. Erwählung
Auswanderung, Auszug   106
ausziehen (entkleiden)   II 547
τὸ αὐτεξούσιον   II 337
Authentikos Logos (NH VI,3)
    II 232 u.A.5, 287 u.A.177
αὐτογενής   II 82, 89, 98, 237,
    242 u.A.49, 243, 245 u.A.73,
    302, 354, 356, 399, 404 u.A.14,
    405, 406, 407, 408, 409, 410,
    411 u.A.34 u.37, 412, 413, 425
αὐτογενέτωρ   II 82, 412, 413
αὐτογένητος   II 305, 409
αὐτογένιος   II 78, 242 A.49,
    406
αὐτοπατωρ   II 82, 142, 303
Awesta   7, 8, 10, 17
Awroman   63
Āz   205, II 68, 100, 615

Baalbek   II 19, 234, 292
Babylon   30, II 493, 530, 535
Babylonien   4, 10, 12, 42, 44, 73,
    156, 203, 205, 240 u.A.4, II 99,
    100 A.144, 182, 342, 464, 465,
    467, 486, 487, 493, 494, 497,
    512, 513, 514, 516 u.A.143, 521
Bagdad   II 196
Bagoas   64
Bahram I.   79
Balkan   II 181 A.1, 188, 190
Balsamos, Balsames   II 180
    s.a. Barsimus
bān rabbā   II 487
    s.a. Großer Baumeister
βαπτισταί   32, 193
Baraies   II 111
bar 'anāš   II 93
    s.a. Menschensohn
Barbelo   131, 196, II 12, 19, 33,
    47, 48, 49, 50, 51, 52, 53, 81,
    84, 85, 86, 87, 224, 226, 234,
    235, 281, 284, 285, 289, 293,
    298, 299, 300, 301, 304, 305,
    308 u.A.82, 309, 329, 351, 352
    u.A.45, 353, 363, 368, 369, 409,
    410, 411, 427, 593 A.17
Barbelognostiker   131, 136, II
    224, 293, 294 u.A.17, 345, 351
Bardesanes von Edessa   77, 202,
    203 u.A.3, 204, 208, 210, 211,
    212, 215, 230, 243 u.A.2, II 187,
    216, 382, 392, 473, 477, 488,
    503, 504, 505, 506, 516, 529,
    533, 562 A.40
Bardesaniten   78, 203
Barsimus   II 176, 177 u.A.60,
    179, 180

s.a. Balsamos
Bartholomäus   112
2. Baruch   48
Basileios   II 191, 192, 195
Basilides   75, 77, 132, II 96 u.A.
    120, 136, 144, 213, 221, 222,
    270, 630, 631
βάθος   II 79, 174, 387
Bauern   61
Baum   83, 92 u. A.4 u.8, 100 A.3,
    139, 144, 145, 165, 192, 198, 210,
    214, 238, 239, 254, 255, 266, II
    160, 226, 504, 537, 545 u.A.117,
    547, 558, 575, 614, 616, 641
Großer Baumeister   240, 257,
    II 487, 604
    s.a. bān rabbā
Bedeutungstrennung   II 390 A.76
Befleckung, Beschmutzung   89,
    124, 152, 198, II 94, 105, 106,
    236, 508, 533, 545
befreien, Befreiung   64, 66, 72,
    253, II 105, 106, 121, 126, 136,
    138, 343, 397, 469, 474, 499,
    502, 505, 511, 543, 547, 548 u.
    A.126, 565, 570, 589, 590, 599,
    605, 607, 610, 622, 628, 649
    s.a. Erlösung
Begattung   II 261
Begierde   155, II 563, 566, 609,
    613, 615, 619
Begrenztheit   II 47, 285, 568, 599
    begrenzte Zeit   II 469, 470, 478
Begriffe   31, 38, 134, 241, 242,
    246
Begrifflichkeit   8, 78, 79 u.A.1,
    134, 178, 237, 241, II 553
Begriffsdefinitionen   II 580
Begriffsverwirrung   II 276
Behemoth   91
Behistun   7
Beichtspiegel   213 A.4, II 120 u.
    A.75, 515 A.138, 635
bekehren, Bekehrung   131, 139,
    153, II 109, 114, 116, 120, 140,
    271, 539 A.86
    s.a. Buße
bekennen, Bekenntnis   114, 118,
    259, II 534, 645
belehren, Belehrer, Belehrung
    91, 94, 95, 97, 102, 104, 105,
    125, 129, 132, 140, 192, 195,
    199, 234, 235, 253, II 14, 50,
    57, 94, 95, 106, 112, 132, 140,
    206, 262, 295, 358, 360, 385 u.
    A.58, 428, 429, 430 A.86, 477,
    501, 525, 536, 541, 544, 564,
    602, 604, 608, 635, 647 A.24
    s.a. Lehrer, Unterweiser
Beliar   48
Bemafest   224, 235, II 186, 530
Bemapsalmen   224 u.A.4, 226,
    264 A.6, II 501 A.76, 610

Ben Azaj 82
Ben Zoma 82
Bereschit Rabba II 428
Bergpredigt 50, 56, II 199
berufen, Berufung 25, II 109,
  110, 111, 112, 113, 124, 125,
  152, 218 A.19, 500, 502, 602,
  621
Berufene 110
  s.a. Erwählte
Berufsbezeichnung II 240 A.30
Berufslosigkeit II 193
Beschneidung 95, 144 A.2, II 442,
  443
Beschwörung 248
Besessenheit 28
Besiegelung II 643, 650
  s.a. Siegel
Besitzverhältnisse 61
Besprechung II 159
Bestattung(sritual) 8, II 174
Besteuerung 62
Bet- und Beichtbuch (manich.)
  217 u.A.4, II 172 u.A.37
  s.a. Beichtspiegel
Beweger, Bewegung 138, 143,
  199, II 35, 36, 37, 152, 388,
  541, 556, 570, 580
  bewegungsunfähig 199
Bibel 83, 87, 90, 92 A.8, 93,
  100 A.4, 120, 124, 125, 153,
  168, 169, 207, 210 A.1, 212,
  213, 215, 217, 236 u.A.5, 253,
  II 450, 453, 505
Bibelkritiker II 220
Bibelüberlieferung II 232, 445
  A.154
Bibelzitate II 225, 262, 433
biblisch II 97, 112 A.43, 130,
  143, 200, 345, 348, 356, 357,
  362, 377, 423, 424, 430 A.86,
  438, 440 A.137, 453, 591, 624,
  632, 649
Bild (Gottes) 93, 174, II 548,
  549 A.134, 595, 608, 636, 643
  s.a. Abbild
Bildband (Manis) II 463, 484
  s.a. Ārdahang
Bildcharakter, Bildersprache
  239, 250, 251, 252
Bilderstreit II 191, 195, 196
Bilderverehrer 234 A.9
Bildung(sgut) 220, II 4, 225,
  254, 256, 258, 259, 262, 263,
  264, 269, 271, 289, 414
Bileamsprüche II 166
bilingue II 374, 389
binitarisch II 316
Bischöfe II 459
Bitte(n) 257, 263, II 237, 238,
  239, 245 A.74, 346 u.A.18,
  352, 354, 364, 367, 569, 643
bitter II 377, 378, 438

Blasphemie 120, 196
  s.a. Frevel
blind 86, 124, 140, II 64,
  156, 425 u.A.60
Blut 58, 83 u.A.3, 139, 198,
  II 161, 162, 430, 510, 588,
  606 A.47
bnaj qjāmā 257 A.7
Bodensatz II 574
Böhme, J. II 10
böse 10, 16, 17, 30, 35, 44, 46,
  49, 51, 53, 72, 73, 98, 99, 100
  u.A.3, 106, 110, 116, 129, 152,
  153, 159, 161, 165, 169, 172,
  173, 194, 195, 200, 205, 209,
  211, 217, 219, 230, 236, 237, 238,
  239, 245, 255, 265, 266, II 10, 14,
  39, 40, 41, 43, 54, 55, 98, 99,
  101, 103, 104, 106, 108, 114, 116,
  122, 125, 129, 130, 160, 173, 175,
  194, 205, 226, 238, 247, 310, 348,
  362, 425, 447, 468, 474, 476, 478,
  506, 515, 527, 534, 538, 539, 544,
  546, 547, 556, 557, 558 u.A.22,
  559, 560, 561, 563, 566, 570, 571,
  573, 575, 580, 581, 585, 589, 590,
  591, 606, 612, 613, 614, 615, 617,
  618, 619, 620, 621, 622, 623, 625,
  626, 627, 629, 630, 631, 632, 633,
  635, 637
  s.a. schlecht
Bogomilen 221, II 189
bohairisch II 387. 396
βῶλος s. Klumpen
Bote 156, 195, 197, 266, II 525,
  599
Botschaft II 461, 526, 608, 637
Bräutigam 216
Brahmanismus II 516 A.143
Brandopfer 104
Brautgemach (Sakrament) II 216,
  448
Brief(e) 58, 59, 209, II 269, 270,
  650
Briefe (Manis) 184, 186, 187, 204
  A.5, 217 A.1, 226 A.6, 243, II
  110, 111, 473, 480, 484 u.A.8,
  500, 589
Brot 214, II 145, 148, 524
  Brot des Lebens 216
Brotbrechen 259, II 420, 421
Bruder 215, II 322, 323, 449
  Herrenbruder 112, 113
heilige Bücher 207, II 460
  s.a. heilige Schriften
Bücher (Manis) II 610
Buch der Giganten s. Gigantenbuch
Buch des Lebens II 384 u.A.55,
  385
Buch der Mysterien s. Mysterien
Buchausstattung 241 A.5
Buchstaben II 256, 257, 258
Buddha 159, 160, 207, II 172,

Echamoth   II 427
  Echmoth   II 427, 435
Eddington   II 254
Eden   90, 92
Edessa   203 u.A.3, 204, II 100
  A.144, 105, 111, 435, 440 u.A.
  137, 447, 465, 487, 488
Edokla   II 348 A.28, 354, 370
ἐγώ εἰμι ὁ ὤν   II 319
Ehe   II 27, 120, 632
  s.a. Brautgemach
εἶ ὅ εἶ, εἶ ὅς εἶ   II 93,
  319
εἶ ἀεὶ ὄν εἶ   II 406
Eid   264 A.5
  s.a. schwören
εἴδωλον   14
εἶδος   II 560
Eifer   II 56
εἰκών   26, II 643
εἰλείθυια   142
Einblasen (des heiligen Geistes)
  207, II 528
Eingeborener   II 174
Eingeweihter   13, 15
Einheit, Einssein   84, 106, 110,
  142, II 36, 40, 41, 51, 60, 78,
  85 u.A.46, 86, 102, 112, 132,
  139, 140, 149, 150, 247, 291,
  296, 299 A.33, 300, 329, 330,
  331, 332, 333, 334, 337, 388 u.
  A.67, 447, 462, 481, 502, 546,
  572, 576, 580, 601, 606, 615,
  620, 622, 637
einheitlich   II 144 u.A.32, 146,
  150
einhundertdreißig   97, II 17, 369
Einigkeit   214
einkerkern   77
  s.a. Gefängnis
Einleitung (eines Briefes)   II 269
eins, Eins   240, 265, 266, II 29,
  30, 34, 36, 37, 51, 79, 85 A.51,
  86, 233, 243, 244, 263, 278, 279
  u.A.126 u.128, 280, 281, 284, 286,
  289, 299, 314, 330, 333, 334, 335,
  336, 347, 352, 501, 529, 613, 634,
  646, 647 u.A.22, 652
  s.a. ἕν , Monas
Einsamkeit (Gottes)   II 299, 303
Einsammlung   55, II 138, 151,
  511 A.120, 641, 650
Einsicht   22, 95, II 42, 54, 67,
  330, 563, 615, 621
Einstein, A.   II 8
einstimmig   118
einzelne s. μοναχός
der einzige   II 319, 448
Einziggeborener   II 311, 322, 323,
  409
εἰρήνη   242
  s.a. Friedensgruß
ἐκκλησία   26, 245, II 338,

340, 461, 528, 533, 641, 643, 647
  s.a. Kirche (christl., manich.)
Ekklesiologie   200, II 219
Eklektizismus   II 38, 42, 274
ἐκλεκτοί   s. Electi
Ekliptik   II 139
ἐκπύρωσις   45, 237, II 38, 512,
  561
  s.a. Weltbrand
Ekstase   16, 33, 44, 55, 72, II
  192, 195, 398
-el   II 98, 99
Electi   184, 217, 235, 257, 258,
  259, 260, 261, 262, II 22 u.A.74,
  113, 115, 116, 117, 118, 119,
  157, 158, 159, 160, 217, 218,
  459, 517, 524, 567, 570, 574,
  575, 611, 632, 635, 650
ἐλεημοσύνη   258 A.4 u.5, 259
Eleleth   II 411
Elementarschule   II 256, 258, 268,
  271
Elemente (allg. u. Lichtelemente)
  195, 206, 211, 227, 240, 255,
  II 107, 112, 121, 138, 151, 153,
  154 A.46, 155, 161, 475, 476 u.
  A.54, 505, 507, 509, 511 u.A.
  120 u. 121, 513 A.128, 547, 561,
  562, 578, 579, 581 A.117, 583,
  598, 599 u.A.28, 600, 602, 606,
  607, 610, 616, 617, 618, 619,
  621, 630, 635, 636
  s.a. στοιχεῖα
Elementenlehre   73
Elementenverehrung   II 498
ἔλεος   II 248
Elephantine   7, 63
Eleusinische Mysterien   13, 14
ἐλευθερία, ἐλεύθερος
  29 A.8, 60, 61, 62, 65, 66
ἐλευθερόω   66
  s.a. Befreiung, Erlösung
elf, Elfheit   240, II 17, 263, 353
Eli (ΗΛΙ)   II 296, 353
Elia   156
Elkesai   II 162, 498 u.A.63, 501
  A.75, 504 A.88, 518, 529, 588,
  604 A.41, 607 A.48
Elkesaiten   32, 33, II 215 A.5,
  216, 471, 473, 479, 498, 499,
  501, 502, 503 u.A.85, 504, 516,
  517, 518, 529, 551, 588
Ellipse   II 408, 412, 445
Eloaios   II 56
Elohim   100
ἐλπίς   II 390 A.74
Elysium   13
Emanation   35, 38, 77, 192,
  200, II 49, 50, 60, 74, 80, 82,
  86, 161, 224, 279, 281 u.A.139,
  300, 304, 305, 326, 330, 332,
  333, 334, 337, 346, 353, 354,
  364, 374, 387, 471, 477, 531,

538, 563, 637
Emanzipation   218 A.2, 265 A.2
'emmā dhajjē s. Mutter des Lebens
ⲈⲘⲘⲀⲬⲀ ⲤⲎⲐ   II 239 u.A.23
ἐμπαίζω   II 648 A.31
Empedokles   II 475, 567
ἐμφυσάω   208 A.1
emporführen   35, 121, 192, 256
ἐν   II 379
Ende, Endzeit   20, 22 A.3, 23,
    27, 28, 35, 43, 45, 49, 52, 72,
    77, 95, 100, 119 A.1, 120, 121,
    125, 126, 127 A.2, 130, 132,
    135, 136, 140, 145, 154, 156,
    157, 159, 165, 174 A.1, 195,
    199, 249, 253, II 183, 184, 388,
    468, 469, 472, 477, 481, 531,
    540, 561, 580, 585, 591, 605,
    623, 632, 634
Endgericht   II 571
    s.a. Gericht
Endkampf   160
Endlosigkeit   134, II 319, 322
Endvollendung s. Vollendung
Endzustand   138
ἐνέργεια   219, II 51, 280
ἐνεργέω   II 281
ἔγγαμος   II 647
Engel   11 A.2, 20, 22, 28, 46,
    48, 51, 65, 74, 80, 84 u.A.6, 87,
    88, 89, 93, 94, 96 u.A.7, 97 u.A.
    6, 99, 120, 121, 123, 140, 146,
    152, 157, 158, 167, 171, 172,
    231, 241, II 56, 61, 87, 97, 98
    u.A.133, 99, 116, 117, 128, 132,
    164, 165, 167, 168, 169, 170,
    171, 172, 175, 176, 177 u.A.62,
    178, 179, 180, 184, 226, 256,
    257, 265, 266, 267, 268, 330 A.75,
    331, 347, 369, 370, 397, 416, 425,
    430, 563, 578, 626, 632, 634, 647
    s.a. ἄγγελος
Engelfürst   86, 96
Engelkirche   99 A.7, 132, 139,
    II 7, 219, 339, 424
Enkomien   II 200, 270
Enkratie, ἐγκράτεια, ἐγκρατής
    II 25, 26, 27, 29, 53, 158, 504,
    569, 627, 647
    s.a. Askese, Enthaltsamkeit
Enkratiten (Sekte)   II 214
ἔννοια   165, 170, 171, II 49, 51,
    53, 61, 67, 79, 82, 85, 268, 279
    A.126, 285 A.160, 296, 300, 306,
    313, 511, 541, 562, 607
Enos   II 114
Enosapokalypse   II 500
Entartung   204 A.5, 244
Entchristianisierung   II 223, 224
    A.43, 586
Enthaltsamkeit   II 158, 647
    s.a. Askese, Enkratie
Enthellenisierung   II 464

Enthüllung   36
ἐνθύμησις   205, 229, 241 A.5,
    248, II 49, 67, 140, 279 A.126,
    427, 511, 541, 562, 566, 581 u.
    A.116
Entmachtung   145
Entrückung   19, 82, 88, 98, 99,
    144, 155, 157, II 50, 130, 195
    A.35, 225, 337, 500
Entscheidung   8, 28, II 287, 337
Entsendung   II 353, 354
Entstehung, Werden   17 A.4, 55,
    120, 139, 151, 152 A.3, 155
Entweichungen   238
Entychiten (Sekte)   II 214
ⲈⲞⲞⲨ s. δόξα (Herrlichkeit)
ἐπαρυστρίς   232
    s.a. lihme
ἐπ' ἐκεῖνα   II 16, 79, 278
ἐπεκτείνομαι   II 140 u.A.22,
    420, 432 A.91
Ephesech s. Esephech
Epheserbrief   23 A.2, 26, II 338,
    339, 562 A.38
Ephesus   142
Ephräm Syrus   204, 212 A.1,
    220, 261 A.3, II 187, 190, 191,
    503, 533 u. A.60, 628
ἐπιγένιος   II 78
τὸ ἐπιδεικτικὸν γένος
    II 200, 208
ἐπίκλησις   II 361
ἐπίλογος   II 202, 208
Epimachos   59
ἐπίνοια   95, 100 A.3, 165 u.
    A.2, 170, 171, 199, II 31, 174,
    226, 306, 310
Epiphanie s. Erscheinung
Epiphanius   146 u.A.2, 218, 220,
    II 356, 643, 568 A.66
ἐπιστήμη   14, II 36, 577
ἐπιστροφή   II 45
ἐπιθυμητικόν   II 566
ἐπιθυμία   II 267
ἐπουράνιος   II 594
Erbarmen   II 109, 110, 112, 117,
    140, 158, 248, 432, 502, 641
erbaulich, Erbauung   187, 223, II
    414, 415, 485, 614
Erbe, Erbrecht   60, 61, 64, 65,
    66, 165
Erbsünde   II 126
ἔρχομαι εἰς μέσον   II 246
    A.88, 418, 435
Erdbeben   242, II 547 u.A.123
Erde   21, 22, 27, 44, 73, 81, 83
    A.3, 85, 98, 99, 100, 120, 123,
    131, 139, 140, 150, 165, 192,
    198, 199, II 16, 64, 154 u.A.48,
    155, 156, 162, 168, 184, 191,
    205, 218, 234, 238, 261, 338,
    340, 348, 349, 356, 357, 367,
    429, 430 u.A.88, 465, 467, 476,

501, 502, 508 A.104, 510, 511
A.121, 525, 526 u.A.22, 547,
548, 549 A.134, 570, 583, 588,
590, 593, 594, 596, 599, 604 A.
41, 619, 620, 626, 641
Erfahrung 66, II 327, 559, 564
A.46
Erfüllung II 550, 596
Erhabenheit 54, 84
Erhebung 94, 95
Erhöhung 45, 51f.,88, 120, II 124,
543
Erkennen, Erkenntnis 14, 19, 20,
23, 24, 26, 27 A.7, 29, 30, 32, 34,
38, 39, 43, 44, 49, 54, 55, 75, 92
A.4 u.8, 96, 100 A.3, 125, 139,
140, 166, 167, 171, 191, 201, 207,
249, II 58, 60, 74, 103, 105, 115,
116, 146, 147, 151, 152, 153, 156,
158, 162, 191, 194, 226, 230, 233,
267, 275, 278, 287, 317, 318, 321,
324, 325, 326, 327, 328 A.67, 330,
331, 332, 343, 388 A.66, 389, 436,
443, 445, 451, 533, 535, 536, 537,
538 u.A.85, 539, 541, 545 A.117,
546, 549, 552, 556 u.A.13, 557,
573, 575, 601, 607, 608, 620, 627,
628, 629
Erkenntnistheorie II 36, 275, 276
Erleuchter, Erleuchtung 27, 107,
120, 155, 161, 167, 198, 231, II
328, 580, 608, 623
s.a. Phoster
Erlöser 10, 35, 45 A.1, 48, 51,
53, 107, 156, 157 u.A.2, 158, 193,
II 14, 48, 96, 106, 133 A.31, 136,
137, 142, 173, 177, 222, 297 A.23,
359, 389, 432, 477, 481, 508, 517,
530, 582, 593, 596, 597, 607, 608,
611, 626, 630, 635, 651
erlöster Erlöser II 477, 626
Erlöste II 388 A.67, 502, 572
Erlösung 8, 26, 27, 43, 44, 46,
47, 51, 54, 55, 72, 100, 116, 117,
130, 140, 154, 166, 170, 192, 198,
211, 255, 259, II 9, 26, 42, 54,
55, 60, 72, 74, 87, 88, 103, 107,
110, 112, 116, 117, 118, 119, 121,
122, 123, 124, 126, 138, 141, 142,
143, 155, 161, 162, 185, 238, 249,
252, 327, 345, 349, 356, 358, 367,
389, 390, 421, 425, 459, 465, 477,
481, 502, 508, 513 A.128, 518,
531, 536, 552, 563, 565, 567, 569
A.68, 570, 572, 579, 582, 583,
584, 587, 591, 592, 596, 603, 605
u.A.44, 614, 622, 626, 628, 629,
633, 634, 650
s.a. Befreiung
Erlösung (= Absolution) II 216
Erlösungserlebnis, -gespräch 55,
260, II 633
Erlösungsmaschinerie II 18, 604

Erlösungsmysterium 15, II 633
Erneuerer (der Kirche) 208
Eros 30, 73, 116, 118 A.1, 122,
124, 126, 133 u.A.2, 137, 139,
198, II 30, 97, 195, 261
Erotapokriseis II 230
erretten s. retten
Ersatzgröße II 535
erschaffen, Erschaffung 72, 81,
83, 90, 91, 93, 94, 124, 125, 130,
131, 132, 140, 143, 164, 165,
168, 169, 171, 172, 192, 194,
198, 211, 236, 253, II 38, 91,
94, 111, 114, 115, 121, 132, 237,
240, 265, 282, 322, 346, 348,
349, 354, 367, 368, 405, 474,
505, 546, 547 A.125, 564 A.44,
565, 572, 573 A.85, 582, 590,
597, 599, 604, 608, 609, 610,
614, 618, 620, 625, 631, 632,
636
Erscheinung (Jesu) 105, 108, 109,
207, 208, II 528
(des Phoster) 154 A.4, 157
(des Mithra) 161
Erstgeborene(r) 99 A.7, 139,
214, II 14, 109, 167, 223, 305,
311, 322, 409, 424
Erwachen 95, II 380, 509
Erwählte s. Electi
Erwählung 25, 53, II 109, 111,
112, 113, 114, 115, 116, 124,
125, 126, 297 A.23, 339, 448,
502, 527, 565, 570, 571, 647 A.
24
Erwählungsbewußtsein 25
Erwecker II 564, 604
Erweckung 79, 95, 144, 192, 199,
253, II 94, 110, 141, 429, 477,
541, 593, 596, 630, 632 A.43
Erzengel 88, 89, 96 A.7, II 168,
172, 178, 292 A.11
erzeugen 126 A.1, 142, 144, 150,
155, 156, 165, II 439 A.135
Erziehung 17, 157, II 256, 259,
482
Esau II 110, 165, 166, 167, 169
Eschatologie 6, 29, 30, 34, 47,
48, 51, 52, 53, 56, 106, 123, 125,
127 A.2, 147, 160, 165, 170, 199,
211, 237, II 64, 172, 183, 191,
240, 338, 447, 448, 471, 478, 485,
508, 514, 532 A.55, 582, 594, 596,
614, 628
Eschaton 6, 27, 47, II 623, 634
Esephech II 245, 304, 352 u.A.45,
353, 367, 368, 369, 416
Esra 11
4. Esra 24, 48, 51, 52, 53, II 166
Essener 20 A.2, 32
Estrangelo II 486
Ethik 7, 8, 11, 17, 19, 20, 21, 23,
41 A.2, 43, 47, 72, 100, 193, II

720 Register

Gestirne   II 287, 349, 350
Gestirnengel   II 168
Gestirngötter   44
gētīg   II 478
Getreidekorn   255
Gewand, Gewänder   170, 230,
    II 153, 154, 581 A.117
der "Gewaltige"   II 525, 545
Geweihte   33
al-Ghazālī   II 197
Gier   II 68, 459, 544, 545, 617,
    619, 620, 621
Giganten   231 u.A.11
Buch der Giganten   34 A.2,
    231f. A.11, II 173 A.38, 174 u.
    A.48, 479 u.A.62, 484, 500 A.70,
    532 u.A.56
γίνομαι   II 260, 405 A.19
γίνεσθαι ἐν ἑαυτῷ bzw. αὐτῷ
    II 396, 398, 418
Ginza   194 A.3
die Gläubigen   52, 214, 245,
    263, II 42, 49, 55, 56, 58, 115,
    116, 117, 118, 119, 120, 122,
    124, 126, 148, 151,157, 158, 159,
    165, 176, 190, 192, 197, 207,
    230, 233, 339, 340, 358, 385 A.
    50, 465, 466, 474, 476, 502, 524,
    543, 557, 565, 569, 571, 574,
    575, 589, 601, 605, 609, 613,
    627, 644
Glanz   96, 194, 231, 260, 261,
    II 506, 600
    s.a. Doxa (Herrlichkeit)
    s.a. Jesus der Glanz
Glanz-Adam s. Adakas-Ziwa
Glanzherr (Doxomedon)   85, II
    91, 237
    (Doxokrator)   II 416
Glaube   5, 9, 11, 19, 23, 24,
    39, 47, 48, 66, 126, 178, 201,
    203, 211, 229, 252, II 115, 116,
    117, 120, 121, 124, 145, 149,
    176, 193, 230, 276, 292, 295,
    332, 422, 448, 458, 468, 472,
    478, 498, 514, 517, 538, 544,
    550, 551, 553, 554, 565, 567,
    569, 572, 590, 596, 601, 611,
    622, 628, 634
Glaubenserlebnis   II 628
Glaubensformen   32, 72, 80
Glaubensgewißheit   II 124 A.95
Glaubensvorstellungen   217
Gleichheit   II 36, 243, 245 A.
    73, 248, 321, 330
Gleichnisse   27, 60, 61, 64,
    238, 258, II 20, 21, 450, 504,
    614
gleichwertig   II 444, 445
globus horribilis s. Klumpen
Glorie   105, 161, 197
    s.a. Doxa (Herrlichkeit)
Glorifizierung   75, 115

Glorifizierungstheologie   II 135
Glück, Glückseligkeit s. Eudaimonia
    s.a. šajnā
Gnade   19, 24, 25, 27, 55, 64,
    85, 116, 117, 264 u.A.8, II 41,
    45, 103, 108, 111, 112, 113, 114,
    125, 126, 128, 145, 194, 195,
    205, 247, 293, 331, 631
gnomischer Aorist   II 442, 443
gnoseologisch   II 10
Gnosis   36, 37, 39, 44 u.A.9, 49,
    54, 55, 70, 71, 72, 74, 75, 79 A.
    1, 82, 84, 85 A.6, 89, 92 A.8,
    95, 96, 98, 99, 149, 150, 151,
    152, 154, 161, 171, 177, 190,
    195, 196 A.2, 197, 198, 201, 205
    u.A.2, 206, II 3, 6, 7, 8, 10, 11,
    16, 17, 23, 26, 30, 31, 33, 34,
    39, 42, 45, 47, 48, 70, 71, 74,
    94, 106, 127, 132, 135, 139, 140,
    143, 182, 183, 187 A.19, 189 u.
    A.20, 190, 193, 194, 195, 213,
    219, 222, 226, 227, 229, 254,
    318, 342, 343, 348 A.25, 354,
    359, 374, 377, 380, 381, 384,
    386 u.A.61, 388 A.67, 423 A.47,
    462, 465, 468, 478, 479, 499,
    505, 507, 508, 513, 520, 525 u.
    A.19, 533, 556 A.15, 586, 587,
    607, 608, 611, 613, 627, 629
Gnostiker   II 12, 17, 21, 41,
    44, 46, 50, 52, 53, 54, 55, 72,
    80, 85, 88, 91, 92, 105, 107,
    108, 111, 127, 131, 136, 138,
    139, 141, 160, 165, 194, 215,
    219, 221, 230, 232, 235, 238,
    241, 243, 255, 258, 263, 268,
    269, 271, 27 , 275, 276, 277,
    281, 282, 283, 286, 287, 288,
    295, 297 A.23, 298 A.28, 299,
    308, 311, 313, 314, 320, 333,
    334, 335, 336, 337, 339 u.A.122,
    340, 353, 377, 382, 384, 388,
    393, 403, 404, 417, 422, 423,
    426, 427, 433, 436, 445, 473,
    499, 504, 505, 514, 516, 533,
    534, 538, 544, 545, 586, 590,
    592, 593, 594, 597 A.24, 607,
    624, 630, 632, 637
gnostisierend   II 440, 593 A.
    19, 596
gnostisch   75, 76, 77, 78, 80,
    81, 83, 94, 107, 109, 110, 111,
    112 u.A.2 u.3, 118 A.1, 124, 127,
    132, 136, 137 A.1, 149f. A.7,
    151 u.A.2, 152, 153, 159, 162,
    167, 168, 172, 173, 174, 177,
    178, 191, 192, 194, 196, 200,
    201, 203, 205, 210, 218 A.1, 219,
    221, 228, 229, 236, 253, 260,
    266, II 8, 9, 12, 15, 38, 42, 44,
    45, 48, 52, 56, 57, 62, 64, 68,
    69, 74, 75, 79, 84, 89, 95 u.A.

722 Register

höchster Gott   72, 74, 77,
81, 88, 89, 93, 100, 110, 194,
205, 257, II 16, 17, 33, 46, 47,
48, 49, 50, 51, 53, 74, 75, 76,
77, 78, 79, 80, 82, 83, 86, 89,
91, 93, 104, 105, 113, 178, 226,
227, 233, 235, 237, 241, 242 u.
A.49, 243, 244, 245, 246, 280,
281 A.139, 282, 296, 297, 300,
309, 310, 312, 313, 316, 319,
329, 334, 357, 383, 384, 406,
408, 409, 424, 474, 477, 507,
515, 539, 540, 563, 564, 580,
590, 615, 618, 624, 625, 626,
629, 630, 636
dreieiniger Gott   II 108
dreifacher Gott   II 646
fremder Gott   II 624, 627,
628, 631
gerechter Gott   75, II 628,
629, 633
guter Gott   II 625, 633
niederer Gott   75, 88, 104,
110
weiblicher Gott   196, 233
zweiter Gott   II 336, 583, 584
Gott, der den Meeresdrachen
tötet   73
Götter   5, 8, 9, 12, 35, 36,
38, 42, 43, 44, 46, 72, 88, 121
A.1, 125, 134, 137, 138, 147,
155, 206, 238, 240, 241, 257,
II 218, 234, 257, 276, 403, 405,
408, 468, 494, 511, 559, 575,
577, 578, 597, 607, 621, 625,
628
s.a. Polisgötter
Göttin (des Lichts)   153 A.4
göttlich, Göttlichkeit   72, 236,
II 36, 241, 242, 255, 280, 286,
287, 292, 293, 296, 297, 300,
302, 313, 404, 405, 423, 462,
470 A.35, 519, 525, 531, 548,
549, 577, 630, 631, 636
"Göttlichkeit"   II 56, 185
Götterbilder   10
Götterbote   58, II 515, 604
Göttermutter   II 508 A.108
Göttermythen   191, 237
Götternamen   237, II 470, 512,
515, 604
Göttertrias   257
Gottesauffassung   74, II 402,
652
Gottesbote   51
Gottesdienst   217, 223, 225,
226 u.A.1, 227, 259, II 644, 651
Gottesherrschaft   74
Gottesknecht   104, 154
Gottesreich   II 467, 469, 613
s.a. Reich Gottes
Gottesschau   II 538
Gottessohn s. Sohn Gottes
Gottesvolk   II 343

gottfeindlich s. Widergott
Gottgesandter   II 186
gottgleich   II 215, 331
Gottkönigtum   264
Gottlosigkeit   II 104
Gottmensch   II 174
Gottschalk   II 126
Gottvater s. Vater(gott)
Grab   75, 100, 116, 215, 261
Gräben   II 619
Gräkoägypter   II 73, 254 u.A.
10, 414, 488
Grammatik   II 22, 257, 258
Granatapfelbaum   92 A.4
Gregor Illuminator   160
Greisin (Kirche)   II 337
Grenze s. Horos
grenzenlos   138
Griechen, griechisch   4, 5, 6,
8, 12, 13, 14, 15, 17, 18, 19,
20, 21, 22, 23, 32, 33, 39, 41,
42, 45, 47, 54, 58, 71, 73, 78,
79, 80, 84, 86, 97, 121, 122,
124, 125, 126, 133, 136, 137,
138, 139 A.3, 141, 142 A.3, 4 u.
5, 146 A.1 u.11, 157 A.5, 162,
163, 164 A.5, 166, 173, 174, 188,
191, 198, 203 A.3, 220, 228, 229,
230, 231, 232, 243 A.2, 259, II 6,
9, 17, 22, 34, 39, 40, 42, 43, 44,
53, 55, 65, 73, 76, 79, 83, 84,
102, 103, 135, 136, 139, 141, 148,
161, 164, 167, 180, 182, 183, 188,
189, 190, 191, 192, 196, 197, 198,
216, 221, 225, 226, 229, 232, 246
A.88, 248, 251, 252, 254 u.A.10,
256, 257, 258, 259, 261, 262, 264,
265, 268, 270, 271, 272, 274 A.
108 u.112, 275, 276 u. A.119, 277,
279, 280 u.A.132, 289, 293, 297,
298, 314, 320 A.27, 333 A.89,
340, 342, 373, 374, 375, 376, 377,
379, 380, 386, 387, 389, 390, 391,
392, 393, 394, 395, 396, 402, 406,
409, 410, 414, 415, 416, 417, 418
u.A.16, 419, 420, 421 A.32, 422,
424, 425 u.A.58, 426, 430, 432,
433, 434, 435, 438, 440, 441, 442,
444, 446, 449, 450, 451, 452, 453,
463, 466, 467, 470, 472, 475, 477,
479, 481, 485, 488 u.A.26, 489,
490, 491, 493, 494, 497, 503, 510,
511, 512, 516, 517 u.A.143, 518,
522, 526 A.28, 535 A.68, 551,
552, 553, 554, 555, 558, 559, 561,
562, 568, 572, 574, 576, 577, 582,
600, 607, 611, 613, 614, 628
Größe   38, II 76, 511, 526,
528, 636, 641
s.a. Herr der Größe
s.a. Vater der Größe
das Größte   II 279
Großgrundbesitzer   61

Großkirche   31, 75, 178, 203,
204, 205, 208, 209, 210, 212,
219, II 143, 337, 422, 481, 504,
510, 558, 587, 593, 598
s.a. Kirche (christl.)
Großkönig   II 606
Großräumigkeit (der Welt)   74
Großreich   78, II 553
Großvater   59
Grube   115, 116
Grund (des Seins)   6
Grundbesitz   61
Grundprinzipien   II 580
Grundtugend s. Tugend
Grundwörter   II 401, 402, 413
Gruß   241, 242, II 22
Güte   50, 51, II 320 A.27, 325,
326
s.a. χρηστός, χρηστότης
gut   10, 17, 35, 44, 46, 49, 51,
53, 73, 98, 99, 100 A.3, 129,
153, 161, 165, 170, 173, 193,
197, 210, 211, 214, 217, 236,
237, 238, 245, 255, 265, 266,
II 10, 36, 37, 41, 43, 101, 103,
104, 108, 114, 116, 117, 118,
122, 150, 152, 195, 205, 226,
242. 246, 278, 280, 297 u.A.23,
310, 320, 323, 326, 335, 348,
362, 380, 402, 404, 468, 476,
520, 534, 538, 544, 545, 547,
556, 557, 558, 559, 566, 567,
568, 574, 575, 577, 580, 591,
606, 612, 613, 614, 615, 618,
619, 620, 621, 623, 625, 628,
631, 643
Gutheit   52

Habakuk-Kommentar   20
Habsucht   II 613
Hades   52, II 382, 601
(verhüllte) Hände   II 185
Häresien   75, 76, 79, 127, 161,
178, 190, 203, 204, 205, 212,
219, 221, 232, 242, 243, 252,
261, II 5, 72, 127, 144, 188 A.
19, 189, 190 A.21, 213, 222, 230,
231, 255, 375, 392 A.81, 423,
458, 464, 480, 481, 504, 505,
514, 518, 529, 533, 538, 551,
570, 586, 595, 608, 635
Häresiologen   69, 70, 77, 188,
189, 203, 213, 220, 229, II 84,
278, 612, 624
Häretikersprache   II 417
Hagiographie   225, II 191, 192
ἅγιοι   (manich.)   II 217
s.a.Electi
Haimatiten   II 214
ḥajjē   II 84 A.42, 383, 649 A.35
hajtā s. Hebamme
s. Wöchnerin
(himmlische) Hallen   84

Ham   99, 154, II 130
Handauflegung   II 644
Handeln   125, 140, 154
(heilige) Handlung   217
Handlungsfreiheit   211
ἅρμα   230, II 489
s.a. Fahrzeug
Harmonie   237, 240, II 145, 150,
351, 604
Harmozel   II 98, 245 A.73, 411
Harmupiaël   II 98
Harnack, A.v.   70, 229, II 183
Hartherzigkeit   248
al-Hasīh s. Elkesai
Haß   242, II 155, 580, 581
Hatra   II 493
Hauch   143, 198, 199
Hauhet   134
Hausgeräte   233 u.A.1
Hausherr (allg.)   59, 60
Hausherr (= Domedon) s. Domedon
hāwjā   II 95
ḥawwā   II 95
Hebamme   142, II 439, 440
Hebdomas   132, 139, II 90, 353,
368, 369
s.a. Siebenheit
Hebräer   141, II 421, 422, 423
Hebräerbrief   65, 66, II 591
Hebräerevangelium   113 u.A.7,
II 195 A.35
Hebräisch   18, 20, 77, 123, II
298, 299, 379, 383, 384, 418,
419, 421 u.A.36, 424 u.A.54,
429, 430, 432, 442, 453
Hebraismen   II 418, 423
ἑβραϊστί   II 421
ἡδονή   122, II 267
ἡγεμών   II 167
Hegesipp   103, 108, 109, 113 u.
A.3 u.6, 114 u.A.1 u.4, 115 u.A.
2, 118
Heiden(tum)   24, 45, 49, 57, 75,
76, 112, 154 u.A.4, II 71, 74, 97,
109, 110, 112, 223, 227, 295,
296, 498, 503 u.A.85, 516, 537
A.79, 557, 582
heidnisch(e Religionen)   72, 73,
191
heidenchristlich   II 503, 518
Heil, Heilsziel   14, 16, 24, 46,
51, 54, 56 A.3, 66, 75, 77, 191,
256, 263, 264 u.A.1, II 20, 31,
49, 54, 83, 119, 124, 126, 134,
157, 178, 191, 202, 238, 264,
277, 297, 350, 351, 390, 432,
465, 466, 531, 571, 582, 597,
620, 628, 632, 634, 647 A.24
s.a. Erlösung
Heiland   53, 106, 107, 152 A.3,
154 A.4, 160, 167 u.A.3, 213,
217 A.1, II 7, 295, 356, 498,
499, 524, 528, 536, 603

ὅραμα II 395, 396, 397
ὁράω II 148, 151
ὅρασις II 396
ὅρκος s. schwören
ὁρμή II 267
Hormos II 248, 348 A.28, 349, 354, 370
ὅρος II 137 A.5, 138 u.A.10, 139 u.A.14, 140, 141, 149, 327
s.a. σταυρός
ὁροθέτης II 138
Horus II 234, 292
Hostie II 420
Huh 134
humilitas 104
hundert 260, II 264
hungern, hungrig 215, 217 A.1
Hurerei II 613
hwj II 428
ὕβρις 6
ὑγίεια 264
ὕδρα, ὑδρία 121, 122, 146, 147
υἱοὶ Ἰσραήλ II 376
υἱός 60, 61, 62, 64, 65, II 149
υἱὸς τοῦ ἀνθρώπου s. Menschensohn
υἱοθεσία 65
Hyle 77, 113, 137, 205, 211, 241 A.5, 246, 248, 255, II 58, 60, 66, 67, 68, 69, 89, 150, 267, 286, 302, 320, 382, 386, 388, 511, 535, 539, 559, 581 A. 116, 582, 591, 598, 615, 626, 629
ὑλικόν II 268
hylisch II 348
Hymnen 189, 215, 216, 224, 226 (manich.) II 66, 169, 175, 176, 177 A.62, 179, 484, 485 u.A.10, 488 A.26, 517, 530, 609
s.a. Psalmen
Hymnenrolle (manich.) II 101f. A.148, 161, 606
Hymnodik 201, 216, II 645
hymnodisch II 591
Hymnus 104, 142, 200, 206, 210, 216, II 92, 226, 235, 238, 240, 242 A.49, 243 A.61, 248, 249, 283, 338, 339, 344, 350, 356, 361, 363, 408, 608, 645, 646
ὕπαρξις II 280
s.a. Existenz
Hypostase II 93, 334
Hypostasis der Archonten (von NH) 86 u.A.5, 90, 95 A.3, 119, 120, 128 u.A.1, 129, 130, 137 u.A.4, 140 u.A.5, 142 u.A.1, 143 u.A.3, 144 u.A.5, 145, II 15, 428 u. A. 76 u.77, 429, 430, 541 A.96, 545, 548, 549
ὕψιστος (θεός) 44 u.A.2
s.a. höchster Gott

Hystaspes 18 A.1, II 525
ὑστέρημα 139

Ich-Bezogenheit II 518
ἴχνος II 328, 332
ἰχθύς II 96, 356
Idealmensch II 595
Ideen(welt) II 35, 37, 43, 49, 86, 87, 277, 278, 284, 300, 559, 595
Identität II 36
Ideogramme 63
de ieiunio (von Afrahat) II 534
IHC ΠΠΡΪε s. Jesus der Glanz
Ignatius von Antiochia II 405 u.A.18, 422
ʾīhīdājā II 447
Ilias II 259
ʿilm II 196
imitatio Jesu II 206
Immanenz II 83, 282, 286, 291
Incipit II 355, 358, 361
Indien 17, II 5, 361, 480, 516, 517 u.A.144, 523, 567, 610, 611
indignatio II 206
Indus 5
Infiltration 171
Information II 42
Initiationsritus 33
Inkarnation 157 A.2, II 196, 224, 280 A.134, 281 A.139, 301 A. 45, 304, 349, 357, 498, 527, 611
s.a. reinkarniert
innerseelisch s. Seele
Inschriften 7, II 494, 522, 528, 553
intellectus divinus II 283
Intellektualismus II 194 A.33, 572, 576
Intelligenz II 402
Intensivierung II 290
Internationalismus 19
Interpolation 76, 127, 201, II 90, 363, 375, 409, 535, 541
Interpretation 24, 77, 82, 83, 86, 87, 90, 93 u.A.1, 132, 137, 150, 162, 169, 191, 229, 236, 238, II 296
inutile II 200, 201
Inzestgesetze 81
Iran 4, 5, 6, 7, 8, 9, 10, 11, 12, 13, 15, 16, 17, 18, 20, 21, 22, 23, 31, 33, 37, 38, 39, 40, 41 A.3, 42, 43, 44, 45, 46, 47, 48, 49, 51, 53 A.2, 57, 73, 74, 76 A.2, 77, 78, 79 A.1, 83 u.A.2, 106 A.5, 149f. u.A.1 u.7, 155, 156, 158, 159, 160, 161, 174, 189, 190, 199, 205, 206, 211, 214f. A.7, 218, 228, 236, 237 u. A.3, 240, 243, II 5, 6, 75 u.A. 11, 101, 103, 104, 124, 173, 174, 180, 182, 185, 189, 196, 197, 217 A.16, 279 A.129, 342, 392,

487, 488, 491, 492, 493, 495,
496, 497, 498 u.A.63, 499, 500,
501, 502, 503, 504, 505, 506 u.
A.96, 507 A.97, 508 u.A.108,
509, 510, 511 u.A.123, 512, 513
u.A.130, 514, 515, 516 u.A.143,
517 u.A.144, 518, 521, 524, 525,
526 u.A.22, 527, 529, 530, 531,
532 u.A.56, 533, 534, 535, 536,
539, 540, 541, 549, 551, 552,
553, 554, 555, 556, 557, 558 u.
A.22, 559, 560, 561, 562 u.A.39
u.40, 564 u.A.53, 565, 566, 567,
568, 570, 571, 572, 573, 574,
576, 577, 578, 579, 581, 582,
583, 585, 587, 588, 589, 590,
591 A.12, 592, 593, 597 u.A.
24, 598, 600, 601, 602, 604 u.
A.41, 605, 606, 607, 608, 609,
610, 612, 613, 614, 616, 618,
619 A.15, 620, 621, 623, 625,
627 A.33, 629, 630, 631, 632,
633, 634, 635, 636 u.A.60, 637,
646, 649, 650, 652
Mānī ḥajjā (syr.)   265
   Μανιχαῖος   265
Manichäer, Manichäismus   31,
   33 A.3, 43 A.7, 46 u.A.3, 70,
   74, 77, 79, 101, 103, 106, 127,
   138, 140, 144, 147, 153 A.5,
   158, 178, 183, 188, 189, 190,
   191, 192, 193, 194, 195, 196,
   197, 198, 199, 200, 201, 202,
   203, 204, 205, 206, 207, 208,
   210 A.1, 212, 213, 214, 215 u.
   A.5, 216, 217, 218 u.A.2, 219,
   220, 221, 222, 224, 225, 226,
   227, 228, 229, 230, 231, 233,
   235, 236 A.5, 238 A.13, 239,
   240, 241, 242, 243, 244, 245,
   246, 250, 251, 252, 253, 254,
   255, 257, 258, 259, 260, 262,
   264 u.A.6, 265, II 5, 11, 12, 13,
   14, 16, 18, 20, 22, 23, 27, 28,
   46, 49, 55, 63, 65, 66, 69, 72,
   73, 75, 81 A.29, 84, 89, 92 A.
   88, 93, 95, 96, 97 A.122, 98 u.
   A.128, 100, 101, 102, 107, 114,
   118, 119, 120, 121, 122, 123,
   125, 127, 128 u.A.2, 129, 130,
   132, 137, 141, 143, 147, 151,
   153, 154, 156, 157, 160, 161 u.
   A.75, 164, 165, 167, 168, 169,
   170, 172, 173 u.A.41, 175, 176,
   177, 179, 186, 189 u.A.20, 190,
   193 u.A.29, 194 u.A.32, 213, 216,
   217, 218, 219, 229, 230, 232,
   234, 235, 271, 288, 294 A.17,
   298, 301 u.A.45, 337, 348 A.31,
   354, 361, 375, 383, 385 u.A.57,
   388 A.66, 392, 393, 414 u.A.3,
   415, 416, 417, 457, 458, 461,
   462, 465, 467 A.24, 468, 470,

471 u.A. 37 u.38, 472, 474, 475,
   476, 477, 478, 479 u.A.64, 481
   A.71, 482, 484, 485 u.A.13, 486,
   487 u.A.19, 488 u.A.28, 489,
   490, 491, 495, 496, 497, 506,
   507 u.A.97, 509, 510, 513, 515,
   517, 520, 523, 524, 525, 526,
   527, 528, 530, 531, 533 A.58,
   534, 536, 539, 541, 542, 544,
   546, 548, 549, 550, 551, 552,
   554, 555 A.10, 556, 557, 560,
   562, 563 A.41, 564, 573, 577,
   586, 587, 588 u.A.8, 589, 590,
   591, 593, 598, 600, 602, 604,
   606, 607, 608 u.A.51, 610. 612,
   613 u.A.1, 614, 615, 617, 619,
   621, 622, 623, 629, 632 u.A.43,
   633, 634, 635, 636, 638, 639,
   644, 645, 648, 650, 652, 653
Manichaica   69, 70, 78, 79, 159,
   161, 177, 178, 180, 181, 183 A.1,
   185, 187, 188, 193, 199, 201,
   206, 210, 216 A.3, 11 u.13, 222,
   223, 224, 225, 228, 245, II 375,
   392, 416, 457, 488
Mann   II 28, 31, 32, 39, 40, 52,
   405, 439 A.135, 546, 568, 595,
   602
großer Mann   256, II 651
vollkommener Mann s. vollkommen
Manna   156
mannweiblich   133, 134, 139, 141,
   II 33, 40 u.A.49, 52, 53, 81, 88,
   95, 132, 261, 299, 305, 310, 313
   s.a. androgyn
ⲘⲀⲚⲦⲈⲖⲞ   230, II 489
manuhmed   II 516
Maras   II 176
mardē (syr.) (via, spatium)
   II 387, 436
Maria (Mutter Jesu)   60, 113,
   II 19, 84, 162. 292 u.A.11, 298,
   422, 631
Maria Magdalena   110, 168, 169,
   215, 216, II 33, 360
Marienkult   II 292
Marim   108, 113 u.A.8
markabtā (syr.)   230
Markion   202, 203, 204, 208 u.A.
   5, 209, 210, 211, 212, 213, 245,
   II 53, 216, 433, 473, 479, 501,
   503, 504, 505, 516, 529, 533,
   534, 568 A.66, 604 A.41, 607
   u.A.48, 612, 613, 614, 623, 624,
   625, 626, 627, 628, 629, 630,
   631, 632, 633, 637
Markioniten   33, 78, 127, 210,
   II 612, 627, 630
Markos (Gnostiker)   77, II 85 A.
   47, 337
Markosische Sprüche   89
Markusevangelium   27
Marsanes (NH X)   II 22 u. A.71,

263, 272
παίδευσις II 569
παῖς II 335
    παῖς θεοῦ 154 A.2
    s.a. Kind(er)
Palästina 77, 83, 106, 152 A.6,
    174, II 136, 182, 186, 227, 293,
    357, 391, 420, 428, 433, 434,
    447, 597
palestinisch-jüdisch 56, 57
παλιγγενεσία 45, 47, 237,
    II 561
    s.a. Wiedergeburt
Palmyra II 486, 521
Palutianer 204
panbabylonisch II 496
Panhellenismus II 496
Paniranismus II 496
παννυχισμός 184, 224, 226
    u.A.6, II 652
πάνσοφος II 88
Pantheismus 6, II 637
Pantheon II 177, 346, 354
παντοκράτωρ 87, 161, II 92,
    425, 525, 545
Papyri 7 A.3, 58, 59, 70, 178,
    179, 181, 186, 187, II 258, 487,
    489
Papyrus Berolinensis gnosticus s.
    Codex Berolinensis
Parabeln II 20, 21 u.A.62, 23,
    24, 459, 460
Paradies 52, 56, 73, 74, 82, 83,
    92, 94, 96, 97, 100 u.A.4, 120,
    121, 124, 125, 128, 130, 131,
    133, 134, 139, 140, 141, 143,
    144, 145, 165, II 28, 95, 132,
    226, 270, 344, 345, 434, 466,
    537, 542, 545, 632
Paränese 217, 234, II 269, 272
    A.103
Paraklet 29, 104, 208, 210,
    226, II 112, 113, 149, 172, 193
    A.29, 217 u.A.13, 293, 473, 500,
    501, 503, 518, 519, 529, 530,
    610, 635
Parakletengeist II 200 u.A.8, 646
Parallelismus 133, 134, 141,255
Paraphrase II 63 u.A.33
Paraphrase des Sēem (von NH)
    II 46, 62 u.A.27, 63, 65, 68,
    225, 286 u.A.170, 425, 508
parasitär II 9, 295
παράστασις II 411 A.35
παρατήρησις II 450
Parinirwana-Hymnen II 517
parisātā II 420, 421, 433, 435
parmānagēn yazd II 563 A.43
Parmenides II 35, 559, 601
Parmenides (Dialog Platons)
    II 35
ἐν παροιμίαις 29
Paronomasie II 389

παρρησία 29
Parsismus 33, 40, 205
παρθένος s. Jungfrau
Parther, parthisch 5, 18 A.1,
    78, 156, 157 A.2, 160, 161, 188,
    200, 236, 243, II 101, 227, 492,
    493, 494, 514, 516, 600
Partner(in) II 91 A.83, 301, 303,
    309, 340, 409, 534, 578, 621
    s.a. Gefährtin
Parusie 104, 108, 210, II 547
pāsbānān II 169
(τὸ) πάσχον II 560
Passion (Manis) 78, II 485 u.A.
    13, 527
Passionsgeschichte (Jesu) II 527
Pastoralbriefe II 586
Pātaliputra II 517 A.143
Patek 193
πατήρ s. Vater
πάθη (γενικά) II 268, 573, 574
    s.a. Affekte
παθητικόν II 206
Patriarchen (AT) II 201
Patristik II 270, 586
Paulikianer 221, II 189
Paulinismus II 529
Paulinist II 503
Paulus 23, 24, 25, 27, 28, 29,
    30, 51, 52, 53, 54, 55, 56, 57,
    64, 65, 66, 76, 88, 89, 95, 105,
    109, 111, 208, 209, 213, 218,
    220, 260, 263, II 27, 85, 103,
    108, 109, 110, 111, 112, 113,
    117, 118, 123, 125, 143, 203,
    216, 233, 293, 338, 476, 479,
    481, 483, 500, 501, 502, 503,
    505, 518, 528, 542, 562 A.38,
    589 u.A.8, 593 u.A.19, 594, 595,
    596, 604 A.41, 608, 610, 613,
    624, 625, 626, 627, 628, 629,
    631, 633, 651
Paulusapokalypse (von NH) 89,
    90, 103, II 223, 233 u.A.6
Paulusbriefe 75
    s.a. Deuteropaulinen
πηγή II 279 A.126
    s.a. Quelle
πειράζω II 448
Pella 106
Pentapolis II 186
Pentas II 17, 18, 90, 367, 368,
    369
    s.a. Fünfheit
Pentateuch II 543
πεντηκοστή 260 u.A.4, 261
    u.A.1
Peraten, Peratiker 128, II 214
Perikopen (echte) 105
Perikopenbuch 218, 227 u.A.5
περίοδος II 143
Peripatos II 38, 268, 555
περισσόν II 324

282 A.145, 459, 573
Priscillian   II 548 A.128
prīstā (Hostie) s. parīsātā
probatio   II 202
προβολή   229, II 326, 335, 374
προέρχομαι   II 374
    s.a. Emanation
προγιγνώσκω   II 109
πρόγνωσις   262
προγνώστης   261, 262
προγνωστικός   262 A.1
prokosmisch   II 478, 559 A.23,
    560
Pronoia   122, 137, 139, 144, II
    82, 85, 237, 283, 285 A.160, 296,
    300, 302 u.A.47, 303, 305 A.61,
    313, 347, 351, 352 A.45, 367,
    368, 409, 430
Pronoia Sambathas   139, II 56,
    425
πρόοδος   II 335
προοίμιον   II 202, 203
προορίζω   II 109, 117
propädeutisch   II 272
προπάτωρ   II 79, 82, 303
Prophaneia   II 99, 240, 352, 354,
    370, 412
Prophet(en)   20, 30, 73, 76, 103,
    105, 212 A.1, 256, 262, II 108,
    113, 201, 442, 530
Prophetie, Prophezeiungen   149,
    160, II 652
Proselyten   61
Proserpina   II 481
Proskynese   235, 242, II 185, 644
Protarchon   165, II 30, 31
    s.a. Oberarchon
Protennoia   II 285, 308
(dreifache) Protennoia (von NH)
    II 19 u.A.55, 50, 52, 81 u.A.31,
    90, 285 u.A.160, 295 A.21, 299
    u.A.32, 308, 313, 319, 334, 405,
    406
πρόθεσις (narratio)   II 202
Protologie, protologisch   II 26,
    28, 40
πρωτοφανής   II 86
πρωτότοκος   II 322
Prototyp   II 355
Proverbien   II 87 A.60
Proverbientext   II 232
Prozeß   112, 118, II 623
Prozeßrede   II 200
Prunikos   131
ψάλλω   s. Lobpreis
Psalm(en) (allg.)   116, 118, II
    460
    (AT)   215
    (von Qumran)   47
    (manich.)   216, 217, 224, 255,
    256, II 172, 375, 485 A.10, 637,
    644
    (kopt.-manich.Psalmbuch)   78,

181, 185 u.A.2, 187, 189, 193 u.
    A.4, 200 u.A.3, 215 u.A.5, 216,
    217, 224 u. A. 3-8, 226, 231f.
    A.11, 255, 264 A.6, II 14, 130
    A.11, 156, 157, 158, 172, 186,
    217 A.13, 218, 471 A.37, 484
    u.A.6, 485 A.10, 507 A.97, 602,
    603, 608 A.51, 610, 645, 646,
    647, 648, 650, 652 u.A.53, 653
Psalmen der Pilgrime   II 143 u.A.
    29, 645, 646
Pseudepigraphen   19f. A.6, 74, 83,
    84, 86, 92, 94, 123, 124, 159
Pseudo-Aristoteles   II 44, 476
Pseudo-Dionysius Areopagita
    II 195
Pseudoklementinen   106 A.5, 108
    u.A.4
Pseudopaulinen s. Deuteropaulinen
Pseudo-Plutarch   155
Pseudo-Tertullian   II 314
pseudowissenschaftlich   72, 122,
    190, 252, 254, II 276, 637
φεῦσμα   25
φιλόν   II 258 A.28
ψυχή   50, 51, 122, 124, 143,
    199, II 66, 194, 287, 430, 511,
    618, 631, 641
ψυχή ζῶσα   50, 236, II 593
psychisch   143, II 61, 108, 190,
    268, 422, 430, 472, 535, 563,
    593, 594, 596
Psychologie   173, 254, II 565,
    566, 621, 629
Ptah   126 A.1
Ptahil   194, 197
Ptolemäer   63, 264, II 184, 186
Ptolemaios (Valentinianer)   77,
    212, II 337
πτῶμα   II 445
Pufferstaat   II 521
Purgatorium   II 106
Purpur   II 185
Pythagoräer, Pythagoräismus
    73, II 17 A.45, 42, 47, 51, 106,
    273, 285, 286, 342, 351, 555,
    560, 568 A.66, 601
Pythagoras   II 264, 567

Qualifizierung (gramm.)   II 401
Quelle   153 A.4, II 142, 328, 329
Quellenscheidung   120
quinquagesima   261 u.A.1
Quintilian   II 203
Qumran   16 A.7, 21, 24, 47, 49,
    53, 80, 162, 173 u.A.2, 174, II
    62, 103, 104, 166, 500 A.70,
    622

Rabbinen, rabbinisch   18 A.5,
    20, 32, 54, 57, 88, 92, 96, 133,
    II 445

s.a. R. Aqiba
Rabe 156
Rad (der Gestirne) II 600, 619
A.15 u.16
Rätselworte II 147
s.a. αἰνίττομαι
Rafael II 170, 172, 178
Ragae 9
ratio 254, II 463
Raub II 613
Rauch 246, 247, 248 A.1, 250,
II 67, 476, 575, 616, 617
Raum II 16, 24, 47, 49, 316,
320, 387, 388, 436, 437, 623,
634, 653
rāz 15
Rē 129

Rebellion 81, 130, 140, II 205,
206, 546, 565, 566
Recht 5, 11, 17, 20, 21, 51
die Rechte 140, 214, 242 u.A.7,
II 408, 644
Rechtfertigung II 103, 574
Rechtgläubigkeit 203
rechts II 401
Rechtschaffenheit II 609
Rechtsverhältnis 66
Redaktion (von manich.Schriften)
244
Reflexionen II 451
Reformer, reformieren II 501,
503, 518, 529
Refrain II 646, 648
(goldene) Regel 216
Regula fidei II 255, 291 A.6,
336, 510, 644
Reich 27, 52, 64, 74, 152 A.3,
158, 194, 208, 214, 237, 239,
II 29, 30, 128, 129, 216, 503,
521, 522, 523, 524, 529, 548,
580, 581, 583, 590, 591, 604,
605, 613, 615
Reichgottespredigt 209, II 504,
607 A.48
Reichsaramäisch 63, II 419
Reichskirche II 554
Reichsreligion 78, 190
Reichtum II 114, 115
(als Größe) II 56
Reinheit 89, II 158, 499
Reinheitsvorschriften 9
reinigen s. ausläutern, läutern
Reinigung 49, 83 A.3, 147, 209,
II 504
reinkarniert II 185
Relativität II 36
Relativsatz II 318
Religion, religiös 5, 6, 7, 8,
10, 12, 13, 14, 15, 16, 17, 32,
33, 40, 41, 42, 43, 44, 45, 50,
57, 71, 72, 73, 78, 79, 80, 97,
101, 126, 128, 133, 134 A.3 u.5,
137, 171, 174, 185, 190, 201,

202, 204, 205 u.A.2, 211, 214f.
A.7, 218, 220, 228, 229, 240,
243, 244, 245, 251, 252, 254,
II 10, 41, 42, 43, 44, 65, 68, 71,
74, 75, 83, 102, 118, 120, 124,
125, 135, 159, 171, 175, 177,
178, 183, 187, 189, 190, 191,
192, 194, 196, 197, 215, 216,
229, 230, 234, 235, 251, 252,
254, 255, 256, 269, 271, 275,
296, 297, 332, 342, 344, 362,
402, 423, 457, 458, 461, 462,
463, 464, 465, 466, 467, 471,
473, 478, 480, 482, 483, 495,
497, 511 A.123, 512, 514, 516,
517, 518, 521, 524, 531, 532,
533, 539, 552, 553, 554, 557,
563, 569, 572, 577, 582, 587,
589, 610, 624, 625, 626, 628,
644

Religionsgemeinschaften, Religions-
gruppen 39, II 393, 482
Religionsgeschichte, Religionswissenschaft, Religionshistoriker
18, 58, 71, 75, 80, 102, 119, 127,
134 A.1, 2 u.5, 162, 189, 202,
207, II 3, 5, 23, 194, 213, 291,
292, 294, 387 A.66, 457, 461,
495, 496, 498, 520, 532, 567,
587, 593 A.19, 596, 652
Religionsgeschichtliche Schule
7, 177, 189, 191 A.1, II 5, 7,
301, 497, 586
Religionspolitik 78, 79
Religionsstifter 78, 160, 190,
204, 205, 207, 252, II 518, 535,
613, 634, 637
Religionssystem II 457, 496,
517
Reptilien II 617
de republica (von Platon) II 274
u.A.113 (NH VI,5), 510
Respektsperson 59, 60, 61, 66
restitutio omnium 100 u.A.4,
138, 140, 165
s.a. Apokatastasis
de resurrectione s. Rheginusbrief
Retractationes (von Augustin)
II 469
Retter, retten 36, 66, 116, 117,
118, 122, 147, 154, 165, 166,
195, 198, 242, 263, II 119, 124,
133, 249, 474, 536, 569, 580,
589, 592, 598, 622, 634, 641,
649
s.a. Erlösung
s.a. Heil
Reue, bereuen s. Buße
s. μετάνοια
Rheginusbrief 38 u.A.5, 95 A.13,
II 199 u.A.5, 222, 269 u.A.86
Rheginusbrief (NH I,4) 38 u.A.
5, 95 A.13, II 199 u.A.5, 222,

σιγή　　36, II 53, 77, 79, 281, 310, 313, 321, 351
s.a. Schweigen
Silbermünze　　II 447
Šilis　　240 A.4, II 522, 523
Šilmai　　II 100
Simon der Aussätzige　　261 u. A.3
Simon von Kyrene　　75, II 222, 270
Simon Magus　　75
Simonianer　　II 214
Sin　　II 100
Sinnen　　II 563
Sinnenlust　　II 573 A.85
Sinngebung　　83, 133
sinnlich　　44, II 321, 564 A.46
Sintflut　　94 A.5, 98 u.A.6, 150 A.1, 151, 153, 167, 217, II 130, 131, 348 A.25
Sir Darja　　II 522, 523
Sisinnios　　184
Šitaios (Sita)　　II 114
Šitil　　193, II 98 A.128, 99
Sitz im Leben　　II 169, 433, 518, 586, 612, 634
σκανδαλίζομαι　　II 528
σκάνδαλον　　II 528
Skeptizismus　　211
šᵉkīnā, škīnā　　110, 194, II 16, 506, 563
Sklaven　　60, 63, 64
šlāmā (syr.)　　264 A.1
slavisch　　19f. A.6, 90, 121, 147
CMH (Vokal)　　II 257
smj (syr.)　　II 425
Sodom　　83, 99 u.A.6, 153 u. A.4, II 226, 348, 362
Sodomie　　II 362
Sogdiana　　240 A.4
sogdisch　　78, 188, 217, 227, II 101, 169 A.29, 393, 522
Sohn　　58, 59, 60, 61, 63, 64, 65, 66, 142, 195, 207, 214, 227, 257, 266, II 13, 14, 17, 18, 71, 93, 108, 145, 162, 234, 291 u. A.4, 292, 293, 296, 301 u.A.45, 302, 303, 305, 306, 307, 308, 309, 311, 312, 313, 316, 317, 321, 322, 323, 324, 325, 326, 327, 328, 329, 330, 334, 335, 336 u.A.111, 338, 346, 347 u. A.24, 352, 353, 356, 364, 367, 368, 369, 405, 409, 411, 416, 422, 423, 426, 429, 447, 474, 475, 477, 479, 481, 508, 510, 515, 525, 526, 531, 537, 540, 545, 546, 551, 552, 569, 578, 580 A.114, 589, 590, 592, 593, 597 u.A.24, 598, 599, 601, 603, 608, 611, 614, 618, 619, 631, 635, 636, 646, 647 u.A.22 u.24,

648
dreifach-männlicher Sohn　　II 239
Söhne des Namens　　II 376, 377
Sokrates　　6, 13, II 255, 256, 555, 556
Sol　　II 481
σῶμα　　170, II 268, 445, 527 u. A.30, 529 A.43, 562, 643
σωματικῶς　　II 526 A.28
somatisch　　II 472, 526, 563
Somnium Scipionis　　II 601
Sondergut (des Matth.)　　II 450, 453
(des Lukas)　　II 451, 452, 453
Sonne　　10, 36, 50, 121, 131, 134, 147 u.A.4, 159, 192, 197, 199, 217, 230, 234, 253, II 101, 155 u.A.50, 156, 157, 180, 337, 354, 477, 507, 512, 572, 579, 580 A.111, 584, 599, 600, 601, 604, 605, 606, 607, 619, 636 u. A.60
Sonnengleichnis　　II 636
Sonnengott　　II 101, 604
Sonnenjahr　　240, II 11
Sonnenkult　　43, 44 A.1
Sonnenwärme　　II 490
Sonntag　　95, 125, 144, 203, 259, 260, 261 A.1
s.a. Herrentage
σοωδίνα　　142
COOYN (für δόξα)　　II 165 A. 8, 254 A.11, 418
σοφία (= Weisheit)　　52, 53, 150, 242, II 150, 576, 577, 580
Sophia (gnost. Figur)　　77, 82, 84, 85 u.A.9, 87, 105, 106, 109, 121, 130, 141, 147, 196 u.A.2, 211, II 56, 85, 87, 88, 95, 140, 141, 218, 226, 300, 306, 315, 316, 333, 348, 349, 427, 432, 505 u.A.90, 536, 539 A.86
s.a. Lebenssophia
Sophia Zoë　　140, 141, 144, II 429
s.a. Zoë
Sophia Jesu Christi (gnost.Schrift)　　70 A.4, 76 u.A.1, 130 u.A.3, 137 u.A.1, II 16, 17, 47, 224, 267 A.77, 279, 301, 334, 360 A.76, 406, 441 A.140, 562 A.40
Sophismen　　II 283
Sophisten　　II 59
σοφός　　II 564 A.53, 577
CWTE　　II 389
σωτήρ　　84, 123, 130, 264, II 90, 143, 173, 389, 524, 528, 603
σωτηρία　　66, 264 A.3, II 389, 390
Soteriologie　　102, 107, 123, II 4, 16, 26, 42, 54, 55, 61, 132, 136, 157, 161, 238, 240, 385 A. 57, 466, 517, 539, 544, 564,

Urmasse   137
Urmaterie   II 286
Urmensch   36 u.A.5, 89, 90,
    140, 161, 194, 196, 197, II 65,
    142, 152, 153, 301, 506, 507,
    596
Urmensch (manich.)   36 A.5,
    140, 192, 194, 197, 198, 199,
    201, 205, 213, 214, 226, 239,
    241, 242, 253, 256, 257 u.A.7,
    260, II 14, 22, 68, 88 u.A.71,
    89, 141, 153 u.A.44, 156, 501,
    502, 506, 508 A.108, 509, 513
    u.A.128, 515, 578, 580 A.114,
    582, 589 u.A.10, 598, 641, 646,
    649, 650
    s.a. Erster Mensch
Urmythos   II 12, 229
Ur-Nus   II 277
Urprinzip   211
Urreiche   II 468
Urschöpfer   II 412
Ursprache   II 373, 414
das Ursprüngliche   137
Ursprung   135 u.A.3 u.7, 151,
    II 358, 462, 469, 596
Ursprunglosigkeit   II 77
Ursubstanz   II 267
Urteilspruch   151
Urteufel s. Teufel
Urtiefe   92
Urvater   36, II 285 A.160, 406
Urwasser   134
Urwelt   II 313, 558, 559
Urzeit   55, 73, 82, 119 A.1,
    127 A.2, 135, 136, 140, 174 A.1,
    II 592, 623
Urzustand   138
Uthra   149
utile   II 200, 201
Utopie   II 256

Väter (= Patriarchen)   II 525
Valentin   77, 202, 210, II 53,
    106, 213, 221, 337, 534, 537,
    538
Valentinianer   36, 37, 77, 110,
    131 A.4, 132, 133, 136, 196,
    212, II 49, 50, 53, 77, 79, 88,
    91 A.83, 137 u.A.6, 138, 140,
    141, 142, 143, 149, 161, 163
    A.84, 215, 218, 222, 224, 278,
    294 u.A.17, 307, 311, 314, 316,
    317, 327, 334, 335, 337, 340,
    351, 385 A.58, 391, 420, 422,
    431, 475, 478, 535, 536, 538,
    539, 540, 546, 550, 629, 630
Valentinianische Darstellung (von
    NH)   II 340
Valerian   II 553
Vasendarstellungen   II 26
Vater   58, 59, 60, 61, 63, 64,

65, 66, II 149, 497, 583
(Adam)   143
(Teufel)   II 581
(Gott)   35, 36, 37, 89, 110,
    116, 117, 140, 196 A.2, 227,
    238, 263, 264 A.8, 265, 266,
    II 50, 51, 52, 57, 58, 59, 60,
    77, 78, 80 u.A.27, 81, 82, 84,
    87, 111, 112, 114, 124, 131,
    133, 134, 140, 142, 145, 146,
    151, 162, 173, 177, 234, 237,
    238, 239, 241, 244, 245, 246,
    279 A.128, 280 u.A.134, 281,
    284, 285, 293, 296, 297 u.A.23,
    299, 300, 301 u.A.45, 303, 304,
    305, 307, 308, 309, 310 u.A.89,
    311, 312, 313, 315, 316, 318,
    319, 320, 321, 322, 323 u.A.40,
    324, 325, 326, 327, 328 u.A.67,
    329, 330, 331, 332 u.A.84, 334,
    335, 336, 340, 345, 346, 347,
    352 u.A.45, 353, 354, 356, 359,
    364, 365, 367, 368, 369, 377,
    380 A.33, 382, 387, 388, 389,
    402, 403, 422, 423 u.A.50, 433,
    436, 437, 438, 443, 447, 474,
    481, 500, 501, 502, 511, 524,
    527, 533, 535, 536, 537, 538,
    540, 542, 549, 556 A.13, 578,
    579, 589, 592, 599, 603, 605,
    611, 646, 647, 648, 653
Vater der Größe   192, 194,
    253, II 16, 46, 76, 83, 100, 234,
    235, 279 A.129, 506, 515, 526,
    540, 562, 578, 583, 604, 615,
    622, 646, 647 u.A.24, 653
Vater des Lebens, der Lebendigen
    II 580 A.112, 641, 649 u.A.35
Vater-Mutter-Sohn (Kind)   II
    18, 19, 47, 50, 51, 52, 81, 82,
    90, 224, 234, 235, 237, 279, 281,
    285 A.160, 290, 291, 292, 294,
    295, 296, 303, 305, 306, 307,
    308, 310, 311, 313, 314, 347,
    352, 353, 364, 367, 475, 592
Vater-Sohn-Geist   II 18, 20,
    90, 285, 291, 293, 294, 306,
    307, 314, 316, 475, 592, 646,
    647, 652
Vater-Sohn-Äonen   II 317, 324,
    326, 329, 336
Vater-Sohn-Kirche   II 17, 311,
    312, 314, 323, 324, 325, 336,
    338
Vater-Sohn-Bruder   II 323
Vaterunser   II 422, 623
Vayu (altiran.)   II 508
Vegetarismus   II 119
Vegetation   124, 139, II 619
    s.a. Flora
Vegetationsgottheiten   12
vegetativ   II 628
Vehikel   II 489

368, 369, 370, 427, 475, 511 A.
121, 520, 521, 523, 619 A.15,
653
vierbeinig   II 617
viereckig(e Räume)   II 308 u.
A.83
viergestaltig s. τετραπρόσωπος
viergestaltiger Gott (bei Eznik)
10
Viergottlehre (zerwanitisch)   II
552
Vierheit (in Kommagene)   II 470
u.A.35
vierhundert   II 17
vierhunderttausend   153 A.5, 159,
II 369
der Vierte   II 296, 346, 354,
364
vierundsechzig   88
vierundzwanzig   II 500
vierzehn   151, 152 A.3, 155, 158,
193, 194, 241
vierzehnhundertachtundsechzig (Jahre)
II 539, 540
vierzig   94, 261 u.A.1, II 17,
263, 352, 369
Vigilien   184, 226
virtus   II 606
Visionen, visionär   82, 89, 105,
109, 237, II 195, 233, 500
vispuhr   63
Vögel   156, 157, II 617
Vohu manah   8f. A.5, II 516
Vokale   II 256, 257 u.A.25,
258 u.A.30, 425
Vokalzeichen   II 487
Volk Gottes   11
Volksetymologie   125, II 92,
95, 276, 426, 427
Volksglaube   II 618 A.13
Volksliteratur   II 192
Volksmärchen   II 20
voll   II 314, 317, 320
Vollendung   30, 95, 118, 262,
II 76, 77, 141, 388 A.66, 473,
478, 537, 538, 565, 622
volljährig   II 602
vollkommen, Vollkommenheit
47, 132, 165 A.5, II 51, 59, 76,
83, 86, 87, 88, 106, 158, 192,
193, 194, 199, 200, 201, 202,
203, 204, 206, 207, 208, 218,
243, 246, 249, 280, 297, 308,
309 A.88, 317, 320, 335 A.104,
352, 353, 403, 405, 423, 438,
534, 537, 566, 567, 602, 603,
604, 625, 647, 648
der vollkommene Mann   237,
II 157, 388 A.66, 477 A.58,
578, 600, 601, 602, 604 A.41,
607
s.a. Säule der Herrlichkeit
voluptas   122

vorausbestimmen   24, II 109,
124, 125, 126 A.103, 569, 570
vorauserkennen   II 109
Vorausschau   II 410, 549
Vorauswahl, vorauserwählen   II
112, 117
Vorbeter   II 249
vorchristlich   75, 149, 151,
154, 205, 206, II 219, 221, 223,
306, 586, 587
Vorderasien   12, 73, 76, II 361,
517 A.143, 554
Vorderer Orient, vorderorientalisch
II 136, 228, 291, 419, 465, 487,
517
vorgriechisch   12, 44
Vorhang   88, 89, 90, 130, 137,
138, II 185
vorherbestimmt s. vorausbestimmen
Vorherwissen   261, 262
s.a. πρόγνωσις, προγνώστης
Vorläufer (Jesu)   103
(Manis)   200, II 526
Vorsänger   II 646
Vorsehung   II 328
Vorsokratiker   II 34, 55, 57,
555, 567
Vorstellungen   246
vorübergehen   154, 155
Vorvater   II 79, 82
vorweltlich   194, II 339
vorzarathustrisch   7, 38 A.3
Vorzeit   76, 207, II 133, 580,
581

Wachbezirk   II 546, 547
wachsen lassen   II 248
Wächter   II 169, 172, 348,
349, 354, 369, 546, 563
Waffenrüstung   II 474, 590
s.a. Lichtrüstung
s.a. Rüstung
Wagen   II 489, 580 A.111
Wahman   II 175 u.A.50, 516
wahr(e Gestalt)   163
der Wahrhaftige   37 A.2, II 216
Wahrheit   3, 8 A.5, 14, 15, 17,
18, 20, 21, 22, 23, 25, 26, 29,
30, 31, 36, 37, 38, 39, 40, 46,
48, 49, 99, 138, 173, 208, 265,
II 57, 58, 59, 60, 68, 78, 104,
105, 111, 116, 123, 139, 145,
148, 171, 268, 270, 271, 275,
287, 293, 332, 340, 350, 359,
361, 382, 405, 407, 408, 430,
432, 433, 436, 500, 523, 529,
535, 559, 571, 574, 581, 599,
609
(sinnlich) wahrnehmbar   II 247,
403, 595
Wahrnehmung   II 565
Wahrnehmungsorgan   II 566
wahs (mp.)   II 169 u.A.29, 171

Wissenschaftliche Untersuchungen zum Neuen Testament

Alphabetisches Verzeichnis der ersten und zweiten Reihe

APPOLD, MARK L.: The Oneness Motif in the Fourth Gospel. 1976. *WUNT II/1*

BAMMEL, ERNST: Judaica. 1986. *WUNT 37*

BARRET, C. K.: Die Umwelt des Neuen Testaments. 1959. *WUNT 3 (vergriffen)*

BAUERNFEIND, OTTO: Kommentar und Studien zur Apostelgeschichte. 1980. *WUNT 22*

BAYER, HANS F.: Jesus' Predictions of Vindication and Resurrection. 1986. *WUNT II/20*

BETZ, OTTO: Offenbarung und Schriftfassung in der Qumrangeschichte. 1960. *WUNT 6 (vergriffen)* – Jesus. Der Messias Israels. 1987. *WUNT 42*

BEYSCHLAG, KARLMANN: Simon Magus und die christliche Gnosis. 1974. *WUNT 16*

BIETENHARD, HANS: Die himmlische Welt im Urchristentum und Spätjudentum. 1951. *WUNT 2 (vergriffen)*

BITTNER, WOLFGANG J.: Jesu Zeichen im Johannesevangelium. 1987. *WUNT II/26*

BJERKELUND, CARL J.: Tauta Egeneto. 1987. *WUNT 40*

BÖHLIG, ALEXANDER: Gnosis und Synkretismus I. 1989. *WUNT 47* – Gnosis und Synkretismus II. 1989. *WUNT 48*

BURCHARD, CHRISTOPH: Untersuchungen zu Joseph und Aseneth. 1965. *WUNT 8 (vergriffen)*

BÜCHLI, JÖRG: Der Poimandres – ein paganisiertes Evangelium. 1987. *WUNT II/27*

BÜHNER, JAN A.: Der Gesandte und sein Weg im 4. Evangelium. 1977. *WUNT II/2*

CANCIK, HUBERT (Hrsg.): Markus-Philologie. 1984. *WUNT 33*

CARAGOUNIS, CHRYS C.: The Son of Man. 1986. *WUNT 38*

DOBBELER, AXEL von: Glaube als Teilhabe. 1987. *WUNT II/22*

EBERTZ, MICHAEL N.: Das Charisma des Gekreuzigten. 1987. *WUNT 45*

ECKSTEIN, HANS-JOACHIM: Der Begriff Syneidesis bei Paulus. 1983. *WUNT II/10*

EGO, BEATE: Im Himmel wie auf Erden. 1989. *WUNT II/34*

ELLIS, E. EARLE: Prophecy and Hermeneutic in Early Christianity. 1978. *WUNT 18*

FELDMEIER, REINHARD: Die Krisis des Gottessohnes. 1987. *WUNT II/21*

FOSSUM, JARL E.: The Name of God and the Angel of the Lord. 1985. *WUNT 36*

GARNET, PAUL: Salvation and Atonement in the Qumran Scrolls. 1977. *WUNT II/3*

GRÄSSER, ERICH: Der Alte Bund im Neuen. 1985. *WUNT 35*

GREEN, JOEL B.: The Death of Jesus. 1988. *WUNT II/33*

HAFEMANN, SCOTT J.: Suffering and the Spirit. 1986. *WUNT II/19*

HEILIGENTHAL, ROMAN: Werke als Zeichen. 1983. *WUNT II/9*

HEMER, COLIN J.: The Book of Acts in the Setting of Hellenistic History. 1989. *WUNT 49*

HENGEL, MARTIN: Judentum und Hellenismus. 1969, ³1988. *WUNT 10*

HOFIUS, OTFRIED: Katapausis. 1970. *WUNT 11* – Der Vorhang vor dem Thron Gottes. 1972. *WUNT 14* – Der Christushymnus Philipper 2,6–11. 1976. *WUNT 17*

HOMMEL, HILDEBRECHT: Sebasmata. Band 1. 1983. *WUNT 31* – Sebasmata. Band 2. 1984. *WUNT 32*

KAMLAH, EHRHARD: Die Form der katalogischen Paränese im Neuen Testament. 1964. *WUNT 7 (vergriffen)*

KIM, SEYOON: The Origin of Paul's Gospel. 1981, ²1984. *WUNT II/4* – "The Son of Man" as the Son of God. 1983. *WUNT 30*

KLEINKNECHT, KARL TH.: Der leidende Gerechtfertigte. 1984, ²1988 *WUNT II/13*

KLINGHARDT, MATTHIAS: Gesetz und Volk Gottes. 1988. *WUNT II/32*

KÖHLER, WOLF-DIETRICH: Die Rezeption des Matthäusevangeliums in der Zeit vor Irenäus. 1987. *WUNT II/24*

KUHN, KARL G.: Achtzehngebet und Vaterunser und der Reim. 1950. *WUNT 1 (vergriffen)*

LAMPE, PETER: Die stadtrömischen Christen in den ersten beiden Jahrhunderten. 1987, ²1989. *WUNT II/18*

Alphabethisches Verzeichnis

MAIER, GERHARD: Mensch und freier Wille. 1971. *WUNT 12* – Die Johannesoffenbarung und die Kirche. 1981. *WUNT 25*

MARSHALL, PETER: Enmity in Corinth: Social Conventions in Paul's Relations with the Corinthians. 1987. *WUNT II/23*

MEADE, DAVID G.: Pseudonymity and Canon. 1986. *WUNT 39*

MENGEL, BERTHOLD: Studien zum Philipperbrief. 1982. *WUNT II/8*

MERKEL, HELMUT: Die Widersprüche zwischen den Evangelien. 1971. *WUNT 13*

MERKLEIN, HELMUT: Paulus und Jesus. 1987. *WUNT 43*

NAUCK, WOLFGANG: Die Tradition und der Charakter des 1. Johannesbriefes. 1957, *WUNT 3 (vergriffen)*

NIEBUHR, KARL-WILHELM: Gesetz und Paränese. 1987. *WUNT II/28*

NISSEN, ANDREAS: Gott und der Nächste im antiken Judentum. 1974. *WUNT 15*

OKURE, TERESA: The Johannine Approach to Mission. 1988. *WUNT II/31*

RÄISÄNEN, HEIKKI: Paul and the Law. 1983. ²1987. *WUNT 29*

REHKOPF, FRIEDRICH: Die lukanische Sonderquelle. 1959. *WUNT 5 (vergriffen)*

REISER, MARIUS: Syntax und Stil des Markusevangeliums. 1984. *WUNT II/11*

RIESNER, RAINER: Jesus als Lehrer. 1981, ³1988. *WUNT II/7*

RISSI, MATHIAS: Die Theologie des Hebräerbriefs. 1987. *WUNT 41*

RÖHSER, GÜNTER: Metaphorik und Personifikation der Sünde. 1987. *WUNT II/25*

SATO, MIGAKU: Q und Prophetie. 1988. *WUNT II/29*

SÄNGER, DIETER: Antikes Judentum und die Mysterien. 1980. *WUNT II/5*

SCHIMANOWSKI, GOTTFRIED: Weisheit und Messias. 1985. *WUNT II/17*

SCHLICHTING, GÜNTER: Ein jüdisches Leben Jesu. 1982. *WUNT 24*

SCHUTTER, WILLIAM L.: Hermeneutic and Composition in First Peter. 1989. *WUNT II/30*

SCHNABEL, ECKHARD J.: Law and Wisdom from Ben Sira to Paul. 1985. *WUNT II/16*

SIEGERT, FOLKER: Nag-Hammadi-Register. 1982. *WUNT 26* – Drei hellenistisch-jüdische Predigten. 1980. *WUNT 20* – Argumentation bei Paulus. 1985. *WUNT 34* – Philon von Alexandrien: Über die Gottesbezeichnung ‚wohltätig verzehrendes Feuer‘ (De Deo). 1988. *WUNT 46*

SIMON, MARCEL: Le christianisme antique et son contexte religieux. Scripta varia. 2 Bände. 1981. *WUNT 23*

SMITH, TERENCE V.: Petrine Controversies in Early Christianity. 1985. *WUNT II/15*

SNODGRASS, KLYNE: The Parable of the Wicked Tenants. 1983. *WUNT 27*

SPEYER, WOLFGANG: Frühes Christentum im antiken Strahlungsfeld. 1989. *WUNT 50*

STADELMANN, HELGE: Ben Sira als Schriftgelehrter. 1980. *WUNT II/6*

STROBEL, AUGUST: Die Stunde der Wahrheit. 1980. *WUNT II/21*

STUHLMACHER, PETER (Hrsg.): Das Evangelium und die Evangelien. 1983. *WUNT 28*

THEISSEN, GERD: Studien zur Soziologie des Urchristentums. 1979, ³1989. *WUNT 19*

WEDDERBURN, A. J. M.: Baptism and Resurrection. 1987. *WUNT 44*

WEGNER, UWE: Der Hauptmann von Kafarnaum. 1985. *WUNT II/14*

WREGE, HANS TH.: Die Überlieferungsgeschichte der Bergpredigt. 1968. *WUNT 9 (vergriffen)*

ZIMMERMANN, ALFRED F.: Die urchristlichen Lehrer. 1984, ²1988 *WUNT II/12*

Ausführliche Prospekte schickt Ihnen gern der Verlag J.C.B. Mohr (Paul Siebeck), Postfach 2040, D-7400 Tübingen.